国家社科基金社科学术社团主题学术活动资助项目

"十四五"时期
高标准市场体系建设研究

中国经济体制改革研究会◎组织编写

彭　森◎主编

人民出版社

目　录

序　言

　　"十四五"时期是我国全面建成小康社会、实现第一个百年奋斗目标之后，乘势而上开启全面建设社会主义现代化国家新征程、向第二个百年奋斗目标进军的第一个五年。党的十九届五中全会审议通过的《中共中央关于制定国民经济和社会发展第十四个五年规划和二〇三五年远景目标的建议》明确提出："全面深化改革，构建高水平社会主义市场经济体制"。建设高标准市场体系是构建高水平社会主义市场经济体制的重要内容，紧密关联的还包括完善宏观调控治理能力、激发各类市场主体活力、加快转变政府职能以及建立现代财税金融体制等多方面经济体制改革内容，这些改革内容归根结底可以归纳为两个方面：第一，坚持市场化的改革方向；第二，坚持高标准的品质要求。

　　坚持市场化的改革方向，主要有三个原因。首先，改革再出发是面对百年未有之大变局的重大决策。当前国际经济、政治、文化、安全格局都在发生深刻的大变革、大调整，中国的稳定发展面临巨大的风险和挑战。在这种情况下，中国的根本出路还是深化改革、专注发展，办好自己的事情。而要化危为机，就必须坚持用改革来解决发展中的问题。其次，改革再出发是构建新发展格局的关键一招。推动形成以国内大循环为主体、国内国际双循环相互促进的新发展格局，仍然是最受关注的话题之一。新发展格局的形成，涉及很多利益格局和结构的调整，包括中央和地方的关系、政府和市场的关系、城乡的关系等。这些关系的调整实际上就是改革，深化改革才能进一步扩大内需，扩大市场规模，提高消费水平，实现经济高质量发展。最后，改革再出发也是实现"十四五"规划和2035年远景目标的根本动力。"十四五"规划提出了一系列重要目标、任务，要完成这些，关键还是要以改革统揽全局，提供动力。

坚持市场化的改革方向，必须深刻理解市场化改革的重要性和必要性。一方面，一般意义上的改革和市场化改革是两个不同的概念。一般意义上的改革目的是解放生产力、发展生产力，需要不断地调整和变革生产关系和上层建筑。因此都说，发展无止境、改革亦无止境。而市场化改革的目标是对传统计划经济进行彻底改革，以充分发挥市场在资源配置中的决定性作用，更好发挥政府作用。另一方面，市场化改革虽然取得了很大进展，但目前仍有很多问题，比如市场体系还不健全，政府与市场的关系尚未理顺，市场决定资源配置的范围有限，政府对微观经济活动干预过多，等等。所以，我们应当始终不忘初心，以只争朝夕的精神，全力推动市场化改革的进程。

坚持市场化改革目标的核心是正确处理政府与市场的关系。理论和实践证明，市场配置资源是最有效率的形式。完成这样的任务，要建立起两个基本制度。一个是坚持和完善社会主义基本经济制度。另外一个是要建立夯实市场体系的基础制度，包括产权制度、市场准入负面清单制度、公平竞争审查制度这三个方面。通过建立这样的制度，真正做到在市场能够高效配置资源的领域里、在市场机制可以有效调节的事项上，企业能够成为真正的市场主体。同时，继续加快政府职能转变，最大限度减少政府对市场资源的直接配置和对微观经济活动的直接干预。政府主要的工作是维护公平竞争的市场秩序和环境，完善宏观经济治理。

坚持高标准的品质要求，要在更高的起点、更高的层次、更高的目标上推进市场化改革。中国特色社会主义进入新时代，我国社会主要矛盾已经转化为人民日益增长的美好生活需要和不平衡不充分的发展之间的矛盾，我国经济已由高速增长阶段转向高质量发展阶段，对完善社会主义市场经济体制提出更高要求。站在新的历史起点上，必须清醒看到，推动高质量发展还有不少体制性障碍，还存在要素流动不畅、资源配置效率不高、微观经济活力不强等问题。必须进一步解放思想，坚定不移深化市场化改革，不断在关键性基础性重大改革上突破创新，通过加快完善社会主义市场经济体制破除这些体制机制障碍。

坚持高标准的品质要求，要建设更高水平开放型经济新体制，以开放促改革促发展。中国进入以高水平开放推动深层次市场化改革的新阶段，最鲜明特点就是从市场开发转向制度开放，通过国内规则制度全面对接国际高标准市场规则体系，加速国内国外两个市场的融合。实行更加积极主动的开放战略，全面对接国际高标准市场规则体系，实施更大范围、更宽领域、更深层次的全面开放。建设更高水平开放型经济新体制，"一带一路"建设是当前对外开放的重点方向，应以此为重点构建对外开放新格局，加快自由贸易试验区、自由贸易港等对外开放高地建设，健全高水平开放政策保障机制，积极参与全球经济治理体系变革。

作为经济体制改革领域的高端智库，我会长期关注中国的市场化改革进程，并为中国特色社会主义市场经济的探索、建立、完善做出了诸多历史性的贡献。2020 年，我会围绕"十四五"时期建设高标准市场体系若干重大问题研究这一主题，组织科研力量，联合中国（海南）改革发展研究院、综合开发研究院（中国·深圳）、深圳创新发展研究院开展系统研究和协同攻关，以研究成果为基础，形成本书。本书秉承了中国经济体制改革研究会专注改革、研究改革、建言改革的传统，汇聚了新一代改革者的思想和智慧，对我国当下和未来的经济体制改革都提供了一定的参考。时代瞬息万变，改革永无止境。在这个改革浪潮仍然波澜壮阔的新时代，中国的改革开放事业还将面临各种难以预见的挑战，需要一代又一代的改革者肩负使命，继往开来。就中国的高标准市场体系研究而言，本书仍然还只是一个起点，远非终点，各项研究必然有未及之处，敬请关心中国改革事业的读者朋友不吝赐教。

中国经济体制改革研究会会长　彭　森

2021 年 11 月

第一章　高标准市场体系的内涵和结构研究

一、改革开放以来市场化改革探索

总体来看，我国经济体制经历了从计划经济到市场经济的嬗变。主要分为四个阶段。第一阶段是改革的探索阶段（1978—1991）。改革最先是从农村开始，逐步向城市推进，党的十二大正式使用了"计划经济为主，市场调节为辅"的提法，党的十二届三中全会《中共中央关于经济体制改革的决定》确定社会主义经济是"公有制基础上的有计划的商品经济"。第二阶段是市场经济具体框架的构建阶段（1992—2002）。1994年确立以分税制为核心的新的财政体制框架和以增值税为主的流转税体系。党的十四大确立社会主义市场经济体制的改革目标，党的十四届三中全会通过《中共中央关于建立社会主义市场经济体制若干问题的决定》正式确立社会主义市场经济的改革方向和基本内容，党的十五大确立了公有制为主体、多种所有制经济共同发展的基本经济制度。第三阶段是市场经济休制的完善阶段（2003—2011）。党中央总结提出了科学发展观和构建社会主义和谐社会的重大战略构想，党的十六届三中全会《中共中央关于完善社会主义市场经济体制若干问题的决定》提出完善社会主义市场经济体制的目标和任务，按照统筹城乡发展、统筹区域发展、统筹经济社会发展、统筹人与自然和谐发展、统筹国内发展和对外开放的要求，更大程度地发挥市场在资源配置中的基础性作用。第四阶段是新时代市场经济的全面深化改革阶段（2012 年至今）。党的十八大提出涵盖经济、社会、政治、文化以及生态文明"五位一体"的全面改革，经济体制改革必须将完善产权制度和要素市场化配置视为重点，实现产权有效激励、要素自由流动、价格反应灵活、竞争公平有序和企业优胜劣汰。党的十九届四中全会提出要建设高标准市场体系，通过完善公平竞争制度、全面实施市场准入负面清单制度、强化竞争政策基础地位、健全以公平为原则的产权保护制度、推进要素市场制度建设等推进。

2020 年以来，针对国际国内形势非常严峻复杂的关系。中央集中推出一系列重要的新改革举措。2020 年 4 月，中共中央、国务院《关于构建更加完善的要素市场化配置体制机制的意见》，主要解决问题导向出发的重大改革难点与问题，扩大要素市场化配置范围，健全要素市场体系，推进要素市场制度建设，实现要素价格市场决定、流动自主有序、配置高效公平。5 月，发布《中共中央国务院关于新时代加快完善社会主义市场经济体制的意见》，进一步突出了目标导向，以完善产权制度和要素市场化配置为核心，加强和改善制度供给，推进国家治理体系和治理能力现代化。中央这两个文件连续集中突出体现目标和问题导向相协调，实现市场化改革的总的指导方针；针对当前国内外形势，中央还推出了以构建国内大循环为主体、国内国际双循环相互促进的新发展格局重大战略。6 月，中共中央、国务院发布《海南自由贸易港建设总体方案》，海南自贸港作为我国新时期对外开放的重要窗口，贸易投资自由化便利化方面的体制机制创新要给全国创造经验。9 月，自贸区扩围，新增北京、安徽、湖南三个自贸试验区。10 月，中央进一步提出，深圳作为中国特色社会主义先行示范区，批量授权进行综合改革，给全国探索可复制可推广的改革经验。10 月底，党的十九届五中全会对建设高标准市场体系作出战略部署，强调通过全面深化改革，构建高水平的社会主义市场经济体制，即市场经济体制更加完善，高标准市场体系基本建成，产权制度改革的要素市场化配置取得更大进程，高水平对外开放型经济新体制更加健全，给全社会发出了坚持市场化改革再出发的明确信号。中国将在更高的起点、更高的层次和更高的目标上推进市场化改革再出发，推进高层次对外开放。由此可见，我国经济体制发展与改革正朝着更加统一开放、竞争有序的方向发展。

我国对建设中国特色社会主义市场经济理论的不断完善，来源于我们及时总结丰富的改革开放中新的生动实践；反过来，形成的理论又用来指导我国建设社会主义现代化新征程的伟大实践。市场经济作为一种特定历史阶段的产物，在不同的政治制度、社会结构、发展阶段的条件下，其生成动因、运行规律、功能目标以及发展模式等，都不尽相同。因此，要根据市场经济的基本原理，借鉴国外的先进经验，从历史学派和比较制度学派融合的视角研究我国新时代高标准市场经济的内涵和结构。建设高标准市场体系将是下一阶段经济体制改革的重点，为了更好推进这项工作，需要明晰其内涵、阐明其结构，并在推进过程中着重加入中国特色需要特别注意的相关制度建设。

关于市场化改革推进的方式，过去的改革主要强调问题导向，今后要侧重目标导向。改革开放初期，我国改革没有一个固定模式，什么问题阻碍发展就对什么领域进行改革，让改革为发展开辟道路。改革是破除生产力发展制度障碍的金钥匙。面对国内外复杂的风险挑战，人们往往寄希望于一些问题导向的改革措施，可以"一改就灵"。但现阶段，为了加快建立更加全面、更加成熟、更加定型的制度，我们就必须坚持将改革问题导向和目标导向统一结合，并充分认识到目标导向的主体地位，而目标导向的改革就是要解决这些短板的问题。中国最大的短板是体制制度，在当前激烈的国际竞争中最重要的是体制机制的竞争。从改革开放40多年来看，前期更加偏重于问题导向，而目前我们要完成建立成熟完善的市场经济制度的目标，按照党的十九大的要求分两步走，就要考虑根据目标导向的原则积极推进产权制度、要素市场化配置等一些重点领域和关键环节改革的攻坚突破。我们要更多地把以目标导向改革的经济体制改革，尤其是市场化改革的重点任务摆到更加突出的位置上。

二、当前我国建设高标准市场体系存在的问题

（一）政府和市场关系没有理顺

政府和市场关系是深化改革的关键。党的十八届三中全会通过的《中共中央关于全面深化改革若干重大问题的决定》指出："经济体制改革是全面深化改革的重点，核心问题是处理好政府和市场的关系，使市场在资源配置中起决定性作用。"抓住政府和市场关系就抓住了改革的"牛鼻子"。我国政府和市场目前存在的问题可以从政府和市场两方面进行探讨[①]。

从政府角度看，政府过多或不当干预市场，政府职能可能会失灵。我国有些地区在处理政府和市场的关系时，往往无法摆脱计划体制的强势惯性，遇到问题时总习惯性的去寄希望于政府可以施加干预之手，导致了政府对一切社会活动进行全面管制。但政府不是万能的，它不可能及时完全获取信息、难以形成有效的激励和约束、影响生产者的积极性发挥和消费者的需求满足等。政府在其自身具有的内部性特点驱使下，无疑会很自然地在与市场的关系中进行扩张，形成大政府、小市场的格局。这种经济格局会直接导致市场的软弱，信息与激励功能的退化，各种生产资源也不能有效流通。在这种情况下，政府功能实际上是畸形发展的，管了许多不该管而又管不好的事情，许多本该发挥的功能在一定程度上不得不萎缩，往往显得力不从心，甚至无能为力。一方面政府有时不能及时制定和执行科学合理的市场经济政策规则以保证经济的稳定运行；另一方面政府在处理相关具体经济问题时，决策会有不完善、不可取之处。市场经济的基本原则要求政府规范运作，尽可能发挥

---

① 徐鸣：《我国政府市场监管体制存在的问题及成因分析》，《重庆理工大学学报（社会科学版）》2016年第9期。

市场配置资源的决定性作用 ①。

从市场角度看，我国市场微观主体素质不高，且市场本身存在问题。市场经济运行的稳定程度由市场微观主体的素质实力决定，对经济政策的执行程度和公平竞争程度等，是市场经济发展重要的因素之一。我国市场经济发展时间较短，我国的市场微观主体的实力并不强，且由于发展的不平衡，企业之间的差距较大，对政府的依赖很深，这样就在无形之中加深了政府处理与其关系的难度。就非国有企业来说，其主要问题是技术欠成熟、资金不足、信息不足，以致对市场发展缺乏宏观的判断。我国市场微观主体的水平相对较低，对相关经济政策的理解能力、执行能力、遵守能力也不强，导致政府在处理与市场关系的难度有所提高。

（二）产权归属不明确，流转不顺畅

在新时代社会主义市场经济体制改革中，"完善产权制度"是重点任务，"实现产权有效激励"是主要目标。目前我国改革发展步入了新阶段，无论在农村还是城市，都存在着亟待解决的产权相关问题。

一是产权制度在不同所有制主体之间发展不均衡，保护力度不足，没有营造良好的平等使用资源要素、公开公平公正参与竞争、同等受到法律保护的市场环境 ②。改革开放以来，国有资产的配置布局和结构仍存在不合理之处，且配置效率不高，国有资产的保值增值成为难题，尤其是对公有经济而言，在产权交易和改制的过程中公有资产往往被低估，国有资产流失的问题仍时有发生，表现在资产评估不合理、产权交易中的违规行为、优惠政策不合理以及企业内部人员控制等问题，以混合所有制改革为核心的国企改革任重道远。另外，对于非公有制经济而言，产权的保护不到位往往阻碍了其要素进入产权市

---

① 孙雪峰：《我国政府与市场关系存在的问题及其理顺思路》，《东方企业文化》2011 年第 14 期。
② 张军扩等：《高质量发展的目标要求和战略路径》，《管理世界》2019 年第 7 期。

场，尤其是近年来侵犯民营企业财产的问题时有发生，更限制了社会主义市场经济的发展活力。

二是知识产权制度尚不完善。我国知识产权保护不力、侵权易发多发，体制机制障碍是重要原因之一，多个部门分别管理不同类别的知识产权造成管理职责不清、行政效率不高、行政资源分散，不利于全面、依法、严格保护各类市场主体的知识产权。与此同时，多发的侵犯知识产权行为损害了技术创新积极性，不利于技术创新积极性的培养，势必会阻碍高质量发展时期企业的创新发展。

三是农村集体产权制度还需进一步完善。农村集体产权制度改革是深化农村改革的阶段要求。农村发展不充分、城乡发展不平衡已成为现阶段我国农业农村发展的主要矛盾。从现实中看，经过长期的发展积累，中国农村集体经济组织拥有大量的资产，资源性资产在清产核资过程中，土地确权中搁置的权属争议成为农村集体产权改革的"硬骨头"；农村宅基地一直有取得困难、利用粗放、退出不畅等问题，而且由于人口流动造成"空巢"，再加上不少土地荒废，这些大量的"沉睡"资本有待在合理的集体产权制度保障下得到激活，避免出现集体资产不清、集体财产被侵蚀、只有少数人获利等问题严重损害集体所有制优越性的问题。①

（三）要素流动不畅，市场化资源配置的范围有限

一段时期以来，我国经济发展依赖于土地、资源、劳动力等一般性生产要素的投入，致使经济中相对高端的产业偏少、资源消耗严重，不仅满足不了日益增长的多元化、多层次、快节奏的社会需求，同时供给体系的结构性错位还造成市场利用不充分，企业难以盈利，降低了市场供给质量，限制了整体技术

---

① 马丽：《民营经济发展障碍分析及突破路径研究——以重庆市渝北区为例》，《现代商贸工业》2019 年第 16 期。

水平和要素使用效率的提升。

一是土地要素市场化配置不完善。我国土地城乡二元结构长期并立的问题并没有根本解决，由于城乡土地拥有不同配置方式，特别是农村土地市场化配置程度极低，以及土地增值收益在城乡间分配不均，带来一系列严重问题：集体建设用地合法市场通道基本关闭。在建设用地指标管制下，大量建设用地指标向城市倾斜，导致农村建设用地指标非常少，农村集体为了增加农民收入和发展集体经济，不得不在未经征为国有的情况下就自发将集体土地用于非农建设。农村集体土地不管是宅基地还是承包地、农业用地，只要没有被征收国有，就不能转让，也不能抵押融资，极大限制了集体建设用地产出水平和农民财产性收入。另外，土地增值收益城乡分配不合理程度加剧。伴随着城镇化进程，土地价值日益显化，土地增值收益迅速攀升。围绕土地利益的矛盾不断加剧，如被征地农民与地方政府之间的利益矛盾、土地级差收益的归属和公平分配矛盾、农民之间的土地补偿不公平矛盾、城市和农村在增值收益分配上极不合理的矛盾等①。

二是劳动力要素市场化配置不完善。第一，受户籍制度影响，我国劳动力要素的流动存在一定阻碍。据统计，我国目前还有 2.9 亿人口已在城镇就业但因户籍引发的利益问题尚未完成市民化。虽然 2001 年放开小城镇的落户门槛，但很多户籍改革的政策落实成效有限，主要原因在于就业机会少、吸引力小的城市落户容易，而吸引力大的大中城市落户门槛高，造成了落户意愿与落户门槛的不匹配，并且现阶段户籍制度的改革与社保、财政、教育、医疗、土地等制度的联动还不充分，难以实现基本公共服务均等化，对劳动力市场化进程的推动作用不够大。第一，我国存在着较严重且多种类型的劳动力市场歧视，既背离了公平原则，也降低劳动力要素配置效率，不利于人力资本开发利用。第三，人才和劳动力流动的体制机制障碍有待破除，身份分割、所有制分割、体制内和体制外分

---

① 黄奇帆：《解析土地要素市场化配置改革》，https://baijiahao.baidu.com/s?id=1668220996205993116&wfr=spider&for=pc。

割等多种形式的劳动力市场分割成为劳动力市场改革的问题焦点。

三是资本要素市场化配置不完善。随着货币供给的不断加大和吸引外资的增加，资本要素逐渐从短缺走向过剩。资本市场结构不健全，我国实体经济中的大、中、小微型企业与我国股权市场结构正好相反，呈现"倒金字塔"型，全方位服务实体经济的功能不够完整。资本服务实体经济能力较弱，融资结构存在失衡问题，在直接融资领域，以审批制方式建立主板市场，造成主板市场供求关系紧张；在间接融资领域，中、小微企业融资难、融资贵，存在公平性和可持续性问题。这种结构不对称导致了融资服务的不对称，资本脱实向虚，金融资源错配问题严重。金融资源错配包括多个领域、多个层面，比如期限错配、结构错配、海内外资源的错配，以及体制、地区、城乡错配等，增量货币依然过多流向了国有企业和地方政府平台。监管体系尚未适应资本市场新变化，目前互联网金融整体处于野蛮生长的状态，一行三会和地方金融办对于其他形态各异的互联网金融企业的监管归属难以明确，监管仍然不到位。

四是技术要素市场化配置不完善。科研与经济发展"两张皮"问题突出，大量科研资源集中在科研院所，按学术价值区分的科技资源配置方式不合理。科技资源配置效率不高，科研经费使用效率低，科技投入产出效率低。我国研发经费中投入于基础研究的比例偏低，造成了实际经济发展中"卡脖子"问题。科研体系不健全，行政主导科研，忽视科研自身的规律，不同科技部门之间行政分割，科技经费多部门管理，科技资源未能得到有效整合，科研管理行政化和碎片化，没有形成高效的共享研发机制。科研激励机制不足，我国的高等教育缺乏对学生创新能力的培养，大学的培养体系导致学生研究方法和研究能力不足；科研保障和激励创新的分配机制不完善，科研间接费用和人头费用比例偏低，尽管中共中央、国务院多次发文强调科研经费采取主持人负责制，但现实却有越来越严的趋向。科技成果产权制度改革尚未完成，高校和研究机构产生的成果需要相应企业承接，科技成果产业化机制不顺畅；科研人员薪酬待遇的市场化程度不高，缺乏市场主体运营的控制权，阻碍了成果转化的积极性。

五是数据要素市场化配置不完善。数据要素的高效配置，是推动数字经济发展的关键一环。但是，我国数据要素市场化配置尚处于起步阶段，配置规模较小，成长速度相对缓慢，在数据确权、开放、流通、交易、监管等方面仍存在诸多瓶颈和制约。第一，数据开放共享水平相对较低。受制于法律法规、技术标准和交易机制等不完善以及开放共享的理念缺乏，政府、企业等数据持有主体不愿、不敢、也不易进行数据开放共享，数据要素的使用普遍以企业内部数据为主，呈现出自给自足的"小农经济"状态，企业数据开放共享和交易没有成为市场的主流形态，导致数据开放共享和交易规模的扩大受到限制。第二，我国数据要素市场体系建设相对滞后，市场机制在数据要素资源配置过程中的决定性还没有充分发挥，表现在数据要素市场交易机制不完善、数据要素资产估值和定价困难和数字信息基础设施建设不均衡等方面。第三，数据流动和交易安全风险大。尽管国家在顶层设计上高度重视数据和信息安全问题，但在操作层面上仍存在意识不强、办法不多、措施乏力等问题，数据安全问题形势比较严峻，制约着数据要素市场化配置进程。①

（四）市场激励不足，微观主体活力缺乏

企业是最基本也是最重要的市场供给主体，唯有激发企业活力、提升企业效率，才能激活高质量发展的微观基础。中央经济工作会议多次提出要"激发微观主体活力"，要聚焦解决中、小微企业和民营企业发展难题。目前，民营企业在发展过程中主要面临以下几项困难。

一是发展要素保障乏力，资金、人才等要素保障能力不足。融资渠道较窄，多数民营企业由于自身资产规模小而面临现金流不稳定、经营风险大、有

---

① 王磊：《推进数据要素市场化配置：瓶颈制约与思路对策》，《中国经贸导刊》2019 年第 24 期。

效担保或抵押物缺乏等困境,使得以抵押或质押贷款为主的银行普遍不愿放贷。人才严重匮乏,部分民营企业以经验决策为主,没有长远的人才引进和人才培养计划,普遍缺乏既懂技术又善于经营管理的中、高级人才。同时,民营企业在工资待遇、发展空间等方面对高端人才吸引力有限,人员流动也较为频繁,发展后劲有所欠缺。税费负担较重,当前民营企业生产经营涉税、涉费种类繁杂,承担的行政事业性收费、行政许可涉及的中介服务收费和社保费金额相对较大,一定程度上给企业带来了沉重的压力。

二是营商环境有待改善。近年来各级政府在改善营商环境方面开展了大量工作,取得了明显进展。但依然存在个别部门和领导干部对民营经济的地位和作用的认识还不够充分,服务意识淡薄,重管理而轻服务,挫伤民营企业发展积极性[1]。缺乏有效的统筹协调机制,国家各部门和各省市相关部门,都分别出台了各种扶持中小企业发展以及技术创新的政策措施,但是相互之间独立运作和分配,不能充分发挥政策叠加效应。商(协)会组织作用发挥不充分,行业商(协)会数量较少,未能实现各产业全覆盖等问题,距离承接政府转移职能的要求也还有一定差距。

三是新业态激励措施不足。目前国家有关部门已采取分类指导方式,对餐饮、零售企业减免增值税,降低旅行社质保金等,减免房租、水电费,免交或少交员工社保费等优惠措施,对减轻企业负担产生积极效果。但这些优惠措施以短期优惠政策为主,缺乏长期激励,同时用工及社保政策的优惠没有跟上;金融措施的灵活性不强;对医疗、教育等公共服务领域的企业专项支持的力度不够等。

四是在线服务资质监管措施还不到位。在线服务平台的优势在于整合社会资源,为消费者提供所需要的服务。其中在线教育、在线医疗均属于专业服务范畴,对教师和医生资质有着明确要求,但是平台作为商业企业,具有逐利性,与服务提供者为合作关系,因此在审查资质和把控服务质量方面仍存在把关不严、

---

① 蓝蔚青:《正确看待民营经济的地位和作用》,《人民日报》2018年12月7日。

质量监控不力等问题，同时由于社会资源数量庞大，平台缺乏对服务提供者专业能力的考评及测试，导致在线服务供给质量不达标，难以满足消费者需要。

（五）商品市场发展不均衡

自改革开放以来，我国商品市场的发展取得了举世瞩目的成就。它作为生产者与经销商乃至最终消费者之间的纽带，其存在与发展具有重要意义。但是我国商品市场的发展却并不均衡，其发展情况将直接影响我国高标准市场体系的建立与完善。

一是对商品市场的监管存在"多头管理"。商品市场的健康发展，需要其他制度加以配合。在商品流通环节，均需要相应的国家机关加以管理。在这一过程中，需要税务、工商、消防、卫生监督等部门的深度参与，极易形成"九龙治水"的多头管理状况。各个部门之间职权的界限往往互相交叉，中间并没有明确的界限，就会导致当遇到具体问题时，各个部门之间相互推诿，出现"七八顶大盖帽管不住一顶破草帽"的现象。因而，需要在制度层面探索明晰权力内容、简化监管流程的改革。

二是特定商品的交易还未实现市场化配置。① 在现阶段，我国绝大部分商品的供给已经实现由市场进行调节。但是依然存在部分商品由特定的供应者提供，因而容易形成对该类商品的垄断，例如在供水、供电与供气等领域。垄断使得企业丧失改进产品与提升服务的动力，极易导致相关的经营效率低、服务水平差，并且形成以行政区域为界分的利益团体，这些团体在为本单位谋福利的同时可能阻碍生产资料等生产要素的自由流动。在这一过程中，国家与用户的负担被加重，从而影响国民经济的竞争力。随着土地要素市场化配置制度的完善，这些商品如果依然处于被绝对垄断的地位，则不利于发挥其在高标准市场建设中应有的支持作用。

---

① 杨成长：《要素市场化配置的重大突破》，《光明日报》2020 年 4 月 16 日。

三、高标准市场体系的内涵

市场经济机制的构成要素主要是价格机制、供求机制、竞争机制和风险机制等，市场配置社会资源实质上是以价值规律为主体的各种经济规律共同作用来配置的，市场经济运行简化为"价格—竞争—供求—价格"这样一个循环。要发挥市场经济运行，必须建设统一、公平、充分竞争的市场，在经济全球化的今天还必须是开放的市场，这样才能保障市场运行得到充分发挥。

市场体系的内涵十分广泛，不同的国家在不同的发展时期有特定的内容，但世界上所有发达国家的成功均是通过市场经济的发展模式取得的。按照市场经济的基本原理以及我国新发展阶段的要求，我国要建设的高标准市场体系，党的十八届三中全会提出"建设统一开放、竞争有序的市场体系"，十九大报告提出"实现产权有效激励、要素自由流动、价格反应灵活、竞争公平有序、企业优胜劣汰"，《中共中央　国务院关于新时代加快完善社会主义市场经济体制的意见》提出增强微观主体活力、保障市场公平竞争、实现要素流动配置高效、完善宏观经济治理体制，"十四五"规划建议提出"平等准入、公正监管、开放有序、诚信守法，形成高效规范、公平竞争的国内统一市场，建设更高水平开放型经济新体制"，等等，这些都是我国现阶段建设高标准市场体系的具体要求。研究高标准市场体系的内涵和结构，必须立足于我国面临新发展阶段的实际。

高标准市场体系的内涵主要是以下四个方面的内容：一是统一的市场，即要打破一切行政性的垄断，不仅要统一一般的商品市场，还包含要素市场；不仅包含国内市场，同时也要打开国际市场。二是公平的市场，即不论任何类型的主体，都要公平地使用生产要素、公平地竞争、公平地受到法律保护。三是竞争的市场，即保持市场主体之间的充分竞争，竞争非常重要，竞争政策是市场的基础性政策，只有通过竞争才能保持市场主体的活力。四是开放的市场。高水平的对外开放包括结构性的调整与制度性的调整，结构性的调整主要是指开放的领域需要从以制造业为主转到以服务业为主；制度性的调整要求我们的制度需要进一步和国际上的规则标准看齐接近。

（一）统一市场

统一市场要求商品依据流通领域的经济规律和自然规律在市场上自由流通，一切行政性的垄断都被打破，地区封锁、部门分割的现象被完全消除。这里的市场不仅包括产品市场，也包括要素市场；不仅包括国内市场，也包括国外市场。统一性还意味着国内市场与国外市场间也不能分割，需要使国内市场和国外市场深度融合，相互统一。在此基础上，党的十九届五中全会提出的以国内循环为主体、国内国际双循环相互促进的新发展格局，是适应我国经济发展阶段变化的主动选择，是应对错综复杂的国际环境变化的战略举措，也是重塑我国国际合作和竞争新优势的战略抉择。大国经济的重要特征，就是必须实现内部可循环，并且提供巨大国内市场和供给能力，支撑并带动外部循环。经过改革开放以来 40 多年发展，我国经济快速成长，国内大循环的条件和基础日益完善。从需求潜力看，我国已经形成拥有 14 亿多人口、4 亿多中等收入群体的全球最大最有潜力市场，随着向高收入国家行列迈进，规模巨大的国内市场不断扩张。从供给能力看，我国储蓄率仍然较高，拥有全球最完整、规模最大的工业体系和完善的配套能力，拥有 1.3 亿户市场主体和 1.7 亿多受过高等教育或拥有各种专业技能的人才，研发能力不断提升。从供求双方看，我们具备实现内部大循环、促进内外双循环的诸多条件，必须利用好大国经济纵深广阔的优势，使规模效应和集聚效应充分发挥。市场是全球最稀缺的资源，我们构建新发展格局和扩大内需，可以释放巨大而持久的动能，推动全球经济稳步复苏和增长。

我国作为世界第二大经济体，和其他大国经济一样，国内供给需求对经济循环起到主要支撑作用。2008 年国际金融危机后，全球市场收缩，世界经济陷入持续低迷，国际经济大循环动能弱化。近年来，西方主要国家民粹主义盛行、贸易保护主义抬头，经济全球化遭遇逆流。特别是 2020 年初以来新冠肺炎疫情影响广泛深远，逆全球化趋势更加明显，全球产业链、供应链面临重大冲击，风险加大。面对外部环境变化带来的新矛盾新挑战，必须顺势而为调整经济发展路径，在努力打通国际循环的同时，进一步畅通国内大循环，提升经济发展的自主性、可持续性，增强韧性，保持我国经济平稳健康发展，加快构建新发展格局。

构建新发展格局是在国内统一大市场基础上形成大循环，不是每一个地方都搞自我小循环，如省内循环、市内循环、县内循环，建设统一市场不仅意味着要在时间和空间上统一全国市场，还要培育独立的市场主体，建立完善的商品市场、要素市场，更重要的是要由统一的市场规则来规范各主体的经济活动，即不论经济实力、地理位置、劳动力素质、资源禀赋、地区工业布局，各地区都由一致的市场规则来约束其行为。

（二）开放市场

我国经济持续快速发展的一个核心动力就是对外开放。对外开放是基本国策，开放已经成为当代中国的鲜明标识。进入新时代，国际国内环境正在发生深刻变化，中国对外开放面临新机遇、新挑战、新要求和新任务。构建开放市场的内涵包括两个层面：一是实体经济层面，包括货物、服务、资本、人员、数据的自由流动；二是经济制度层面，其涵盖领域越来越广泛，不仅包括现行世界贸易组织（WTO）规则所涵盖的内容，还涉及区域、双边、诸边等各类国际经贸规则所涵盖的内容，不仅仅是传统的边境政策和边境后政策，还包括新兴领域的政策措施。与此同时，还应当注意在推动市场对外开放的同时，与国内市场的有机结合。我国的市场与经济发展不能只有单一的内循环，必须是国际国内双循环，双循环的"循环"不是互相隔离，而是互相配合。国内循环既要与国际循环深度融合，又要能够在必要时保持独立性；国际循环既要包含国内循环，同时也要为国内循环服务。根据我国发展阶段、环境、条件变化，推动形成以国内大循环为主体、国内国际双循环相互促进的新发展格局，这是重塑我国国际合作和竞争新优势的战略抉择。我国在世界经济中的地位将持续上升，同世界经济的联系会更加紧密，成为吸引国际商品和要素资源的巨大引力场，为其他国家提供的市场机会将更加广阔。未来，要全面提高对外开放水平，建设更高水平开放型经济新体制，形成国际合作和竞争新态势。

历史经验教训告诉我们，国际经济联通和交往仍是世界经济发展的客观要求，经济建设必须是开放式的，市场的对外开放也是追随世界经济发展趋势的客观选择。只有通过建设开放的市场，才能充分将外国资源为我所用，加速我国的现代化建设。通过建设开放市场，我国的产业链将得以充分发展，还能够以此巩固传统产业的优势，适应世界新技术革命的进步浪潮，促进产业基础高级化和产业链现代化，有助于探索中国经济发展的新方向、新途径。

建设开放市场能够促进我国服务贸易的发展。我国服务贸易的开放度在不断增加，但还可以进一步提高。随着开放市场建设的加速，新一轮服务业对外开放，服务业市场的行政垄断及市场垄断、制度壁垒等将被打破，市场主体的准入门槛将降低，服务业的开放质量也将得到提高。

（三）竞争市场

竞争是市场经济的应有之义，是市场发挥其提升企业效率、增进社会福利、促进科技创新等作用的基本保证。政府实施竞争政策是为保护、促进和规范市场竞争，保障市场竞争顺利进行。竞争市场的主要内涵体现在以下四方面。

一是市场中的资源配置以竞争为基础。表现在各类市场主体的自主选择及其要素的自由流动，企业能够自由进入和无障碍退出某个市场，由此使得最稀缺的要素得到最节省的使用，各要素实现最有效率的组合，提高全要素生产率。二是市场中的主体培育以竞争为基础。市场主体的基本特征是自主经营、自负盈亏、自担风险。企业的自主经营与自担风险联系在一起实质是市场参与者承担竞争的结果，这是对市场主体最大的激励和约束。① 三是市场中的产业组织政策以竞争为基础。产业政策包括产业结构政策和产业组织政策。竞争政策属于产业组织方面的政策，不是在产业政策以外的政策。四是市场中的秩序建设以规范竞争秩序为基础。竞争是否有效，关键在竞争是否有序。理论和实践都证明：市场交易有成本，竞争也会有费用。市场信息不完全，不可避免产生机会主义行为，过度竞争和竞争不足并存，竞争各方不堪重负，严重浪费资源。这些无序现象都会弱化甚至扭曲竞争效应，由此提出市场规范和建设问题。

建设竞争市场具有非常重要的意义。第一，通过竞争激励企业聚焦创新。即使企业目前具有较高效率，但若不能通过创新来发现客户的未来需求，并超过其他竞争者，则依然可能被逐步淘汰。第二，通过竞争促进市场中信息的发现与搜集。竞争激励企业进行信息搜集，挖掘客户偏好，为满足客户选择提供条件。竞争提示信息的功能是无法通过行政手段替代的，只能由竞争中无数卖家和买家分散决策形成。第三，通过竞争筛选出高效率企业。竞争会给企业带来更多的风险和不确定性，激励企业创新要素组合方式。在有效市场竞争下，只能以最低成本满足客户需求的企业才能生存。由此，经济体可以实现资源的更高效率，增强国际竞争力。第四，通过竞争机制推动经济高质量发展。当前，我国经济从高速增长阶段转向高质量发展阶段，经济增长效率下降，只有通过竞争来提高资本、土地和劳动力利用效率，推动产业转型升级，增强企业创新能力，才能为经济保持长期、强劲、高质量的增长提供充足动力。第五，通过竞争让企业成为真正竞争主体。长期以来，地方保护现象成为阻碍企业参与市场竞争的重要因素。随着创新成为发展的主要驱动力，企业在公平市场竞争环境中开展竞争的重要性进一步提升。第六，通过竞争以更好发挥政府作用。充分实施竞争政策，有助于政府从直接参与经济向间接培育经济转变，营造公平市场环境，更好、更有效、更合理地发挥政府作用。

---

① 洪银兴：《强化竞争政策的基础地位》，《光明日报》2020 年 6 月 16 日。

（四）有序市场

市场经济的本质，是一种契约经济，需要在平等主体之间形成一种有序的交易关系。平等有序地享有生产性服务和生活性服务，发挥市场资源配置的决定性作用，是社会主义市场经济的内在必然要求，关系到我国产业结构调整升级和消费结构优化升级，有利于在保持社会稳定的同时扩大消费需求，推动供给侧结构性改革，推动经济增长动力转换，实现经济提质增效升级。

建设有序的市场首先需要建设公平的市场，即要求各类市场主体是平等的，需要创造各种所有制主体依法平等使用资源要素、公开公平公正参与竞争、同等受到法律保护的市场环境；同时也意味着市场竞争交易规则的设置必须体现公平。在建设高标准市场体系中，有序性需要得到充分体现。竞争是商品经济社会必然存在的现象，只有在有序的市场条件下竞争，才能达到通过市场实现资源优化配置的目的，而不会导致社会秩序的混乱。在国有、民营、外资等多种所有制经济并存的格局下，落实企业平等竞争理念，营造公平有序的竞争环境，是我国经济市场化改革面临的一项紧迫任务，对减缓我国当前经济下行压力，缓解我国与主要国际贸易伙伴的摩擦和冲突，对推动中国经济的中高速增长和高质量发展，具有重大的现实意义和深远的历史意义。

建立有序的市场，需要有法律规章制度做保障。秩序给人以确定性，因而市场主体才能安排自己的生产活动。稳定的秩序对于当代中国的社会主义现代化各项事业的建设至关重要，因此，通过法律建立和维护良好的社会秩序是推进改革和建设的重要前提。法律通过给社会主体施加一定的义务与责任并将这种安排加以公开的方式，使市场主体明晰自己的权利范围；以国家强制力作为后盾，惩罚违反法律规范的行为，使市场主体对自身的行为加以必要的克制与自我约束，从而有利于建设有序的市场。在新时代加快完善社会主义市场经济体制，必须强化法治保障。党的十八届四中全会指出："社会主义市场经济本质上是法治经济。使市场在资源配置中起决定性作用和更好发挥政府作用，必须以保护产权、维护契约、统一市场、平等交换、公平竞争、有效监管为基本导向，完善社会主义市场经济法律制度。"推进市场的法治化建设，不断完善社会主义市场经济法治体系，是市场经济高效、有序运行的重要保障，更是加快完善中国特色社会主义基本经济制度，推动各方面制度更加成熟更加定型，推进国家治理体系和治理能力现代化的重大任务。

四、高标准市场体系结构

党的十九届五中全会提出构建高水平的社会主义市场经济体制，要更加完善市场经济体制，基本建成高标准市场体系，产权制度改革的要素市场化配置取得更大进程，高水平对外开放型经济新体制更加健全。构建高标准市场体系结构需要从四个方面入手：一是加快完善产权制度以充分发挥其有效激励的作用，二是加快推进要素市场化配置以实现要素的自由流动，三是完善与市场主体有关的制度以调动各市场主体的积极性，四是完善高水平对外开放的制度以深度融入全球价值链。

（一）产权制度改革

"资源稀缺性"是全部经济学的假设前提。"资源稀缺性"是相对的，其稀缺性受资源的开发利用程度、科学技术的进步、产业结构的调整和人们偏好等因素的影响而发生变化。为了使资源的配置最优，就需要建立产权制度调节和分配资源的使用。

产权是所有制的核心，现代产权制度是市场经济运行的基石。健全归属清晰、权责明确、保护严格、流转顺畅的现代产权制度，是提振市场信心、激发市场活力的基本保障。产权制度又是所有制的实现形式，是所有制的具体化。它对生产关系的其他方面起着决定性作用。我国的经济体制改革是在马克思主义的所有制和产权理论基础之上展开的，同时也汲取了西方新制度经济学产权理论的优秀成果。在建设高标准市场体系的过程中，需要完善我国的产权制度。2020年颁布的民法典中，也对我国的产权制度予以观照，以其中的物权编为代表的一系列规则，明确了物权的基本类型，对物权客体的归属与利用等作出了详细的规定，为我国产权制度改革提供了基础。

产权制度改革，一方面要健全各种所有制经济产权制度，包括国有产权制度、非公有制经济产权保护制度、农村集体产权制度和居民财产制度。另一方面要加强对知识产权创造、运用、交易、保护等一系列活动的制度供给和保障。更为重要的是，要加强以公平为原则的产权保护力度，对各类所有制的经济主体一视同仁，平等保护民营经济产权与合法权益。

1. 健全各种所有制经济产权制度

健全国有产权制度、非公有制经济产权保护制度。完善以管资本为主的经营性国有资产产权管理制度，健全以管资本为主的国有资产监管体制，加快转变国资监管机构职能和履职方式，健全自然资源资产产权制度和法律法规，健全以公平为原则的产权保护制度保护产权的法律法规体系，全面依法平等保护各类市场法严肃查处各类侵害市场主体合法权益的行为。

国有企业改革与发展面临的瓶颈问题，最终都可以归结为产权问题。合理的产权制度能够从根本上优化企业资源配置和提高企业的运行效率。当前，解决国资国企资源配置效果问题、提高运营效率、提高国有资本向中高端产业链配置的效率，根本上要靠产权关系调整和产权制度改革予以推进，充分发挥产权的市场激励功能，激发国有企业市场主体的内生动力和活力。

要按照产权制度改革的要求，优化国有经济布局和结构调整，扎实推进国企改革三年行动计划。国企要更加聚焦主业，深化混合所有制改革。对处于充分竞争领域的国有经济，通过资本化、证券化方式优化资本配置。① 特别是通

---

① 翁杰明：《积极有序推进新时代国有企业混合所有制改革》，《学习时报》2018年11月19日。

过混改引入市场竞争机制，完善法人治理结构和市场化经营机制。要按照竞争中性的原则，破除一切形式的行政垄断，为民营经济发展创造公平竞争的环境。涉及垄断行业的国有企业，要推进国企内部竞争式改革，公益类、资源类行业拆分或新设国企，引入国有资本内部竞争，建立相应考核机制、进入及退出机制，制定公开、透明、合理的补贴标准。要持续放宽市场准入，加快电网企业剥离装备制造等竞争性业务，推动油气基础设施向各种所有制企业公平开放。支持民营企业参与重大铁路项目建设和客货站场开发经营，允许中小民营企业联合参与工业用地招拍挂。

国有企业发展的一个重要举措是推进混合所有制改革。以"混"为基础，以"改"为路径，以"混"促"改"，以"改"促发展。混合所有制改革的核心内容是产权，产权的核心是股权改革，通过股权结构的改变，如探索和创新员工持股制度，完善市场化职业经理人制度等，推进体制机制的改革与创新，促进国有资本有效流动，解决国企经营效率不高、核心竞争力不强等问题。

加强以公平为原则的产权保护力度，更为重要的是对各类所有制的经济主体一视同仁，平等保护民营经济产权与合法权益。公有制经济财产权不可侵犯，非公有制经济财产权同样不可侵犯，让有恒产者有恒心。要实施好《民法典》和相关法律法规，依法平等保护国有、民营、外资等各种所有制企业产权和自主经营权，依法保护企业家合法权益。加大对民营企业的刑事保护力度，提高司法审判和执行效率，保障民营企业家的人身和财产合法权益，及时甄别纠正侵犯民营企业和企业家人身财产权的冤错案件，建立涉政府产权纠纷治理长效机制。

2. 健全知识产权相关制度

完善知识产权制度是产权制度改革的重点与难点。需要加强对知识产权创造、运用、交易、保护等一系列活动的制度供给和保障，加快建立知识产权侵权惩罚性赔偿制度，加强企业商业秘密保护。要准确把握改革的方向。打通知识产权创造、运用、保护、管理、服务全链条，推动形成权界清晰、分工合理、责权一致、运转高效、法治保障的知识产权体制机制，建立高效的知识产权综合管理体制，构建便民利民的知识产权公共服务体系，提升综合运用知识产权促进创新驱动发展的能力，保障和激励大众创业、万众创新，助推经济发展提质增效和产业结构转型升级。

要牢牢把握改革的原则。遵循"精简、统一、效能"的原则，按照"放管服"要求，突出问题导向，因地制宜实施知识产权综合管理，提升知识产权管理水平。要确保实现改革目标。由分散向综合转变，由管理向治理转变。构建与创新驱动发展要求相匹配、与加快政府职能转变方向相一致、与国际通行规则相接轨的知识产权综合管理体系，推进知识产权治理体系和治理能力现代化，实现提升管理效能、支撑创新驱动、促进经济健康稳定发展的改革效果。目前按照类别多部门分别管理知识产权的模式，行政管理效率不高，公共服务水平难以满足社会需要，增加了市场主体创新和维权成本，已经到了非改不可的时候。具体来看，一是建立高效的知识产权综合管理体制。科学划分知识产权职责，探索有效可行的知识产权综合管理体制机制。二是构建便民利民的知识产权公共服务体系。推行知识产权权利清单、责任清单、负面清单制度。加大知识产权简政放权力度，合理减少审批和管理事项。三是提升综合运用知识产权促进创新驱动发展的能力。建立健全知识产权评议、专利导航机制，完善知识产权风险预警体系。统筹制定实施知识产权密集型产业促进政策。①

3. 健全农村集体产权制度

农村集体产权制度改革的关键是要解决人的问题，为新进入农村集体劳动或投资的人员提供生产资料，为退出农村集体劳动或投资并作出贡献的人提供合理收益权。深化农村集体产权制度改革，将经营性资产折股量化到集体经济组织成员，保障农民的集体产权权利。此外，《民法典》对农村集体产权予以

---

① 《〈知识产权综合管理改革试点总体方案〉解读》，2017 年 1 月 13 日，http://www.gov.cn/zhengce/2017-01/13/content_5159587.htm#1。

特别保护，在原有基础上增加了村民住宅补偿费用等内容，这些制度因素也是在健全农村集体产权制度中需要予以重点考虑的内容。把开展农村资源性资产和非经营性资产有条件转化为经营性资产进行股份合作试点作为推进改革的重要内容。具体来看，第一，搞清集体经济家底。通过建立健全集体资产登记、保管、使用、处置等制度加强对农村集体资产的管理。第二，明确集体资产主人。当村民被确认为集体资产的主人，明确了可以分享集体资产收益的权利，激活了他们主人翁的责任感，促使集体经济组织成员更加积极参与集体经济发展。第三，有序推进股份合作制改革。基本思路是以股份或者份额形式量化到本集体成员，发展多种形式的股份合作，盘活用好农村集体资产。第四，发展壮大集体经济。既要通过改革明确集体经济组织的功能和主体地位，也要在改革过程中创新集体经济发展形式。

4.完善居民财产税制度

要完善居民财产税制度。从财产保有税制的国际经验来看，我国需提高财产保有税在税收体系中的地位，以房地产税改革为契机，扩大财产保有税的规模。同时，明晰财产产权，完善财产信息登记制度，健全财产价值评估体系，使财产保有税的征管更透明更便利。并且在征收以高收入群体为纳税人的财产税和遗产税，在平均社会财富和降低代际间的财产集中上十分重要。

（二）完善与市场主体有关的制度

市场主体包括国有企业、民营经济和其他各类市场主体。营商环境是企业等市场主体在市场经济活动中所涉及的体制机制性因素和条件，其优劣直接影响市场主体的兴衰、生产要素的聚散、发展动力的强弱。经济社会发展的动力，源于市场主体的活力和社会创造力，很大程度上取决于营商环境。近年来，我国营商环境明显改善，但是与国际先进水平仍有较大差距，必须在深化"放管服"改革上有更大突破、在优化营商环境上有更大进展，使市场主体活力和社会创造力持续迸发，为经济社会发展提供强劲动力。在总结实践经验的基础上，从制度层面提供更强有力的保障和支持，是进一步优化营商环境的重要举措。

一是强调平等对待各类市场主体。明确国家依法保护各类市场主体在使用要素、享受支持政策、参与招标投标和政府采购等方面的平等待遇，为各类市场主体平等参与市场竞争强化法律支撑。二是强调为市场主体提供全方位的保护。依法保护市场主体经营自主权、财产权和其他合法权益，保护企业经营者人身和财产安全。加大对市场主体知识产权的保护力度，建立知识产权侵权惩罚性赔偿制度。三是强调为市场主体维权提供保障。推动建立全国统一的市场主体维权服务平台，为市场主体提供高效、便捷的维权服务。

围绕破解市场主体生产经营活动中的痛点难点堵点问题，着力净化市场环境，更好地激发市场主体更多活力、提高竞争力。聚焦破除市场准入和市场退出障碍，明确通过深化商事制度改革、推进证照分离改革、压缩企业开办时间、持续放宽市场准入等措施，为市场主体进入市场和开展经营活动破除障碍。要求进一步优化市场主体注销办理流程，精简申请材料、压缩办理时间、降低注销成本，推动解决市场主体"退出难"问题；聚焦落实减税降费政策，明确各地区、各部门应当严格落实国家各项减税降费政策，保障减税降费政策全面、及时惠及市场主体，并对设立涉企收费作出严格限制，切实降低市场主体经营成本；聚焦解决"融资难、融资贵"问题。明确鼓励和支持金融机构加大对民营企业和中小企业的支持力度、降低民营企业和中小企业综合融资成本，不得对民营企业和中小企业设置歧视性要求。优化动产担保融资服务，鼓励引导商业银行支持中小企业以应收账款、生产设备、产品、车辆、船舶、知识产权等动产和权利进行担保融资。推动建立以担保人名称为索引的电子数据库，实现对担保品登记状态信息的在线查询、修改或撤销。

针对市场主体反映政务服务整体效能不够强，办事难、办事慢、办事繁等问题，围绕打造公平、公开、透明、高效的政府运行体系，着力提升政务服务能力和水平，提供惠企便民的高效服务。推进政务服务标准化，明确政府及其有关部门应当落实减环节、减材料、减时限要求，编制并向社会公开政务服务事项标准化工作流程和办事指南，推动同一事项无差别受理、同标准办理；推进马上办、网上办、就近办、一次办，明确政府及其有关部门应当推行当场办结、一次办结、限时办结的服务模式，实现集中办理、就近办理、网上办理、异地可办，并对全国一体化在线政务服务平台建设、政务信息整合共享、电子证照推广应用作了具体规定，使"一网、一门、一次"改革要求成为有法律约束力的制度规则；推进行政审批制度改革，从办成项目前期"一件事"出发，健全部门协同工作机制，加强项目立项与用地、规划等建设条件衔接，推动有条件的地方对项目可行性研究、用地预审、选址、环境影响评价、安全评价、水土保持评价、压覆重要矿产资源评估等事项，实行项目单位编报一套材料，政府部门统一受理、同步评估、同步审批、统一反馈，加快项目落地。优化全国投资项目在线审批监管平台审批流程，实现批复文件等在线打印；推进重点领域服务便利化，对标国际一流标准，推广国内最佳实践，对提升办理建筑许可、跨境贸易、纳税、不动产登记等与市场主体生产经营活动密切相关的重点领域政务服务便利化程度提出具体要求，为相关领域深化改革提供目标指引。

建立公平公正的监管执法体系。良好的营商环境应当保障公平竞争，加强市场监管，维护市场秩序。一是推动健全执法机制。建立健全跨部门跨区域行政执法联动和响应机制，在相关领域推行综合行政执法，减少执法主体和执法层级，推动解决困扰市场主体的行政执法检查过多过频问题，实现从监管部门"单打独斗"转变为综合监管，做到"一次检查、全面体检"。二是推动创新监管方式。明确除直接涉及公共安全和群众生命健康等特殊行业、重点领域外，都要实行"双随机、一公开"监管，推行"互联网＋监管"，对新兴产业实行包容审慎监管。三是推动规范执法行为。明确行政执法应当依法慎重实施行政强制，减少对市场主体正常生产经营活动的影响，不得随意采取要求市场主体普遍停产、停业的措施，避免执法"一刀切"。要求行政执法应当规范行使自由裁量权，合理确定裁量范围、种类和幅度。

（三）要素市场化配置

生产要素主要有人的要素和物的要素两方面，也即劳动力价值，资本或资产等物质生产要素，管理和知识产权类要素。市场化配置就是要更好地对这些生产要素合理的分配与利用。要素市场化配置是关键性基础性的重大改革任务，也是市场化改革成效的关键，其实质是真正突破阻碍要素自由流动的体制机制障碍，实现资源配置方式的优化和创新。要根据不同要素属性、市场化程度差异和新时代经济社会发展需要，根据不同要素属性、市场化程度差异和经济社会发展需要，实现要素价格市场决定、流动自主有序、配置高效公平。要素市场化改革的核心是坚决打破行政垄断和市场壁垒，建立要素自由流动、平等交换的现代市场体系，提高资源配置效率和公平。

1. 推动土地要素市场化配置

土地是唯一具有自然稀缺性和不可创造性的要素，这就决定了土地在经济价值分配中的优势、先导性地位，为国家发展建设发挥着空间承载力、自然生产力、空间价值贡献输送等多方面作用。虽然我国土地制度历经多次改革调整，但城乡二元结构长期并立的问题并没有根本解决。"十四五"期间，要积极推进土地制度改革，为促进城乡融合发展、加快形成强大国内市场和需求，构建新发展格局提供新的动力源。

一是全面推开农村土地征收制度改革。深化土地要素市场化改革，明确入市对象范围和入市主体。明晰的土地产权关系是保障市场交易安全，发挥市场机制优化配置土地资源的重要手段。二是建立城乡统一的建设用地市场。完善城乡建设用地价格形成机制，实现农村集体经营性建设用地与国有土地同等入市、同价同权。三是积极探索入市收益分配制度。探索建立公平合理的集体性经营性建设用地入市增值收益分配制度。要科学研究土地收益增值的分配方式，对参与分配的人员、集体经济组织成员进行合理界定。四是深化产业用地市场化配置改革。健全长期租赁、先租后让、弹性年期供应、作价出资（入股）

等工业用地市场供应体系。在符合国土空间规划和用途管制要求前提下，调整完善产业用地政策，创新使用方式，推动不同产业用地类型合理转换，探索增加混合产业用地供给。五是鼓励盘活存量建设用地。进一步深化产业用地市场化的配置改革，充分利用市场经济盘活存量用地和低效率用地，扩大国有土地有偿使用的范围，推进国企存量用地的盘活利用，同时完善盘活存量建设用地的税费制度。六是完善城乡建设用地增减挂钩政策，为乡村振兴和城乡融合发展提供土地要素保障。要建立真正的自愿退出机制，促进宅基地跨集体流转，促进对存量闲置宅基地的盘活利用，包括自主经营、租赁经营、委托经营，彻底破除阻碍吸引投资的各种体制机制障碍。七是完善土地管理体制。完善土地利用计划管理，实施年度建设用地总量调控制度，增强土地管理灵活性，推动土地计划指标更加合理化，城乡建设用地指标使用应更多由省级政府负责。建立新的公平、公开、透明、规范的土地供应指标体系，在国土空间规划编制、农村房地一体不动产登记基本完成的前提下，建立健全城乡建设用地供应三年滚动计划。探索全国性的建设用地、补充耕地指标跨区域交易机制，增强优势地区的用地保障。

土地改革应坚持中央向地方分权、政府向市场放权的原则，用法律制度代替目前的政策文件，充分发挥市场在土地要素配置中的决定性作用。逐步减少政府对土地资源的指令性管理和配置，并最终取消土地利用的计划指标，基本建立起较完善的城乡统一的建设用地市场。

2.完善劳动力要素市场化配置

劳动力在各生产要素中是最活跃的，土地、资本只有通过劳动力才能激活与运转，技术、数据等可以说是复杂劳动的派生物。[1] 因此，提高劳动力市场化配置水平，对整体经济社会发展具有极其重要的意义。

一是深化户籍制度改革。要重点突破户籍、所有制等身份差异对劳动力要

---

[1]　彭森:《推动新一轮市场化改革再出发》,《经济日报》2020 年 5 月 21 日。

素自由流动、市场化配置的制度障碍，着力引导劳动力要素合理畅通有序流动。户籍制度严重制约了城市乡村经济发展，带有浓厚的封建色彩。要加强户籍体制机制顶层设计和总体规划，明确改革重点和任务。加强空间规划基础研究，统筹配置人口空间资源。分类推进户籍改革，对于 500 万人以下城市，全面放开户籍制度，促进农业转移人口等非户籍人口在城市便捷落户；对于 500 万—1000 万人的大城市，加快取消各种户籍限制，推行经常居住地登记户口制度；对于 1000 万人以上的一线城市，逐步取消积分制，明确落户标准，试行经常居住地登记户口制度；建立深圳户籍改革先行示范区，探索一线城市户籍制度有效改革经验。剥离户籍黏附利益，推进公共服务均等化。加快土地制度改革，为农民解除与土地的"捆绑"，并打开城乡流通渠道。进一步放开除个别超大城市外的城市落户限制，试行以经常居住地登记户口的制度，在城市群内探索户口通迁、居住证互认制度，建立城镇教育、就业创业、医疗养老等基本公共服务与常住人口挂钩机制。

二是畅通劳动力和人才社会性流动渠道，促进人才流动和灵活就业，引导有需求的企业开展"共享用工"，通过用工余缺调剂提高人力资源配置效率。健全统一规范的人力资源市场体系，加快建立协调衔接的劳动力、人才流动政策体系和交流合作机制。劳动力市场歧视，既背离了公平原则，也降低了劳动力要素配置效率，不利于人力资本开发利用。需要营造公平就业环境，依法纠正身份、性别等就业歧视现象，保障城乡劳动者享有平等就业权利。

三是进一步畅通企业、社会组织人员进入党政机关、国有企事业单位渠道。优化国有企事业单位面向社会选人用人机制，深入推行国有企业分级分类公开招聘。打破劳动力市场分割，是贯穿劳动力市场改革始终的一项任务。在这一过程中，随着城乡二元分割的逐步瓦解，问题的焦点已逐步集中到城市内部的多元分割。要破除妨碍人才和劳动力流动的体制机制障碍，打破身份分割、所有制分割、体制内和体制外分割等多种形式的劳动力市场分割。

四是加大人才引进力度。畅通海外科学家来华工作通道。在职业资格认定认可、子女教育、商业医疗保险以及在中国境内停留、居留等方面，为外籍高层次人才来华创新创业提供便利。

3.优化资本要素市场化配置

资本市场同时连接着宏观尺度的货币政策与微观端的企业。在货币政策传导到微观企业层面的过程中，资本市场要扮演枢纽的角色，是嫁接宏观与微观的桥梁。资本市场功能的充分发挥，也能够更好地反映经济和企业运行状况，为决策者提供更多的决策依据。一直以来，我国股票融资占社会融资的比重严重不足，直接融资占比相对较低，无法为科技型、创新型企业提供足够的资源支持。现阶段我们要发展新产业，培育经济增长新动能，但传统的融资渠道与具备高风险的创新型企业无法相匹配，必须进一步发展股权融资，加快建立规范、透明、开放、有活力、有韧性的资本市场，让资本市场成为产业升级和创新驱动的推进器。

一是完善股票市场基础制度。制定出台完善股票市场基础制度的意见。坚持市场化、法治化改革方向，推动以信息披露为核心的股票发行注册制，完善强制退市和主动退市制度。二是加快发展债券市场。稳步扩大债券市场规模，丰富债券市场品种，推进债券市场互联互通。统一公司信用类债券信息披露标准，完善债券违约处置机制。探索对公司信用类债券实行发行注册管理制。加强债券市场评级机构统一准入管理，规范信用评级行业发展。三是增加有效金融服务供给。健全多层次资本市场体系。构建多层次、广覆盖、有差异、大中小合理分工的银行机构体系，优化金融资源配置，放宽金融服务业市场准入，推动信用信息深度开发利用，增加服务小微企业和民营企业的金融服务供给。建立县域银行业金融机构服务"三农"的激励约束机制。推进绿色金融创新。完善金融机构市场化法治化退出机制。四是主动有序扩大金融业对外开放。稳步推进人民币国际化和人民币资本项目可兑换。逐步推进证券、基金行业对内对外双向开放，有序推进期货市场对外开放。逐步放宽外资金融机构准入条件，推进境内金融机构参与国际金融市场交易。五是推动资本向创造价值的优质企业流动，解决经济脱实向虚，实现金融和实体经济良性循环。着力增强金融业基本功能，要强化金融体系的支付清算、资金融通、资源配置、风险管理和提供信息"五位一体"功能，着力深化金融改革开放，为金融业转型升级、提质增效营造动力和活力，增强防控金融风险和服务实体经济的能力。

4. 创新技术要素市场化配置

技术要素是经济长期增长的动力所在。在长技术周期的尾部，技术进步放缓，叠加我国"追赶效应"逐渐减弱的环境下，如何激发本国科技和创新的活力显得更加重要。从制度和投入上，我国较美、日、韩等国家仍有差距，从制度上为技术创新创造环境在任何时候都十分重要。

一是健全职务科技成果产权制度。深化科技成果使用权、处置权和收益权改革，开展赋予科研人员职务科技成果所有权或长期使用权试点。强化知识产权保护和运用，支持重大技术装备、重点新材料等领域的自主知识产权市场化运营。二是完善科技创新资源配置方式。改革科研项目立项和组织实施方式，坚持目标引领，强化成果导向，建立健全多元化支持机制。完善专业机构管理项目机制。加强科技成果转化中试基地建设。支持有条件的企业承担国家重大科技项目。建立市场化社会化的科研成果评价制度，修订技术合同认定规则及科技成果登记管理办法。建立健全科技成果常态化路演和科技创新咨询制度。三是培育发展技术转移机构和技术经理人。加强国家技术转移区域中心建设。支持科技企业与高校、科研机构合作建立技术研发中心、产业研究院、中试基地等新型研发机构。积极推进科研院所分类改革，加快推进应用技术类科研院所市场化、企业化发展。支持高校、科研机构和科技企业设立技术转移部门。建立国家技术转移人才培养体系，提高技术转移专业服务能力。四是促进技术要素与资本要素融合发展。积极探索通过天使投资、创业投资、知识产权证券化、科技保险等方式推动科技成果资本化。鼓励商业银行采用知识产权质押、预期收益质押等融资方式，为促进技术转移转化提供更多金融产品服务。五是支持国际科技创新合作，继续探索国际科技合作新模式，坚持扩大科技领域对外开放。深化基础研究国际合作，组织实施国际科技创新合作重点专项，探索国际科技创新合作新模式，扩大科技领域对外开放。加大抗病毒药物及疫苗研发国际合作力度。开展创新要素跨境便利流动试点，发展离岸创新创业，探索推动外籍科学家领衔承担政府支持科技项目。发展技术贸易，促进技术进口来源多元化，扩大技术出口 ①。

5. 推进数据要素市场配置

数据要素的高效配置，是推动数字经济发展的关键一环。数据要素列为要素市场化配置的重要内容之一，培育和发展数据要素市场，对释放数据红利、推动我国经济高质量发展具有重要意义。数据生产要素属性的提升，关系着经济增长的长期动力，关系着我国发展的未来。

一是加快培育数据要素市场，建立数据资源清单管理机制。要提高数据流通效率，降低数据流通的交易成本，建立评估定价机制。同时培育竞争主体，做大做强数据企业。通过强有力的政策，支持数据领域的创业创新，打造一大批具有国际竞争力的优秀数据服务企业，加快形成数据应用服务产业。让企业通过技术创新、人才培养和市场竞争，提高对政府数据和各类社会数据（公权机构数据、法人私有数据和开源网络数据）的融合分析能力，为全社会提供高质量的数据应用服务，加快数据资产化进程，充分实现数据在经济社会发展中的资源价值。二是推进政府数据开放共享，建立开放共享机制。要完善数据权属界定和交易流通的标准和措施，建立数据产权制度，有力保护竞争。鼓励开放共享，坚决反对垄断，推动数据资源市场化。现在大量数据掌握在一些政府部门、运营商及大型互联网公司手中，市场机制的作用还远远没有发挥出来。要通过市场化体制机制改革，让这些资源能够充分共享。要发挥行业协会商会作用，制定数据确权定价和流动交易的标准、规范和共识，推动多方安全

---

① 《中共中央国务院关于构建更加完善的要素市场化配置体制机制的意见》，2020 年 4 月 9 日，http://www.gov.cn/zhengce/2020-04/09/content_5500622.htm。

计算、可信执行环境等数据隐私保护新技术新标准的应用，着力破除数据自由流动障碍瓶颈。三是强化法律保障，加快数据资源整合，依法保护个人信息。建立健全相应法规和配套措施，通过立法保障数据确权、开放共享、自由流动、隐私安全等，构建数据治理监管体系。要使数据交易合规合法，不能无序竞争。在鼓励数据共享的同时，特别要立法数据安全保护，尤其是公民隐私保护。坚决打击靠非法采集、倒卖数据盈利的行为，多种举措鼓励靠挖掘数据深层价值盈利的做法。四是打造数据文化，包括数据政策宣介、数据知识普及、数据意识培育、开发数据文化产品等。

（四）高水平对外开放有关的制度

当今世界，全球价值链、供应链深入发展，你中有我、我中有你，各国都能从发展开放型经济中获得红利。因此，应坚持以开放求发展，深化交流合作，坚决反对保护主义、单边主义，不断削减贸易壁垒，推动全球价值链、供应链更加完善，共同培育市场需求，推动经济全球化朝着更加开放、包容、普惠、平衡、共赢的方向发展。通过保障外贸产业链、供应链畅通运转，用足用好合规的外贸政策工具，简化通关手续，推出更多外汇便利化业务，抓好重大外资项目落地，继续优化营商环境等措施，稳住外贸外资基本盘。坚持以开放促改革、促发展、促创新，持续推进更高水平的对外开放。

40 多年后再出发的对外开放是更高水平的对外开放。把握对外开放的新环境和新特点，持续推进更高水平的对外开放。从发展理念看，以习近平同志为核心的党中央提出创新、协调、绿色、开放、共享的新发展理念。开放发展注重的是解决发展内外联动问题，必须发展更高层次的开放型经济，以扩大开放推进改革发展。共建"一带一路"成为参与全球开放合作、改善全球经济治理体系、促进全球共同发展繁荣、推动构建人类命运共同体的中国方案。特别是在当前经济全球化遭遇一些逆流的情况下，我国坚定不移奉行互利共赢的开放战略，做经济全球化的倡导者、支持者、推动者，不断为全球治理提供新思维和新动能。

面对国际国内形势的深刻变化,在继续推动商品和要素流动型开放的同时,更加注重制度型开放,这是新时期对外开放的重要特点。当前,国际经贸规则面临深刻调整,从"边境上"延伸到"边境后"。必须加强规则、规制、管理、标准等方面的开放,建立形成与国际高标准经贸规则相接轨的对外开放制度体系,为实施高水平市场开放提供支撑。

一是继续深化双边合作,完善多边合作机制,推动共建"一带一路"高质量发展,积极参与全球治理体系改革和建设。积极同多个国家和地区签署了自由贸易协定,积极参与联合国、二十国集团、亚太经合组织、金砖国家等机制合作;秉持共商共建共享原则,推动共建"一带一路"高质量发展,为全球提供开放合作的国际平台;支持对世界贸易组织进行必要改革,让世界贸易组织在扩大开放、促进发展方面发挥更大作用。为此,需要提升改革进程,尽快完成我国的相关行政管理要求与国际高标准经贸规则的衔接工作。

二是主动向世界开放市场,激发进口潜力,实施更加重视进口的贸易政策。进一步降低进口关税和制度性成本,优化进口结构,培育一批进口贸易促进创新示范区,加快跨境电子商务等新业态新模式发展,扩大对各国高质量产品和服务的进口,消除各种非关税壁垒。进一步提高进出口通关效率,推行进出口货物"提前申报",企业提前办理申报手续等,不断开大中国市场大门,欢迎来自世界各国的高质量产品。

三是优化市场环境,放宽外资市场准入,完善市场化、法治化、国际化营商环境必备的法律制度,推进政府职能转变。放宽外资市场准入,继续缩减负面清单,保护外资合法权益,建立符合国际惯例的市场经济运行机制和体系,稳步扩大金融业开放,推动制造业、服务业、农业扩大开放。平等对待内资企业、外商投资企业等各类市场主体,加大对知识产权的保护力度,对标国际先进水平,为各类市场主体投资兴业营造稳定、公平、透明、可预期的良好环境。

四是加快自由贸易试验区、自由贸易港建设,打造开放层次更高、营商环境更优、辐射作用更强的开放新高地。抓紧研究提出海南分步骤、分阶段建设自由贸易港政策和制度体系，加快探索建设中国特色自由贸易港进程；以"一带一路"建设为重点，加强与"一带一路"沿线国家在规则、标准等方面的软联通，特别是在规则和标准等方面开展研译、互认等交流合作，深化我国与相邻国家或沿线国家合作的领域，在内外空间的拓展中推动形成陆海内外联动、东西双向互济的开放格局。要以制度创新为核心，推动自由贸易试验区先行先试，开展首创性、差别化改革探索，以自贸试验区为依托打造制度型开放新高地。

五是更加重视对外开放政策贯彻落实。高度重视履行同各国达成的多边和双边经贸协议，加强法治政府、诚信政府建设，建立有约束的国际协议履约执行机制，按照扩大开放的需要修改完善法律法规，在行政许可、市场监管等方面规范各级政府行为，清理废除妨碍公平竞争、扭曲市场的不合理规定、补贴和做法，公平对待所有企业和经营者，完善市场化、法治化、便利化的营商环境。

六是充分发挥制度优势，坚持独立自主和对外开放相统一，维护国家主权、安全、发展利益。我国国家制度和国家治理体系所具有的多方面显著优势，是我们坚定中国特色社会主义道路自信、理论自信、制度自信、文化自信的基本依据。要健全对外开放安全保障体系，牢牢掌握维护国家安全的战略主动权，引导国际社会共同塑造更加公正合理的国际新秩序，推动各方朝着互利互惠、共同安全的目标相向而行。

五、高标准市场体系的中国制度特色

在建设高标准市场体系的过程中，只有顺应我国社会主义市场经济发展的规律，才能真正制定出适合我国实际国情的措施。只有充分发挥市场配置资源的优势，同时积极发挥政府作用，才能完成建设高标准市场体系的任务。

（一）完善市场准入制度

实行市场准入负面清单制度是发挥市场在资源配置中的决定性作用的重要基础，是更好发挥政府作用的内在要求，是构建开放型经济新体制的必要措施。外商投资准入负面清单是中国扩大开放的重要制度创新，外商投资准入前国民待遇＋负面清单制度是现行国际双边、多边经贸谈判规则。

一单到底，单外无单。实施市场准入负面清单制度。市场准入负面清单制度遵循"非禁即准"理念，其核心在于通过列出禁止和限制投资经营行业、领域、业务等，实现清单之外市场主体依法平等进入，市场主体可在法定范围内自主决定，自由从事各种民事行为，实现自己的利益。政府以负面清单的形式明确列出在我国境内禁止和限制投资经营的行业、领域、业务等，将所有分散各处的禁止类、许可类事项在一张清单上集成。在市场监管层面也要进行改革，实行全国统一的市场准入负面清单制度后，负面清单以外的市场准入就是一种商事登记程序，由商事注册登记机构负责规范管理；负面清单以内的限制准入则是一种行政审批核准（备案）程序，由相关审批机构规范管理。市场监管部门要优化事中事后监管，不断提高行政管理和市场监管的效率和效能。

一年一修，动态调整。随着国内外市场环境和发展政策的改变，负面清单需要及时调整。[①] 全面实行市场准入负面清单制度是一项系统性改革工程，需要进一步建立健全与之相适应的准入机制、事中事后监管、社会信用激励惩戒、商事登记等各种制度和机制。要着力健全完善"三个机制"：一是建立清单信息公开机制，通过相关门户网站、媒体等平台，向社会公开新版负面清单的有关内容信息，不断提升市场准入政策透明度和负面清单使用便捷性；二是建立清单动态调整机制，研究制定清单动态调整工作方案，明确和细化清单调整频次、方式、流程，探索建立市场准入负面清单调整第三方评估机制；三是

---

① 顾阳：《我国全面实施市场准入负面清单制度 真正实现"非禁即入"》，2018 年 12 月 26 日，http://news.hbtv.com.cn/p/1660842.html。

完善与行政审批事项的衔接机制健全完善与市场准入负面清单制度相适应的审批体制，确保清单之外无审批事项，实现各类市场主体依法平等进入清单以外的行业、领域、业务等。

一网通办，全国统一。市场准入负面清单由国务院统一制定发布，实现市场准入全国范围统一标准。在信息时代，以清单电子化、数字化为手段，推进一单尽列，更有效地实现整体治理效果。地方有必要全面清理本地区的市场准入禁止和许可事项，并对接地区省级、市县级权力清单的相关内容。在逐项核查的基础上，一方面就全国统一的市场准入负面清单提出建议，另一方面每年对照最新的《市场准入负面清单》提出修改、废止地方性法规、政府规章和规范性文件的建议，为全国统一的清单在地方顺利落实清理"荆棘"。

（二）完善公平竞争审查制度

公平竞争审查制度已经被越来越多的国家采用，并被证明是约束政府权力不当行使，维护市场公平竞争的有力措施，为市场在资源配置中起决定性作用提供了必要的制度保障。要完善公平竞争审查制度，做到各项政策的出台都不应忽视和动摇竞争政策的基础地位。坚持以竞争政策为基础来协调相关政策，特别要加强产业政策与竞争政策的协同。各项产业政策只有通过公平竞争审查，突出创新引领、创新驱动的导向，逐步建立普惠、公平的鼓励创新政策体系，才能协同好与竞争政策的关系。增强政府维护公平的市场竞争秩序、防止垄断和其他不正当竞争行为的力度，是未来更好发挥政府作用的重要途径。

在完善我国的公平竞争审查制度时，需要按照竞争中性的原则来推进，是要部署清理妨碍公平竞争、束缚民营企业发展、有违内外资一视同仁的政策措施。二是严格做好新出台文件的审查。要实现国家、省、市、县四级政府全覆盖，确保涉企的政策措施都要进行审查，严审增量。三是进一步改革完善公平竞争审查制度，要修订实施细则，要建立定期的评估清理机制，推行第三方评估。四是强化公平竞争审查的监督机制，定期开展文件的抽查，畅通投诉举报渠道，及时曝光典型案例，将公平竞争审查纳入相关考核体系，等等。此外，要将公平竞争审查制度正式上升为法律的层面，成为国家的一项基本的法律制度，从而形成以《中华人民共和国反垄断法》为核心的竞争政策体系。在此基础上，逐步完善公平竞争审查的具体制度规则，如加大竞争执法机构在公平竞争审查中的作用，完善违反公平竞争审查制度的责任追究制度。

（三）完善现代化市场监管体制机制

加强市场监管是更好发挥政府作用的重要体现，是保障市场体系有效运转的内在要求。建设高标准市场体系，需要构建与之适应的市场监管体系。一是进一步完善监管体制。深化市场监管体制改革，进一步完善统一的市场监管体制，提升综合监管能力。深化行政执法体制改革，最大限度减少不必要的行政执法事项。加快推进综合执法，根据不同层级政府的事权和职能，优化配置执法力量。二是进一步完善监管机制。要建立健全行业监管部门和综合监管部门的协调配合机制，推进部门协同监管常态化。社会信用体系是规范市场秩序的治本之策，要完善市场主体信用承诺、失信行为认定、失信联合惩戒、失信主体信用修复等机制，大力推进信用分级分类监管。保障市场安全是市场监管的底线要求，要围绕食品药品、特种设备、重要工业产品质量安全，健全统一权威的全过程监管体系。三是进一步完善监管规则。构建健全的规则体系，是规范市场行为、维护市场秩序的关键所在。要围绕市场规则缺失、滞后等问题完善重点领域的市场规则。四是进一步加大监管力度。坚持包容审慎，守住安全底线，营造促进新经济健康发展的监管环境。健全完善质量政策措施，提升商品和服务质量。健全社会监督机制，充分发挥行业协会、新闻媒体、社会公众和市场专业化服务组织的监督作用，构建市场监管社会共治格局。①

---

① 肖亚庆：《建设高标准市场体系》，《经济日报》2020 年 12 月 22 日。

（四）全面落实"中性原则"

所谓"中性原则"，指的是绝大部分社会事物不是由非黑即白、非此即彼的单纯对立两方面组成的，而是存在大量中间事物和中间地带，甚至这些中间事物才构成了社会事物的主体。将其引入市场管理中，就可以发展为两个原则，一个是"竞争中性"原则，即对所有参与市场竞争的主体必须公平竞争，政府的行为不给任何市场主体参与者尤其是国企带来任何"不当的竞争优势"，不特别保护某一个竞争者；另一个是"所有制中性"原则，就是各种所有制企业之间不仅要平等竞争，而且要一视同仁，不因所有制差别而进行歧视，也不应对不同所有制规定专门的限制措施。在改革开放的历史进程中，自觉运用和把握"中性原则"，对推动改革的前进发挥了巨大的作用。根据"中性原则"，反映社会化大生产的经济管理经验，属于典型的中性事物，也是资本主义可以用，社会主义更可以用的事物。我们党多次提出竞争中性和所有制中性的内核，历次中央全会文件表述的核心实际上与竞争中性和所有制中性的内涵并无二致。即无论各种市场主体的所有制成分，在政策环境、法律保障、要素供给等方面，俱应平等竞争、一视同仁。我国高标准市场体系建设离不开两个中性原则。

一是创造良好营商环境需要落实两个中性原则。改革面临既得利益的阻力，如行政垄断、歧视民营企业等都是既得利益格局的具体表现，应该落实两个中性原则，破除行政垄断，补齐政策和法律短板，为民营经济发展提供公平、稳定的环境。二是国有企业改革需要落实两个中性原则。国有企业瘦身健体，国有资本有进有退，国资委职能从管人管事转到管理国有资本上，都是落实两个中性原则的体现。进一步推动国有资本更多地投向关系国家安全和国民经济命脉的重要行业和关键领域，是推动中性事物与社会主义属性的结合，应加大推进力度。三是应对国际贸易纠纷需要落实两个中性原则。以中美贸易摩擦为例，实质焦点是两个：一个是对国有企业的定性，认为中国国有企业享受特殊政策，处于不公平的竞争优势地位；另一个是希望压制中国的高科技产业，保持美国高科技的竞争优势。主动落实两个中性原则是应对这两个矛盾焦点的重要法宝。两个中性原则的缘起本身就是在国际贸易中为创造不同国家不同所有制经济在市场经济体系中的公平竞争环境。对这一原则的主动应用和落实，可加快我国经济结构性改革，也有利于我国市场经济地位在国际上被认可。

（五）加快构建社会主义市场经济法治体系

党的十八届四中全会通过的决定指出，社会主义市场经济本质上是法治经济。党的十九届四中全会进一步指出，必须坚定不移走中国特色社会主义法治道路。市场经济之所以是自由经济，一个重要体现就在于各类市场主体能够按照个人意图配置自身合法占有的各种生产资料，进而实现自主生产、自主经营、自负盈亏。竞争是市场经济的基本特征，市场经济的活力在于竞争，效率也在于竞争，市场正常秩序的规范需要法治维护，市场主体平等地位的确立需要法治保障。在建设高标准市场体系的过程中，社会主义市场经济法治体系的作用更加不可替代。

一是有法可依，完善经济领域法律法规体系。加快社会主义法律制度的立、改、废、释工作。法治是社会主义市场经济的内在要求，营造公平公正的市场竞争环境的首要任务是坚持法治方向，加快健全与社会主义市场经济相适应的市场法律制度，从而用法律来维护市场经济的正常运行。进一步完善法律体系，要按照包容审慎的原则，推进新经济领域的立法，推动重大改革在法治保障下顺利开展。

二是依法用权，健全执法司法对市场经济运行的保障机制。重点是深化行政执法体制改革，最大限度地减少不必要的行政执法事项，规范行政执法行为。根据不同层级政府的事权和职能，优化配置执法力量。健全涉产权冤错案件有效防范和常态化纠错机制，及时有效纠正涉产权冤错案件。要处理好权力和法律法规的关系，坚持权由法定、权依法使，切实做到在法治之下而不是法治之外，更不是在法治之上想问题、作决策、办事情，真正做到依法用权、秉公用权、廉洁用权，牢记法律红线不可逾越。

三是依法履职，全面建立行政权力制约和监督机制。实行政府权责清单制度，健全重大行政决策程序制度。加强对政府内部权力的制约，防止权力滥用。完善行政权力监督体制建设，实现对重点领域有效监督。各级政府部门要积极推进权责清单标准化规范化建设，全面实现权力清单和责任清单"两单"融合，不断完善权责清单动态管理机制，注重强化权责清单制度的便民性，加强权责清单执行情况监督问责。同时，要加强宣传培训、统筹谋划、督促指导、总结评估，确保权责清单制度在落地生效，切实发挥权责清单制度在转变政府职能、深化简政放权、推动政府部门全面履职尽责方面的基础性制度作用。

四是共建共治共享，加强法治和社会活力有机统一。共建，即共同参与社会建设，是社会治理的基础。社会治理，不只是党委和政府的责任，也是市场主体和社会各方的责任；不再是简单的管理与被管理的关系，而是社会各方主体平等协商、合作互动的关系。共治，即共同参与治理，是社会治理的关键。要完善党委领导、政府负责、民主协商、社会协同、公众参与、法治保障、科技支撑的社会治理体系，充分发挥各级党委的领导核心作用，强化各级政府的主体责任，增强社会各方参与社会治理的能力和活力。共享，即共同享有社会治理成果，是社会治理的目标。加强和创新社会治理，归根到底是为了保障人民群众的合法权益，不断满足人民日益增长的美好生活需要。完善共建共治共享的社会治理制度，实现政府治理同社会调节、居民自治良性互动，建设人人有责、人人尽责、人人享有的社会治理共同体。要通过法律为基层社会治理的创新实践开辟道路，更加注重维护社会公平正义，促进人的全面发展和社会全面进步。

总之，建设高标准市场体系是顺利度过从高速增长向高质量发展阶段的"换挡期"，并在升级换挡中充分挖掘自身潜力，实现有活力、可持续、韧性强增长的重要途径，更是当前体制机制改革和经济工作的重中之重。在党的十九届四中全会精神的指引下，为了充分发挥市场在资源配置中的决定性作用，更好发挥政府作用，让"看得见的手"和"看不见的手"相得益彰，2020 年中共中央、国务院印发《关于新时代加快完善社会主义市场经济体制的意见》，为在更高起点、更高层次、更高目标上推进经济体制改革，构建更加系统完备、更加成熟定型的高水平社会主义市场经济体制发出了动员令。文件发布的短短几个月内，相关各机构部门积极响应，出台相关举措配合市场体系建设：国务院办公厅印发《关于进一步优化营商环境更好服务市场主体的实施意见》，最高人民法院、国家发展和改革委员会联合印发《关于为新时代加快完善社会主义市场经济体制提供司法服务和保障的意见》，2021 年中共中央办公厅、国务院办公厅印发《建设高标准市场体系行动方案》，等等。这些都将为我国建设高标准市场体系提供强劲动力与持续保障。相信在不久的将来，在各方的响应和配合下，我国市场化将构建起高标准、高质量、高效率的运作体系，以适应经济高质量发展新要求、推进经济治理体系和经济治理能力现代化。

第二章 "十四五"时期重点改革议题及改革推进机制研究

"十四五"时期是我国在全面建成小康社会、实现第一个百年奋斗目标之后，乘势而上开启全面建设社会主义现代化国家新征程、向第二个百年奋斗目标进军的第一个五年。

未来五年，我国经济社会发展正处于关键时期。抓住机遇、应对挑战，关键在于推进全面深化改革，构建高水平市场经济体制。党的十九届五中全会明确提出，"坚定不移推进改革，坚定不移扩大开放，加强国家治理体系和治理能力现代化建设，破除制约高质量发展、高品质生活的体制机制障碍，强化有利于提高资源配置效率、有利于调动全社会积极性的重大改革开放举措，持续增强发展动力和活力"①。按照党的十九届五中全会要求，需要以问题为导向，聚焦"十四五"时期重点改革议题，着力创新改革推进机制，实现全面深化改革开放的重大突破。

本章通过分析"十四五"全面深化改革开放的特定背景，重点提出以扩大高水平开放促进市场化改革、以扩大内需为导向深化市场化改革、以优化营商环境为重点处理好政府和市场关系等方面的重大议题，并提出加快完善改革推进机制的相关建议。

---

① 《中共中央关于制定国民经济和社会发展第十四个五年规划和二〇三五年远景目标的建议》，《人民日报》2020 年 11 月 3 日。

一、"十四五"全面深化改革的特定背景

当前，世界进入动荡变革期。单边主义、保护主义使经济全球化逆潮涌动，疫情大流行使世界经济不稳定、不确定因素增多，国际社会正在经历多边和单边、开放和封闭、合作和对抗的重大考验。在这个特定背景下，"办好自己的事"，核心是致力于全面深化改革开放，推动构建双循环新发展格局，推动更高水平开放型经济新体制。

（一）构建双循环新发展格局对全面深化改革的新需求

1.双循环不是封闭的国内循环

党的十九届五中全会提出的"构建以国内大循环为主体、国内国际双循环相互促进的新发展格局"，决不是封闭的国内循环，而是应对复杂多变的国内外环境实行的战略转型；决不是短期举措，而是与我国自身经济转型升级趋势相适应的中长期发展战略。未来几年，加快构建国内国际双循环新发展格局，对全面深化改革提出新的需求。

2.双循环本质是资源要素在更大范围内配置

我国提出的"双循环"，是基于内需大市场作出的战略选择。以扩大内需为基本导向的高水平开放，就是要实现内外市场联通、要素资源共享，就是要构建更加开放的国内国际双循环①。从全球经济发展史以及我国改革开放40多年的经验看，经济发展的内生动力在于资源配置效率的提升。双循环的核心是让商品和要素在更大范围内资本化、市场化，实现资源要素更高效的配置，通

---

① 迟福林：《以高水平开放赢得未来》，《经济日报》2020年11月18日。

过内外打通、内外促进、内外融通，提高国民经济循环效率，形成经济增长内生动力。

在实际运行中，国民经济循环有四个层次：微观层面主要是市场主体的生产、产品、技术和供应链的循环；中观层面主要是产业、城乡、地区的循环；宏观层面主要是生产、分配、消费、流通、再生产过程的循环；全球层面主要是国内市场、区域市场和国际市场的循环。商品和要素双循环的关键是"循环"，通过不同层次间便利、高效的循环实现配置效率的改善。也就是说，双循环的基础是市场，是市场决定资源配置，由此对市场经济体系建设提出更高要求。

3. 双循环的支撑是国内超大规模市场潜力

一方面，我国经济转型升级，蕴藏巨大的潜力，将继续支撑中长期可持续的经济增长。例如，我国钢铁在建筑结构上的使用量只有 7%—8%，而欧美等国家和地区达到 40% 左右。如果在建设标准中适度提高房屋用钢比重，推广钢结构建筑，按每年新建十多亿平方米住宅的规模，1 年可以多消耗 1 亿吨钢材[①]。再考虑到农村住宅钢材使用量明显偏低，如果城乡建筑标准趋同，我国农村市场也将消耗更多的钢材。另一方面，"十四五"时期，我国广阔内需市场潜力的释放将带来巨大的国际合作空间。以中欧经贸合作为例，如果中国与欧盟（不包括英国）服务贸易占比由 2018 年的 12.6% 提升到 23.8% 的全球平均水平，估计中欧服务贸易规模将达 1678 亿美元，增长近 1 倍[②]。如果中欧投资协定谈判能够尽快达成，对中国市场和欧盟市场都是一个重大利好。

4. 构建双循环新发展格局关键是打破国内某些体制机制掣肘

改革开放 40 多年来，我国商品领域的市场化改革取得长足进展，基本上

---

① 黄奇帆：《如何构建完整的内需体系　形成国内国际双循环新格局》，《瞭望》2020 年第 29 期。

② 迟福林：《以高水平开放赢得未来》，《经济日报》2020 年 11 月 18 日。

实现了市场化。但要素领域的市场化改革相对滞后，流转便利度偏低，价格形成机制尚未建立起来。以农村宅基地为例，其流转范围仍然受限，农村集体成员与现代市场经济之间尚未找到一个有机的衔接点。农村劳动力流转与城乡二元的公共服务制度仍然没有彻底切割，农民工融入城市还面临多重阻碍；民营经济和中小企业在金融资源的可获得性与国有企业相比仍然有不小的差距；数字资源确权、交易等机制安排还亟待建立与完善等。构建双循环新发展格局，要求通过更大范围、更深层次的市场化改革消除资源配置扭曲，把劳动力、土地、金融、数据等资源配置到效率更高的领域，以显著提升潜在经济增长率。

（二）推动经济社会转型升级对全面深化改革的新需求

1.未来 5 年是我国经济结构调整的关键时期

（1）从消费结构看，我国已经进入消费新时代。2015 年，我国服务型消费占比为 41.11%，2019 年提升到 45.9%。受新冠肺炎疫情冲击，2020 年前三季度全国居民人均消费支出 14923 元，同比名义下降了 3.5 个百分点，但以服务型消费为重点的新型消费规模反而呈现扩大态势，消费结构呈现明显的上升趋势。比如，2020 年前 11 个月，全国网上零售额达到 105374 亿元，同比增长了 11.5%。在传统接触式线下消费受到较大冲击的同时，新型消费逆势增长对于推动疫情期间的经济增长发挥了重要作用。预计到 2025 年，我国服务型消费占比将达到 52%左右，开始进入服务型消费社会。

我国进入消费新时代的判断指标

判断指标	1978 年	2012 年	2019 年
消费总量（亿元）	1759.1	190584.8	385895.8
消费水平（元）	184	14699	27563
服务型消费占比（%）	—	43.71	45.9

判断指标	1978 年	2012 年	2019 年
消费形式	模仿型、排浪式	个性化、多样化	个性化、多样化
居民消费率（%）	48.4	36.7	38.8
最终消费率（%）	61.4	50.1	55.4
消费对增长贡献率（%）	38.3	54.9	57.8

数据来源：《中国统计年鉴 2020》《2020 年国民经济与社会发展统计公报》。

（2）从产业结构看，我国进入工业化后期，正由工业主导向服务业主导转型升级。2015 年，我国服务业占比为 50.8%，2019 年上升到 53.9%。以数字经济为例，我国数字经济规模由 2005 年的 2.6 万亿元扩大到 2019 年的 35.8 万亿元，数字经济与 GDP 的比值同期由 14.2% 提升到 36.2%。2014—2019 年，数字经济对 GDP 增长的贡献率始终在 50% 以上，2019 年达到 67.7%，成为我国经济增长的核心力量。预计到 2025 年，我国服务业占比有望达到 60% 左右，数字经济占比有望进一步提升到 40% 以上，产业结构进一步优化升级。

（3）从城乡结构看，我国已经进入城镇化的新阶段。2015 年我国常住人口城镇化率为 56.10%，2019 年提升到 60.60%；我国户籍人口城镇化率由 2013 年的 35.93% 提高到 2019 年的 44.38%。随着城市化进程的不断推进和城市群的加快发展，估计到 2025 年我国常住人口城镇化率将达到 66% 左右，户籍人口城镇化率将达到 50% 以上。

（4）从贸易结构看，我国开始进入服务贸易为重点的开放新阶段。2019 年，我国服务贸易总额达到 7850 亿美元，其中出口 2836 亿美元，进口 5014 亿美元。同时，服务贸易占比逐步提高，由 2012 年的 11.06% 提升至 2019 年的 14.64%。从发展趋势看，我国服务业领域将进一步扩大开放，预计到 2025 年，我国服务贸易规模将达到 1 万亿美元左右，占外贸总额比重将提升到 20% 左右，初步形成以服务贸易为重点的对外开放新格局。

2. 未来 5 年是社会结构调整的关键期

（1）从人口结构来看，我国正步入快速老龄化阶段。2019 年我国 65 岁及以上人口为 1.76 亿人，占全球 65 岁及以上人口总规模的比重超过 25%，占我国总人口比重达到 12.6%。到 2025 年，预计我国 65 岁及以上的老年人将超过 2.1 亿人，约占总人口的 15%；到 2035 年和 2050 年时，预计 65 岁及以上老年人将达到 3.1 亿人和接近 3.8 亿人，占总人口比例分别达到 22.3% 和 27.9%。在高龄化程度上，2019 年我国 80 岁及以上高龄老人超过 3200 万人，占比 2.3%；预计 2030 年高龄老人将达 5300 万人，占比 3.8%；2050 年将达 1.3 亿人，占比 10.3%[1]。

（2）在收入结构上，中等收入群体保持稳步扩大态势，并有可能深刻改变我国社会结构。当前，以典型三口之家年收入 10 万—50 万元为中等收入标准，我国有 4 亿人，1.4 亿个家庭[2]。按现行标准，"十四五"期间如果人均收入水平增长保持与 GDP 增长同步或略超过 1—2 个百分点，预计到 2025 年，中等收入群体有望达到 5 亿—6 亿人，到 2030 年中等收入群体有望实现倍增。

3. 以全面深化改革解决经济社会转型升级中的结构性矛盾

未来五年，我国经济社会发展面临的最大挑战仍是结构性矛盾。这既有供给侧的结构性矛盾，比如第三产业占比与同等发展水平经济体相比仍然偏低，尤其是生产性服务业占比严重偏低；也有需求侧的结构性矛盾，比如城乡居民收入和消费差距还相对偏大，2019 年城乡收入差距为 2.64∶1，消费差距为 2.34∶1；农民工群体融入城市仍未得到有效解决；扩大中等收入群体的政策与体制机制安排还需要进一步完善，尤其是需要通过市场化改革进一步拓展中等收入群体增加财产性收入的途径。

---

① 熊柴、周哲：《老龄化少子化加快——中国人口报告》，新浪财经意见领袖专栏，2020 年 6 月 23 日。

② 国家统计局：《中国拥有全球规模最大中等收入群体》，《人民日报》2019 年 1 月 21 日。

(三) 以扩大内需为导向谋划"十四五"时期重点改革

1. 坚持扩大内需这个战略基点

党的十九届五中全会明确提出,"构建新发展格局,要坚持扩大内需这个战略基点,使生产、分配、流通、消费更多依托国内市场,形成国民经济良性循环"①。未来几年,我国完善社会主义市场经济体制有着特定的背景。一方面,经济转型升级对完善社会主义市场经济体制提出新的要求,加快制造业转型升级、破解服务型消费供给短缺、加快以服务贸易为重点的开放转型等将成为重大任务;另一方面,经济发展外部环境的明显变化对完善社会主义市场经济体制提出新的要求。为此,完善社会主义市场经济体制,需要从内外环境变化出发,把解决经济增长的短期问题和中长期问题有机结合起来,把全面深化改革与形成对外开放新格局结合起来,在加大基础设施领域补短板的同时,更需要立足释放内需市场潜力这个战略基点。通过深化市场化改革,着力解决制约经济转型升级的体制瓶颈,打破制约内需潜力释放的体制掣肘,既为短期内稳定经济创造有利的市场条件,又为中长期发展创造良好的制度预期。

2. 经济转型升级蕴藏的巨大内需潜力能够支撑"十四五"时期5%左右的增长

一方面,过去10年,服务业每增长1个百分点,可以带动经济增长0.43个百分点。不考虑新冠肺炎疫情因素,如果服务业继续保持8%—9%的增长率,每年将带动3.8—4.3个百分点的增长。另一方面,14亿多人的内需大市场是我国应对经济全球化新变局的"最大底气"。我国拥有全部工业门类,有着快速升级中的消费大市场。有研究估算,2016—2021年我国消费增量将高达1.8万亿美元,相当于2021年英国的消费市场规模。面对经济全球化的新变局,关键是把内需潜力这一巨大优势利用好、发挥好。

---

① 习近平:《关于〈中共中央关于制定国民经济和社会发展第十四个五年规划和二〇三五年远景目标的建议〉的说明》,《人民日报》2020年11月3日。

3.新阶段充分释放巨大内需潜力的改革重大课题

（1）加快制造业转型升级，破解制造业大而不强的突出矛盾。从规模看，我国制造业增加值约占世界制造业 20% 的份额，已成为全球制造业第一大国。但我国生产性服务业占服务业的比重仅为 50% 左右，与发达国家 74% 的平均水平相差 20 个百分点以上。以制造大省广东为例，2017 年广东省生产性服务业占比仅为 51.29%，距离发达国家 74% 的占比还有比较大的差距。从整体产出效率来看，我国制造业增加值率约为 20%，远低于工业发达国家 35% 的水平；制造业人均增加值仅为 3000 美元，仅为发达国家平均水平的 1/3。能否适应制造业服务化的大趋势推进制造业转型升级，成为我国新阶段完善社会主义市场经济体制的时代性课题。

广东省生产性服务业增加值及其占比

	2015 年	2016 年	2017 年
生产性服务业合计（亿元）	19551.98	21719.60	24665.14
生产性服务业占服务业比重（%）	52.78%	51.64%	51.29%
其中：			
研发设计与其他技术服务（亿元）	1052.63	1105.97	1391.62
货物运输、仓储和邮政快递服务（亿元）	2058.44	2162.35	2509.19
信息服务（亿元）	2289.07	2871.41	3821.01
金融服务（亿元）	4556.38	4772.26	5170.49
节能与环保服务（亿元）	392.67	413.95	409.28
生产性租赁服务（亿元）	136.78	155.55	179.32
商务服务（亿元）	2182.59	2487.18	2746.32
人力资源管理与培训服务（亿元）	767.23	913.06	1159.45
批发经纪代理服务（亿元）	3798.43	4225.13	4510.50
生产性支持服务（亿元）	2317.75	2612.75	2767.96

数据来源：《广东省统计年鉴 2020》。

（2）扩大有效服务供给，破解服务型消费供给短缺的突出矛盾。随着消费需求的多性化、个性化、服务化，"有需求、缺供给"的矛盾开始突出，尤其体现在服务领域。近年来，义务教育、公共卫生与基本医疗、基本社会保障、公共就业服务、基本住房保障、环境保护、公共安全等公共产品短缺的矛盾日益凸显，这不仅是经济矛盾的重要表现，也是社会矛盾的聚焦点。按照"百名老人 5 张床位"的国际标准衡量，我国养老相关服务供给仍存在巨大缺口。服务型消费供给不足导致消费外流的矛盾突出。能否适应消费结构升级的趋势，扩大服务业的有效供给，满足人民对美好生活的向往，成为完善社会主义市场经济体制的时代性课题。

服务型消费有需求、缺供给的矛盾突出

（以 2019 年为例）

指标	中国	发达国家
最终消费支出占 GDP 比重	55.40%	80%左右（美国 83%、英国 85%）
服务型消费支出占比	45.90%	67.90%（美国）
健康产业占 GDP 的比重	4%—5%	10%以上（美国 17.8%）

（3）加快服务贸易创新发展，破解服务贸易比重偏低的突出矛盾。尽管过去几年服务贸易快速发展，但与全球平均水平相比，与国内服务型消费需求快速增长相比，我国服务贸易发展滞后的矛盾仍然较为突出。2019 年，我国服务进出口额占贸易总额比重为 14.64%，不仅远低于部分发达国家，也低于世界 23.7%的平均水平。

总的看，"十四五"是我国适应内外环境变化推进全面深化改革的历史窗口期。抓住机遇、应对挑战，关键是在国资国企、财税金融、土地与数据要素、社会领域、政府自身等关键性、基础性领域改革上取得重大突破，在清除束缚市场活力和阻碍市场规律充分发挥作用的体制机制障碍方面取得重大突破，形成现代经济体系的重要基础和坚实保障。

二、以扩大高水平开放促进市场化改革

我国新阶段的高水平开放，呈现出其鲜明的特点：以构建国内国际双循环新发展格局为基本要求；以推动自由贸易进程为战略目标；以服务贸易发展为重大任务；以打造高水平对外开放新高地为重要突破；以制度型开放为突出特点；以构建高水平社会主义市场体制为重要保障①。如何在扩大高水平开放中深化市场化改革，成为"十四五"时期的重大改革议题。

（一）把加快服务贸易发展作为释放内需潜力的重大举措

1.服务贸易快速发展是个大趋势

内需潜力的重要内容是消费，尤其是服务型消费。加快释放服务型消费潜力，从有需求、缺供给的突出矛盾出发，以加快服务贸易发展为重点释放服务型消费需求，成为"十四五"的重大改革议题。

2010—2019 年，全球服务贸易额由 7.8 万亿美元增长至 11.9 万亿美元，年均名义增长 4.8%，是货物贸易增速的 2 倍；服务贸易额占贸易总额的比重由 20.3% 提高至 23.8%，提升了 2.5 个百分点。从价值链角度看，传统的贸易统计方法不能完全反映服务贸易规模及服务贸易在全球自由贸易进程中的作用。若按增加值计算，目前全球服务贸易占比将达到 50.8%，超过货物贸易。2019 年世界贸易组织公布的《世界贸易报告——服务贸易的未来》预测，到2040 年，服务贸易在贸易中的占比将提升到 50%。

---

① 迟福林：《以高水平开放赢得未来》，《经济日报》2020 年 11 月 18 日。

2. 我国服务贸易仍具有巨大发展潜力

（1）消费结构升级带来服务贸易发展的巨大空间。随着我国城乡居民服务型消费的快速增长以及扩大进口政策效应的逐步显现，我国服务贸易仍具有巨大潜力。未来15年，我国将从全球市场进口10万亿美元的服务。

（2）产业结构升级带来服务贸易发展的巨大空间。一方面，低能耗、低污染和高附加值服务贸易行业的发展，将引领我国产业向中高端发展和形成竞争新优势；服务产业数字化和数字产业服务化，有助于推动服务贸易向价值链高端发展。另一方面，产业结构升级又推动服务贸易快速发展。例如，世界银行等多家机构2017年的研究报告表明，美国出口商品中，55%的增加值来自服务业；作为农产品和制成品出口国的荷兰，服务价值占其总出口价值的70%。当前，我国生产性服务业占服务业的比重为50%左右，与发达国家相比仍有20个百分点的差距。随着我国制造业转型升级进程以及由此带来生产性服务业的快速发展，将直接拉动金融、研发、知识产权等服务贸易的快速增长。

（3）科技创新的突破带来服务贸易发展的巨大空间。比如，数字化转型带动数字服务贸易快速发展。近年来，依托巨大的规模优势及数字经济发展优势，我国跨境电商实现了高速发展。2015—2019年，我国跨境电商规模从360.2亿元人民币扩大至1862.1亿元人民币，增长了5倍，年均增速49.5%，远高于我国货物及服务贸易平均增速。预计未来几年，我国跨境电商交易额仍将保持两位数的增速。

党的十九届五中全会提出，"坚持创新在我国现代化建设全局中的核心地位，把科技自立自强作为国家发展的战略支撑"。科技革命已经不再是一个国家内部的"闭门造车"，而是跨越国界，离不开开放。例如，目前我国95%的高端专用芯片、70%以上智能终端处理器以及绝大多数存储芯片依赖进口①。推进科技革命既离不开服务贸易，又给服务贸易发展带来重要机遇。

---

① 吕庆喆：《靠科技创新规避"卡脖子"风险》，《经济日报》2019年10月31日。

3. 明确"十四五"服务贸易创新发展的目标

（1）服务贸易规模明显增加。到 2025 年，争取达到 1 万亿美元；服务贸易占贸易总额比重年均提升 1.5 个百分点，到 2025 年争取由目前的 14.6% 提高至 20% 以上。

（2）服务贸易结构加快优化。争取到 2025 年，我国知识密集型服务贸易占服务贸易的比重由目前的 32.4% 提升至 40% 以上；保险、计算机和信息、知识产权等高端生产性服务贸易占比由目前的 23.8% 提高至 30% 以上。到 2025 年，我国服务贸易逆差占服务贸易额比重由目前的 27.7% 下降到 15% 左右。

（3）明显提升以数字贸易为重点的服务贸易国际竞争力。在保持制造服务、建筑服务、计算机与信息等优势基础上，明显提升我国知识产权、金融等生产性服务贸易以及旅游等生活性服务贸易国际竞争力。加快形成数字服务出口新优势。争取到 2025 年，在进一步扩大电信、计算机、信息等服务贸易优势基础上，实现知识产权与数字技术等服务贸易顺差；提升数字相关服务贸易出口比重，由目前的 23.5% 提升至 30% 左右。

（二）以制度型开放为重点建设高水平开放型经济新体制

1. 把握以"三零"为重点的国际经贸规则重构新趋势

（1）货物贸易向着零关税规则演进。我国推进高水平开放，要把握当前及未来全球经贸规则向着以"三零"（零关税、零壁垒、零补贴）为重点的调整和变革趋势，并做好充分准备。例如，日本与欧盟签署经济伙伴关系协定（EPA），日本逐步对从欧盟进口 94% 的产品实施零关税，欧盟将逐步对从日本进口的约 99% 的产品实施零关税；美国、墨西哥和加拿大的协定，包括三国间农产品贸易实现零关税、汽车配件零关税和相互零补贴等内容；《全面与进步跨太平洋伙伴关系协定》（CPTPP）明确了零关税、数据跨境自由流动、服务业开放、服务贸易、电子商务及市场准入、竞争性政策、劳工、环保、知识产权保护等目标。

（2）服务贸易成为全球经贸规则重构的重点。随着服务贸易在全球贸易格局的重要性不断提升，全球经贸规则的焦点正加快从货物贸易向"货物贸易—服务贸易—投资"转变。2007 年底前签订的区域双边自由贸易协定中，涉及服务贸易内容的仅有 56 个，占同期区域贸易协定数量的 33.9%；2008—2020年签订的区域双边自由贸易协定中，涉及服务贸易内容的增加至 99 个，占比71.7%。CPTPP、USMCA 等协定中，服务贸易领域的相关内容大幅提升。未来几年，国际服务贸易竞争将进一步加剧，服务贸易在双边、区域贸易投资谈判中的比重逐渐增大，成为各国经贸谈判和博弈的焦点。

2007 年前后的服务贸易协定数量

1958—2007 年以前			2008—2020 年		
总数（个）	涉及服务贸易（个）	占比（%）	总数（个）	涉及服务贸易（个）	占比（%）
165	56	33.9	138	99	71.7

数据来源：WTO RTA 数据库。

（3）数字贸易规则成为全球经贸规则重构的新兴领域和重点争夺领域。目前包括中国在内的 76 个国家已经开启与贸易有关的电子商务议题谈判，但各国对全球数字贸易规则未来走向的立场差异较大、分歧明显，仍存在较大的不确定性。

（4）规则措施由"边境上"向"边境内"转移。从最新签订的区域贸易协定内容看，不仅涵盖传统的关税、配额、数量限制、海关监管等"边境上"措施，也更多强调知识产权、国有企业、政府采购、劳工标准、环境标准、竞争中性等"边境内规则"。

2. 推动从商品和要素流动型开放向制度型开放转变

（1）持续降低关税。争取到 2025 年，我国关税总水平由目前的 7.5% 下降至 4% 左右。其中，零关税商品占比由目前的 7% 左右提升至 20% 以上。

（2）大幅降低以服务业为重点的边境内市场壁垒。争取到 2025 年，在进一步缩减外商投资准入负面清单限制措施数量的同时，提升负面清单的透明度与可操作性，相关配套措施实现与国际接轨；强化竞争政策基础性地位，各类市场主体按照竞争中性原则平等参与市场竞争、平等享受政策待遇；营商环境排名进入全球前10位；商事制度改革取得重大进展，基本实现企业"准入即准营"；建立与发达国家相衔接的知识产权保护制度；以混合所有制为重点的国企改革全面推开，基本形成以"管资本"为主的新格局。

（3）推进补贴政策向普惠化和功能性转变。争取到2025年，建立并实施补贴"正面清单"管理制度，清理清单之外的部门、地方的产业补贴与扶持项目；对标WTO规则建立补贴审查机制；推动财政补贴政策由补贴价格、补贴企业向补贴公共服务、技术研发、支持中小微企业创新、绿色生态、基础设施、人才培养以及由应对结构性失业等方面转变。

3.主动对接国际经贸规则

以应对"三零"高标准国际经贸规则挑战为重点，以全面深化改革形成与之相衔接的高标准市场经济体系。比如，在海南自由贸易港等开放新高地，率先试行"三零"规则，推动货物、服务、资本、人员、信息、数据等要素自由流动，推动知识产权保护、环境保护、公平竞争、安全卫生标准、监管一致性等与国际对标。

（三）以服务业市场全面开放推动服务贸易发展

1.服务业领域还存在某些市场垄断与行政垄断

例如，国家统计局数据显示，自2018年到2020年上半年，我国的物流总费用与GDP的比值分别为14.8%、14.7%、14.2%，呈现出逐步下降的态势。但与发达国家相比，美国、日本等发达国家该比值稳定在8%—9%左右，我国经济运行中的物流成本仍然偏高，还有相当大的优化空间。《国家物流枢纽布局和建设规划》提出，到2025年，全国物流总费用与GDP比率下降至

12%左右。

在服务业自然垄断领域的竞争性环节仍然没有完全放开。例如，电力供应市场属于"行政垄断＋自然垄断"的复合型垄断市场；在教育、医疗、养老等生活性服务业领域，仍面临着较为严重的行政垄断；金融、保险、会计等领域仍面临不合理的经营范围限制。从下表可以看出，在水电路等服务领域的固定资产投资中，国有控股投资占比仍然较高。

2017 年基础设施行业的固定资产投资结构

（单位：亿元）

	总投资额	其中			
		国有控股	民间投资	港澳台商投资	外资投资
电力、热力的生产和供应业	22421.32	12866.56	8613.88	642.63	298.25
		57.39%	38.42%	2.87%	1.33%
水的生产和供应业	6686.32	4018.3	1441.9	614.48	611.64
		60.10%	21.56%	9.19%	9.15%
铁路运输业	8017.98	7812.03	200.3	1.89	3.76
		97.43%	2.50%	0.02%	0.05%
道路运输业	40563.45	35622.54	4868.26	63.11	9.54
		87.82%	12.00%	0.16%	0.02%
航空运输业	2607.58	1956.5	433.59	212.28	5.21
		75.03%	16.63%	8.14%	0.20%
电信、广播电视和卫星传输服务业	2493.28	1926.78	248.71	197.99	119.8
		77.28%	9.98%	7.94%	4.80%

数据来源：《中国固定资产投资统计年鉴 2018》。

2. 实现服务业市场开放的重大突破

（1）推动服务业市场向社会资本全面开放。按照"非禁即准"的要求，凡是法律、行政法规未明令禁止进入的服务业领域，应全部向社会资本开放，不再对社会资本设置歧视性障碍，大幅减少前置审批和资质认定项目，鼓励引导社会资本参与发展服务业，并在打破服务业市场垄断方面实现实质性破题。

（2）加快推进服务业对外开放进程。在加快服务业市场化改革基础上，大幅缩减外资准入负面清单限制性条目，尽快率先实现教育、医疗、养老、旅游等服务业全面开放，取消对外资股比限制及经营范围限制。同时，按照《中华人民共和国外商投资法》的相关规定，基本完善外商投资的服务体系，在运输、保险、法律、研发设计等重点领域全面对接国际高标准开放水平。

（3）清理并大幅削减服务业领域边境内壁垒。加快制定并全面推广跨境服务贸易负面清单，允许负面清单外的境外企业在我国提供相关服务，逐步在人员流动、资格互认、市场监管等领域实现与国际接轨。

（4）实现服务业领域政策平等。推进体制内外服务业发展主体在人才待遇、资金获取、政府采购、公共服务等领域政策一视同仁、平等对待。

3. 推进服务业领域内外标准对接

（1）率先引进国际先进医疗药品管理标准。适应全社会日益增加的医疗健康需求，需要尽快形成国家医疗健康服务业监管标准体系，并率先在引入国际先进医药安全管理标准，以在倒逼企业转型的同时，提升监管的国际化水平。

（2）加快推进与发达国家在相关服务领域的职业资格互认。尽快制定符合我国实际的职业资格互认制度，率先实现与发达国家在旅游、教育、医疗、商务、科技、文化等领域的职业资格互认。

（3）逐步建立与国际接轨的服务业管理标准体系。对标发达国家在旅游、教育、金融及商务服务业行业管理标准，逐步形成与国际接轨的服务业管理标准体系；在短期内可考虑制定市场经营行为差异化责任豁免目录，在保证国家安全的前提下，允许境外符合条件的企业在国内提供相关服务，减少因标准差异而产生的企业成本。

（四）打造以服务贸易为重点的开放新高地

1. 对标世界最高开放标准推进海南自贸港建设

（1）对标世界最高水平开放形态。一是按照"境内关外"的基本要求，对标国际自由贸易港的一般特征。在海南实行高水平贸易和投资自由化便利化政策。二是对标世界最高水平的经贸规则，借鉴并率先实施国际最新投资贸易协定的相关条款，尽快开展电信、环保、劳工、政府采购等领域的先行先试。三是对标国际一流营商环境标准，全面实施自由企业制度，建立严格的产权保护与知识产权保护制度，构建与国际接轨的多元化纠纷解决机制，打造开放层次更高、营商环境更优、辐射作用更强的开放新高地。

（2）适应服务贸易主导要求加快推进制度集成创新。一是以贸易自由便利为目标推进监管制度创新。例如，对货物贸易、服务贸易、人员流动、资金流动实行分类监管。二是以大幅放宽市场准入为重点推进投资自由便利制度创新。对标新加坡等国际自贸港，大幅减少经营许可事项，实施市场准入承诺即入制；在法律范围内和有效监管下，保障市场主体自主注册、自主经营、自主变更、自主注销，最大限度提高企业的自主权。三是以扩大金融开放为重点推进跨境资金自由便利制度创新。四是以加快开放的人才政策为重点推进人员进出自由便利的制度创新。在现有 59 国免签政策基础上，适时并在严控风险的前提下，逐步放宽免签政策；降低"绿卡"申请门槛，组建移民管理机构，并实行严格的工作签证分类管理；制定职业资格互认制度，最大限度降低专业人员流动壁垒。

（3）以高度自由便利开放政策为重点的运输往来自由便利。一是以洋浦港为重点，加快建设具有较强服务功能和辐射能力的国际航运枢纽，不断提高全球航运资源配置能力。二是进一步深化与东南亚沿线岛屿地区在港口、码头建设、邮轮客运等方面的合作。三是与新加坡、中国香港等合作，发展多样化船舶租赁、航运保险、航运衍生品等航运金融业务。

（4）率先在服务贸易领域实行自贸港政策与制度的"早期安排"。一是加快推进以教育、医疗健康、文化体育等领域更大的开放政策，取得自贸港产业发展的早期收获。二是对医疗健康、文化娱乐、旅游、教育、科技研发、会展等服务业行业发展所需原材料、基础设施配套的用品设备的进口实施"零关税"，并免除进口环节增值税。三是出台吸引人才的特殊政策，尽快改变海南教育、医疗、高新技术产业相对落后的现状。四是创新人才发展制度，探索实行政务官和事务官分类管理制度，事务官参照国际标准实行市场化薪酬待遇。

2. 分类推进国内自贸试验区转型升级

（1）推动部分自贸试验区率先对标全球高标准自由贸易园区。上海、广东、福建、天津等制度创新任务完成度较高的自贸试验区，要率先对标全球高标准的自贸协定，做好我国开放型经济新体制的压力测试。建议赋予其"零关税、低税率、区内流转免征增值税"等某些国际自由贸易园区通行的相关政策，加快在数字贸易、服务贸易等新兴贸易领域的规则探索，为形成中国版的全球数字贸易与服务贸易新规则作出新贡献。

（2）按照"持续深化差别化探索"的基本思路，形成多层次的探索经验。抓住上海自贸试验区扩容的契机，对标国际金融中心，加快落实"金改40条"，推进资本项目人民币可兑换、利率汇率市场化改革等金融领域的关键环节改革；在广东自贸试验区，全面推进与港澳在金融、保险、会计、研发、教育等领域的规则与标准对接。

（3）推动产业项下自由贸易政策的落地。根据各自贸试验区自身特点和承载的重大任务，实行基础设施项下、产能项下、服务贸易项下、海洋项下的自由贸易政策。例如，辽宁自贸试验区重点推进装备制造业和先进制造业产业项下的自由贸易；陕西自贸区重点推进文化项下自由贸易等政策。

3. 加快推进粤港澳服务贸易一体化

（1）推动粤港澳服务业产业深度合作。一是将广东自贸试验区内的开放政策扩大到整个大湾区，实现广东对港澳服务业开放的重要突破。二是赋予广东在负面清单制定中更大自主权，实行更加开放的市场准入政策，并率先将港澳资本视为内资，取消或放宽对港澳投资者股比限制、经营范围限制。三是加快实行与港澳在旅游、金融、教育、文化娱乐、医疗健康等产业项下的自由贸易政策。

（2）推动粤港澳服务业市场体系直接融合。一是借鉴香港的经验，在广东全面实行企业自主登记制度，设计企业简易退出机制。二是逐步建立与港澳对接的、以信用机制为基础的市场管理体系与资格互认体系，允许符合港澳标准的服务业企业、具备相关职业资格的人员，在广东备案审核后直接开展相关业务活动。三是在创新方面，加快推进产权保护制度化、法治化，并逐步加强粤港澳产权保护规则的对接，形成产权保护的合力和法治基础。

（3）推动粤港澳服务体系全面对接。一是推行粤港澳通关监管服务一体化，实行货物"一次认证、一次检测、三地通行"，尽快将人员"一签多行"政策扩大到广东全省，加快粤港澳通关电子平台建设，推进三地信息互换和执法互助。二是成立粤港澳金融协调监管委员会，协调处理三地之间有关互设金融机构、货币互换和汇兑机制、互相信用支持、金融信息交换、金融风险防范和合作监管机制等金融事务，推进粤港澳金融服务一体化。三是建立仲裁、调解、协商等非诉讼对接平台，组建由不同法系、不同地区的法律专家构成的法律专家团队，支持在大湾区内创建两大法系仲裁模式裁决跨境民商事案件。

（4）推动大湾区公共卫生体系的率先对接。一是加快完善粤港澳公共卫生风险联防联控机制。加快完善粤港澳口岸通关合作机制，携手严防境外输入。二是强化粤港澳三地公共卫生应急联动机制建设，包括设立粤港澳大湾区传染病预防控制常设隔离区及研究基地。① 三是建立大湾区公共卫生突发事件应急物资统一调配机制。统筹布局大湾区口罩、防护服等防护用品和紧急救治医疗用品的战略储备，包括实物储备、产能储备和紧急采购资金储备等。②

---

① 陈曼琪：《健全大湾区突发公共卫生事件合作机制》，2020 年 5 月 29 日，https://baijiahao. baidu.com/s?id=1667978879510770092&wfr=spider&for=pc。

② 吴怡：《加强粤港澳大湾区公共卫生联防联控机制》，2020 年 5 月 19 日，https://baijiahao. baidu.com/s?id=1667075358675173946。

三、以扩大内需为导向深化市场化改革

目前，各方对释放内需潜力形成了共识。关键是用什么方式释放消费。从经济转型升级趋势看，释放内需潜力不是一个短期目标，而是一个中长期目标；主要不是用行政性举措来管理需求，也不是用财政货币政策来刺激需求，而是通过体制创新与制度性变革把蕴藏的内需潜力充分释放出来。从全球经济发展的实践看，市场经济是释放内需潜力的有效机制。未来五年，要把释放内需潜力作为完善社会主义市场经济体制的重要目标，不断扩大市场决定资源配置的范围，尽快形成内需潜力释放与经济增长相互促进的良性循环。

(一) 把实施扩大内需战略同深化供给侧结构性改革有机结合起来

1. 深化供给侧结构性改革

党的十九届五中全会强调："坚持扩大内需这个战略基点，加快培育完整内需体系，把实施扩大内需战略同深化供给侧结构性改革有机结合起来，以创新驱动、高质量供给引领和创造新需求。""十三五"时期，我国提出并推动供给侧结构性改革，取得了比较明显的成效。"十四五"时期，我国国民经济运行仍然面临着供给侧的结构性矛盾，需要继续深化供给侧结构性改革。适应产业结构升级要求，继续用市场的方法淘汰关停环保、能耗、安全、质量等不达标的企业，减少无效和低端供给，扩大有效和中高端供给，为新兴产业、绿色产业发展腾出空间。比如，考虑到新冠肺炎疫情中长期影响，继续加大"降成本"的力度，既要落实和完善减税降费政策，清理规范各类涉企收费，更要防止税收增速下降的情况下某些地方政府对企业"竭泽而渔"的做法。

2. 推动需求侧改革，优化需求侧管理

（1）妥善处理好需求侧管理和需求侧改革的关系。2020年，中央经济工作会议明确提出"要紧紧扭住供给侧结构性改革这条主线，注重需求侧管理"，是适应消费结构升级、释放消费潜力的重大改革部署。要加快形成需求牵引供给、供给创造需求的更高水平动态平衡。需求侧管理是宏观经济调控的手段，重点是通过财政货币政策调控需求，熨平经济周期，这是一个短期相机抉择的政策工具。需求侧改革则是全面深化改革的重要内容，重点是通过收入分配改革、公共服务体制建设等体制机制改革与完善，打破抑制消费潜力释放的政策与制度障碍。①

（2）"十四五"释放消费潜力在需求侧领域多策并举。一是有序取消一些行政性限制消费购买的规定。二是合理增加公共消费，提高教育、医疗、养老、育幼等公共服务支出效率。三是以激发中小企业活力为重点加快形成扩大就业的体制机制。四是加快收入分配改革，力争未来15年国民收入实现倍增、中等收入群体实现倍增，明显缩小收入分配差距。五是加快以农村宅基地为重点的"三块地"改革，真正赋予农民长期而有保障的土地财产权，提升农民收入水平。

（二）以深化技术要素市场化改革有效释放创新活力

1. 以激活技术要素为导向改革科技体制

"人才是创新的第一动力"，有效激发科研人员的积极性，对推进创新驱动有着决定性作用。在人才政策调整的同时，关键是推动中高级要素市场化，加快打破科研行政化管理的体制，避免"褚健现象"的再次出现；对科研人才全面松绑，赋予科研人才更大的自主权，使人才的规模优势、研发投入规模优势尽快转化为自主创新优势。

---

① 迟福林：《以消费结构升级推动构建新发展格局》，《光明日报》2020年12月23日。

2. 承认并充分保护科研人员的合法收益

形成市场导向的人才流动机制，推动中高级人才自由流动。对科研人员科技创新收益和成果转化收益不设上限，鼓励高校、科研院所、企业通过股权、期权、分红等方式激励科技创新，鼓励落实科研人员带着科研项目和成果创办企业。对科研人员更多地采取员工持股等形式，形成人力资本股权化的制度性安排。强化知识产权创造、保护、运用。

3. 在市场竞争中加快培育大国工匠

（1）打破市场垄断，完善市场秩序，形成工匠精神的土壤。工匠精神是竞争的产物，垄断不打破，工匠精神就很难出现并发展。假货盛行是工匠精神的另一个天敌，如果假货制造与销售得不到应有的处罚，没有人愿意精益求精。

（2）以培育高技能人才为重点放开职业教育市场。有预测表明，2025年我国需要2000万人的新一代信息技术产业人才，而2015年相关人才仅为1050万人，人才缺口达950万人。① 电力装备、高端数控机床、机器人、新材料等制造业重点领域均存在百万量级的人才缺口。扩大高技能人才供给，关键在于加快职业教育领域对社会资本和外资全面放开。

（3）鼓励和支持企业推行技术工人员工持股。技术工人工作变动频繁，难以长期在一个岗位坚守，是制约我国工匠精神形成的重要原因。建议尽快出台《关于高级技术工人持股的试点意见》，采取多种优惠政策鼓励和支持企业开展技术工人持股试点，激励技术工人与企业结成利益共同体，长期安心在企业从事工艺创新。

---

① 余颖：《学校教育要补上大国工匠缺口》，《经济日报》2017年2月23日。

（三）以产权保护制度化法治化全面激发社会资本活力

1. 完善产权保护司法程序

当前，在纠正一批社会反映强烈的产权纠纷案件的同时，严格规范涉案财产处置的法律程序；规范企业家或个人财产处置的法律规则，形成具体的执法操作程序，使其变成行政实践和司法实践。

2. 加快建立产权保护中的政府守信践诺机制

强化"新官要理旧账"的制度约束，严格落实政府对企业的承诺。对企业尤其是民营企业家造成巨大损失的，要及时启动国家赔偿程序，依法保障民营企业家的合法权益。约束某些地方政府的违信行为，对造成重大损失的，要追究其当事人责任。

3. 以政策高效落实为目标建立政府政策承诺诚信制度

着眼于政策落实"最后一公里"，通过政策承诺公开公示、政策承诺兑现标准化、全流程管理、政策落实质量考核与社会监督等制度建设，明显提升政府政策落实效率与质量，并在政策高效落实中提升政府公信力。制定统一的"承诺即享"政策清单；对清单内政策，由企业提出政策适用申请，签署标准化资格符合承诺书，即可享受该政策的相关条款。事后发现瞒报、谎报行为的，给予处罚。建立政府政策承诺诚信监督考核制度，确保"事事有反馈、件件有落实"。

（四）以农村土地为重点深化要素市场化改革

1. 推进土地要素市场化改革

（1）以土地要素市场化配置改革释放我国高质量发展的新动力。一方面，土地成为我国要素市场化配置改革的突出短板。数据显示，近10年来平均每年供地880万亩左右，2018年国有建设用地的供给总量中，政府划拨的仍占

60%，通过招拍挂出让的不到40%。另一方面，土地要素市场化配置改革将释放巨大的增长潜力，并将在提升农民财产性收入、促进城乡要素合理双向流动中发挥重要作用。"十四五"时期，必须以新的思路开辟土地要素市场化配置改革新路径。

（2）发挥市场在土地资源配置中的决定性作用。一是逐步减少中央政府对土地指令性计划管理，取消行政集中的用地指标管理制度，并赋予省级政府更大的用地自主权。二是进一步深化产业用地市场化的配置改革，充分利用市场经济盘活存量用地和低效率用地，扩大国有土地有偿使用的范围，推进国企存量用地的盘活利用，完善盘活存量建设用地的税费制度。三是实现政府的土地管理与经营职能分开，推动地方政府摆脱土地财政依赖。四是改革土地要素价格形成机制，由市场竞争决定土地价格。

（3）加快建立城乡统一的建设用地市场。一是全面推进农村土地征收制度改革，实行农村集体经营性土地和国有土地同等入市、同价同权，并建立公平合理的集体经营性建设用地入市增值收益分配制度与入市激励机制。二是尽快实现农村宅基地制度改革的实质性突破，建立农村宅基地自愿退出机制，盘活存量闲置宅基地，并按着"适度放活宅基地和农民房屋的使用权"的要求，进一步探索宅基地"三权分置"改革。在近期内按着"立足存量、先房后地"的原则，优先推进农村住房财产权的对外流转，通过自主经营、租赁经营、委托经营等多种方式盘活农村住房。在此基础上，逐步实现房地一体的农村宅基地使用权跨集体流转。三是进一步完善跨地区耕地占补平衡、增减挂钩的政策，建立全国性建设用地、补充耕地指标跨区域交易机制，允许各地区用地指标通过市场化方式自由交易。四是推进土地管理制度逐步由城乡二元向城乡统一过渡，实现各类土地在明晰产权前提下在一个平台上无障碍交易。考虑到土地改革全面性和重要性，建议制定"十四五"土地市场化单项改革行动方案。①

---

① 中国（海南）改革发展研究院经济研究中心：《"十四五"深化要素市场化配置改革的重大任务》，2020年8月。

2.基本完成利率市场化改革

一是继续放开金融服务业市场准入，增加服务小微和民营企业的金融服务供给，疏通金融和实体经济的传导机制。二是加快深化资本市场改革，拓展多层次资本市场内涵。三是在科创板试点基础上进一步拓展注册制改革，为新经济提供更加便利快捷的上市渠道，也为承接中概股回归创造条件。四是疏通货币市场和债券市场利率向信贷市场传导的渠道，通过加强公开市场操作打造利率走廊，实现利率市场化。

3.以数据产权界定和交易市场培育为重点推进数据要素市场化配置改革

"十四五"时期，要抓紧制定相关法律法规，明确数据产权界定，对数据的所有权、使用权、收益权、处置权等进行规范。在保障国家安全的基础上，加快形成数据要素市场定价机制、市场交易方式和市场监管上的规范性制度和规则，加快培育数据交易市场，推动与国际数据市场在数据确权、数据认证、数据定价、数据监管等方面的规则对接。

（五）以城市化、城市群为导向加快推进城乡一体化进程

1.推进要素在城乡间的自由便利流动

（1）尽快建立统一的农村集体资源资产交易平台。以省为单位，加快建设覆盖全省的省、市（县）、镇、村四级联动的农村集体资源资产交易平台，构建"统一平台建设、统一交易软件、统一信息发布、统一交易规则、统一文书格式、统一交易鉴证、统一监督管理"的农村集体资源资产交易市场体系。

（2）逐步放宽农村集体资源资产交易品种。逐步将土地承包经营权、资产所有权及经营权、"四荒地"使用权、养殖水面承包经营权、林地使用权、林木所有权及使用权、海域使用权、农业类知识产权、农村集体经济组织股权、农村房屋所有权、宅基地使用权、农业生产设施使用权等，纳入农村集体资源资产交易平台进行公开、公平交易。

（3）建立农村集体资源资产交易监管体系和风险预警机制。建立交易操作规则，针对市场风险、信用风险、操作风险和道德风险建立防控体系，实现产权交易和风险管理同步开展。设立价格预警机制，按月、季度、年等生成不同区域范围内各类农村集体资源资产种类及不同交易方式的平均成交价格，对于成交价远低于平均价的项目进行预警。

2. 推动城市群大发展

将城市群发展作为我国下一阶段统筹城乡和区域协调发展、经济提质增效的主要平台和抓手。尤其要注重环渤海、长三角、粤港澳三大湾区经济圈的建设。关键是提高各城市群的人口吸纳能力。京津冀、长三角、珠三角地区经济体量大，就业吸纳能力强，要发挥这三大城市群整体的人口吸纳优势，提升这些城市群吸纳周边人口的能力，放宽 1000 万人以下大城市的入户门槛。

3. 基本完成户籍制度改革，让农民工成为历史

关键是促进城乡、区域间的人才社会性流动和高端人才市场培育，显著提升劳动力配置效率。一是继续深化户籍制度改革，放开放宽除个别超大城市外的城市落户限制。二是尽快实行以居民身份证号码为唯一标识、全国统一的居住证制度，并建立城镇教育、就业、医疗卫生等基本公共服务与常住人口挂钩机制，推动农业转移人口市民化。三是加快构建人才的社会性流动和吸引全球高端人才的体制机制，进一步完善劳动力价格形成机制与保障机制，加快与国际对接。

（六）适应公共需求变化优化国有资本布局

1. 全面推进国有企业改革

党的十九大明确提出："推动国有资本做强做优做大，有效防止国有资产流失。"关键是调整优化国有资本战略布局，在推动产业结构变革、扩大实体

经济有效供给中发挥重大作用。一是规模庞大的国有资本要反映社会需求变化，成为公共产品和公共服务的重要提供者。二是国有资本配置要充分考虑市场公平竞争的要求，破除行政垄断，为民营经济发展创造新的制度空间。三是从国际视角看，参照国际惯例，用管资本的办法取代管企业的办法，优化国有资本布局。

2. 推动混合所有制改革

一是分层分类推动改革。更多聚焦到国有资本投资公司、运营公司所出资企业和商业一类子企业。二是合理设计和优化股权结构。鼓励国有控股的上市公司引进持股占5%及以上的战略投资者进来，作为积极股东参与治理；非上市公司相应的股比还可以再大一些。在股权上，要宜独则独、宜控则控、宜参则参。三是深度转换经营机制。支持和鼓励国有企业集团对相对控股的混合所有制企业实施更加市场化的差异化管控，尤其是在劳动人事分配机制方面率先突破，真正形成富有活力的市场化经营机制。四是以混合所有制改革为抓手，在产业链、供应链上，与民营企业、中小企业不断深化合作，形成相互融合、共同发展的局面。①

3. 改革国有资产管理体制，形成所有权—经营权—监督权相互分离的新格局

在中央和地方政府分别设立国有资本管理委员会，代表国务院履行产权所有人职能，退出管人和管事职能，由此真正实现从管企业向管资本转变；加快组建专业化的国有资本投资运营公司，作为国家委托的专业投资运营机构运营国有资本，推动国有资本所有权与企业法人财产权分离，由此实现政企分开和政资分开；加快形成完善的法人治理结构，国有资本投资的混合所有制企业成为独立运营的企业法人，其行为受公司法约束。

---

① 翁杰明：《继续积极稳妥推进混合所有制改革》，2020 年 10 月 12 日，http://www.gov.cn/xin-wen/2020-10/12/content_5550623.htm。

四、以优化营商环境为重点处理好政府与市场关系

我国拥有超大规模的内需大市场，可以为全球资本提供重要的投资机会。与此同时，我国营商环境还有较大的提升空间。在推动高水平开放的今天，能否形成国际化、法治化、公平透明的营商环境，成为处理好政府与市场关系的重大议题。"十四五"时期要以打造一流营商环境为重要目标，在政府与企业制度集成创新方面推出一系列实质性举措。

（一）着力打造一流营商环境

1. 加快创新政务服务方式，提高服务效率

（1）推动集中办理。优化业务办理流程。编制主题办事目录清单，变"一事一流程"为"多事一流程"，逐步做到一张清单告知、一张表单申报、一个标准受理、一个平台流转。积极推进多证合一、多图联审，告知承诺、联审联办。通过流程优化、系统融合、数据共享、业务协同，提供更加优质的政务服务。

（2）推动联合办理。整合基层执法队伍，建立责权统一的执法体系，防止多头执法。全面实施执法资格和持证上岗制度、实行案审人员持证上岗制度，提高依法行政、案件办理和管理服务水平。

（3）推动"一网通办"。推动政务服务事项"掌上办、指尖办"。让办事"一趟不用跑"成为一种新常态，实现"让数据多跑路、让百姓少跑腿"，为推动数字政府建设和政府治理现代化提供有力支撑。加速打造利企便民、亮点纷呈、人民满意的"指尖上的网上政府"，在提高服务能力和工作效率的同时，也增加群众对政府服务获得感。

（4）推动容缺办理。梳理并提出"容缺制"事项清单，实现清单事项倍增。对一些非关键性材料进行容缺审批，允许企业采取承诺方式事后补齐，为群众

和企业开辟"绿色通道",减少办事时间成本,让政务服务更有温度。

(5)推动简化办理。大力推行备案管理和告知承诺制。针对高频、中频和低频不同类型事项,组织开展"秒批"清单梳理、流程优化和系统建设,进一步拓展"秒批"事项范围和数量,将更多的涉企审批事项纳入"秒批秒办"范围。

2.全面实行企业法人承诺制

在明确相关标准前提下,对于企业设立、经营、投资、注销全生命周期中涉及行政机关规定的审批条件、审批材料等各类审批事项,在企业通过签署法人承诺书的形式承诺其符合许可条件与要求后,即可开展相关活动,政府依标准及承诺内容实施事中事后监管。在商事登记领域实行承诺即入制,实现企业"自由生";建立企业承诺准入即准营制度,实现企业"自主营";建立企业承诺自主投资制,实现投资活动"承诺即开工";实行企业税务审批承诺制,实现"无税不申报"及多税种综合申报"一张表";探索实行企业承诺制简易破产制度,实现企业"自由死";全面实施企业产品与服务标准承诺制,强化企业自我约束;建立专业、高效、智能的监管体系,实现靶向性、协同化市场监管。

3.持续对接国际通行经贸规则,建设国际一流营商环境

将优化营商环境纳入地方政府政绩考核体系。同时,对标一流营商环境深化商事制度改革,集中解决开办企业、办理施工许可证、获得电力等花费时间长的问题。借鉴新加坡和中国香港地区经验,尽快实施企业自主登记制度,取消一般投资项目备案制。

(二)全面实施竞争政策,强化竞争政策的基础性地位

1.过度使用产业政策扭曲竞争秩序,影响市场环境

经济转型升级离不开公平竞争的市场环境。过去几年各方对产业政策进行了大量的讨论。产业政策是一个涉及WTO规则的灰色地带和领域,许多国家

政府都有类似的做法和政策，但实施模式各不相同，怎么做才是问题的关键。[①]

2. 全面实施竞争政策，加快确立竞争政策的基础性地位

一是摒弃直接干预、限制竞争的传统产业政策做法。在竞争性领域，尽可能减少产业政策，争取全面实施竞争政策。二是在自然垄断领域，推行放开市场、引入竞争。三是强化国家反垄断职能，打破行政垄断和市场垄断。

3. 对确有必要的产业政策，优化其模式

一是减少具体领域的产业规划，缩小产业政策范围。二是优化改变产业政策模式。减少歧视性（选择性）产业政策的制定，以无差别的功能性产业政策逐步取代歧视性产业政策。三是减少产业发展一般性的财政补贴，更多地支持产业发展涉及的基础研发。四是更多地补贴消费者。既扩大市场规模又鼓励竞争，还可以避免寻租腐败。五是更多地采用政府采购的办法，以公平竞争为标准，引入竞争机制，对有必要扶持的产业加大政府采购力度。

（三）在加快市场开放中推动市场监管转型

1. 推动行政审批与市场监管严格分开

（1）行政审批与市场监管是不同性质的管理职能。行政审批是行政机关事前把关的手段，主要是为了限制不利于公共利益的行为，防止公民和法人对权力和自由的滥用，具有一定的自由裁量权，主要包括审批、核准、批准、同意、注册、认可、登记、检验、年检等几十种。市场监管是对市场经营活动进行约束限制的行为，包括规范、监督和查处职能。二者在范围、程度上有着本质区别。在传统体制下，市场监管以前置性的行政审批为主，通过行政审批为企业层层把关，事中事后监管的体制安排则相对薄弱，既严重抑制了市场活

---

① 徐林：《国际贸易规则下的产业政策转型》，《比较》2018年第3期。

力，又不利于形成良好的市场秩序。

（2）推动行政审批与市场监管职能分开。只有二者严格分开，才能真正落实行政审批与市场监管各自的主体责任，才能破题市场监管机构改革，才能克服封闭式的监管模式，走向公开透明的市场监管，有效克服权力寻租和腐败现象。

（3）推动行政审批与市场监管机构分开。对必须保留的行政审批机构，原则上与市场监管机构分开设置。现代市场经济条件下，市场监管的权威性主要靠监管机构的独立性、专业性来实现，而非简单地依靠部门意志去执行。市场监管部门如果频繁受行政干预，很难公正独立地行使监管权。建议赋予市场监管机构享有同级政府或行政部门所享有的制定行政规章或规范性文件的准立法权限和行政裁决权，强化市场监管机构的独立性、专业性。

2. 加快完善新经济监管，推动创新与监管的协调与均衡

2020 年中央经济工作会议提出："完善平台企业垄断认定、数据收集使用管理、消费者权益保护等方面的法律规范。要加强规制，提升监管能力，坚决反对垄断和不正当竞争行为。"从经济发展的基本趋势看，金融创新必须在审慎监管的前提下进行。从新经济健康发展出发，需要明确把新经济监管作为市场监管部门的重要职责，尽快在市场监管部门成立专门的新经济监管机构，动态跟踪新业态，根据情况提出并试行新经济的监管条例，实行科学有效的市场监管。

以金融科技企业为例，既要发挥其科技创新对促进金融发展的作用，也要避免成为"大而不倒"的创新垄断者。也就是说，防止资本无序扩张，不是不要资本发展，也不是任由资本随意扩张，而是要依法规范发展。为此，一是要使科技金融回归金融作为支付的本源，提升交易透明度。二是科技金融发展需要依法持牌、合法合规经营个人征信业务，保护个人数据隐私。三是科技金融公司要确保资本充足、关联交易合规。四是要完善科技金融公司的内部治理，避免系统性金融风险。五是在科技创新基础上依法合规开展证券基金等相关业务。①

3. 以防范系统性风险为重点完善金融监管

适应于防范区域性、系统性风险的现实需求，实现由分业监管向混业监管的转变，建立强有力的金融监管系统。重点是建立和完善地方政府隐性债务风险预警机制和化解机制，实现地方各级政府资产负债表编制全覆盖，推动隐性债务显性化、透明化、可治理。适应我国金融开放的进度，加快形成防范国际金融风险传导的监管机制。要尽快形成防范人民币汇率风险的常态化监管机制。

（四）把强化政府公共服务职能作为需求侧改革的重点

1. 以基本公共服务均等化创造良好的消费预期

党的十九届五中全会明确把"基本公共服务均等化基本实现"作为2035年的奋斗目标之一。要以"基本公共服务均等化基本实现"为目标加快公共服务体制改革，提升住房、健康、教育、医疗、养老等供给的公平程度，着力提升公共服务供给体系质量和效率，走出一条经济社会转型有机融合、相互促进的新路子。

2. 放开公共服务市场，满足多元化的社会需求

（1）统筹考虑服务业市场开放与事业单位改革。基本公共服务领域引入社会资本扩大供给，非基本公共服务领域开放市场、引入竞争。

（2）推进事业单位去行政化。按着法定机构的改革方向，凡不承担行政事务的事业单位，一律取消行政级别、行政编制；事业单位凭借专业化水平、贡献大小获得社会认可和相关资源投入；政府对事业单位的财政投入以提供服务

---

① 《中国人民银行副行长潘功胜就金融管理部门约谈蚂蚁集团有关情况答记者问》，2020年12月27日，http://www.xinhuanet.com/2020-12/27/c_1126912928.htm。

规模、质量、效率作为主要依据。

（3）推行事业单位企业化运作。提供竞争性服务的事业单位，一律转化为市场主体；基本公共服务领域的事业单位，推动企业化运作，建立公益法人治理结构，形成公益性、专业性的法定机构体系。

3. 推进各级政府公共服务职能法定化

公共服务领域的政府与市场关系，是社会各方面争议比较大的领域，公共服务体制创新更需要发挥法律的定纷止争作用，使改革于法有据。例如，我国在卫生领域有着名目繁多的法律法规和标准，但还没有一部真正意义上的卫生法，制定出台卫生法，可以为医疗卫生体制改革中的政事分开、管办分离创造条件；修改教育法，可以为社会资本、外资办教育提供法律依据；出台公共文化服务保障法，可以区分公共文化服务与非公共文化服务，为明确政府文化职能和文化领域的市场开放提供法律依据。

五、加快完善改革的推进机制

40 多年的实践一再证明，改革是我国经济社会发展的"纲"，突出改革思维和改革方法，可以起到"纲举目张"的重要作用。落实习近平提出的"要善于运用改革思维和改革办法"的讲话精神，要以问题为导向，以善用改革思维和改革办法实现全面深化改革的重要突破。

（一）激励基层在改革上大胆试、大胆闯、自主改

1. 着力增强基层改革创新的主动性

实际调研中，有基层干部坦言，改革创新有风险，容易出问题。这样，实

践中就难以主动探索和大胆推进改革创新。中央提出适度放活农村土地制度，某些地方官员出于多种考虑不太愿意"动体制"；面对新冠肺炎疫情对公共卫生体系的挑战，某些官员倾向于加大公共卫生投入，却不愿意在包括疾控改革在内的公共卫生体制创新上做文章，出实招；有的官员为了"避嫌"，不愿意和企业家交朋友、打交道。

2. 鼓励地方依据实际情况自主改革

地方负责全国范围内改革在本区域的执行和所在区域相关领域改革的决策、执行和监督；一些方面的改革需要中央地方共同承担责任，应当明确划分各自的责任。比如，农民工市民化和基本公共服务均等化都需要中央地方共同承担相关责任。建议新时期就具体领域的改革，明确划分中央地方职责分工，形成中央地方共同推进改革的合力。同时，赋予省级政府更大改革自主权，选择有条件的地区实行文化体制改革、社会体制改革、提高对外开放水平等多方面的综合改革试点。

3. 立法赋予自由贸易港等开放新高地更大改革自主权

建议以"大负面清单"的形式支持海南大胆试、大胆闯、自主改。除党务、人大、国防、外交外，赋予海南最广泛的经济社会管理权，赋予海南最充分的改革自主权，并且在《中华人民共和国海南自由贸易港法》中予以明确。

（二）制定改革促进条例，做实改革容错机制

1. 出台改革促进条例和改革中长期规划

（1）处理好顶层设计与基层创新的关系。以改革促进条例明确顶层设计与基层创新的职责。在顶层设计定方向、把战略、抓重点的基础上，充分调动基层改革创新的积极性、主动性，支持基层根据实际情况大胆试、大胆闯、自主改，对效果明显的试点案例，总结提升，逐步推广。比如，在户籍制度改革

上，除了特大型城市外，鼓励和支持有条件的地方率先探索以居住证管理制度取代城乡二元的户籍制度等。

（2）保护和引导改革创新试点和改革创新者。改革实践一再表明，没有企业家就难以实现企业创造性的发展，没有大胆创新的改革者就很难实现改革的重要突破。要注重保护和引导各地各行业涌现的改革人物。要保持改革的可持续性，防止因其他原因导致某些改革探索的"人走政息"。同时，建议加大改革研究人才培养，建立改革人才的培养机制，打造一支服务于中长期改革的可持续的人才骨干队伍。

（3）善于运用改革思维和改革办法，关键是进一步解放思想。没有思想大解放，就不会有改革大突破；没有对改革形势和思维的正确认识，也难以实现改革的重要突破。建议尽快制定与国家"十四五"规划和2035年远景目标相适应的中长期改革规划。

2.加快建立可实施的改革容错机制

（1）做实"三个区分开"。中央明确提出了"三个区分开"①，就是要为改革者撑腰，为改革者鼓劲。从实践看，需要推动"三个区分开"的进一步落实，需要建立可执行、可操作的改革容错纠错机制。

（2）明确改革容错情景。改革的重点是突出制度集成创新，是支持实干、激励创新。为此，需要将制度集成创新作为容错情形和容错分析研判中的重要内容予以明确。比如，对实践中有重大创新意义、得到社会广泛认可的制度创新项目，在实施过程中出现的失误和错误可以作为容错重要情形予以考虑；将创一流营商环境、包容审慎监管，促进中央相关政策落地实施等内容作为容错情形。

---

① 三个区分开：把干部在推进改革中因缺乏经验、先行先试出现的失误和错误，同明知故犯的违纪违法行为区分开来；把上级尚无明确限制的探索性试验中的失误和错误，同上级明令禁止后依然我行我素的违纪违法行为区分开来；把为推动发展的无意过失，同为谋取私利的违纪违法行为区分开来。

（3）明确改革容错底线。对该容的大胆容错，不该容的坚决不容；在容错核实与认定中，要准确认定行为性质，依规依纪依法提出容错认定意见，划清"不能容"的底线，防止混淆问题性质，拿容错当"保护伞"。为此，鼓励有条件的地区探索制定"改革容错负面清单"。

（4）规范改革容错程序。明确改革容错启动、核实、认定、反馈等环节。在启动环节，责任追究对象可以向责任追究机关提出书面容错申请；在容错核实和认定环节，要听取专业部门和有关专家的意见。各个环节上下衔接、严谨细致，保障容错的科学性和权威性。

（三）加强改革立法，强化改革执行的法律约束

1. 实现重大改革立法先行

在推进行政体制、中央地方财税关系、基本公共服务均等化联动改革上，可以考虑以立法的形式将中央和地方政府的权力范围、权力运作方式、财税关系、责任和义务等明确规定，实现依法推进改革。

2. 加强改革的程序性立法

加强改革的程序性立法，对包括改革决策、执行、监督等程序进行明确规范，克服部门立法的弊病，避免既得利益掣肘改革，增加改革的透明度和民主参与度，提高改革的效率。

第三章 改革土地管理制度，优化土地要素配置效率

改革开放以来，我国土地制度改革经历了逐步"去指令性计划"和逐步"引入市场机制"的过程。但是土地作为最为基本的生产生活要素，其市场化程度相对滞后。要积极推进土地管理体制和土地要素市场化改革，优化土地要素配置效率，增强土地管理灵活性，为促进城乡融合发展和经济高质量发展提供新的动力源。

一、中国土地制度改革：逐步"去指令性计划"和逐步"引入市场机制"

1978 年以来土地制度改革为我国工业化、城市化发展作出了重大贡献，但也一定程度强化了城乡二元格局。中国土地制度改革是随着社会主义市场经济的发展逐步"去指令性计划"和逐步"引入市场机制"的过程，其核心逻辑在于不断调试计划与市场的关系。

(一) 1978—1986 年：启动农村土地所有权与经营权两权分离改革

改革开放之前，我国土地管理实行与计划经济体制相适应的土地计划性供

给制度。党的十一届三中全会以后，党和国家的工作重心转移到以经济建设为中心上来。我国土地管理工作也由单一行政管理转向由行政、法律、经济等相结合的综合管理新阶段。

第一，形成了一套有统有分、统分结合的双层农村土地经营体制。1978年农村家庭联产承包责任制将农村农业用地产权分为所有权和承包经营权，所有权仍归集体所有，承包经营权则由集体经济组织按户均分包给农户自主经营，家庭联产承包责任制自下而上的推行纠正了长期存在的管理高度集中和经营方式过分单调的弊端，较好地发挥了劳动和土地的潜力，得到了中央的肯定①。

第二，将"十分珍惜和合理利用每寸土地，切实保护耕地"确定为基本国策。肇始于1982年的分散的土地行政管理体制相互掣肘，导致城乡非农业建设乱占滥用土地的问题屡禁不止。1981年4月，国务院发出《关于制止农村建房侵占耕地的紧急通知》，规定农村建房用地必须统一规划，合理布局，节约用地。1982年，修订了《国家建设征用土地条例》《村镇建房用地管理条例》，提出保护耕地是我国一项基本国策。

第三，明确全国土地集中统一管理，建立了以建设用地审批管理为核心的用地管理制度体系。1986年6月25日，党的六届全国人大常委会通过并发布我国第一部专门调整土地关系的大法——《中华人民共和国土地管理法》（以下简称《土地管理法》），进一步明确了"城市市区的土地属于全民所有即国家所有。农村和城市郊区的土地，除法律规定属于国家所有的以外，属于集体所有；宅基地和自留地、自留山，属于集体所有"的土地所有权基本架构；规定了国家依靠土地利用总体规划管理建设用地，对建设用地实行统一的分级限额审批。同年成立国家土地管理局，改变了以往城乡分割、分散分块多部门、低

---

① 1980年5月31日，邓小平在一次重要谈话中公开肯定了小岗村"大包干"的做法。1982年1月1日，中国共产党历史上第一个关于农村工作的一号文件正式出台，明确指出包产到户、包干到户都是社会主义集体经济的生产责任制。

效的土地管理方式。[①]

第四，全国开展土地调查，开始建立土地统计制度。1984 年 5 月，经国务院批准部署在全国开展土地调查工作，开始建立土地统计制度。2007 年与2017 年，我国又相继进行了两次全国性的土地调查。[②]2008 年 2 月 7 日，国务院以 518 号令公布施行了《土地调查条例》，标志着中国土地调查工作步入了法制化轨道。

（二）1987—1997 年：建立与社会主义市场经济相适应的城镇国有土地有偿出让制度

农村联产承包责任制极大地激发了农民的生产积极性，农业用地所有权和使用权的分离为城市建设用地使用制度改革提供了有益借鉴。

第一，城镇国有土地有偿使用制度改革，建立城镇土地市场。1987 年，国务院批准确定在深圳、上海、天津、广州、厦门、福州进行土地有偿使用改革试点。深圳市率先以协议、公开招标和公开拍卖的方式出让了三宗国有土地使用权，将土地使用制度改革付诸实践。1988 年 3 月，《中华人民共和国宪法修正案》规定"土地的使用权可以依照法律的规定转让"。4 月，全国人大对《土地管理法》进行了第一次修正，删除了禁止土地出租的内容，增加了国有土地和集体所有的土地使用权可以依法转让的条款，并规定国家依法实行国有土地有偿使用制度。1990 年发布的《中华人民共和国城镇国有土地使用权出让和转让暂行条例》，正式确立土地出让金制度，规定三种土地转让方式：协议、招标和拍卖。1995 年施行的《中华人民共和国城市房地产管理法》也对此作

---

① 1982 年成立农牧渔业部，下设土地管理局，加强了对农村土地的管理。此外，国务院各相关部门也分别管理各自的土地利用工作，如林业部、交通部、水电部、铁道部、商业部等。在地方的农业部门建立了土地管理部门，城市内部则保留了房地产管理局，部分恢复了地政管理职能。1988 年，国务院进行机构改革，保留了国家土地管理局。同年，国家机构编制委员会批准了《国家土地管理局"三定"方案》，界定了国家土地管理局职责。

② 2017 年开始的第三次全国性土地调查名称变更为国土调查。

出了回应，标志着中国城镇国有土地使用权出让、转让、出租、抵押的市场交易制度正式确立。

第二，初步建立土地利用总体规划体系。1987 年颁发《关于开展土地利用总体规划的通知》，将土地利用总体规划划分为全国、省、市三个层次，并于同年开始尝试编制全国土地利用总体规划。1993 年，《全国土地利用总体规划纲要（1987—2000 年)》获得国务院批准。到 1996 年底，我国大部分省、自治区、直辖市都完成了第一轮土地利用总体规划的编制工作，确立了土地利用规划体系、工作程序和方法体系，市、县、乡级土地利用总体规划也普遍开展。1997 年，以"保护耕地为重点、严格控制城市规模"为指导思想，开始了第二轮土地利用总体规划的编制工作。

（三）1998—2013 年：确立严格保护耕地国策与实施土地用途管制

1998 年 8 月第九届全国人大常委会第四次会议通过了修订的《土地管理法》。这次修法，标志着土地管理和利用方式的重大改革。从此"两个最严格"（最严格耕地保护制度和最严格节约用地制度）就成为我国调控土地利用的基本政策依据。这一时期强调严格依法管理，启动土地参与宏观调控，[①] 建立国家土地督察制度，土地管理制度日趋严密。

第一，形成统一的土地管理体制。1998 年国务院进行机构改革，组建了国土资源部，对土地资源、矿产资源、海洋资源等自然资源的规划、管理、保护与合理利用进行集中统一的管理，建立起中央、省（自治区、直辖市）、市（地）、县（市）、乡（镇）五级土地管理体制，对土地总体规划利用的审批权收归省级人民政府。

①　2004 年国务院发布《关于做好省级以下国土资源管理体制改革有关问题的通知》，中央政府决定把国土资源部门作为参与宏观调控的重要部门，参与对国民经济的宏观调控，决定在全国实行省以下土地管理体制，以进一步加强国家对国土资源的宏观调控，实行最严格的耕地保护制度。

第二，建立相对完整的土地用途管制制度，土地用途管制思路贯穿土地总体利用规划与国土空间规划。将土地分为农用地、建设用地和未利用地，以耕地、基本农田、建设用地规模"三线"规模控制和基本农田边界、城乡建设用地边界"两界"空间控制为宗旨，采取指标管理、用途管制和城乡建设用地空间管制的调控手段，通过土地利用总体规划、土地利用年度计划、农转用制度、项目预审、动态督查执法来保障实施严格的土地用途管制制度。2006年起采取了更严格的管理措施切实加强土地调控，国务院出台《关于加强土地调控有关问题的通知》等一系列文件要求将新增建设用地控制指标（包括占用农用地和未利用地）纳入土地利用年度计划；农用地转用和土地征收由分批次审批调整为省级政府汇总后一年一次申报。

第三，形成了土地一级市场国家垄断制度体系。1998年《土地管理法》第四十三条规定："任何单位和个人进行建设，需要使用土地的，必须依法申请使用国有土地"，关闭了农村建设用地直接出让通道，农村土地只有经过国家征收变成国有土地以后才能出让，造成延续至今的城乡二元土地结构。同时配套建立了包括规范土地征收程序、原则以及补偿标准等在内的一系列土地征收补偿制度。形成所有土地一级开发由政府主导进行招拍挂出让的制度。

第四，中国城市土地三大核心制度形成。2001年规定地方政府要对建设用地试行收购储备制度，全国累计成立2000多家土地储备机构。至此，奠定了当前中国城市土地三大核心制度：土地储备制度、土地出让金制度和招拍挂制度。

第五，健全土地利用总体规划体系，初步探索与国土空间规划、城乡规划的衔接。一是建立了自上而下逐级控制、以土地供给制约引导需求、以耕地保护为基本出发点的土地利用总体规划编制体系。第三轮土地利用总体规划修编正式启动。1999年国务院批准《全国土地利用总体规划纲要（1997—2010年》；到2000年底，全国各地基本完成从国家到乡镇的五级规划，并开始正式实施。二是明确国土开发强度，土地规划尝试从外延扩张为主转向调整优化空间结构为主。2011年6月，我国首个全国性国土空间开发规划《全国主体功能区规划》将全国划分优先开发、重点开发、限制开发和禁止开发四类功能区。三是引入区域化管理思想，更加重视各级各类城镇的空间关系，强化土地管理与城市规划的衔接。2008年《全国土地利用总体规划纲要（2006—2020年)》批准实施，同年《城乡规划法》颁布，明确将"城乡规划确定的建设用地范围"作为城乡规划部门行政责任的主要范围。

第六，优化建设用地需求与耕地保护之间的调节工具。1994年分税制改革之后，土地出让收入成为地方财政收入主要来源，建设用地面积持续扩张，耕地面积持续高速下降。[1]2004年国务院出台当时关于土地管理最全面、最明确、规格最高的一份文件——《关于深化改革严格土地管理的决定》，提出严格土地管理一系列重大措施，对我国土地政策产生重大影响。

一是耕地占补平衡制度成为严格耕地保护的一项支撑性制度[2]。继1998年8月修订后的《土地管理法》第三十一条首次提出建设用地占用耕地占补平衡制度和2001年国土资源部下发《关于进一步加强和改进耕地占补平衡工作的通知》对耕地占补平衡制度进行了规范之后，进一步强调，对于包括政府投资项目等在内的"各类非农业建设经批准占用耕地的"，必须补充数量、质量相当的耕地。2008年、2009年国土资源部连续两年对耕地占补平衡制度进行适时调整，并建立考核制度。

二是提出实行"城乡建设用地增减挂钩"制度。2006年国土资源部组织

---

① 2002年耕地减少168.62万公顷，2003年减少253.74公顷。2003年下半年以来，针对经济运行中出现的突出矛盾和问题，党中央、国务院为了切实保护耕地，决定开展土地市场的治理整顿。2004年4月下旬，中央又作出了暂停农用地审批半年的决定。时任总理温家宝认为：最近一轮大量"圈地"、乱占滥用耕地的特点是，一些地方以牺牲农民利益为代价，低价甚至"零地价"出让土地，进行"招商引资"，追求短期利益和政绩。切断这种扩张用地的利益冲动，防止恶性循环，必须建立有效的利益调节机制，理顺中央与地方、政府与用地者以及被征地农民等多重利益关系。"在暂停审批建设用地期间，一要抓好土地清理整顿，二要着手研究制定管理制度"的重要批示。

② 1998年8月修订后的《土地管理法》第三十一条明确规定，国家实行占用耕地补偿制度。非农业建设经批准占用耕地的，按照"占多少，垦多少"的原则，由占用耕地的单位负责开垦与所占用耕地的数量和质量相当的耕地；没有条件开垦或者开垦的耕地不符合要求的，应当按照省、自治区、直辖市的规定缴纳耕地开垦费，专款用于开垦新的耕地。

在山东等全国 5 个省（市）开展第一批挂钩试点工作，由省级国土资源部门建立备选库进行统一管理。自 2009 年起，挂钩周转指标纳入年度土地利用计划管理，国土资源部负责确定挂钩周转指标总规模及指标的分解下达，有关省区市负责试点项目区的批准和管理。2013 年试点基本推向全国。

第七，土地管理依法行政取得一定进展，形成了以《土地管理法》《农村土地承包法》《城市房地产管理法》《物权法》为主体，辅之以行政法规、部门规章和地方法规的一套较为完善的土地法律、法规体系和执法监察制度。这一时期中共中央和国务院还出台了众多规范性文件，尤其是 2007 年 3 月 16 日十届全国人大五次会议通过了《物权法》，完善建设用地使用权的空间范围，确定了建设用地使用权的"纵向"发展趋势，标志着中国保护以土地等不动产为主的物权保障体系正式创立。

（四）2013 年以来：积极探索土地管理简政放权与增强土地供应弹性

2013 年 11 月，党的十八届三中全会通过的《中共中央关于全面深化改革若干重大问题的决定》，提出了全面深化改革时期生态文明建设下土地管理的方向和内容，总体思路是从割裂的土地单要素用途管制迈向"山水田林湖草"全生命国土空间综合管制，从耕地和林地保护迈向生态空间管制。党的十九大、十九届四中全会等都要求充分发挥市场在资源配置中的决定性作用。这一时期土地管理在严守 18 亿亩耕地红线的基础上积极探索统一管理和一系列增加建设用地供应的新机制，不断提升改革举措的适应能力。

第一，完善自然资源监管体制，统一行使所有国土空间用途管制职责，探索"多规合一"。一是 2018 年国务院机构改革，由国土资源部、国家海洋局、国家测绘地理信息局等组建自然资源部，统一管理土地山林湖草海等自然资源。二是探索国土空间用途管制，强调推进城市总体规划和土地利用总体规划"两图合一""多规合一""一张蓝图干到底"。

第二，开启"三块地"改革试点，尝试建立城乡统一的建设用地市场。

2015 年北京大兴区等 33 个试点县（市、区）开启农村集体经营性建设用地、宅基地和征地（统称"三块地"）改革试验。① 目前试点以守住耕地底线为原则稳步推进，试点工作直接推动了 2019 年《土地管理法》的修改。此次修改首次明确界定"公共利益"，并完善了征地程序，改革了征地补偿制度；清除了集体经营性建设用地入市的法律障碍，明确了入市的条件和程序，以及使用者再转让的权利；下放了宅基地的审批权、增加了户有所居的规定，并鼓励宅基地有条件流转。

第三，新形势下进一步严格耕地保护制度，严守 18 亿亩耕地红线。党的十八大、十八届三中全会和中央经济工作会议、城镇化工作会议、农村工作会议就严防死守 18 亿亩耕地保护红线、确保实有耕地面积基本稳定、实行耕地数量和质量保护并重等提出了新的更高要求。2014 年国土资源部出台《关于强化管控落实最严格耕地保护制度的通知》，提出"三个严格"：一是进一步严格建设占用耕地审批；② 二是严格审核城市建设用地；③ 三是严格划定永久保护基本农田。④

第四，加强土地利用计划管理，强化建设用地总量控制和指标控制。2016

---

① 《中共中央关于全面深化改革若干重大问题的决定》提出了"三块地"改革的任务和方向，即在符合规划和用途管制前提下，允许农村集体经营性建设用地出让、租赁、入股，实行与国有土地同等入市、同权同价。缩小征地范围，规范征地程序，完善对被征地农民合理、规范、多元保障机制。扩大国有土地有偿使用范围，减少非公益性用地划拨。建立兼顾国家、集体、个人的土地增值收益分配机制，合理提高个人收益。完善租赁、转让、抵押二级市场。

② 强化建设项目预审和符合土地利用总体规划、耕地占补平衡要求、征地补偿安置政策、用地标准、产业和供地政策的项目，不得通过用地预审。对线性工程占用耕地 100 公顷以上、块状工程 70 公顷以上的，省级国土资源部门必须组织实地踏勘论证，不组织抽查核实。

③ 除生活用地及公共基础设施用地外，原则上不再安排城市人口 500 万以上特大城市中心城区新增建设用地；人均城市建设用地目标严格控制在 100 平方米以内，后备耕地资源不足的地方相应减少新增建设占用耕地。

④ 国土资源部与农业部联合印发了《关于进一步做好永久基本农田划定工作的通知》，各地应以依法批准的土地利用总体规划为依据，在已有工作基础上，从城市人口 500 万以上城市中心城区周边开始，由大到小、由近及远，加快全国基本农田划定工作；并将城镇周边、交通沿线现有易被占用的优质耕地优先划为永久基本农田。

年国土资源部在 2008 年《全国土地利用总体规划纲要（2006—2020 年)》基础上印发调整方案，对部分土地指标进行了调整。到 2020 年，全国耕地保有量不低于 18.65 亿亩(其中基本农田 15.46 亿亩)，建设用地总规模控制指标为：2010 年不超过 3374 万公顷，2020 年不超过 4072 万公顷（调整前为 3724 万公顷)。平均每一年全国新增建设用地指标约为 58.67 万公顷(880 万亩)。[①]2016 年建设用地批准总量下降 14%，2017 年下降 4%。[②]

　　第五，主动探索改进占补平衡和增减挂钩指标交易等一系列增加建设用地供应的路径和办法。2014 年，国土资源部发文严控新增建设用地和严格保护永久基本农田之后，占补平衡逐步成为大城市增加建设用地的主要渠道。一是健全耕地质量等级评价制度，强化耕地数量和质量占补平衡，以补充耕地和提质改造耕地相结合方式落实耕地占补平衡工作。二是为适应国土资源面临的新形势新要求，强化耕地占补平衡的灵活性，实行"综合整治、补改结合、算大账、差别化"的耕地占补平衡新方式。三是逐步优化新增耕地指标、增减挂钩结余指标流动性调剂机制。为了平衡耕地后备资源与建设用地需求之间的区域矛盾，2017 年 1 月，中共中央、国务院发布《关于加强耕地保护和改进占补平衡的意见》，提出耕地占补平衡要探索"以县域自行平衡为主、省域内调剂为辅、国家适度统筹为补充"。2018 年 3 月，国务院办公厅印发《跨省域补充耕地国家统筹管理办法》和《城乡建设用地增减挂钩节余指标跨省域调剂管理办法》，则对指标跨省域调剂机制作出了规范。目前跨省流转需要国家统筹，增减挂钩指标主要针对"三区三州"[③]及其他深度贫困县。其政策与乡村振兴战略衔接，目标在于扶贫开发。2019 年 8 月修正通过的《土地管理法》从法律层面为跨省域补充耕地建立了制度保障。

---

①　2016 年全国土地利用计划安排的新增建设用地计划指标为 700 万亩，2017 年减少为 600 万亩，均小于平均值 880 万亩，未来新增建设用地指标将会越来越紧张。

②　根据《中国国土资源统计年鉴（2018)》，2015 年实际批准的建设用地约为 241187 公顷，2016 年约为 211375 公顷，2017 年约为 203719 公顷。

③　"三区三州"，国家层面的深度贫困地区。其中，"三区"是指西藏、新疆南疆四地州和四省藏区，"三州"是指甘肃的临夏州、四川的凉山州和云南的怒江州。

第六，土地审批制度进行"放管服"改革，赋予省级人民政府更大用地自主权。2020年3月，国务院出台《关于授权和委托用地审批权的决定》落实2019年新修正的《土地管理法》的要求，将国务院可以授权的永久基本农田以外的农用地转为建设用地的审批事项，授权各省、自治区、直辖市人民政府批准；同时试点将永久基本农田转为建设用地和国务院批准土地征收审批事项委托部分省、自治区、直辖市人民政府批准。首批试点省份为北京、天津、上海、江苏、浙江、安徽、广东、重庆，试点期限1年。

新形势下，为了适应"十四五"时期高质量发展的新需求，提升土地要素市场化改革与商品、服务等领域市场化改革节奏的匹配度，中共中央和国务院将土地市场化配置体制机制建设作为当前我国制度化建设的一项重要工作。2020年4月、5月，中共中央、国务院连续颁布《关于构建更加完善的要素市场化配置体制机制的意见》和《关于新时代加快完善社会主义市场经济体制的意见》，均要求构建更加完善的要素市场化配置体制机制；提出着力增强土地管理灵活性，建设城乡统一的建设用地市场等一系列改革举措，对加快提升土地市场化配置能力进行了总体部署。

二、完善土地要素市场化面临的问题

土地要素市场化存在的核心问题是，土地制度依然保留着传统计划经济体制的诸多特点。长期以来，基于耕地保护和防止土地资源过度开发的管制目标，以及降低工业和城市发展成本的经济目标，土地要素计划管理体制的改革推进缓慢。然而，我国土地制度存在市场化水平不高、灵活性程度不足、适应性能力不强等问题，反而加重了土地供需扭曲和紧张；土地制度改革严重滞后于经济社会发展需求，对资源配置效率的抑制、对政府权力约束不强等弊端不断显现。总体而言，在行政主导要素配置、土地管理权力配置、城乡土地二元结构、土地财政问题等方面，土地要素市场化仍面临不同程度的矛盾和问题，亟待进一步改革与完善。

（一）政府和市场的关系：行政主导土地要素配置

改革开放 40 多年来，市场化改革在大多数领域已深入推进，但土地要素的行政配置模式却延续至今。2020 年中共中央、国务院印发的《关于构建更加完善的要素市场化配置体制机制的意见》要求"破除阻碍要素自由流动的体制机制障碍，扩大要素市场化配置范围，健全要素市场体系，推进要素市场制度建设"。对标这一要求，我国土地要素市场化改革任重而道远。当前，土地要素配置与"价格市场决定、流动自主有序、配置高效公平"的要求还有较大差距，行政手段配置土地资源带来一系列问题。

土地要素市场化配置不足，体现在政府垄断土地一级市场、土地用途管制力度较强、土地划拨比重较大、产业用地配置失衡、土地审批效率不高、农村建设用地流转不畅等一系列问题上。从政府和市场的关系角度来看，政府对土地要素市场化配置的干预较为明显的是以下领域。

第一，在土地规划上，土地用途管制的弹性不足、权限过于集中，这与土地利用需求的日趋多元不相适应。在规划确定的开发利用空间范围内，政府干预较多。都市圈、城市群的发展要求难以得到充分满足。在一些特大、超大城市的规划中，实施了建设用地减量供应，这明显不利于都市圈、城市群建设，阻碍了中心城市与周边中小城市的连片发展。

第二，在土地划拨上，划拨土地虽然逐渐被市场化出让方式代替，但仍占相当高的比重。有偿出让主要适用于新取得国有土地，而对于已划拨土地仍按照划拨方式使用。采用划拨方式进行土地分配，存在分类不清、划拨土地与出让土地在用途上区别不明显的问题，导致土地利用效率低下和土地资源浪费。

在产业用地配置上，市场化水平不高导致投入和产出强度不足。为进行招商引资和开展地区竞争，地方政府以协议低价出让土地，不惜低于征收成本甚至"零地价"出让，使得土地价格信号混乱，部分土地价值被大幅低估，以及价格形成机制严重扭曲。根据《2017中国土地矿产海洋资源统计公报》显示，2017年末，全国105个主要监测城市商服地价、住宅地价、工业地价分别为7251元/平方米、6522元/平方米和803元/平方米。在其他年份，工业地价也大幅低于商住用地价格。

工业用地作为经济增长的驱动因素，市场化水平长期低于商住用地，导致"产城分离"、第三产业受抑制和土地城镇化快于人口城镇化等问题。同时，土地拉动经济的作用不断减弱，工业用地供给模式亟待转变。据统计，东部地区的单位工业用地产出增长率从2011年的14.3%降至2017年的-0.17%，中西部地区的单位工业用地产出增长率从2011年的20.6%下降到2017年的-0.39%。① 此外，产业用地还面临市场供应体系不完善、不同类型之间转换不畅、二次开发困难、转让难度高、土地利用兼容性不强等体制机制障碍。

（二）中央和地方的关系：土地管理权过于集中

当前，土地管理权配置过于集中。自上而下的管理体制，存在管理的稳定性不强、中央和地方信息不对称、容易引发权力寻租等体制机制难题，限制了地方政府合理利用土地资源的积极性，降低了行政管理效能。

在用地审批上，虽然当前政府审批环节有所简化、审批部门有所减少，但政府审批主导的格局没有改变。从用地单位申请，到县级、市级、省级政府乃至国务院层层审查和审批，用地审批周期过长，审批效率低下。2020年3月，国务院印发《关于授权和委托用地审批权的决定》，实现了用地审批权向省级政府下放，但审批链条过长的问题并未完全解决。

在土地利用规划上，各层级土地利用规划未能有效衔接，空间传导链条不

---

① 刘守英等：《"以地谋发展"模式的衰竭——基于门槛回归模型的实证研究》，《管理世界》2020年第6期。

连续、不清晰。五级土地利用总体规划的分区中，规划分区传导空间管控要求的效果不明显，指标控制依然是土地管理的主要手段；规划的严肃性和约束性不足，修订较为频繁。

在土地利用计划上，存在指标的供给与需求不匹配的问题。逐级分解落实指标的方法，缺乏对各地区真实用地需求的把握与研究，出现快速发展地区用地紧张、发展缓慢地区指标过剩的现象。土地指标自上而下分配，还促使地方之间展开指标的竞争，不利于引导盘活存量土地，容易引发盲目投资、低水平重复建设、政绩工程、城市建设铺摊子等现象。总体而言，在土地利用计划体制下，土地利用效率和质量的目标让位于土地利用数量控制目标。

（三）城市和农村的关系：城乡土地管理二元结构

改革开放实现了两大转型。一是计划向市场的转型，二是农业社会向工业社会转型。然而，两大转型并未充分地体现在土地管理制度的变革之中。城乡之间因土地管理、户籍等制度性约束，难以充分实现城乡融合。土地要素难以高效流入城市，资本、劳动力要素也难以顺畅进入农村，资源要素难以实现城乡平等交换和优化配置。

只有土地、劳动力、资本、技术等要素突破城乡二元结构的限制，在城乡之间更加高效、便捷地流动，才能优化资源配置、提高利用效率。土地要素在城乡间流动不畅，大量农村土地仍是计划经济下的生产和生活资料，尚不具备资产和要素的特征。这导致农村土地资源普遍处于"冻结"状态，农村土地权利向城市开放程度较低。正因如此，农村无法充分分享工业化与城市化带来的收益，城市则在土地配置结构与人口分布结构上面临严重失衡。

近20年来，城镇化发展使得城市发展的用地规模大幅度增加，城市建设用地面积从20世纪90年代的2.2万平方公里发展到5.6万平方公里，农村集体建设用地从17万平方公里增加到19万平方公里；同期，中国的城镇常住人口从4.37亿人增长到8.48亿人，农村常住人口从8.2亿人减少到5.52亿人。[①]可见，土地管理制度有效保护了耕地，但未能适应农村人口进城的变化。农村集体建设用地规模的调整，亟待从集体经营性建设用地和宅基地入手深化改革，化解当前面临的一些突出问题。

在农村集体经营性建设用地入市上，存在入市范围不够明确、价格形成机制不健全、入市方式僵化等问题。集体经营性建设用地尚不能在符合国土空间规划和耕地保护的要求下，直接进入土地开发一级市场。农村集体建设用地属于"经营性"或"非经营性"由政府解释，阻碍了集体建设用地入市。征收集体土地仍是地方政府高收益、低成本的方案，而"同权同价"不利于地方政府获取土地增值收益，地方在推行农村集体经营性建设用地入市上积极性不高。

在宅基地市场化改革上，仍面临宅基地流转范围受限、利用途径单一、退出机制不完善、产权交易平台未建立等问题。宅基地制度以保障居住、弱化产权、限制流转为主要特征，但《农村绿皮书（2018—2019）》显示，2018年农村宅基地空置率为10.7%，样本村庄宅基地空置率最高达到71.5%；全国约有360万亩农村宅基地空置。在高空置率的同时，2000年至2016年，农村常住人口从8.08亿下降至5.89亿，但宅基地面积却从2.47亿亩扩大至2.98亿亩。[②]可见，农村闲置低效土地未能盘活利用。因宅基地使用权转让和自愿有偿退出制度不健全，在城市购买住房的农村居民选择继续保留宅基地使用权；宅基地转让受到严格限制，导致城市居民对宅基地的需求无法得到满足，隐性交易在经济发达地区普遍存在。宅基地自愿有偿退出、退出宅基地统筹利用、宅基地流转、闲置宅基地转变为集体经营性建设用地入市等一系列机制亟须落实。

在耕地保护制度上，我国主要将农村作为生产粮食的区域，在强化耕地保护和粮食安全的背景下，农村产业呈现出单一化特征。农村土地权利仍然具有较强的封闭性，在利用主体、流转范围、土地用途上存在诸多限制，管理的灵活性不足，不利于土地要素在城乡间有效流动，也阻碍了其他要素的城乡双向

---

① 李铁：《如何激活土地要素市场，尚待破题》，《财经》2020年4月13日。
② 刘守英、熊雪锋：《产权与管制——中国宅基地制度演进与改革》，《中国经济问题》2019年第6期。

流动。在经济发达的优势地区，这种矛盾尤其突出。

（四）区域间的关系：优势地区用地供给保障不足

我国幅员辽阔，发展水平、资源分布、产业结构、环境承载力在空间上呈现出较强的不平衡。当前，区域经济发展分化态势明显，发展动力极化现象日益突出，经济和人口向大城市及城市群集聚的趋势比较明显。[①] 因此，应当本着"全国一盘棋"的理念，破除资源流动障碍，发挥各区域比较优势，促进各类生产要素自由流动。

近年来，基于政策的倾斜以及不同区域土地资源状况差异等因素的影响，土地要素未能和人口、产业同步向优势区域集聚。从省域之间的比较来看，优势地区土地保障相对而言不够充足。以 2017 年为例，根据该年各省、自治区、直辖市的审批建设用地数量和生产总值，可以看到，在审批建设用地数量相对于生产总值的相对充足程度上，排名靠前的为青海、新疆、云南、宁夏等欠发达地区，而北京、天津、上海、广东等发达地区则排名末位。

土地资源配置与人口流动趋势明显背离。人口净流入的大城市、都市圈和城市群等优势地区，也面临用地指标不足问题。具体而言，2009 年至 2016 年，东部地区的城镇建设用地增量占全部增量的比例低于人口增量占比 12.9 个百分点。2006 年至 2017 年，城区常住人口在 1000 万人以上的城市人口增长 34.1%，但城市用地仅增长 28.2%；而 20 万人以下的城市人口增长 1.5%，但城市用地大幅增长 19.8%。[②]

产业发展、要素聚集、城市化以及区域发展，都会对土地资源的空间配置产生深刻影响。这要求区域间土地供给格局、土地配置理念进一步转变。2019 年，中央财经委员会第五次会议提到，"中心城市和城市群正成为承载发展要

---

① 习近平：《推动形成优势互补高质量发展的区域经济布局》，《求是》2019 年第 24 期。
② 参见恒大研究院报告：《应该加大向西部供地还是向深圳供地？》，2020 年 7 月 16 日，见 http://finance.sina.com.cn/zl/china/2020-05-29/zl-iirczymk4110942.shtml。

素的主要空间形式,要增强承载经济和人口的能力"。因此,要将重点区域、优势区域的发展摆在更加突出的位置,实现"建设用地资源向中心城市和重点城市群倾斜","使优势地区有更大发展空间"。①

当前,有针对性化解区域间用地需求差异的制度,主要是全国性的建设用地、补充耕地指标跨区域交易机制。然而,这一制度依然面临许多体制性约束。

第一,指标交易的适用领域有待扩大。当前,增减挂钩节余指标跨省域调剂仅针对"三区三州"及其他深度贫困县,目的是为脱贫攻坚提供资金支持。跨省域补充耕地国家统筹,仅针对耕地后备资源严重匮乏的直辖市和少数省,目的是解决这些地方重大项目落地困难。因此,该机制尚未成为一项普适性政策。

第二,指标交易的市场化程度仍然不高。跨省域调剂由国家统一下达调剂任务,统一实施调剂价格,统一资金收取和支出,以实现东西部调剂资金的整体平衡。可见,指标交易的市场化有必要进一步深化。

此外,耕地占补平衡"重数量、轻质量"的问题被多个文件提及,但解决问题的实际效果不理想;城乡建设用地总量有待控制、布局需要优化;农民利益保护机制有待创新;建新区与拆旧区的管理存在不同步、不到位等问题。

(五) 土地财政加剧社会矛盾

在分税制改革、农村集体建设用地市场关闭、政府对土地转用的垄断和控制土地供应等制度的共同作用下,地方政府通过低价出让工业用地来吸引企业入驻,并实现高价商住用地出让和土地抵押融资。因此,地方政府获得了大量税收、土地出让金和贷款。在这种特定体制下,"土地财政"得以形成,主要包括两个方面:一是土地出让收入,地方政府以其对土地一级市场的

---

① 习近平:《推动形成优势互补高质量发展的区域经济布局》,《求是》2019年第24期。

垄断，通过"招、挂、拍"等形式出让土地，获得大量土地出让金收入。2018年，国有土地使用权出让金收入达 65096 亿元，占当年地方政府性基金收入的 91.21%，相当于地方公共预算本级收入的 66.49%。二是土地抵押融资，地方政府以其信用为担保，利用融资平台，将土地作为其资产和抵押品，通过抵押借贷、发行城投债等方式筹集资金。

20 世纪 90 年代以来，土地财政在经济增长中扮演了重要角色，地方政府也成功主导并推动了经济发展。然而，随着我国经济从高速增长阶段向高质量发展阶段转变，土地拉动经济快速增长的效力不断减弱，土地财政表现出不可持续的特征。在土地财政推动下，地方更注重土地资源分配和利用对经济增长的促进作用，而忽视了经济发展质量和分配公平等目标。其问题具体表现在，地方财政风险和债务违约风险不断积累，住房用地供应不足导致房价过快增长和贫富差距扩大，为节省指标用于工业化和城市化建设而强行"撤村并居"，为招商引资而占用优质耕地等诸多方面。

现有的供地模式为地方政府提供了强制土地征收和独家土地出让的强制性手段，保障其从中获取巨额收益，也导致其片面追求财政利益和经济增长。土地财政一定程度上化解了地方财力不足，为城市化提供了大量资本，但强化了土地要素的行政配置模式，固化了城乡土地二元结构，降低了地方政府在推行土地制度改革中的积极性，并阻碍了土地管理制度改革向市场化、法治化的方向迈进。

三、改革土地管理制度、优化土地配置效率的目标与基本原则

改革土地管理制度，优化土地配置效率，要以习近平新时代中国特色社会主义思想为指导，全面贯彻党的十九大和十九届二中、三中、四中、五中、六中全会精神，坚持稳中求进工作总基调，坚持以供给侧结构性改革为主线，坚

持新发展理念，深入贯彻落实《中共中央国务院关于构建更加完善的要素市场化配置体制机制的意见》的要求，以坚持土地公有制主体地位为基础，明晰土地产权，逐步减少政府对土地的指令性管理，完善土地要素市场化配置，城乡统一建设用地市场全面形成。

（一）最终目标是城乡统一的建设用地市场全面形成

到2035年，建立完备的土地法律体系，实现政府土地管理与经营职能分开，全面建成城乡统一的建设用地市场，在符合规划和用途管制前提下，保障城乡不同的市场主体依据同等的市场权利、遵从同等的市场规则，通过公平竞争、自由交易形成土地的市场价格，保障土地资源作为市场要素自由、高效、规范、有序流动，优化土地配置效率。

（二）土地管理制度改革的推进原则

第一，以人为本。土地管理制度改革要适应中国社会主要矛盾转变的要求，坚持以人民为中心的发展思想，满足人民群众日益增长的美好生活需要。

第二，注重效率。土地管理制度改革要尊重市场经济一般规律，逐步减少政府对土地的计划管理和指标下达等指令性管理，充分发挥市场配置资源的决定性作用，依据市场规则、市场价格、市场竞争实现效率最优化。

第三，保障平等。土地管理制度改革要破除城乡二元体制障碍，保障不同土地权利主体的平等，包括权利平等、准入平等和规则平等。

第四，利于稳定。土地管理制度改革过程中的确权颁证、征收补偿、集体经营性建设入市收益分配、土地功能分区规范等，都充分尊重各方利益，考虑社会稳定的要求。

第五，环境友好。土地管理制度改革要减少环境污染，推进土地集约节约利用，使土地资源得到科学合理利用和良性循环，使环境和生态美好，贯彻环境保护的基本国策，更加自觉地推动绿色发展、循环发展、低碳发展。

第六，试点先行。土地管理制度改革要坚持稳中求进的总基调，采取先试点试验，再逐步推广，最终全面铺开的做法，确保不走弯路，使改革平稳有序持续推进。

（三）要处理好中央与地方、政府与市场、城乡关系

1.土地管理制度改革要处理好中央与地方关系

主要是处理好各级政府之间对土地管理权限的再分配关系，按照《土地管理法》关于中央和地方的土地审批权限调整，以及国务院办公厅《自然资源领域中央与地方财政事权和支出责任划分改革方案》要求，在包括土地在内的自然资源领域建立权责清晰、事权与财权匹配的中央与地方关系。除关乎国计民生、经济安全、军事安全等重大建设项目由中央审批外，逐步以规划许可制度代替审批制度。调整各级政府用地审批权限，减少中央政府土地审批职能，强化中央政府宏观调控、规划管制和综合监管职能；具体审批权限下放到省级人民政府，提高整体审批效率。建立以增强公民福利为指向的领导干部政绩考核体系，完善政绩考核的激励与约束机制，在利益一致的前提下提升地方政府对土地管理政策的执行力，避免地方政府因片面追求财政收入获得政绩而违规。

2.土地管理制度改革要解决好政府与市场关系

围绕使市场在资源配置中起决定性作用和更好发挥政府作用，在严格区分政府国有建设用地所有者权利和监管者权力的基础上，简政放权、放管结合，建立健全统一开放、竞争有序的土地市场体系。要明确各级政府在土地管理方面的规划、监管作用，包括政府公益性项目的开发征地如何进行市场化改

革。政府逐步减少在计划管理和指标下达方面的作用，减少行政审批权的层层设置。重点是实施规划管理，按照不同国土空间规划要求实施科学管理。国土空间规划确定的开发利用空间，可以下放管理权限，在开发过程中要减少政府干预，更多交给市场；而国土空间规划严格限制的保护空间，则要强化政府监管。打破各级政府对一级土地市场行政性垄断，政府从土地征收、出租领域逐步退出，还权市场，真正实行政府土地管理和经营职能分开。政府主要通过定规则、调税收和法律手段对土地市场进行监管。

3. 土地管理制度改革要处理好城乡之间的关系

要坚持破除二元土地结构，重塑城乡关系。重点是围绕人往哪里去、地从何处来、钱从哪里出、权能如何用的大逻辑，把城市和乡村、工业和农业作为一个整体设计制度框架。建成城乡有序流动的人口迁徙制度，破除城乡人口流动制度壁垒。改革完善城乡一张图的规划体制，破除规划严重脱节缺位矛盾。破除城乡土地权能不平等难题，夯实城乡融合发展的产权基础，建立城乡统一的建设用地市场。一方面要促进城市用地的高效配置，助力城市转型升级，另一方面要通过土地配置制度改革实现城乡平等发展。盘活农村建设用地资源，提高农民土地增值收益分享比例，激活农村土地要素活力，实现城乡土地要素与资本、劳动等要素自由结合，共同推动城乡融合发展。

四、完善土地使用主体权利配置

完善土地使用主体权利配置要统筹考虑城镇化战略的基础上布局入市格局，赋予农民（集体）完整充分产权，"还权赋能"，不仅要从法律上明确土地集体所有条件下农民的各项土地权利，还要提供使这些权利得以实现的制度装置，保障农民权利不受损、利益得到保障。主要包括城乡建设用地和农户宅基地同权同价、同等入市，公益征地的公益性标准及与由市场决定的建设用地价格之间的平衡。

（一）保障农民土地权利

1. 打破经营性建设用地和非经营性建设用地的划分

一方面城市建设用地并未有经营性与非经营性之区分；另一方面，由于历史原因，一些农村乡镇企业发达，经营性建设用地多，一些则少，导致区域不平衡。

2. 全面推进土地确权颁证工作

对城郊非经营用地、村民组未分配土地和农村土地进行整体全面确权，颁发土地使用权证书。通过农村土地确权登记发证，确认农民与土地之间长期稳定的产权关系。通过深化改革，还权赋能，形成产权明晰、权能明确、权益保障、流转顺畅、分配合理的农村土地产权制度，实现城乡统筹发展，切实维护农民权益。

3. 夯实农村集体土地所有权

习近平总书记曾指出：坚持农村土地农民集体所有是坚持农村基本经营制度的"魂"，土地制度无论怎么改，不能把农村土地集体所有制改垮了。这就是农村改革的一条底线。农村土地改革实行"三权分置"，这是新形势下集体所有制具体实现形式的探索和创新，在"三权分置"过程中，有些地方直接上收了村组一级的土地使用权限，特别是土地指标化以后，意味着连"土地所有权"也实质上发生了转移。这时，各类入市主体的行为实际是在地方政府的直接干预下做出的，其作为市场主体的意志并没有得到充分体现。集体所有权有被虚化的可能。一方面要维护农民集体在承包地的发包、调整、收回、征收以及监督使用等方面的权能，另一方面要健全集体所有权行使的机制。根据中共中央办公厅、国务院办公厅印发的《关于完善农村土地所有权承包权经营权分置办法的意见》，建立健全集体组织民主议事的机制，切实保障集体成员的知情权、监督权、决策权，确保农民集体有效行使集体土地的所有权，防止少数人私相授受，谋取私利。①

4. 放活农村宅基地使用权流转

在落实宅基地集体所有权，保障宅基地农户资格权和农民房屋财产权的基础上，适度放活宅基地和农民房屋使用权。

（1）保障农民宅基地用益物权

建立和健全农村宅基地的转换机制，实现宅基地在城乡之间的自由流转。坚持依法、自愿和有偿的原则，以市场为导向、以农民为主体，允许农村宅基地享有与城市商品房相同的流转权限，同时允许城市居民到农村购买宅基地。通过流转激活城乡土地市场，提高土地集约利用效率，推动农村宅基地及房屋资本化，保障农民宅基地用益物权。

（2）放活宅基地资格权

通过奖励宅基地资格的取得方式，激励优秀人才落地乡村，促进城乡人才双向流动和平等交换。健全城市人才流向乡村的建设用地保障机制，通过宅基地的退出和人才保障取得，将传统农民置换为新型职业农民，为人才、资金、技术等要素支撑乡村振兴提供土地保障。

5. 兼顾国家、集体、个人收益

一是鼓励与引导集体经济组织采取股权量化方式分配集体留存的入市收益。二是适度增加个人分配的比重，集体收益增加后要特别注意防范少数人侵占、支配集体资产，甚至透过这一物化形式支配和控制"集体"本身的问题。

---

① 参见《农业部：三权分置须确保农村集体土地所有权不被虚置》，2016 年 11 月 3 日，https://china.huanqiu.com/article/9CaKrnJYoXR。

（二）严格界定土地征收中"成片开发"的内涵和标准

1.公共利益的内涵和界定标准

新《土地管理法》最重要的突破是根据公共利益的需要对征地范围作了严格限定，并提高了对被征地农民的补偿标准。政府可以依法征地的范围限定为5种情形，其中前4种具有明显的公共利益属性，但第5种——成片开发建设需要用地，既可能有出于公共利益需要的，如前4项中提到的城市基础设施用地，也可能有出于非公共利益需要的，如建设住宅小区、工业园区等。"人们担心的是，一些不符合公共利益需要的土地被地方政府以'成片开发建设需要'的名义进行'合法'征收。"

城市发展过程中，公共利益与非公共利益往往交织在一起，二者难以明确区分的特点。应将"成片开发建设需要"界定为"公共利益与非公共利益在空间和功能上不能隔离但以公共利益为主的成片开发建设需要"。7项具体标准包括危房集中、基础设施落后而村集体无力改善，工商企业又无意投资的城中村或城郊地段进行旧城区改建或城市更新建设需要；危旧废弃厂房和基础设施落后集中村集体无力改善，工商企业又无意投资的工业园区改造建设需要等。

2.公益性用地成本应由受益人共同承担

（1）公益性用地成本因为是"公益性"，就意味着有更大的受益面，应当由所有受益人共同分摊其成本，或由"绝对地租""级差地租"来覆盖，而不是简单地通过低价征地的方式，转嫁到被征地农民和其他集体经济组织身上。

（2）"提高补偿标准"的人为公益征地"价格"与市场化决定的建设用地价格之间的平衡。离开了市场机制，征地补偿标准多高才是合理的？征地者与被征地者之间的博弈何以形成客观标准？如果双方落差太大，必然派生矛盾与冲突。

（3）健全对被征地农民的保障机制。完善城乡生活低保体系、救助体系、养老体系及进入城市生活的保障房体系等兜底保障。

（三）以土地收益助力城乡公共服务均等化

目前，中国村庄的建设用地和宅基地加起来接近19万平方公里[1]，但是农村的基础设施和公共服务与城市相去甚远，应该合理统筹农村宅基地利用与乡村建设，建立健全乡村建设规划与服务，将入市收益与宅基地交易收益的集体留存比例固化为乡村公共服务资金，夯实乡村建设发展资金，推动城乡公共服务均等化。

建立健全与经济发展水平相适应的城乡社会保障体系，逐步建立"以房养老、以地养老"的养老保障机制，实现社会养老保险、基本医疗保险和社会救助城乡全覆盖，推动城镇化进程向平和、稳步、健康方向发展。

五、土地要素市场化改革的主要路径

土地是经济社会发展最基础的要素载体，这要求进一步提高我国土地要素市场化水平。加快推进土地要素市场化配置改革，有利于促进土地要素的有序流动，提高土地要素市场配置的质量和效率；充分利用闲置的集体建设用地；缓解经济发达地区建设用地指标紧缺状况；协调好耕地保护与经济社会发展之间的关系；解决拆迁争议纠纷，更好保障农民权益；避免行政配置导致土地资源严重浪费，转变以宽供应、低地价推动经济增长的传统做法。

---

[1]　数据由清华大学社会科学学院学术委员会副主任蔡继明提供。

（一）推进农村集体经营性建设用地入市

《中共中央国务院关于新时代加快完善社会主义市场经济体制的意见》指出："加快建设城乡统一的建设用地市场，建立同权同价、流转顺畅、收益共享的农村集体经营性建设用地入市制度。"这一要求旨在打破集体建设用地不能直接进入市场、土地征收是集体建设用地进入市场唯一渠道的严格限制。

对于土地要素而言，充分发挥市场配置资源的决定性作用，首要条件是要建立并完善城乡统一的土地市场体系。农村集体经营性建设用地入市，有利于增强集体建设用地财产价值，提高集体建设用地经济效益，提升集体建设用地配置效率；降低土地增值收益城乡分配不合理程度，让农民从城镇化中得到合理收益，提高农民对集体土地供给入市的积极性。

由于征收集体土地对地方政府是高收益、低成本的方案，同权同价减少了地方政府的利益，导致地方政府推行该制度的积极性不高等问题，推进农村集体经营性建设用地入市面临诸多挑战。对此，应当从以下方面完善农村集体经营性建设用地入市制度：

第一，明确入市范围。入市土地必须符合规划和用途管制的集体经营性建设用地。在入市主体方面，应当完成集体土地所有权、使用权的登记、发证的工作。依法确定集体土地的权属，明确集体土地所有权、使用权的主体。

第二，由市场供需形成竞争性价格，完善城乡建设用地价格形成机制。加快探索建立城乡一体的土地级别和基准地价，建立入市交易土地成本价格的测算机制，土地价格应该在包含土地整理、拆迁安置成本等因素以及不同区位土地资源稀缺性和经济机会的价格上由市场供需关系所形成的竞争性价格。实现集体经营性建设用地与国有建设性用地同等入市，同权同价。

第三，财政、金融等配套措施同步推进。一是由土地增值税代替征收土地增值收益调节金，规范城乡土地交易税费制度，充实地方政府财政收入。推动政府从土地所有者向公共管理者转变。要体现政府在公共基础设施建设、土地用途规划与管制等方面对集体建设用地增值产生的积极作用。对于仍采用征收土地增值收益分配调节金的地区，应当对使用方式、分配方式、分成比例等进行科学确定。二是抵押、担保等金融改革项目需要配套推进，否则会影响集体经营性建设用地入市改革的深入开展。

第四，探索就地入市、调整入市和整治入市等多种入市方式。对于不处于规划范围内的集体经营性建设用地，通过确保建设用地不增加、耕地数量不减少、质量有提高的前提下，根据土地利用总体规划和土地整治规划，对零星、分散的存量集体建设用地复垦验收后，以指标流转的方式实现土地的间接入市。

（二）深化农村宅基地制度改革

当前，农村宅基地只能在集体经济组织内部转让，禁止城镇居民到农村买房和租地建房，堵塞了农民获得财产收入的渠道。同时，随着人口加速向城镇集聚，"空心村"大量出现，宅基地处于低效利用的状态。因此，从长远来看，有必要对占农村集体建设用地面积 60% 以上的农村宅基地进行合理的市场化配置，包括有偿使用、有偿退出、有限流转、财产抵押，赋予农村宅基地与城市宅基地同等的权利，充分体现宅基地资源的价值，进一步提高宅基地的利用效率。

在国家农村宅基地制度改革试点中，宅基地自愿有偿退出机制、宅基地集体内部流转机制、退出的闲置宅基地统筹利用机制、增量宅基地集约有奖、存量宅基地退出有偿机制、闲置宅基地转变为集体经营性建设用地入市机制。具体而言，下一步还应当在以下方面进一步推进宅基地市场化改革。

一是逐步放开宅基地流转范围。通过修改相关法律法规，在"一户一宅"原则下，逐步放开宅基地流转范围。进一步调动市场对于农村宅基地的供给和需求，通过市场调节方式达到优化配置宅基地资源的目的。

二是推动宅基地流转与城乡建设用地增减挂钩指标、国家农转用指标、耕地占补平衡指标和建设用地规模指标等工作相结合，全面提高农村土地利用和治理水平。

三是优化宅基地使用权的多途径利用。鼓励农民利用宅基地入股、出租、抵押、合作或委托第三方长期经营等方式自主创业；鼓励社会资本带着项目、资金、技术到村集体经济组织，通过宅基地使用权规范化、市场化运作，建设经营性和公益性项目，带动集体增收、农民致富。

四是建立健全产权交易平台，完善农村宅基地交易市场，将其纳入农村产权流转交易市场体系一并管理与服务。在储备环节，农民自愿退出的宅基地应统一入库和调配安排使用。在交易环节，由平台负责对已经收储的宅基地公开公平对外交易，以竞价机制确定受让人；在抵押环节，创新宅基地使用权和农民住宅所有权抵押，赋予宅基地和农民住宅完整的用益物权，在保障"户有所居"的前提下，允许农民以自有住房作为抵押物为自身申请贷款担保。同时建立宅基地使用及交易税费制度。

五是完善闲置宅基地退出机制。遵循"户在置宅、户销退宅"的理念，释放农村大量废弃空置的宅基地。对退出宅基地资格权的农民，可自愿选择货币补偿、置换商品房、养老和社保等多种置换方式。

六是完善退出的闲置宅基地统筹利用方式。探索由农民集体经济组织回购退出的闲置宅基地，首先预留一定面积用于宅基地再分配，其余按规划通过土地整治后，通过城乡建设用地增减挂钩项目等途径，在县域范围内统筹使用，并将节余建设用地指标交易收益返还村集体，用于闲置宅基地有偿收回和整治；或者就地转化为集体经营性建设用地入市，用于发展乡村产业，增加集体收益。

（三）扩大国有土地有偿使用范围

在很长一段时期，划拨土地是国有土地利用的唯一方式。改革开放之后，虽然这种方式逐渐被市场化的出让方式所代替，但划拨土地仍然占据着相当大的比重。总体而言，我国仍然实行的是划拨土地与出让土地并存的双轨制。该体制下，有偿出让主要适用于新取得国有土地，而对于已经形成的划拨土地仍按照划拨方式使用。

采用行政划拨方式进行土地分配，存在分类不清、划拨土地与出让土地在用途上区别不明显的问题，导致市场主体之间的不公平竞争和市场秩序的混乱。划拨土地无偿使用与市场经济要求的统一土地市场的目标相背离，容易导致土地利用效率低下，造成土地资源的浪费。

对此，应当扩大国有土地有偿使用范围。

第一，完善划拨土地的分类。将划拨土地分为经营性土地和公益性土地，确保划拨土地与出让土地在用途上无交叉。推动经营性划拨土地使用权进入土地市场，进入国有土地有偿使用的轨道。对于公益性划拨土地使用权，要严格禁止其进入土地市场进行流转，只允许其使用而不能进行处分。

第二，完善公共服务项目用地政策。对可以使用划拨土地的项目，除可按划拨方式供应土地外，鼓励以出让、租赁方式供应土地，支持市、县政府以国有建设用地使用权作价出资或者入股的方式提供土地，与社会资本共同投资建设。市、县政府应依据当地土地取得成本、市场供需、产业政策和其他用途基准地价等，制定公共服务项目基准地价，依法评估并合理确定出让底价。

第三，完善国有企事业单位改制建设用地资产处置政策。事业单位等改制为企业的，其使用的原划拨建设用地，改制后不符合划拨用地法定范围的，应按有偿使用方式进行土地资产处置，符合划拨用地法定范围的，可继续以划拨方式使用，也可依申请按有偿使用方式进行土地资产处置。

第四，完善公益性划拨土地的供应计划体系。政府作为公益性划拨土地唯一的土地供应者，应当合理确定每年公益性划拨土地供应的数量。在满足政府建设和公共事业需要的同时，根据城市发展情况选择时机供应相当数量的土地，确保城市建设不至于过快扩张。

第五，严格限定划拨土地使用权的范围。《土地管理法》第五十四条规定在国家机关用地和军事用地、城市基础设施用地和公益事业用地、国家重点扶持基础设施用地等方面，可以划拨方式取得土地使用权。《房地产管理法》的第二十三条规定与其基本相同，但增加了"确属必需"的要求，这是对划拨土地范围的进一步限制。

（四）推动产业用地市场化配置

《中共中央国务院关于构建更加完善的要素市场化配置体制机制的意见》提出，"深化产业用地市场化配置改革。健全长期租赁、先租后让、弹性年期供应、作价出资（入股）等工业用地市场供应体系。在符合国土空间规划和用途管制要求前提下，调整完善产业用地政策，创新使用方式，推动不同产业用地类型合理转换，探索增加混合产业用地供给。"

随着产业转型升级和融合发展不断深入，土地利用方式面临新的需求。土地资源作为产业发展的载体，必须改变传统的利用管理方式和土地供应方式，向多功能的综合利用管理方式转变。因此，要推动不同产业用地类型合理转换，探索增加混合产业用地供给，满足不同产业功能混合形成的新产业、新业态对土地复合利用的需求，更好实现产城融合，为城市发展提供一种综合、多功能控制方式。

第一，健全工业用地市场供应体系。实行弹性年期供应，对于国家、省重大产业项目、战略性新兴产业项目等，经地方人民政府认定后，以低于出让法定最高年限的使用年期出让。鼓励在整个合同期内均以租赁方式使用整宗土地，依法租赁国有建设用地用于工业项目的，土地承租方可凭土地租赁合同和缴款凭证办理有关规划、报建等手续。在租赁期内，地上建筑物、构筑物及其附属设施可以转租和抵押。推进先租后让、租让结合方式使用土地，土地受让方应在基建租赁期、投产租赁期等各阶段期接受验收评估，达到合同约定要求的，受让方可凭借验收评估合格证明办理下一期土地使用手续。缴清全部土地价款的，方可办理不动产权属证书。开展国有建设用地使用权作价出资（入股）方式使用土地，国家以一定年期的国有土地使用权作价，作为出资投入改组后的新设企业，新设企业持有该土地使用权且可依法转让、出租、抵押。

第二，推动不同产业用地类型合理转换。拓展工业用地向商业、混合等用地类型转换提供土地用途"转型升级"通道。支持通过补缴国有建设用地使用权价款的方式改变产业用地类型，确需改变土地用途的，须经自然资源主管部门同意和原批准用地的人民政府批准，并签订变更协议或者重新签订出让合同，补缴相应国有建设用地使用权价款。

第三，提升土地利用的兼容性和规划变更的灵活性。开发商在土地使用期间，可以在规定范围内，视市场环境需要自由变更使用性质和功能比例，且无须缴纳土地溢价。推动规划刚性控制和弹性调整并举，发挥市场调节资源配置的决定性作用，保障土地使用功能最优化。

第四，支持土地复合利用。在符合控制性详细规划的前提下，按照用途相近、功能兼容、互无干扰、基础设施共享的原则，根据当地实际，研究制定有助于新产业、新业态发展的兼容性地类和相关控制指标，推动工业、商业、办公等综合用地复合开发。鼓励开发区、产业集聚区规划建设多层工业厂房、国家大学科技园、科技企业孵化器，供中小企业进行生产、研发、设计、经营多功能复合利用。

第五，加强底线监管。将混合产业用地的项目建设、功能实现、运营管理、节能、环保各要素纳入土地出让合同，实现项目开竣工、土地利用综合评估、土地使用权转让退出等全生命周期管理。建立强有力的综合用地实际用途日常监管和违法处置机制。一般情况下，禁止符合用地分割转让，避免低价工业用地转换为商业等高价用途带来投机机会。

六、完善政府对土地要素市场的调节

（一）完善促进盘活存量建设用地的税费制度

在传统的土地征收增值收益分配过程中，"土地财政"作为政府财政收入的重要组成部分，为政府提供了必要的财政支持。在市场经济条件下，我国政府应当转变计划经济时期的土地行政控制方式，以市场干预代替现实参与。对于土地交易的收入，政府可以通过土地增值税、个人所得税、使用权变更登记费等税费的形式加以调节。收取税费的额度应以当地人均生活水平为参考，最终结果应确保被征地农民生活水平不降低。税率的制定应在广泛征求人民群众意见、考虑各方利益平衡的基础上确定。农民集体和农民之间的分配应充分按照村民自治的原则由农民集体内部协商确定。

（二）构建差别化政策机制

对工业用地建立绩效评估体系，形成差别化政策机制，用地保障向产出能效高、用地节约、环境友好的项目倾斜。确立以"亩产论英雄"导向，进一步提高单位土地面积的贡献率。

对符合产业导向的战略性新兴产业、先进制造业等优先发展且用地集约的项目，按一定标准确定土地出让底价。鼓励创新差别化出让起始价政策，根据产业性质、准入评价等分类确定出让起始价；根据企业综合评价工作结果，实施差别化土地资源配置政策。对符合政策规定的企业转移或奖励容积率，提高产业用地的经济产出密度。

（三）完善宅基地集约开发激励制度

为调动农民宅基地开发整理的积极性，必须结合国家耕地保护、土地整理的要求，建立激励机制。充分利用国家的土地整理基金、宅基地复垦基金，补贴农民到村镇建设规划的住宅基地建房、以原有宅基地置换中心村镇、城市房产，保障退出宅基地农民的居住权；鼓励基层政府利用非农建设用地开发的收益先期投入建设规划住宅区的水、电、路等公共设施，辅以补贴、宅基地置换等方式吸引农民到规划住宅区自建住宅；鼓励基层政府运用市场化原则、利用部分资金建立建设开发公司，在规划住宅区、中心村镇建设多层公寓、农民社区，以补贴、置换、农民自筹和较低价格出售等方式引导农民集聚居住。

（四）探索建立全国性的建设用地、补充耕地指标跨区域交易机制

《中共中央国务院关于构建更加完善的要素市场化配置体制机制的意见》提出，探索建立全国性的建设用地、补充耕地指标跨区域交易机制。该机制的实施有利于统筹规划耕地保护，推动区域协调发展；在严守耕地红线的前提下，为经济社会发展提供用地保障；发挥经济发达地区和资源丰富地区资金的互补优势，助推脱贫攻坚和乡村振兴。

当前，这一机制实施的广度和深度明显不足。增减挂钩节余指标跨省域调剂，仅针对"三区三州"及其他深度贫困县，其增减挂钩节余指标可以跨省域调剂使用，目的是为脱贫攻坚提供资金支持。跨省域补充耕地国家统筹，仅针对耕地后备资源严重匮乏的直辖市和少数省，由于实施重大建设项目造成的补充耕地缺口，目的是解决这些地方重大项目落地困难。并且，跨省域调剂由国家统一下达调剂任务，统一实施调剂价格，统一资金收取和支出，实现东西部调剂资金的整体平衡。

市场化指标交易模式取得了积极效果，但也存在市场化程度不足和机制扭曲的问题。下一步，应当从以下方面推进改革：

第一，推动指标交易价格由政府指导价向市场竞价转变。增强当事人自主定价的权利，通过交易价格反映指标的真实市场价值，充分调动市场主体参与的积极性。

第二，探索完善指标流转的二级市场。允许建设用地指标再次转让，赋予建设用地、补充耕地指标质押融资功能，畅通指标的转让退出渠道，推动指标交易市场的发展壮大。

七、分阶段推进土地制度改革，最终全面建成城乡统一建设用地市场

改革土地管理制度，实现城乡统一的建设用地市场从基本建成、不断完善到全面建成，逐步减少土地资源行政配置，建立简化分区并完善相应法律规范的过程，完善土地要素市场化配置，优化土地要素配置效率。

（一）第一阶段（2021—2025 年）即"十四五"时期，落实土地审批权改革，发挥市场在土地要素配置中的决定性作用

土地管理制度改革要深入贯彻落实《中共中央国务院关于构建更加完善的要素市场化配置体制机制的意见》和《国务院关于授权和委托用地审批权的决定》精神，按照文件关于中央和地方审批权调整的规定，推动土地利用指标更加合理化，管好总量、盘活存量、做好监管，建立省级依法、规范、高效的用地审批机制。

1.严格执行国土空间规划和用途管制

《国务院关于授权和委托用地审批权的决定》赋予地方政府更大的权力调整土地利用空间布局，但是仍保留着省、自治区、直辖市、省会城市、较大城市土地利用总体规划和土地利用年度计划的审批权，也就是说规划建设用地总量没有放松，用途管理规则没有改变，用地审批的内容和标准没有变化。因此，地方政府在用地审批时要明确的是：继续严格执行国土空间规划和用途管制，严格执行土地利用年度计划，严格落实耕地、永久基本农田、建设用地规模"三线"规模控制和基本农田边界、城乡建设用地边界"两界"空间控制，严守生态保护红线。

2. 建立健全用地审批权的引导和规范

自然资源部要加强对省级政府用地审批工作的指导和服务，明确审批要求和标准，切实提高审批质量和效率。省级政府要着力构建与本地经济社会发展相适应的用地审批制度，建立依法、规范、高效的审批机制，规范审查标准、压缩审批时限、优化审批流程、提高审批质量和成效，有效满足土地利用需求，逐步建立与重大战略实施、重大项目建设相适应的土地管理制度，实现土地资源优化配置、高效配置，确保国务院、自然资源部授权的用地审批权"接得住、管得好"。

3. 利用信息平台建立审批监管和评估机制

要利用信息平台，建立规范、公开、透明的用地审批监管机制。一是制定完善负面清单、权力清单、责任清单，明确审批权责，严格规范地方政府审批权的行使，防止寻租行为的发生。二是建立与审批权下放配套的监督机制，完善建立农用地数量、质量双重考核体系，保障占补平衡政策落到实处，持续强化国土督查对闲置低效土地问题的关注，发现违规问题及时督促纠正。三是通过社会监督和政府监督保护好农民权利。四是加强土地供应利用统计监测。对土地供应量、历史供应量和开工建设情况（特别是批而未供、供而未用等）进行分类监督，为结合城市土地利用情况优化未来供应节奏、规模提供决策支撑，也对囤地、浪费行为进行督导惩戒。五是试点期满后，对于将永久基本农田转为建设用地和国务院批准土地征收审批事项的 8 个试点省份审批权改革探索进行评估，总结改革经验，因地制宜地推广。对于评估不过关的，报请国务院取消试点资格，动态调整委托试点省份。

4. 全面推进农村土地征收、宅基地制度改革

出台农村集体经营性建设用地入市指导意见，实现集体经营性建设用地与国有建设性用地同等入市，同权同价。推进宅基地制度改革，建立宅基地自愿有偿退出机制，推进存量闲置宅基地的盘活利用，探索宅基地"三权分置"，开展自

主经营、租赁经营、委托经营等多元经营方式，完善宅基地抵押担保功能。

5. 盘活存量建设用地

在符合规划和用途管制的前提下，建立盘活存量土地和低效用地的引导性、鼓励性政策，提升市场主体参与存量用地盘活利用的积极性，完善存量用地盘活利用的收益分配机制，实现地方政府、原土地使用权人、开发单位等主体间利益合理分配。继续完善"增存挂钩"，新增建设用地指标，与盘活批而未供和处置闲置土地数量相挂钩，对批而未供、闲置土地数量较多和处置不力的地区，减少其新增建设用地计划安排。推进国有企业存量用地盘活利用，缓解核心城市供地压力。

6. 完善指标交易机制

增加城乡建设用地增减挂钩、工矿废弃地复垦等流量指标，通过完善流量管理优化土地利用结构。顺应"产业跟着功能定位走、人口跟着产业走、建设用地跟着人口和产业走"的改革要求，拓展和深化城乡建设用地增减挂钩节余指标跨省域交易机制，是建立省域间土地资源和资金要素有序流动、平等交换的重要载体，要推动指标交易价格由政府指导价向市场竞价转变，依据市场需求来调剂余缺。探索完善指标流转的二级市场，允许建设用地指标再次转让，赋予建设用地、补充耕地指标质押融资功能，畅通指标的转让退出渠道，推动指标交易市场的发展壮大。

7. 建立健全城乡建设用地供应滚动计划

按照赋予省级政府更大自主权的要求，完善土地利用指标三年滚动计划，在三年滚动期间，各地在不突破建设用地总量的前提下，改逐年申报为一次申报，各省一次审批三年土地利用指标，各地在三年滚动期内自主把握使用。对于城市群等优势地区考虑建立土地利用指标五年滚动计划，各地一次申报，在五年滚动期内自主使用。

（二）第二阶段为过渡时期（2026—2030年）即"十五五"时期，城乡统一的建设用地市场基本建成

逐步减少政府对土地资源的指令性管理，简化土地功能分区，完善功能区的法律规范，到2030年城乡统一建设用地市场基本建成。具体分为三步实施：初期建立并完善土地利用年度计划分配规则，更多纳入市场化因素；中期简化土地功能分区，不同功能区建立差异化年度计划调控政策，逐步建立分区法律规范；后期取消指标管理，完善分区法律规范。具体分步实施计划如下。

1.初期建立并完善土地利用年度计划分配规则

在改革初期，由中央确定省级新增建设用地计划指标分配规则，更多纳入市场化因素，各省份根据新增建设用地计划指标分配规则计算得出土地利用年度计划指标。

（1）建立各省市新增建设用地市场化确立机制

总体而言，各城市发展不得突破城市拓展区总面积。城市拓展区中的城市建成区原则上不应超过50%。指标调节的细化因素有：

①纳入重点保障的项目用地。纳入国家重大项目清单的项目用地，纳入省级人民政府重大项目清单的单独选址的能源、交通、水利、军事设施、产业项目用地，在批准用地时直接配置计划指标。

②全要素生产率。连续3年全要素生产率超过全国平均水平的省份，建设用地可按GDP增速的80%增长。低于全国水平的地区，停止新增建设用地占用。

③存量土地消化情况。完成批而未供和闲置土地处置则增加指标，未完成则核减相应的指标。

④主要城市房价。城市房价连续3年超过当地物价指数，不得新增工商业用地。

⑤农业规模化经营水平。建立农业规模化经营水平与本行政区"增减

挂钩"指标的关联关系。过渡期内，"增减挂钩"的指标出让区域必须由农业保护区的村庄建设用地复垦产生。一定期限以后，停止"增减挂钩"政策。

⑥单位土地面积GDP产出率。单位面积城市建成区的GDP产出连续3年低于全国水平，则停止占用新增建设用地。相反情形可增加建设用地。

⑦城市住宅用地占比。按3年平均水平计算，新增城市住宅用地占新增建设用地的比重不得低于35%。

⑧城市常住人口户籍拥有比率。加大新增建设用地计划指标与吸纳落户数量挂钩力度，城市常住人口户籍拥有率越高，则可增加建设用地。相反情形则不可增加建设用地。

⑨环境治理水平。连续3年低于国家规定的排放水平，可以增加建设用地。

⑩人均城市建设用地面积。按照《国家新型城镇化规划（2014—2020年）》提出的人均城市建设用地严格控制在100平方米以内的要求，主要城市符合规定的省份可以增加建设用地。

在控制建设用地总量的前提下，具体由自然资源部会同国家发展改革委完善各省份市场化的增建设用地计划指标分配规则，编制包括土地利用年度计划在内的全要素计划管理草案，草案对以上指标予以综合考虑、设定指标权重，报国务院批准后提交全国人民代表大会审议通过，各省份根据审定的分配规则确定建设用地增长速度和规模。

（2）加强新增建设用地指标的省级统筹

按照城乡建设用地指标使用应更多由省级政府负责的要求，各省份可以自主将按分配规则确定的新增建设用地指标分为基础性、奖励性和扶持性三类：基础性计划用于保障省委、省政府重大战略部署和重大建设项目，由省级直接安排使用；奖励性计划用于激励地方发展重大产业项目、盘活存量用地等，由省级考核认定后下达至地方；扶持性计划用于支持欠发达地区的发展整治修复等专项行动，由省级定向下达至地方，并明确使用要求。

（3）完善计划指标考核奖励制度。中央对各地指标使用情况进行考核评估，构建有保有压、奖惩分明的差别化计划管理机制，引导地方政府主动落实计划调控目标。自然资源部在每年初，按照奖励条件，从土地利用计划执行进度、用途结构、利用效益、存量挖潜以及协调匹配程度五方面，对各省份上一年度土地利用计划执行情况进行评估，由高到低进行排序，将排名靠前的五个省（区、市）纳入奖励范围，对排名靠后的五个省（区、市）进行必要的惩罚处理。在资源枯竭地区，积极探索工矿废弃地复垦指标的交易与收益分配制度，激励民间资本开展工矿废弃地整治，推动生态修复。

2. 中期简化土地功能分区，实施差别化指标调控政策

在确立省级政府土地利用年度计划分配机制的基础上，进一步减少政府指令性管理，完善和落实主体功能区战略，简化土地功能区，具体划分为农业保护区、城市拓展区、生态建设区，按照主体功能定位划分政策单元，对不同功能区建立差异化年度计划调控政策，完善不同层级政府按照权责对等原则，依法依规对土地管控要求、空间准入、用途转换等进行调控和规范。具体而言：

（1）简化土地功能区

第一，农业保护区。在全国划出约25亿亩的土地作为农业保护区，其中包括河流、道路、特色小城市、村庄、小型专业农户居住点以及其他公共设施。对保护区内的用地行为作出严格的法律规范，建立准入清单，通过清单管理限制非农建设活动。除重大基础设施、国家安全设施、环境保护设施用地外，保护区内其他非农业居民生活用地及非农业经营用地只减不增。农业保护区的用地行为监督由中央政府或其派出机构负责。通过改革，稳定土地利用预期，降低土地流转租金。

第二，城市拓展区。将现有城市建成区3—4倍的土地面积划为城市拓展区，不划定城市扩展边界。在城市拓展区内，用地行为符合法律规范的投资主体可以自主选择地块投资。城市拓展区由市（远期可以拓展至县）级人民政府代行土地所有权职能。城市拓展区范围内的农业区的土地管理由城市政府统辖。在城市拓展区内依据国土空间规划，建立全域覆盖、层级清晰、单元统一的功能分区引导体系，制定正负面相结合的管控清单，提出功能引导的鼓励措施，推动城镇功能和品质提升。以此控制城市拓展区内建设用地增量，形成市场化的建设地块选择机制。城市拓展区将长期保有可用于农业、林业及其他非城市建设的用地。

第三，生态建设区。适合人类居住的保护区，可由省级人民政府履行管理职责。人口稀少、从长远看不适合人类居住、也不适合做大规模建设的生态保护功能区，由中央政府或其派出机构负责管理。生态建设保护区内，设置生态保护红线区，内部仅允许国家重大战略项目以及对生态功能不造成破坏的"少量种植、地质勘查、灾害防治、科学研究、文物保护、适度旅游、线性基础设施、生态修复"8类有限的人为活动。除生态保护红线区，一般生态空间在生态红线区允许的活动基础上，应当允许"乡村服务设施、景观公园、市政公用设施"等对生态功能影响较小的人为活动进入。

（2）建立用地行为规范，以法律法规替代政策文件

国家通过立法建立用地行为规范，立法主体归属按土地主体功能区管辖主体归属确定。主要规范类别包括：

①占地规模规范。三类主体功能区，由不同管辖主体针对不同类别的建设项目，提出占地规模规范。例如，法律可以规定，一个城市的居民区占地面积不得小于城市建成区的45%等等。

②所得税产生效能及资本充足规范。针对营利性组织可以做此项规定，对连续在一定时间没有产生所得税的企业，可以按一定原则提出土地转让的要求。

③不动产税征缴规范。对企业、个人及其他用地主体征收以土地面积为基础的不动产税。对政府等公共事业单位也做不动产税征缴评估，同时作出免税规定，以评估政府服务的成本。

④相邻关系规范。根据用地单位的用地行为所发生的"外部性"，建立有

利于外部行为"内部化"的法律规范。

⑤污染物排放规范。对土地利用主体的各类污染物排放及治理、补偿作出规定。

⑥景观影响规范。对三类主体功能区内建筑物以及生物景观作出评估，提出景观影响规范。

⑦土地开发商合作规范。政府支持开发商之间建立合作关系，解决更大范围内的基础设施建设等问题，并制定相关法规。

⑧土地开发商与政府在基础设施建设中的合作规范。政府与开发商之间在基础设施建设中建立合作关系，并制定相关法规。

⑨公共部门占地规范。借鉴发达国家公共部门占地制度安排，设定合理的公共部门占地标准，构建规范化的公共部门占地管理流程。对于超标部分可以有偿退让，退让资金转入国库。

⑩公益项目用地协商合作规范。可以要求商业用地开发商必须按一定比例切出公益项目用地。比例大小可以因土地开发类别确定。在公益项目用地中，再按照政府对跨区片大型公益项目建设需求，将一定量的土地用于单个开发商项目之外的区域。

上述规范形成后，国家不再实行建设用地指标管理，也不再对经济活动主体及公共部门占地做门槛审查，完全按是否符合空间规划和法律规范做程序性审查。

3.后期取消土地利用计划指标，完善不同功能区的法律规范

在农业保护区、城市拓展区、生态建设保护功能区的基础上，取消土地利用计划指标，进一步完善法律规范和用途管制，明确对区域内土地主导功能、产业发展、生态保护的具体方向，以及土地开发、利用和保护政策和策略。政府通过促成建设主体合作、基础设施投资引导、税收影响、执法监督、窗口干预等措施，对建设主体的用地行为进行调节。从空间上解决好"空间战略格局—三区三线—土地用途分区—土地用途分类"的传导问题。政府负责用地行为合法合规性的事前审查或事中事后审查，依法对土地利用主体的行为作出限

制，通过改革，增强土地使用主体对土地要素市场价值的预期，提高土地利用效率，优化市场秩序。

（三）第三阶段（2031—2035 年）即"十六五"时期，城乡统一建设用地市场全面建成

到 2035 年，实现政府的土地管理职责和经营职能分离，完善政府土地监管职能，建立完备的土地法律体系，全面形成城乡统一的建设用地市场，实现土地要素在城乡之间自由流动，优化土地资源配置。

1. 颁布实施《中华人民共和国土地法》

为了明确土地管理制度的法律边界，必须明晰土地管理的客体，构建良好的土地管理法律环境，制定和实施《中华人民共和国土地法》。明确公民在土地上的权利和义务，调整土地关系包括公法和私法关系，协调土地民事权利与土地行政管理之间的关系，出台包括土地上多种权利关系的根本大法，即《中华人民共和国土地法》，这也是制定《自然资源法典》的核心内容。

2. 城乡统一建设用地市场全面形成

要以坚持土地的社会主义公有制为基础，明晰土地产权，在符合规划和用途管制的前提下，集体土地和国有土地可以同地、同价和同权入市交易。建立健全统一开放、竞争有序的土地市场体系，承包地使用权、宅基地使用权、建设用地使用权通过市场竞争、平等交易，形成合理的价格，政府以税收的方式加以调节，促进土地要素在城乡之间自由流动，优化土地资源配置，城乡统一建设用地市场全面形成。

3. 实现政府土地管理与经营职能分开

一是政府完善土地管理，加强土地一级市场的规范，运用法律和经济手段

规范土地市场。加强土地二级市场的管理，建立和完善土地二级市场机制，加强国有土地使用权确权、转让、租赁、抵押登记管理。二是建立土地经营机制。借鉴国企改革的经验，成立专门的国有土地资产管理机构，专门负责组织、领导、经营国有土地资产方面的工作。同时，成立国有土地公司等经济组织，由其经营国有土地参与市运作，负有保值增值的责任，并向国家财政上缴土地收益。

第四章 深化户籍制度改革，引导劳动力要素合理畅通有序流动

一、户籍制度改革的背景与意义

（一）我国户籍制度改革的背景

形成于 20 世纪 50 年代后期的户籍制度是我国特有的人口管理制度，也是改革开放 40 多年来伴随我国经济体制改革过程中的若干重大问题之一。由于户籍本身被赋予了公民身份证明、公共福利附着等多重功能，改革开放 40 多年来，户籍制度改革带来的影响广泛而深远，不仅在宏观上影响着我国的城镇化和人口流动格局，而且在微观上也影响着居民的就业、教育和社会融入等多个方面，是一项与资源配置和利益分配密切相关的制度。

从户籍制度 70 余年的发展历程来看，户籍制度改革顺应了农村劳动力大量转移就业的发展趋势，通过废止一系列阻碍农村劳动力合理流动的制度性壁垒，显著提升了劳动力要素的配置效率，推动了城镇化进程，并有效促进了经济增长。户籍制度改革对经济增长的直接促进作用也得到专家学者的充分论证，如郭春丽通过构建包含户籍制度改革指数的增长核算模型测算表明，1979—2013 年，在 GDP 年均 9.83 个增长点中，户籍制度改革贡献了其中的 1.42 个百分点，对 GDP 年均 9.83 个百分点增幅的贡献率达 14.4%。户籍制度改革通过提升全要素生产率贡献了 1.20 个百分点，贡献率为 12.2%；通过促

进劳动力投入贡献了 0.22 个百分点，贡献率为 2.24%。

然而，随着社会主义市场经济体制的确立和完善，城乡分割的户籍制度已然不适应经济社会发展的需要，其强化了城乡二元经济社会结构，阻断了劳动力等要素随经济发展和产业调整进行流动配置的通道，显然与市场经济资源优化配置以实现利益最大化的原则背道而驰。[1] 改革开放以来，随着市场经济体制的建立和完善以及产业结构的调整，尤其是乡镇企业和东南沿海地区劳动密集型产业的快速发展，要求劳动力等资源要素在城乡、区域间更大范围内进行优化配置。为了适应市场经济体制的转轨和产业发展，户籍制度改革以市场化要素配置为导向不断推向深入。

劳动力要素的流动、人才的流入以及人口基数关系一个城市的兴衰，因此深化户籍制度改革必然带来城镇化进程的加速，促进大城镇与小城镇或大城市圈的发展。近年来，"下沉市场"不断被开拓与关注，这充分说明我国人口基数大，还存在充足的市场需求与内需空间。从这个角度分析，深化户籍制度改革也必然促进与提振国内消费。当前，因新冠肺炎疫情影响，外需空间不断被压缩，从刺激内需的角度看，深化户籍制度改革势在必行。

因此，进一步深化户籍制度改革，构建更加完善的要素市场化配置的体制机制，是建设高标准市场体系、推动高质量发展和建设现代化经济体系的重大任务。

（二）我国户籍制度改革的紧迫性

党的十九大以来，我国经济社会的发展目标已明确为实现贯彻创新、协调、绿色、开放、共享新发展理念的高质量发展，要始终以更好满足人民日益增长的美好生活需求为出发点，来解决经济社会发展过程中出现的不平衡不充

---

[1] 章元、王昊：《城市劳动力市场上的户籍歧视与地域歧视：基于人口普查数据的研究》，《管理世界》2011 年第 7 期。

分问题。然而，现行的城市户籍制度，抑制了城市人口和农村人口之间的人口流动，限制了劳动力资源配置中市场机制的有效发挥，阻碍了城市集聚红利的充分释放，造成人口和土地资源公共服务资源的错配，与共享理念不符，也不利于创新型城市的形成。

第一，现行户籍制度原本服务于城乡二元经济，适用于计划经济，与劳动要素市场化的今天有些格格不入。户籍制度最初建立的目的是对人口进行管理以重新建立秩序。中国在经济转型过程中也具有典型的二元经济结构，农村积蓄着大量的剩余劳动力，工业部门则因为计划经济的偏向性发展政策而广泛存在着"隐性失业"。

在经济市场化、农村城市化和国家现代化三股力量共同推动下，劳动力跨城乡频繁流动，户籍制度中包含的城乡不平等、不合理性日益凸显，改革户籍制度的呼声日渐高涨。坚持以市场化要素配置为导向，逐步拆除户籍的制度性障碍，促进劳动力从低劳动生产率部门向高劳动生产率部门流动转移就业，对于当前和今后深化户籍制度改革仍然具有重要参考和借鉴意义。

第二，户籍制度和福利保障联系紧密，城镇教育、就业创业、医疗卫生等基本公共服务没有与常住人口挂钩。在经济建设的需求下，户籍制度被赋予了更多的政治功能，城乡户口的差异逐渐转变为就业和福利等方面的不平等。这种不平等后来进一步推动了农村人口向城市迁移的潮流，但是这种迁移一方面减少了农业人口，另一方面也加重了城市的负担。

从二元社会制度结构来看，深化户籍制度改革不仅仅关涉户口的变迁，而且更是关涉与之挂钩的公共服务、社会保障、住房制度乃至相对应的财政体制的综合配套改革。以往这些与户籍制度挂钩的个人生存利益与保障权益将城镇人口和农村人口区别对待，这构成了我国二元社会结构的制度基础，也是我国户籍制度改革的难点所在。

第三，劳动力不能自由流动阻断了市场化配置，治理体系和治理能力现代化难以实现。我国实施城镇化战略是保持经济持续稳定增长的最大潜力，提高广大低收入人群（主要是农民）的收入是我国迈向高等收入国家的有效手段，其中一个最大的体制障碍就是户籍不能自由流动，农民不能便捷落户严重制约了国家迈向现代化新征程的步伐。农民问题在任何一个国家都不只是从事农业生产的那一部分人群的问题，归根到底是从农业社会变成一个现代社会的问题，目前我国真正以农业为生的人已经变成少数，但带有农民身份的人还是多数，他们在城里工作但是没有城市户籍，人口比重甚至已经逐渐超过了现在仍然待在农村的人。一方面，农民工不能取得同等市民权利，不能够融入市民社会。另一方面，城市人口返乡也存在极大的阻碍，导致乡村人才困乏，振兴乡村内部力量薄弱。

深化户籍制度改革，事关劳动力要素自由流动，事关教育、医疗等社会保障与公共服务机会的均等，事关城乡一体化发展与城镇化的进程，同时也密切关联乡村土地改革与中国乡村建设未来的发展格局。①

（三）我国户籍制度改革的意义

全面深化户籍制度改革，是推进新型城镇化、促进城乡融合发展的必然要求。现行城乡分割的二元户籍制度，固化城乡利益失衡格局，造成城乡劳动力市场割裂，制约农业转移人口市民化，使得农村居民和农业转移人口无法充分共享经济社会发展成果，是妨碍城乡融合的最主要制度瓶颈之一。改革开放以来，人口流动情况有所改观，但仍然受到各种制约和限制。长期存在的城乡二元体制并没有随着工业化和城市化进程而消失，从农村进入城市的农业转移人口，在城市就业和生活过程中遭遇诸多不平等。

全面深化户籍制度改革，是提高经济发展质量的必然要求。《中共中央、国务院关于建立健全城乡融合发展体制机制和政策体系的意见》提出了五大任务，第一条就明确要建立健全有利于城乡要素合理配置的体制机制，坚决破除妨碍城乡要素自由流动和平等交换的体制机制壁垒。在人、地、钱、物等众多

---

① 陈杰：《大城市放宽落户对楼市影响几何》，《人民论坛》2020年第8期。

的要素中，人是最关键的要素，如果不能实现人的自由流动，其他要素自由流动也就无法实现，人的自由流动是各种要素自由流动的基本前提。以降低大城市落户门槛来促进劳动力更加自由流动，促进劳动力资源配置效率提高，减少人口与土地资源、公共服务资源的空间错配，让大城市本应有的集聚红利潜力更加充分地释放，是实现经济高质量发展的重要制度供给。

全面深化户籍制度改革，是经济社会高质量发展的题中之义。与基本公共服务平等获取权配套的迁徙自由是联合国规定的一项基本人权，在我国同样也受到宪法保护。高质量的社会要保障公民享有迁徙自由的权利，而迁徙自由的本质是在任何一个地方都平等享有基本公共服务的权利。不仅农村居民向任何一个城市的迁徙权利需要保障，城镇居民在城市之间自由迁徙也同样需要得到保障，这是社会进步的重要标志。在国家发改委印发的《2019 年新型城镇化建设重点任务》中，不仅要求中小城市要全面取消落户限制，同时对城区常住人口 300 万—500 万的 I 型大城市也要求全面放开放宽落户条件和全面取消重点群体落户限制，即便对于超大特大城市，也要求调整完善积分落户政策，大幅增加落户规模、精简积分项目。《中共中央国务院关于建立健全城乡融合发展体制机制和政策体系的意见》也明确提出了这个导向。大城市现有的落户限制不仅阻碍了农村居民和农业转移人口的自由迁徙，也妨碍了城镇居民生产生活。逐步消除包括大城市在内的城市落户限制，充分保障居民自由迁徙和在任何一地平等获取公共服务的基本权利，是社会高质量发展的标志之一。

大城市放宽落户限制，有利于建构体系完整、价值互补的城市生态系统。户籍改革要一视同仁，而不是仅仅针对所谓人才。在大城市的治理过程中，不少人存在一些思想误区，认为为了提高城市创新能力和发展水平，需要通过各种优惠政策吸引大批高素质、高技能人才进城落户和就业创业；对于从事普通工作的外来人口落户门槛，认为不需要降低，甚至还要提高门槛，将这些人群尽量"挤出"大城市，从而实现有限的资源能够满足更多精英人才的需求。这种片面和错误的思想认识忽视了一个很重要的基本事实：大城市的发展不仅需要大批的精英人才，同时也需要与之相匹配的普通劳动者，才能构成一个体系完整、价值互补的城市生态系统。倘若一座城市只保留精英人才，不接受普通劳动者，那么这个城市的结构系统就会因结构失衡而崩溃，城市的运转也将随之瘫痪。

党的十九大明确指出，增进民生福祉是发展的根本目的。只要是有利于增进民生福祉的制度改革，我们就应该坚定不移地推进。不管户籍改革可能产生什么样的难题、造成多大的困难和麻烦，也要迎难而上，敢于攻坚。城市治理终究是为了更好地满足人民对美好生活的需求。

二、我国户籍制度的历史变迁

过去70余年国家关于人口迁移和人口流动政策的不断变化，实际上反映了其作为一种公共政策始终嵌于国家的整体发展战略当中。同时，这一公共政策始终没有占据主导性地位，而是作为一种工具性的手段存在。新中国成立以来，城乡二元经济结构转换和市场经济体制构建是我国经济社会面临的两大重要改革方向，在整个改革过程中，以人口迁移和户籍利益调整为逻辑主线的户籍制度改革也呈现出明显的阶段性特征，并形成以下六个阶段①。

(一) 1949—1958年：人口自由迁徙与政府有计划迁移并存

新中国成立初期，国家建立户籍制度的目的在于通过对人口进行管理而重新建立社会秩序。1951年，公安部颁布实施了《城市户口管理暂行条例》，确定由公安部门执行人口出生、死亡、迁出、迁入、社会变动等户口管理工作。

---

① 陆继霞等：《新中国成立70年来人口流动政策回顾》，《中国农业大学学报（社会科学版）》，2019年第5期；赵军洁、范毅：《改革开放以来户籍制度改革的历史考察和现实观照》，《经济学家》2019年第3期。

这一系列政策实际上是在城市初步建立了全国统一的户口管理制度。1949—1957 年间，人们仍然可以自由进行迁移。与此同时，国家也开展了一些有计划的人口迁移，可以说这个阶段是国家计划性地进行人口迁移与人们自由迁移相并存的一个时期。

（二）1959—1983 年：严格控制自由迁移与政府主导的城市人口下放

1959 年，党中央发布《关于立即停止招收新职工和固定临时工的通知》，规定各省市自治区的招工计划需报批中央并待其批准后才能实施。1961 年，中共中央又发布了《关于减少城镇人口和压缩城镇粮食销量的九条办法》，进一步对已有的城镇人口进行精减。"大跃进"运动和精简下放运动时期的人口迁移数量庞大，1960 年，人口迁移的数量达到 6515 万人，但大部分属于无效的往返流动。综上，从 1958—1983 年，中央对于城乡之间人口的迁移始终实施行严格限制的政策，个体层面的自由迁移基本被限制，政府政策成为主导人口迁移的主要力量。上述政策基本勾勒出这一时期国家所鼓励的人口迁移方向，即鼓励从大城市向中小城市、乡镇、农村的由高到低的垂直流动和水平流动，鼓励知识青年上山下乡，而控制与之相反的由低到高的人口流动方向，仅有少量招工、招生、征兵等途径。实质上是形成了一种缺乏双向流动机制的户籍管理制度。

（三）1984—1991 年：控制人口迁移政策松动与人口流动管制

1984 年，国家颁发了《国务院关于农民进入集镇落户问题的通知》，其中规定在集镇务工、经商、办服务业的农民和家属可以办理常住户口并发给《自理口粮户口簿》。随后，1985 年，公安部又出台了《关于城镇暂住人口管理的暂定规定》，要求拟在城市和集镇暂住时间超过 3 个月的 16 周岁以上的人需要申领暂住证，这使得农村居民在城镇中长期居住具有了一定的合法性。但户籍制度依然存在，从而形成了具有中国特色的"农民工"这一特殊群体。1989年开始，国家重新对流动人口进行管制。1989年，国家发布《关于严格控制民工外出的紧急通知》，严格控制民工盲目外出。①1990年，国务院办公厅发出《关于做好劳动就业工作的通知》，提出要建立临时务工许可证和就业登记制度，对农村进城务工实行严格管理并清退计划外用工。这一系列的政策重新回归到了计划经济时期对"盲流"的控制，重新收紧了20世纪80年代初开始松动的对人口流动的限制。

（四）1992—2001年：向市场经济转轨下的二元户籍制度有限突破阶段

党的十四大确定了建立社会主义市场经济体制的改革目标后，政府对人口自由流动的认识也逐渐由管制转变为鼓励和引导，农村剩余劳动力逐步向非农产业转移和地区内自由流动。1995年，中央发布了《中央社会治安综合治理委员会关于加强流动人口管理工作的意见》，从促进农村剩余劳动力就地就近转移、加强对农村剩余劳动力跨地区流动就业的调控和管理、实行统一的流动人口就业证和暂住证制度、整顿劳动力市场、改进和加强收容遣送工作等方面完善流动人口的管理政策。

这一时期的户籍制度改革主要实现了两个方面的突破：一是放开了农民进入小城镇落户的限制，并且可以享受与原城镇居民同等的福利条件；二是附加在户籍制度背后的社会福利逐渐得以剥离，如取消了近40年的"户粮挂钩"制度安排，这是向市场经济体制转轨的重要一步。但户籍限制放开主要局限于区县级城市和小城镇，大中城市的落户门槛依然很高。全局来看，城乡二元福利体系仍然没有打破，城乡居民的社会福利仍有明显差异。

---

① 张希：《中国人口流动政策的演进、特点与建议》，《宏观经济研究》2019年第3期。

（五）2002—2011年：基本公共服务均等化制度构建阶段

随着社会主义市场经济体系的逐步完善，农村劳动力进入城镇就业的一系列制度壁垒基本打通，并已实现了大规模的转移就业，构建城乡劳动力统一市场的阶段性政策目标已基本实现，与此同时，农民工要求改善福利条件、缩小与城镇居民社会福利差距的呼声愈加强烈。这一时期，户籍制度改革的政策重心也从促进农村劳动力的空间自由流动并构建城乡统一劳动力市场向构建基本公共服务均等化制度过渡。2003年，国务院办公厅发布了《关于做好农民进城务工就业管理和服务工作的通知》，提出取消对农民工进城的不合理限制，解决农民工的工资拖欠克扣和子女入学问题，并建立健全农民工的工伤保险和医疗保险制度。2006年，国务院发布《关于解决农民工问题的若干意见》，提出从工资发放、就业培训、劳动管理、社会保障、公共服务、就近就业和民主权益等方面解决农民工当前面临的问题。可以看出，政府的政策设置从管控取向发展为服务取向，将农民工纳入越来越多的公共服务项目中，且服务形式更加人性化。

这一阶段的户籍制度改革开始特别强调城乡基本公共服务均等化，并围绕构建基本公共服务均等化的政策体系、逐步剥离户籍的社会福利功能为主要内容，户籍制度改革已经进入消除城乡户籍利益差别的攻坚阶段。然而，这一时期围绕统筹城乡户籍利益的实践进展相对较为缓慢，城市户籍的附加福利功能仍然存在，农民实质上很难获得与城市居民同等待遇。

（六）2012年至今：新型城镇化进程下的户籍制度改革加快推进阶段

随着国家新型城镇化规划的出台，户籍制度改革同步推进，并且取得了非常大的突破。2012年，党的十八大提出了要推动农业转移人口市民化、户籍制度改革和基本公共服务常住人口全覆盖；在这一政策指导下，2014年，国家出台了《国务院关于进一步推进户籍制度改革的意见》《国家新型城镇化规划（2014—2020 年）》；2016 年，国务院办公厅印发了《推动 1 亿非户籍人口在城市落户方案》等文件；2020 年，中共中央、国务院发布《关于构建更加完善的要素市场化配置体制机制的意见》指出，推动超大、特大城市调整完善积分落户政策，探索推动在长三角、珠三角等城市群率先实现户籍准入年限同城化累计互认。国家力图促进有能力在城镇稳定就业和生活的常住人口有序实现市民化，建立完善的公共服务体系，并推动城乡发展一体化。

这一时期许多城市户籍制度改革取得了明显进展，但居住地户籍利益二元化问题仍然突出，尤其是在部分大城市和超大城市，户籍利益的差异在就业准入、子女教育等方面表现得尤为明显，控制超大城市人口规模的政策要求甚至呈现愈发严格的倾向。

三、户籍制度改革需要重视的问题

（一）地方政府改革动力不足，缺乏总体规划

从各地的户籍改革实践上看，虽然多省市都进行了不同形式的改革，主要包括颁发"蓝印户口""积分入户"以及取消农业户口和非农业户口性质划分等方面。但是，如前所述，户籍改革必须以保障农民工福利，促进农民工市民化为重点。而从这些改革的结果上看，"蓝印户口"基本上成了各大城市吸收投资、引进人才、销售商品房的手段，"积分入户"也存在类似的倾向，普通农民工难以通过这些渠道获得市民资格。此外，一些省市虽然取消农业户籍与非农业户籍区分，但是，它们之间的实际区别并未消失。

由于地方政府是当前户籍制度改革的实施者，因此，对于改革深化不足的原因，既要从地方政府的能力尤其是农民工市民化成本的财政支付能力不足的

角度进行解释，也要考虑地方政府能力不足的其他方面表现。

一是户籍制度改革成本高昂。根据一项调查测算，我国农业转移人口市民化的人均成本约为 13 万元，照此估算，每年转移 100 万人大约需要 1300 亿元。这是一笔庞大的开支。不少省份面临投入不足的困难。特别是在特大城市，农业转移人口的大量进入，会对城市既有户籍人口的公共服务资源供给形成较为明显的挤压效应，从而产生新的供需矛盾。处于关键部位的农业转移人口成本分担机制并没有完全理顺。市区（县）级地方政府承担了绝大多数的人口转移成本，地方财政压力很大。[①]

二是区域和人口之间缺乏统筹规划，区域间经济发展不平衡。我国当前的经济发展水平以及就业机会仍然存在巨大的城乡、地区差异，农民工为了谋求更好的发展，大量向经济发达地区（如北京、上海、广州等一线城市）集中，从而给这些地区的资源、环境承载力形成巨大的压力，外来人口的大量涌入也要求当地政府必须有更强的公共服务供给能力以及城市治理能力。为了防范可能产生的风险，他们的理性行为是维持二元户籍制度，控制常住人口数量。

三是由于地方人大代表基本上由本地户籍人口组成，他们代表的是本地居民的利益，当政府政策对本地户籍居民的既得利益带来损害时，往往会因得不到地方人大的支持而不能获得通过。在户籍制度改革问题上，本地居民是既得利益者，大量的外来人口涌入会在一定程度上摊薄他们的福利水平。以异地高考为例，农民工子女一旦被允许在本地参加高考，那就意味着更多的生源竞争有限的招录指标，从而可能会降低本地学生的升学率，因此，他们更加倾向于保留当前的户籍制度改革。

综合以上因素，地方政府作为一个相对独立的利益主体，其缺乏户籍制度改革的意愿。同时，在财政压力以及行政分割等方面的约束下，地方政府也缺乏相应的能力进行改革，地方政府在户籍制度改革过程中面临的困难较大，从

---

① 宋扬：《户籍制度改革的成本收益研究——基于劳动力市场模型的模拟分析》，《经济学（季刊）》2019 年第 3 期。

而使改革裹足不前。从国家层面看,户籍改革是一个复杂的系统工程,户籍制度改革与国家发改委、国家卫健委、公安部、民政部、财政部等职能相关,中央与地方事权关系划分不清晰不利于深化户籍改革。因此,需要中央进行统筹规划,做好顶层设计工作。

(二)户籍黏附利益差距大,福利分配不均

城市内部户籍居民与非户籍居民福利水平存在失衡。在城市内部,户籍制度黏附利益表现为户籍居民与非户籍居民所享受的福利水平存在差异。一是在就业保护上。一方面,户籍居民与非户籍居民在正规就业岗位的进入机会上存在差异。城市户籍居民有更多进入稳定性强、工资待遇高的正规就业岗位的机会,城市的一级劳动力市场,体制内单位的岗位明显的偏好本地户籍劳动者,非户籍居民在就业竞争上面临着不公平。另一方面,就业保护还体现在对户籍居民就业和再就业的承诺上。由于地方政府是由具有本地户口的居民间接选举,由本地人民代表大会直接选举产生的,自然会代表本地户籍居民的利益。当进城外来人口与本地劳动者,特别是与那些非熟练工人之间存在竞争关系的时候,出于对本地劳动者的就业保护,城市政府以户口身份作为识别手段,对外来人口就业采取歧视性的政策,而对户籍居民的就业给予优先地位。根据宏观经济的周期性变化,城市政府对外来人口交替采取默许接纳和明确排斥的政策。也就是说,除了常规地制定若干针对外来人口的就业限制政策之外,每当宏观经济不景气从而城市就业压力增大时,城市政府会采取各种手段限制外来人口在本地就业,直至采取强制性手段督促他们返乡。二是在社会保障、公共服务和一些社会资源的排他性获取上户籍福利差距大。当前,政府构建起了覆盖城市职工的基本社会保险体系,包括养老、失业、工伤、医疗等保险。社会保险制度在设计上将农民工群体边缘化、另类化,其根本原因之一还是在于农民工的户籍身份。城市户籍身份还意味着可享受由城市政府提供的若干排他性的公共服务:以城市最低生活保障为主的社会救助服务,以实物或租金补贴为

主的政府补贴性住房安排，子女在城市公立学校平等就学和参加升学考试的机会。此外，在一些大城市，没有城市本地户籍的居民在买房、买车以及办理一些证照时会面临限制，所对应社会资源的获取上存在着依户籍身份辨识的排他性特征。三是在获得社会认同和社会接纳上户籍福利差距大。原来的城乡二元结构被移植到了城市内部，形成了依户籍身份而决定的新二元社会结构。拥有城市本地户籍的居民有天然的优越感，在工作和生活上都更具备良好的精神状态，对未来的预期也比较稳定，更容易融入城市主流文化。而没有户籍的外来人口，在日常生活方面容易受到来自城市原住居民的排斥，在心理上难以对城市产生认同感，因而把自己当成城市的一个过客，难以融入城市。因此，外来人口在居住、就业、休闲、娱乐等生活方式各方面都自成一体，难以被城市主流文化所接纳。

（三）宅基地制度改革滞后，农村土地流转困难

我国先前的宅基地制度并未随着经济的发展作出相应调整，使得农民不愿进城和不敢进城与土地制度改革有着直接的关系。2019 年末，中国常住人口城镇化率达到 60.6%，标志着城镇化进程迈入了中晚期阶段。但研究发现，我国农户城镇化意愿普遍较低，并没有完全融入城镇化的进程。2014 年政府工作报告提出要解决"三个 1 亿人"问题，"促进 1 亿农业转移人口落户城镇"被放在了首位。"三个 1 亿人"的表述蕴藏着诸多改革深意，描绘出指引中国新型城镇化发展的"三维坐标"：拆"篱笆墙"、降"高门槛"、抹平鸿沟。户口二元管理制度筑成了城乡之间的"篱笆墙"，阻隔了农村人口向城镇迁移的通道。经过数年的户籍制度改革，尤其是党的十八届三中全会明确提出"全面放开建制镇和小城市落户限制"以来，横亘在城乡之间的"篱笆墙"逐渐瓦解。但户籍制度改革引导农民进城生活的作用有限，必须与土地制度改革协同推进才能发挥更大的作用，已有研究也表明土地是农民安稳的前提，农民不愿进城生活是由于对农村地权的依恋。

改革开放以来，虽然农村集体建设用地流转政策呈现不断松动的演进过程，但宅基地制度改革存在明显滞后性，"无流转"的使用方式在当前显得极不合适。2018 年初，中央一号文件发布，提出探索宅基地所有权、资格权、使用权"三权分置"，并在此后多次中央级别的会议中重申，为宅基地制度改革指明了方向。"三权分置"是新时代乡村土地合理化变革的一次主要探索，明确三者之间的关系及内涵，推进宅基地制度改革，有利于转型期农村地权体系的重构，更好地维护农民权益，增强农民城镇化意愿。但总体来看，我国法律严格限制了宅基地使用权的流转范围，宅基地上房屋的流转范围也相应减小，即便农民迁居进城，这部分资源也无法进入市场并体现真正的价值。随着农村剩余劳动力大规模转移，农村"空巢化"现象日益突出，宅基地利用效率低下。如何将宅基地使用权要素放入市场，通过市场进行最优化配置，是未来一段时间的改革重点。

城市人不能自由到农村居住和发展。除了企业产业用地外，城市人到农村居住还受到严格的限制，目前在城市郊区居住的城市人一般都是与当地农民个人签订的租赁协议，不受法律保护，容易发生纠纷。实际上，户籍改革应该是双向流动，允许城市人到农村定居，畅通人员双向流动，减少城市人口集聚，带动乡村发展。最新的政策规定，城市子女可以继承农村上一代原有宅基地，仅仅迈开了一小步，应该加大这方面的政策研究，妥善解决农村土地改革与户籍改革各自的需求，找到改革的突破口。

（四）户籍制度改革定位不明，影响房价稳定

户籍与居住紧密相连，户籍制度改革定位不明，不能随着经济发展的趋势予以调整，容易引起房价波动。保持房地产平稳健康发展是当下经济发展的重要方面，住房不炒是主基调，户籍制度改革定位不明，房价就会因此而难以保持稳定。近年来，我国各地区的引才竞争呈现出持续升级的态势，由于大城市在吸引人口方面的先天优势，对许多大城市和特大城市而言，户籍制度改革的

深化无疑将会吸引很多外来人口，这些城市外来人口流入的增加，多大程度上会对当地楼市产生冲击，成为社会讨论的焦点。因而，一段时间以来，以大城市放宽落户为导向的户籍制度改革一直面临着到底是为吸引人才还是刺激楼市的争议。2020年，国家发改委在首场新闻发布会上表示："中西部地区和东北地区除部分省会城市外，基本取消城市落户限制；东部地区小城市基本不设落户门槛，大中城市落户政策持续放宽。"可见，户籍制度改革深化是大势所趋，也是新型城镇化战略所要求的户籍制度改革的最后攻坚战。

客观而言，由于我国现行楼市调控政策中有很多是基于有无本地户口的限制，任何放宽落户限制的措施，都很容易让人联想起是不是要变相放松楼市调控。对于这个问题，2019年5月，国家发改委发展战略和规划司负责人曾明确指出，放宽落户不等于放松对房地产的调控。"房子是用来住的，不是用来炒的"，将成为相当长一段时期内党和政府解决我国城镇住房问题、建立房地产市场健康稳定发展长效机制的核心指导思想。这既是对坚持住房消费属性的通俗化表述，也是对住房市场平稳健康发展的总体要求，并不会因为户籍制度改革的深入而改变。在建立房地产市场平稳健康发展长效机制的政策背景下，大城市更需要坚持"房住不炒"，不仅要满足全体居民住房刚性需求和改善性需求，同时也要坚决遏制楼市投机行为。① 户籍制度深化改革，旨在降低外来人口的落户门槛，消除阻碍人口自由流动的体制机制障碍。因此，要让户籍制度深化改革真正发挥预期作用，不仅不能放松对楼市的调控，反而还应该进一步加强对楼市的调控，保持住房价格处在合理的水平，才能降低外来人口特别是农业转移人口进城落户的住房门槛。

（五）目前城市的支撑能力有限，防止出现贫民窟

目前我国户籍改革进入冲刺阶段，超大城市纷纷降低落户门槛，其他地区

---

① 陈杰：《大城市放宽落户对楼市影响几何》，《人民论坛》2020年第8期。

加快迈入"零门槛"落户时代。但目前我国城市发展不平衡不充分，城市基础设施长期欠账，社会福利水平亟待提高。城乡一体化和农民工市民化的过程，实质是公共服务均等化的过程，而不是简单的户口转变的过程。曾经的非农户口之所以对许多农民具有吸引力，是因为非农户口所决定的福利和利益。简单取消户口划分，似乎也不是解决问题的根本，因为户籍制度只是社会屏蔽的一种工具，在公共服务差异巨大和社会福利已严重分割的条件下，纵然放开户籍，亦可能生成新的工具而成为维系这些功能的替代，更可能造成由于城市基础设施不完善，城市对人口的支撑能力有限，外来人口大规模进入城市，容易引发新的城中村甚至贫民窟的出现。

从长远来看，户籍制度放开已经成了必然的趋势。一般来讲，进行人口登记、控制人口迁移的重要性和严格程度与工业化和城市化的发展速度呈正相关，在快速推进工业化和城市化的特定阶段，对劳动力的供给需求和管理期望往往会引致迁移控制政策的实施。因此，我国进行户籍制度改革要考虑到城市的支撑能力，需要加快实现公共服务均等化，不断缩小城乡户籍差异，是户籍改革的基础。防止因为城市基础设施和公共服务不足而引发城中村、贫民窟的问题，全面放开户籍改革需要统筹考虑。

四、我国各地户籍制度改革探索

户籍制度改革是一项综合性、全局性、战略性很强的系统工程。在新一轮户籍制度改革过程中，从中央到地方，积极解放思想，大胆改革创新，积累了宝贵经验。中国不同地区的户改差异较大，在有的地区只是户籍制度中某一维度发生变化，在另外一些地区则可能是整个结构发生了变化。具体来看，可从制度层面和渠道层面对全国各地户籍制度改革的进展进行分析。

（一）落户制度多样化

根据城市规模，在地方层面上，落户制度可以分为准入制和积分制。准入制是指根据不同种类人群予以特殊规定，比如以一般从业人员、人才引进、留学回国、亲属投靠、投资与购房等维度对人群进行划分，并制定相应的落户标准。有的地区还执行蓝印户口制度，介于暂住证和正式户口之间，蓝印户口持有者可以享受部分户籍对应权利。依据学者研究总结，按照准入制落户条件进行的分类可分为：实际投资、纳税、购房、高端就业（人才类）、普通就业、家庭团聚及特殊贡献等几个大类维度。在这些不同的维度中，有些政策是随着经济环境的变化而不断调整的，比如投资和购房落户等限制条件往往在经济不景气时放开，而经济过热时这些条件可能限制外地人购房。整体而言，亲友投靠类的落户在大城市有从紧的趋势，而对于高学历等人才项目的落户规定则相对稳定。

另一种落户制度是近几年开始实行的积分落户。国务院发布《意见》提出，"城区人口在 500 万以上的特大城市和超大城市应当根据城市综合承载能力和经济社会发展需要，以具有合法稳定就业和合法稳定住所、参加城镇社会保险年限、连续居住年限等为主要指标，建立完善积分落户制度"；"城区人口在 100 万至 500 万的大城市的落户条件为，在城市有合法稳定就业达到一定年限并有合法稳定住所，同时按照国家规定参加城镇社会保险达到一定年限，但对参加城镇社会保险年限的要求不得超过 5 年。其中，城区人口 300 万至 500 万的大城市可以对合法稳定就业的范围、年限和合法稳定住所的范围和条件等做出规定，也可结合本地实际，建立积分落户制度"。

目前，在国家大力推动下，各省份进一步推进户籍改革。各省均提出要建立城乡统一的户口登记制度和居住证制度，并以居住证为载体建立健全与居住年限等条件挂钩的基本公共服务提供机制；对建制镇和小城市、中等城市、大城市、特大城市，分别提出了全面放开落户限制、有序放开落户限制、合理确定落户条件、严格控制人口规模等渐进放开的改革要求。当然，由于不同的发展历程，当前各地区户籍开放度在具体要求上仍有很大差异。①

（二）落户渠道动态化

整体上看，城市落户渠道是多维的、常态的，一般包含以下方面：一是融合渠道，即在某城市持暂住证或居住证居住了若干年以上并依法缴纳社会保障金。二是职业渠道，即需要有正式和稳定工作，隐含着要有稳定收入或者达到一定的收入水平。三是资历渠道，比如学历、职称、技能等。四是住房渠道，即是否拥有住房或固定的居所。五是投资渠道，即需要进行某种形式的投资和投资达到一定数目方可落户。这些落户渠道在许多城市中都普遍存在，且在部分城市已实施多年，但对门槛高低的取舍有不同的安排。

从投资落户渠道（含直接投资、纳税和购买商品房等子渠道）看，为了吸引对当地投资和推动房地产市场，很大一部分的城市设立了相对较低的投资落户门槛。例如吉林市、南宁市、芜湖市和银川市，实际投资10万元就可以获得落户指标。但综合实力强、落户需求大的经济发展一线城市，设立了数百万元的额度门槛以排除中小投资者。例如广州市投资落户的额度要求高达500万元。天津、武汉、南京、苏州等城市投资落户的投资额度也要求百万元以上。北京、上海和深圳等市由于外来投资众多，以纳税总额代替直接投资额以提高投资落户门槛。上海规定年度纳税总额必须达到100万元、北京要求连续3年每年纳税额达到80万元以上方可申请落户，还附带其他包括住房、创造就业岗位的数目等额外要求。

从就业落户渠道（含普通就业和高端就业子渠道）看，向高素质群体倾斜是许多城市的共同特点，体现在对普通就业人群设立相当高的落户门槛，城市政府不愿意对外来人口有太多的财政承担。众多不具备大专以上学历、在城市

---

① 陆杰华、李月：《居住证制度改革新政：演进、挑战与改革路径》，《国家行政学院学报》2015年第5期。

无自由住房、从事体力劳动者几乎没有被提供获得城市户口的机会。就业机会相对较多的沿海东部大城市设置了较高的就业落户门槛。如武汉近年来力推的"百万大学生留汉工程"，提出了 5 年内让百万大学生留在武汉的目标，这一工程，既是人才战略，更是人口战略。通过不断更新完善政策，让大学生能就业、易就业、快落户、好安居，将武汉打造成"大学生最友好城市"。再如石家庄在 2019 年初颁布的落户政策，取消在城区、城镇落户"稳定住所、稳定就业"迁入条件限制，在石家庄市全面放开城区、城镇落户，群众仅凭居民身份证、户口簿就可向落户地派出所申请户口迁入市区、县（市）城区和建制镇，配偶、子女、双方父母户口可一并随迁。这些都反映了这些城市的整体发展环境对人才的吸引力有限。相对于投资落户渠道，在就业落户渠道方面，更多的城市处于门槛居中的水平。

城市落户门槛指数综合得分平衡了投资和就业两大落户渠道的条件。落户门槛指数高低不同的城市有不同的特点。高门槛总体来说相对较少，均为特大或较大规模城市，绝大多数城市落户门槛处于中等水平。从地域分布看，落户门槛指数居高的城市主要位于东部沿海地带，落户门槛低的城市则相对集中在中西部，反映出经济的开放度并不必然与户籍的开放度成正比。从人口结构看，流动人口比例越高的城市，城市准入条件越高，折射出城市政府在无法有效控制城市实际常住人口增加的情况下，尽量减少向外来人口开放需要动用本地资源的公共服务项目。从落户门槛的实施时间看，落户门槛高的北京、上海、广州等城市早在 20 世纪 90 年代就已设置落户门槛，它们经济发展的相对成功的经验成为其他城市效仿的参照物，昔日的领先者在户籍制度上的改革定位也被视为成功经验的组成部分而为其他城市树立了里程碑式的标杆效应。

此外，许多中等城市也正处于户籍制度改革的瓶颈期。一般来说，基础设施相对完善、劳动力和物流成本较低是这类城市的共同特征，其共同的发展目标是努力追赶和缩小与东部沿海发达地区的经济差距。基于比较优势和后发优势，这类城市正积极承接发达地区的产业转移要素，加速工业化，引入先进生产。因此一方面希望利用城市落户政策竞争投资和人才，但另一方面由于和东部沿海城市整体上还存在较大的发展差距，设置过高的落户门槛有悖于当地发展现实。

户籍改革过程中，各类城市也进行了创新的探索。如长沙，仅需要按规定参加长沙市城镇社会保险满 3 个月，同时具有全日制大专以上学历，即可直接申请落户。如上海，在 2020 年 9 月发布落户新政，在沪世界一流大学建设高校应届本科毕业生符合基本申报条件即可直接落户，博士、研究生符合基本申报条件即可落户，世界一流大学建设高校应届硕士毕业生符合基本申报条件即可落户。长沙、上海这些改革进行了有益探索，明确相关标准，并逐步放开或降低入户门槛，将是未来几年大城市和一线城市户籍改革要做的主要工作①。

五、户籍制度改革的基本原则和目标

（一）指导思想

"十四五"时期应继续坚持户籍改革全国化的基本路径，坚持以推进国家治理体系现代化与建成高标准市场体系的核心主线，深入学习贯彻习近平新时代中国特色社会主义思想和党的十九大精神，全面贯彻十八届三中全会、十九届四中、五中、六中全会精神，落实《国务院关于进一步推进户籍制度改革的意见》《国家发展改革委关于实施 2018 年推进新型城镇化建设重点任务的通知》《国家发展改革委 2019 年新型城镇化建设重点任务》《国家发展改革委 2020 年新型城镇化建设和城乡融合发展重点任务》等重点文件的要求，坚持稳中求进，坚持新发展理念，紧扣我国社会主要矛盾变化，加强户籍改革顶层设计，加强

---

① 吴开亚、张力、陈筱：《户籍改革进程的障碍：基于城市落户门槛的分析》，《中国人口科学》
2010 年第 1 期。

国家空间规划基础研究，统筹人口资源空间配置，分地区推进地方户籍改革，加快土地、城乡管理以及公共服务均等化制度改革与户籍改革相适应，全面普及居住证制度。

（二）基本原则

1.以人为本，服务人民

以人为本是我国全面深化改革最基本的原则。户籍制度改革过程要保护人民利益，尊重群众意愿。户籍制度改革需要一个转向的过程来积累物质基础与制度革新，尊重人民尤其是农民的意愿和利益，遵循劳动力自由流动的原则。因此，"坚持以人为本、尊重群众意愿"应该是我们加快户籍改革最初秉持的原则，尊重城乡居民自主定居的意愿，依法保障农业转移人口及其他常住人口合法权益。

2.顶层设计，统筹推进

充分考虑国内各地户籍制度改革的共性与差异性，对于全国人口与城市的规划需要中央政府把控方向、统筹推进。合理制定各地短期、长期目标，激发地方政府的积极性、主动性、创造性。顺应市场化要素分配原理，牢牢把握户籍脱钩的正确方向，明晰以城市群为基点发展的理念，构建弱化城乡二元结构、推进城市集聚、完善地区以至全国公共服务体系的机制。

3.地方多元，注重创新

地区政府应全面考虑自身的经济发展阶段与特异性，明确市场体系建设与经济发展的基本规律与相关关系，积极借鉴其他城市成功经验并主动激发自身创造力，制定适合自身的改革目标，分类施策、梯次推进，逐渐完成户籍制度改革。在户籍改革方面应充分利用自身政策制定自由与对自身城市的深刻了解，打造经济高速发展、人民安居乐业、市场机制完善、城乡结构进步、公共服务充裕的地方户籍结构。

4.试点先行，发展带动

明晰各地经济发展水平，率先在动能转换领先、经济水平高的城市间推行户籍改革试点。我国东部沿海地区作为我国经济的领先地区，可以率先推行户籍制度改革与建设福利平等保障体系，制定并落实量化指标，以试点形式检验户籍改革的有效途径与城市群的发展规律，同时贫困地区依旧坚持高质量经济发展为主的发展道路，逐步完善居住证制度的基准化与公共服务保障和管理体制。

5.福利均等，保证公平

全面推进户籍制度的配套措施改革，提高相关投资与转移支付，实现地方公共服务和福利保障体系的均等化、成熟化，建成公平、开放、灵活、简便的公民管理体制，带动户籍制度改革的深化。全面完善内部人口的福利平等、城市之间的公共服务建设、城乡的福利保障。加快解决潜在的福利隐患问题，结合高标准市场体系的建设完善自身综合承受力，协同推进户籍改革。

（三）主要目标

1.短期目标（2021—2025）

户籍制度改革应当与本城市的具体情况相符合。由于不同城市的具体状况不同，因此相应的户籍制度的改革也会有所差异。户籍制度改革是一个全国性的行政改革，涉及对国内城乡二元结构、城镇化与要素市场等多维度的全面更新，再加上户籍改革要与城市群建设和要素集聚协调同步推进，对于全国人口与城市的规划需要中央政府把控方向、统筹推进。就短期目标而言，不同的城市应当设置不同的目标。2025年的短期目标主要关注现行户籍转向与改革试点。

对于 500 万人以下城市，全面放开户籍制度，促进农业转移人口等非户籍人口在城市便捷落户。鼓励各城市政府简化户籍迁移手续，加强落户政策宣传，开通线上申请审核系统，大幅提高落户便利性。实现进城常住的建档立卡农村贫困人口应落尽落。

对于 500 万—1000 万人的大城市，加快取消各种户籍限制，推行经常居住地登记户口制度。全面推进长三角、珠三角等城市群实现户籍准入年限同城化累计互认。鼓励有条件的大城市降低落户门槛，全面取消落户限制。把握科技变革，充分利用大数据、云计算、互联网等高科技技术，逐步实行以居住证制度取代现行户籍制度。

对于 1000 万人以上的一线城市，明确落户标准，试行经常居住地登记户口制度。继续完善积分落户政策，在有条件的地方取消郊区新区落户限制，给出明确落户政策标准，确保社保缴纳年限和居住年限等占主要比例，进一步促进劳动力和人才社会性流动。选择试点推行经常居住地登记户口制度。

2. 中长期目标（2026—2035）

对于 2035 年的户籍改革目标，按照城市化高度发展和高标准市场经济体系相对完善的要求，制定高度市场化与中国梦实现的户籍改革最终目标，具体分为四点。一是实现居住证制度对户籍制度的替代，形成完善的居住证制度管理体系，居民可凭借居住证制度进行工作、住房、交税等；二是破除以身份为依托的福利机制，使得居民真正享受平等性的福利与公共服务，城乡、城市群实现管理体制一体化，以国民身份而非户籍身份进行福利分配；三是彻底改变城乡一元结构体制，以居住证制度与国民身份促进劳动力按市场自由流动，以均等福利保障迁移的灵活性，实现城乡一体化与城市群的高度市场化；四是通过居住证在整体区域内的平等互认与管制完善，实现本地常住居民与城镇教育、就业、医疗等基本公共服务完全挂钩的平等机制，农村人口转移落户与配套设施建设基本实现。

与此同时，要加强配套制度的建设，例如人口流入地政府应加强基础设施建设，使养老、医疗等不因人口流入而导致服务质量下降；加强国土空间规划，促进农村土地的有效利用等。需要注意的是，到 2035 年需要实现的户籍制度改革目标，存在一定的前提条件。尤其是在 1000 万人口以上超大城市，需要设定进城门槛。户籍改革的目标在设置时需要结合居民的学历、社保缴纳情况、投资情况、是否在该地有固定住所等情况综合考虑，仅当其达到一定的标准后才可获得居住证，从而使得真正在此城市生活、为城市建设实际作出贡献的居民能够便捷地享受本地居民应当享有的利益。尽早取消落户积分制，改为明确的获得居住证的条件，并与原户籍享受相同的市民待遇。

六、户籍制度改革的政策措施

（一）加强户籍改革顶层设计，明确改革重点和任务

从宪法层面恢复公民迁徙自由权。1949 年具有代行宪法意义的《中国人民政治协商会议共同纲领》规定，公民有居住、迁徙的自由（第五条"中华人民共和国人民有思想、言论、出版、集会、结社、通讯、人身、居住、迁徙、宗教信仰及示威游行的自由权"）。"五四宪法"延续了这一表述。随后全面向苏联计划经济体制靠拢，物质短缺，基本生活用品和住房等采用票证和行政分配的办法，与之相应的，公民丧失了迁徙和居住自由权。"七五宪法"正式取消了这一规定。"八二宪法"以"五四宪法"为基础作了改进，但这一规定并未得到恢复。当时仍处于票证经济时代，社会保障体系和住房商品化还未开始。"八二宪法"之后，改革开放取得实质性开展，特别是党的十四大提出建设社会主义市场经济目标模式之后，改革开放进一步加速，人民基本生活用品和住房商品化。在政府层面，通过数十个文件，逐步扩大了公民的迁徙居住自

由权。一直到党的十八届三中全会提出的有关改革新任务。因此，从最高阶法律层面恢复公民迁徙自由权的条件已经具备。建议列入议程，拖延愈久，社会问题愈多，矛盾的积累愈大，解决起来愈困难。

加强户籍体制机制顶层设计和总体规划。以《国务院关于进一步推进户籍制度改革的意见》为基础，进一步明晰新一轮户籍制度改革的短期、中长期的规划路线图和推进时间表，在各个部委之间进一步分解城乡户籍利益协调与重组的任务和具体改革措施，督促并协同推进各个地区按照中央政府的统一部署制定本地区的户籍制度改革措施；以深化改革户籍制度和基本公共服务提供机制为路径，打破阻碍劳动力自由流动的不合理壁垒，促进人力资源优化配置，推进与户籍制度相适应的城市全面的配套改革，包括改革公共服务、社会保障、财政税收、跨区域生产力布局等配套性制度。

加快构造户籍改革成本分摊机制。合理确定户籍制度改革的成本。围绕义务教育、公共医疗、社会保障、保障性住房等基本公共服务供给，合理划分中央政府、地方政府的支出分权与支出比重，实现支出责任明细化；督促企业落实农民工等流动人口与城市户籍人口的同工同酬同待遇，合理分摊政府和企业在基本公共服务中的劳动就业与社会保障等成本。[①]

（二）加强空间规划基础研究，统筹配置人口空间资源

科学合理划分地域，宏观把控规划。国土空间规划是空间类规划的顶层设计，需要全国统筹规划。要始终坚持以人为本。合理引导人口流动，有序推进农村转移人口市民化，稳步推进城镇基本公共服务常住人口全覆盖，不断提高人口素质，促进人的全面发展和社会公平正义，使全体居民共享现代化发展成果；要坚持"四化同步"。中国的城镇化不是独立的，工业化仍是主动力，农业现代化是主支撑，信息化是融合剂，城镇化、工业化、信息化、农业现代化

---

① 陈鹏：《新一轮户籍制度改革：进展、问题及对策》，《行政管理改革》2018年第10期。

是相互关联、同步发展的，是中国实现现代化建设的核心内容，彼此相辅相成；要坚持优化布局，与地方资源承载力相匹配。科学规划城市群，严控城市规模，优化城市内部空间，要求有序和稳步推进，要有产业支撑，逐步推进公共基础服务设施建设。

国土空间资源配置始终坚持以人为本。人口数据是配置资源和提供基本公共服务的基础。国土空间规划离不开对人口要素的基本预测和判断。要对全国人口总数进行预测，估计出中国 2035 年、2050 年的人口数量。就全国而言，人口跨省市流动的结果是沿海发达地区更加集中，中西部省会城市更加集中，这些人定居下来以后的结果是各地的人均生产总值及人均收入的差距缩小，发展相对平衡。国土空间规划应当顺应这一趋势，把更多的资源配置到人口流入地区。加快城市群一体化体制机制建设，优化完善城市人才结构，调整完善积分落户政策，保障转移人口公共服务和待遇公平。

城镇化改为城市化。城市化与城镇化，一字之差，政策含义不同①。在深化户籍制度改革的背景下，应当适时将城镇化改为城市化，城市化是现代化的必由之路，2035 年中国城市化率将达到 75% 以上，但真正实现高质量的城市化需要推进相关的制度改革。在空间形态上，要以城市群和都市圈为主体形态，推进相应的城市治理机制改革，形成真正基于市场的跨行政边界和行政级别的城市群和都市圈协调发展机制；在社会形态上，要彻底取消城乡分割的二元体制，实现人口在城乡间、城市间、区域间自由流动，实现人口的公共服务完全均等化而不是基于现行户口制度的公共服务差异化配置和歧视性配置；在城乡用地制度上，要改革现行建设用地计划配置制度，使城乡建设用地能够实现统一市场下的市场化择优高效配置；在耕地保护方面，要在强化用途管制基础上允许农民根据农产品价格信号实现市场化优化配置。

---

① 罗淳：《中国"城市化"的认识重构与实践再思》，《人口研究》2013 年第 5 期。

（三）分类推进户籍改革，建立户籍改革先行示范区

中小城市全面取消户籍限制。在"十四五"期间，督促城区常住人口500万以下城市全面取消落户限制。坚决贯彻《中共中央办公厅国务院办公厅关于促进劳动力和人才社会性流动体制机制改革的意见》，全面取消落户限制，进一步促进劳动力和人才社会性流动。促进农业转移人口等非户籍人口在城市便捷落户。鼓励各城市政府简化户籍迁移手续，加强落户政策宣传，开通线上申请审核系统，大幅提高落户便利性。

大城市建立健全人口登记制度。按照公开透明、有序办理、公平公正、方便快捷的原则推进落户，为满足合法稳定就业的范围、年限和拥有合法稳定住所等条件的居民提供落户服务，同时将其共同居住生活的配偶、未成年子女、父母等登记为城镇常住人口，享受相应福利待遇。探索实行城市群内户口通迁、居住证互认制度，在都市圈范围内实行主城区以外的户籍自由迁徙政策，要发展大都市周边的卫星城市和中小城镇，在都市圈内放开主城区以外的人口户籍迁移，并统筹优先安排在都市圈打工的外地户籍人口包括农民工和家属入户。推动公共资源由按城市行政等级配置向按实际服务管理人口规模配置转变，建立健全实际居住人口登记制度。加强和完善人口统计调查，全面、准确掌握人口规模、人员结构、地区分布等情况。建设和完善覆盖全国人口、以居民身份证号码为唯一标识、以人口基础信息为基准的国家人口基础信息库，分类完善劳动就业、教育、收入、社保等信息系统，逐步实现跨部门、跨地区信息整合和共享，为制定人口发展战略和政策提供信息支持，为人口服务和管理提供支撑。

特大城市适当时机取消积分制落户。特大城市应逐步给出明确的相关条件，短期内仍要兼顾维持特大城市的人口流入限制政策，可实行积分落户政策要确保社保缴纳年限和居住年限分数占主要比例，同时大力推动特大城市逐步取消积分落户政策，试行在郊区、城区逐步梯次将户籍转变为以经常居住地登记的制度，并提供相关公共服务。探索推动在长三角、珠三角等试点城市群率

先实现户籍准入年限同城化累计互认。在制度设计上转换推动户籍改革思路，保障外来劳动力逐步进入城市福利体系，真正做到户籍与公共服务的脱钩。

将深圳建成户籍改革先行示范城市。深圳是试行中国特色社会主义先行区的排头兵，各方面改革要为我国新发展阶段提供典范。深圳在"十四五"期间必须在户籍改革方面破题，2019年，深圳的常住人口为1343万人，户籍人口为494万人，户籍人口占比仅有36.8%，大量的市民不能正常享受同等的公共服务，就算深圳经济发展具有美国水平，这个问题不解决也不能成为一流城市。我国的城市建设当中，医疗、教育等公共服务资源，是按照户籍人口规模来配置的，户籍人口越多，基本公共服务的建设和支出也就越多，这造成了深圳在医疗、教育领域的巨大短板。深圳在新发展阶段，应该着重补这方面的短板，多渠道扩大公共服务范围、提高服务标准，稳步推进基本公共服务常住人口全覆盖。深圳在"十四五"期间要找到解决户籍问题的有效方法，为其他一线城市提供先行典范，这也是中央把深圳定为中国特色社会主义先行示范区的意义所在。

（四）加大户籍改革力度，适时再推进1.5亿非户籍人口落户

深化户籍改革，完善配套设施。促进有能力在城镇稳定就业和生活的农业转移人口举家进城落户，是全面小康社会惠及更多人口的内在要求，是推进新型城镇化建设的首要任务，是扩大内需、改善民生的重要举措。在《推动1亿非户籍人口在城市落户方案》取得实质性成效的基础上，坚持存量优先，带动增量的原则，继续推进1.5亿人在城市落户。坚持问题导向、目标导向，按照存量优先原则，进一步压实责任、狠抓落实，充分保障重点群体便捷落户，加大户籍制度改革力度，增强"人钱挂钩"力度和"人地挂钩"精准度，健全农村"三权"维护和自愿有偿退出机制，持续优化以居住证为载体的城镇公共服务提供机制，确保有能力、意愿强的农业转移人口应落尽落。

加大对农业转移人口市民化的财政支持力度，建立动态调整机制。建立财

政性建设资金对吸纳农业转移人口较多城市基础设施投资的补助机制，建立城镇建设用地增加规模与吸纳农业转移人口落户数量挂钩机制，完善城市基础设施项目融资制度；建立进城落户农民土地承包权、宅基地使用权和集体收益分配权的维护和自愿有偿退出机制，确保落户后在住房保障、基本医疗保险、养老保险、义务教育等同城同待遇，推进居住证制度覆盖全部未落户城镇常住人口。

进一步拓宽落户通道。除极少数超大城市外，全面放宽升学和参军进城的农村学生、长期在城市居住的农业转移人口和新生代农民工等重点人群的落户条件，省会及以下城市要全面放开高校毕业生等技能型群体落户限制；超大城市和特大城市要分类制定落户政策，大中城市要减少落户限制。强化监测检查。健全落户统计体系，强化专项检查和政策效果，将非户籍人口在城市落户情况和相关配套政策实施情况纳入国家重大政策措施落实情况跟踪审计范围。

（五）剥离户籍黏附利益，推进公共服务均等化

改革住房保障制度。住房是居民生活水平的重要方面，与户籍改革制度联系密切，深入推进户籍制度改革必须配套住房制度改革。住房保障制度的改革一部分是建设人口流入与住房价格管控相互促进的市场结构，逐步达成住房购买与户籍的脱钩。另一部分是对农民工进入城市的福利考量，使农民工在城市扎根，加大力度切实解决农民工在城市内的服务和保障问题。按照党的十九大的要求，加快建立多主体供给、多渠道保障、租购并举的住房制度。住房制度既要面向老市民的需求，也要面向新市民的需求。要从供需双向发力：在需求侧，坚持"房住不炒"，严格控制首付比例，控制多房户购房；在供给侧，支持住房短缺城市增加低价商品房、租赁房供给，通过扩大供给来抑制房价上涨。控制居住用地价格，扩大城市居住用地比例。着手取消限制进入市场的相关政策，放松用户籍控房、控车等政策，直至完全取消。

加深就业福利关联。绝大多数发达国家的福利体系都是与就业挂钩的，我

国在这方面的建设还任重道远。"十四五"期间应集中于城市群就业机会的创造和社会保障的不断完善，通过城市群的扩张与同城化经济实力的增强，形成充足的公共福利资源与强大的吸引力，并在此过程中不断加深就业与社会福利的关联度。[①] 在城市扩张中要注重多元化以及供给需求的市场关系，充分借助市场推力吸引劳动力进入，保障城市群内居民的就业效率与匹配度，减少"强制拆迁""强制入城"的不合理现象。

推进教育培训平等。现有的户籍制度造成了居民之间、城乡之间的多种不平等，其中教育的不平等近年来逐渐凸显，存在持非学区户口只能按片儿入学，学区之间教育资源差别大等诸多问题。必须实现教育资源的相对均等化，取消按片儿分区等一系列非公平制度，保障移民子女在居住地正当平等的教育水平。加大各级政府对教育人才的培养和教育设施的投资，先保障份额充足再平等按需分配。教育体制改革须与户籍改革相辅相成，才能打造平等分配、高效培养创新型人才的先进教育制度。

优化财政体制。当下的地方性财政体制仍然与户籍制度关联密切，依赖户籍人口的财政体制严重限制了各级城市户籍改革的脚步，与户籍制度相结合的地方性财政体制也导致依赖政府投资的社会福利机制的固化。因此政府在福利体制改革的同时，要注重实现地方性财政与户籍制度的脱钩，有序推进基本公共服务均等化，继续推行"租购同权"，按"健全财政转移支付同农业转移人口市民化挂钩机制"的要求，建立普惠与城乡统筹的公共福利体系。实现城乡之间和跨地区社会保险和医疗保险的可衔接和一体化，社会保险的打通要有较长的过渡，继续打通农村社保和城镇居民社保的衔接，进而打通在城镇稳定就业农民工农村社保与职工社保的衔接，随着基本养老保险全国统筹的展开，逐步实现社会保险和户籍脱钩，分类过渡，最终实现全国统一。通过改革地方财政依托的福利制度，建设国民性福利体制，实现城乡居民服务业与地方户籍身份逐步脱钩。

---

① 华颖：《更好发挥社会保障促进就业作用》，《经济日报》2020年5月11日。

（六）加快土地制度改革，为农民解除与土地的"捆绑"

深化土地管理制度改革。促进城乡地权平等交易，城乡地权平等交易是促进城乡要素双向流动的关键环节。深化户籍制度改革和城乡之间的均等化联动，推进土地要素市场化，实现城乡土地公平交换。完善农村集体土地产权制度，加快落实农村土地集体所有权、农户承包权、土地经营权"三权分置"，发展壮大集体经济，不断探索农村集体经济组织法人治理。加快农村产权交易市场建设，完善农村产权交易市场体系，建立公开、公正、规范运行的城乡土地交易平台和公共信息平台，纳入政府统一的公共资源交易平台并加强监管。建立城乡统一的建设用地市场，对土地利用实行负面清单管理，负面清单之外的空间则由市场配置。

积极推进宅基地制度改革。农村宅基地制度的改革是拆除城乡"隔阂"的关键点，是解开户籍改革限制的重要条件。一方面要保障农村集体所有制成员户有所居，对于集体建设用地中村民超过规定标准的宅基地实行有偿使用；另一方面要赋予农户宅基地完整的用益物权，革新我国《物权法》的规定，允许农村集体土地所有者有权在其宅基地上设立用益物权和担保权，允许农村住宅建设用地使用权人依法对集体所有的土地享有占有、使用和收益的权利，同时取消对农村宅基地抵押的限制，完善宅基地用益物权属性。

消除农地流转障碍。农村土地制度的改革完善要对承包地和户籍制度进行解绑。从根本上弱化农民对土地的传统观念，扩大农民的自由选择权，加强农民对土地市场化处置的意愿，并通过灵活确定使用期限进一步放宽土地对农民的限制：对于长久居住在城市的农民，可以买断土地使用权；对于季节性务工的农民，可以采取有期限性质的转让，可以解决土地闲置带来的资源浪费问题；不断完善农村土地交易市场，保障农民的交易收益，如采用允许土地入股，获取股权收益等诸多方式；加强土地监管与管控，设立土地交管所把控农村土地使用状况，以规范市场秩序和提高土地利用率。在现有试点的基础上，扩大农地承包经营权流转范围。既不能强迫进城落户农民放弃农地承包权，也不应限制农民土地承包权的流转，要允许农地承包权跨集体经济组织流转，推进传统村落的合并重组，把农村集体经济组织建设成产权明晰、自主经营、开放竞争的市场经济主体。①

放宽农地入市限制。放宽农村用地的范围与条件限制，把超过农民自住需要的宅基地动态调整为经营性建设用地，通过增减挂钩等方式进入市场，增加城市建设用地供给，缓解城市建设用地供求矛盾；减少农地国有化征收，使非公益性城镇建设用地直接进入城乡统一的建设用地市场。实现城市建设用地供给的多元化，通过扩大住宅建设用地有效供给而降低地价，进而降低户籍人口城市化的住房门槛，减少户籍改革的城乡阻力；在城市建设用地供给充足的基础上，在全国范围内实现城乡建设用地的有效配置。将增减挂钩范围首先由深度贫困地区扩大到所有贫困地区，进而扩大到若干区域如京津冀、长三角、珠三角等跨省交易；建立增减挂钩指标跨省交易的全国统一市场，同时允许增减挂钩指标在不同农村之间进行交易并在符合规划和用途管制的前提下直接入市。② 通过农地管理制度的改革与城市建设的合理配置，高质量推进新型城镇化建设。

（七）深化城乡管理制度改革，打开城乡流通渠道

深化城乡管理体制改革。城乡基本公共服务平等使用是促进城乡要素双向流动的基本保障。通过城乡管理体制改革，推进城乡公共服务资源均衡配置，实现城乡基本公共服务均等化。加大对农村基础设施的投入力度，统筹配置与城乡空间布局结构相适应的城乡基本公共服务设施配套体系，引导城镇公共服务功能向农村延伸。强化跨地区基本公共服务统筹合作，加快建立医疗卫生、劳动就业等基本公共服务跨城乡跨地区流转衔接制度，促进各级公共服务资源

---

① 蔡继明、李新恺：《深化土地和户籍改革 推进城乡融合发展》，《人民论坛》2019 年第 24 期。
② 彭森：《构建更加完善的要素市场化配置体制机制是当前改革面临的重大任务》，《中国经贸导刊》2020 年第 9 期。

有效整合。

　　促进城乡人员自由流动。劳动力自由流动是促进城乡要素双向流动的首要前提。通过人口管理制度改革，优化配置人力资源，逐步消除人口双向流动的户籍壁垒，鼓励热爱农村、愿意到农村发展的城镇人口向农村流动，进而使其所承载的资本、知识、信息技术等要素协同向农村流动。全面放宽城市落户条件，完善配套政策，促进有能力在城镇稳定就业生活的农村人口在城市举家落户。通过农村与城市人员的双向流动促进城乡融合。

　　深化农村金融体制改革。促进城乡资本自由流动，资本流通是促进城乡要素双向流动的重要支撑。通过农村金融体制改革，加快农村金融创新，实现城乡资本和谐发展。积极构建普惠性、多元化乡村金融体系，主动发挥农业政策性银行融资优势，同时鼓励和支持村镇银行、农业保险、小额贷款公司等新型农村金融服务机构设立县域金融服务网点，为农村金融市场提供差异化、精准化的金融服务产品。适度放宽农村金融的市场准入条件，逐步开放农村金融市场，引导互联网金融、风险投资基金、产业投资基金、股权投资基金等资本参与农业现代化建设。

（八）全面普及居住证制度，逐步取代户籍制度

　　全面普及居住证制度，逐步取代户籍制度。居住证制度的推行，在一定程度上促使流动人口中符合条件的那部分人能够在城镇落户，以便于他们享有基本的公共服务。以服务性的居住证代替管制性的暂住证，以公共服务推进公共管理，是政府在对待外来人口态度上的理性转身，传递了一种可贵的公共善治和服务均等化的理念，也是服务型政府转型过程中在公共服务一个方面的创新。

　　居住证与福利挂钩，转移户籍附属权益。转变管理观念，将居住登记视为一项民事登记项目，登记部门更多地从登记管理转向登记服务，是实现居住证制度普及的基础性工作。我国现行户籍制度的作用不仅是记录公民的基本信

息，还与公民的就业、教育等社会性权益密切相关。户籍制度改革的关键一环就是其附属的社会权益的改变：减少户口上的附加功能，消除相关的福利特权差异，推进社会福利对居住证的挂靠，实现真正的人口迁徙自由。同时，我国的居住证制度要实现制度目的，势必要打破过去暂住证所体现出的行政许可的立法价值，转而将居住证视为一项民事登记项目。

地方政策完善，公众服务均等化细化落实。一是执政规范化。在政策制定层面，地方政府应改变地方偏见与地方保护主义。在经济基本目标之上规范化制定普遍服务平等的改革政策，同时留住各行业的劳动力，保障城市的良性发展。二是坚持同质同等原则。在扩大公共服务覆盖范围的基础之上，注重提供给户籍人口和外来人口同质同等的公共服务。具体实施方法要结合各个城市的实际情况，在满足城市管理的需求情况下，配合城市的财政供给能力合理调整服务提供的速度。公共服务体系首先要做到对于城市常住人口在教育、医疗、养老、职业培训、住房等方面实现均等化服务。

统一全国居住证权益。在全国范围内建立统一的人口服务与管理体制。居住证长期的发展趋势必然以经济为基础实现特殊的统一化，地方政府在结合本地实际的基础上尽量达成全国不同地区居住证功能与权益的差异化一致。在将来制定和执行相关政策过程中，要因地制宜，不在短时间内将过多的公共服务与福利汇集到居住证上，而要在统一标准下按计划地适度赋予其权益。探索实行城市群内户口通迁、居住证互认制度，加速人才、人口向重点城市群集聚，加速劳动力在城市群内部的自由流动，大幅提升城市群整体竞争力。加快居住证制度在全国普及，逐渐建立居住证取代户籍城市试点，争取全国在2035年实现对户籍制度的完全替代。

第五章　推进资本要素市场化配置研究

党的十九大以来，新一轮资本市场深化改革的重要性和战略地位更加凸显，改革步伐再次提速。2019 年 9 月，证监会发布资本市场改革 12 个方面重点任务，为当前及今后一个时期全面深化资本市场改革勾画了路线图。2020年 3 月，中共中央、国务院先后发布了《关于构建更加完善的要素市场化配置体制机制的意见》和《关于新时代加快完善社会主义市场经济体制的意见》两个重要文件，明确要求加强资本要素市场化配置改革，改变资本领域要素市场化改革落后于商品、服务领域市场化改革的局面，全面推进中国经济体制市场化改革。本章主要研究资本要素市场化改革，由资本市场市场化配置改革、发达经济体资本市场建设的做法、中国股票市场化改革、债券市场化改革、中国基金业市场化改革五部分组成。在梳理资本市场改革历程基础上，总结得失，分析资本要素市场化改革存在的问题与瓶颈，并借鉴发达经济体资本市场改革经验教训，最后提出提升中国资本要素市场化配置效率的政策建议。

一、资本市场市场化配置改革

资本市场的发展经历了市场创立、由计划到市场且至今仍处在"进行时"的制度建设过程。资本市场对我国金融稳定发展具有牵一发而动全身的战略地位，在创建高质量高标准现代化经济体系中发挥重要作用。近年来，中央多次强调，要稳妥推进金融体制改革，深化多层次资本市场体系改革，全面加强资本要素市场化配置改革。其内在逻辑在于尊重市场规律，从"政府管制型"向"市场主导型"转变。[1]

（一）中国资本市场发展历史与现状

中国资本市场最初产生于近代，肇始于晚清，起步于民国时期的交易所时代，繁荣于抗战时期的股票市场，暂时停滞于新中国成立。我国当代资本市场是伴随着经济市场化改革起步的，经历从无到有、从小到大、逐步规范化和国际化的发展过程以及交易规则、监管体系、法规制度的重建过程。回顾中国资本市场整个发展历程，大致可以分为四个阶段。

1. 当代中国资本市场萌芽（1984—1992 年）

伴随改革开放的历史进程，当代中国资本市场重新开启。20 世纪 80 年代，经济体制改革带来的股份制企业兴盛和国民收入分配格局的变化[2]，直接催生了当代中国资本市场。

以 1981 年恢复国库券发行，1984 年，上海、深圳等地开始发行股票和企业债券为标志，股票、债券等证券发行市场出现。之后其他一些省市也开始了股份制和发行股票的试点工作。1986 年，沈阳、上海首先出现了股票柜台交易，随后债券和股票的柜台交易开始在全国出现，证券二级市场初步形成。1990 年 11 月，经国务院授权，由中国人民银行批准建立的上海证券交易所正式成立，这是新中国成立以来内地的第一家证券交易所。1990 年 12 月，深圳证券交易所试开业。这标志着中国证券市场正式诞生。与此同时，1991 年 8 月，中国证券业协会在北京成立。

---

[1] 孔泾源：《治理改革与市场建制》，中国人民大学出版社 2020 年版，第 218—240 页。

[2] 股份公司的形成和壮大为股票市场的产生与发展奠定了微观基础。另外，改革开放后日益增加的居民财富客观上也需要新的投资渠道。供需双方为股票市场的产生提供了现实基础。

在这一时期，股票发行规模不断增加，证券品质不断丰富。但是这一时期股票市场市场结构落后，基础设施不完善，规模有限、成交量低，债券市场混乱不堪。市场起伏动荡，监管缺乏统一规范，终于导致深圳交易所发生"810"事件。[①]

2. 中国资本市场初步规范发展（1993—2001 年）

1992 年 10 月，国务院证券管理委员会和中国证券监督管理委员会成立，标志着中国资本市场从早期的区域性试点迅速走向全国性统一市场。1998 年 4 月，国务院证券管理委员会撤销，中国证监会成为全国证券期货市场的监管部门，形成了集中统一的证券期货市场监管体制。同时，相关的法律法规和规章制度陆续出台，市场机制开始运行，资本市场得到了较快发展。

第一，打造全国市场基础设施。两家电子证券交易系统和二十余个地方性证券交易中心也先后成立，一个包括场内交易和场外交易在内的较为完整的证券市场交易体系初步建立。

第二，逐渐建立发行交易基础制度体系，规范市场行为。一是建立股票审批发行制度。在股票发行数量上采取严格的额度指标管理的审批制度，股票发行定价也是需要行政审批，先后采取额度管理和企业数量指标控制两种手段。2001 年 3 月开始实行核准—通道制，但其实质仍然是审批制。二是交易制度实行涨跌幅限价制度和"T+0"。1992 年 5 月，涨跌幅限制被取消，开始实行自由交易。此后，为了抑制过度投机，1997 年 1 月，我国证券市场再次实施涨跌幅限制措施，将每只股票（除新上市股票）日涨跌幅限制在 ±10% 以内。三是建立退市制度，制定股票退市规则。四是规范上市公司发放股利程序，并

---

① 1992 年 5 月 21 日，上证指数首度跨越千点，在全面放开股价的利好刺激下，大盘直接跳空高开在 1260.32 点，较前一天涨幅高达 104.27%，5 月 25 日达到 1420 点。3 天内 1 只新股市价值竟狂升 2500%—3000%。1992 年 8 月 10 日深圳交易所发生"810"事件。由于新股申购火爆，部分人员利用权力私买抽签表，后来政府清查出内部截留私买的抽签表达 10 万多张，涉及金融系统干部、职工 4180 人。

提出将现金分红作为上市公司再筹资的必要条件。

第三，初探国有股减持改革，市场反应激烈。①2001 年 6 月，国务院印发《减持国有股筹集社会保障资金管理暂时办法》，要求国家拥有股份的公司（包括境外上市的公司）向公共投资者首次发行和增发股票时，均应按融资额的 10%出售国有股；出售的收入全部上缴社保基金。7 月，国有股减持在新股发行中正式开始，全国社会保障基金理事会共配售 3 亿股中石化 A 股，结果股市暴跌。②10 月，证监会宣布暂停该办法的实施。

第四，证券投资基金正式起步，发展有待规范。1993 年 8 月，"淄博乡镇企业基金"经人民银行批准在上海证交所挂牌，是大陆首档上市交易基金。到 1994 年底，我国投资基金共有 73 家，其中有 31 家基金在沪、深两地证交所以及一些区域性证券交易中心挂牌成为上市基金。1998 年 3 月，基金金泰、开元发行成立，我国证券投资基金正式起步。但是由于缺乏相关的规范和法律约束，市场投机气氛浓厚，基金组织自身运营也不成熟，"交易黑幕"频频出现。2000 年 10 月，"基金黑幕"事件出现，全行业掀起整风运动。

第五，资本市场对外开放加强，中企海外上市步伐加快。基于外汇短缺和外汇管制背景，1991 年底，中国在境内上市外资股或人民币特种股票（B 股）以吸引国际资本。此后，H 股、N 股、红筹股③ 也陆续推出并逐步成为境外上市的主要形式。1993 年 6 月起，中国境内企业开始试点在境外上市。首先在中国香港，继而在纽约、伦敦、新加坡等证券市场发行上市。1995 年 12 月 25

---

① 11 年积累的国有股存量到 2001 年 6 月 30 日已达到 1786.06 亿股，占 8943.63 亿存量总股本的 42.23%。

② 沪指跌 32.55 点，大盘随之报以狂泻 6.33%点予以响应，创下 1999 年 7 月 1 日以来单日跌幅最大。深成指跌 193.96 点，跌幅 6.70%。到 10 月 19 日，沪指已从 6 月 14 日的 2245 点猛跌至 1514 点，50 多只股票跌停。当年 80%的投资者被套牢，基金净值缩水了 40%，而券商佣金收入下降 30%。

③ H 股是指在中国境内注册的公司在香港上市的外资股，因香港的英文名称是 HongKong，取其首字母名为 H 股；N 股是指在中国境内注册在纽约（NewYork）上市的外资股，取其首字母名为 N 股；红筹股是指由中资企业控股、在中国境外注册、在香港上市的公司的股票。

日，国务院发布实施《关于股份有限公司境外募集股份及上市的特别规定》。

第六，法律法规不断完善，股票市场开始步入法制化阶段。1998 年 12 月，九届全国人大常委会第六次会议通过了《中华人民共和国证券法》。这是中国第一部规范证券发行与交易行为的法律，并由此确认了资本市场的法律地位，标志着中国股票市场进入规范化发展新时期。

3.市场化改革探索时期（2002—2012 年）

2002 年 11 月，党的十六大要求在更大程度上发挥市场在资源配置中的基础性作用。为贯彻落实党的十六大和十六届三中全会精神，资本市场改革力度加大。2004 年，《国务院关于推进资本市场改革开放和稳定发展的若干意见》以及 2005 年上市公司股权分置改革等一系列基础性制度建设，使资本市场的运行机制更加符合市场化规律。

第一，充分利用市场化基本原则推进股权分置改革。自 2005 年 4 月起，股权分置改革正式启动。[①]5 月 9 日，三一重工、紫江企业、清华同方、金牛能源实行股权分置改革。[②]2006 年股权分置改革完成。国有股、法人股和流通股的股权、价格、利益分置不复存在，各类股东享有相同的股份上市流通权和股价收益权，各类股票统一按市场机制定价，形成各类股东的共同利益基础。

第二，规范和完善发行和交易规则，进一步加强基础制度市场化改革。"国九条"在规范和完善基础制度和市场规则上发挥了重要作用。[③] 一是股票发行

---

① 参见《国务院关于推进资本市场改革开放和稳定发展的若干意见》。其中确立了遵循市场规律解决股权分置问题的基本原则，推动了股权分置改革进程。

② 2005 年 6 月，股改推动股市"虚弱井喷"。 6 月 6 日，证监会推出《上市公司回购社会公众股份管理办法（试行）》，这天股指跌破千点。随后几天，证监会各种利好齐发。6 月 8 日，股票市场创下了自 2002 年以来的最大单日涨幅和最大单日成交记录，沪深两市共有 120 只股票涨停，两市共成交 317 亿元。

③ 2004 年 9 月，温家宝总理在主持国务院常务会议中，表示要抓紧落实"国九条"的各项政策措施，切实保护广大投资者利益，促进资本市场稳步健康发展。

审批制变为核准制—通道式①，增强市场约束机制。二是推进上市公司规范运作，提高上市公司质量。

第三，基金业开启市场化改革，推动行业规范发展。2002 年，基金审批制开始向核准制转变进而启动市场化改革，监管部门简化审核程序，引入专家评审制度，推动基金产品审核过程透明化、专业化和规范化。2004 年 6 月，《中华人民共和国证券投资基金法》实施，基金募集审核逐步探索与国际通行的注册制接轨。又经过十余年的实践，我国公募基金产品最终由核准制进入注册制时代。②

第四，多层次股票市场体系建立，中小板、创业板、新三板等开板。一是中小板、创业板分别于 2005 年 5 月、2009 年 10 月于深圳证券交易所创建。二是"新三板"开板。2006 年 1 月，中关村高科技园区非上市股份制企业开始进入代办转让系统挂牌交易，新三板市场随之诞生。③ 三是由地方政府直发建立区域性股权交易市场于 2012 年得到国务院认可。④2017 年，国务院和证监会对区域性股权市场的目的与定位、展业区域、业务范围以及监管规则等作出了指导性规定。目前，全国建成并初具规模的区域股权市场有十余家。⑤

---

① 通道制是指由证券市场监管部门确定各家综合类证券公司拥有的发行数量，证券公司按照发行一家再上报一家的程序来推荐发股公司的制度。该制度旨在通过行政手段限制证券公司推荐发行公司数量，实现对准上市公司发行数量及扩容节奏的控制。

② 参见中国证监会《公开募集证券投资基金运作管理办法》（2014 年 7 月 7 日）。

③ 为妥善解决原 STAQ、NET 系统挂牌公司流通股的转让问题，2001 年 6 月 12 日经中国证监会批准，中国证券业协会发布《证券公司代办股份转让服务业务试点办法》，代办股份转让工作正式启动，7 月 16 日第一家股份转让公司挂牌。为解决退市公司股份转让问题，2002 年 8 月 29 日起退市公司纳入代办股份转让试点范围。民间称之为"老三板"。

④ 由于"新三板"融资不理想，各地政府开始设立区域性股权交易市场，天津股权交易所、重庆股份转让中心、上海股权托管交易中心等相继设立。2011 年底，国家发展和改革委员会印发《"十二五"时期上海国际金融中心建设规划》，提到"以上海股权托管交易中心建设为载体，积极探索非上市公司股权托管和非公开转让市场建设"。基于此，在得到国务院的认可之后，上海股权托管交易中心于 2012 年 2 月正式开盘。

⑤ 具体包括：青海股权交易中心、天津股权交易所、齐鲁股权托管交易中心、上海股权托管交易中心、武汉股权托管交易中心、重庆股份转让系统、前海股权交易中心、广州股权交易中心、浙江股权交易中心、江苏股权交易中心、大连股权托管交易中心、海峡股权托管交易中心等。

第五，QFII 制度全面启动，推进资本市场开放与国际化。一是按照中国证券业对外开放承诺，外国证券机构可以直接从事 B 股交易，并且可以设立合资公司。二是发布 QFII 交易实施细则，规范合格境外机构投资者（QFII）在中国境内证券市场的投资行为，《合格境外机构投资者境内证券投资管理暂行办法》于 2002 年 12 月正式实施。

第六，初步建立起程序化、标准化法律法规体系。2005 年 10 月，全国人大修订《中华人民共和国证券法》。证券法律体系得到了大幅度修改，由此奠定了适用至今的现行证券法框架。同时，监管当局出台了相应的证券发行管理办法及配套规则。

4. 深化市场化改革时期（2013 年至今）

2013 年以来，为深入贯彻党的十八大和十八届三中全会精神，进一步促进资本市场健康发展，健全多层次资本市场体系，国务院于 2014 年 5 月发布《关于进一步促进资本市场健康发展的若干意见》（新"国九条"）。党的十九大以来，新一轮资本市场深化改革的重要性和战略地位更加凸显，改革步伐再次提速。2020 年 5 月，金融委提出按照"成熟一项推出一项"原则逐步推出 11 条金融改革措施。

第一，新三板设置精选层，进一步加强资本市场结构改革。2019 年 10 月，中国证监会正式全面启动新三板改革，明确提出允许挂牌公司向新三板不特定合格投资者公开发行股票、放开挂牌公司定向发行 35 人限制、进一步完善市场分层（设立精选层）、引入公募基金等长期资金、建立新三板挂牌公司转板上市机制，充分发挥新三板市场承上启下的作用，加强多层次资本市场的有机联系。①

第二，基础制度市场化改革提速。一是以信息披露为中心的股票发行制度逐步完善。2019 年，科创板的设立和注册制试点为改革市场准入的关键性体

---

① 2020 年 6 月，出台《关于全国中小企业股份转让系统挂牌公司转板上市的指导意见》，加快推进新三板转板制度改革。

制机制扫除了障碍。2020年，推出创业板改革并试点注册制方案①，存量创业板股票的日涨跌幅限制由10%放宽至20%。二是推进上市公司深化改革，推进上市公司兼并重组，对市场化、规范化程度高的并购交易取消或简化审批程序；支持上市公司回购股份。

第三，加强票据规范化、标准化管理。2020年6月中国人民银行出台《标准化票据管理办法》，规范标准化票据融资机制，支持将票据作为基础资产打包后在债券市场流通，支持资产管理产品投资标准化票据，发挥债券市场投资定价能力，减少监管套利，更好地服务中小企业和供应链融资。

第四，进一步推进资本市场全面双向对外开放。一是股票指数、债券指数国际化进程加快。A股纳入国际知名指数MSCI。债券2017年我国债券市场被纳入全球两大指数供应商的指数系列，"债券通"开始运行。二是陆续推出"资本市场对外开放九条"。取消QFII和RQFII投资额度管理要求；按内外资一致原则，允许合资证券和基金管理公司的境外股东实现"一参一控"；放宽外资银行在华从事证券投资基金托管业务的准入限制；全面推进H股"全流通"改革；持续加扩大期货市场对外开放特定品种范围；放开外资私募证券投资基金管理人管理的私募产品参与"港股通"交易的限制等；取消证券公司、基金管理公司和期货公司外资股比限制；等等。三是不断加强跨境金融监管合作。不断完善风险监测预警机制，做好输入性风险的防范应对预案；加强跨境金融监管合作，切实维护跨境投融资活动的正常秩序。

第五，资本市场监管迈向综合监管。2018年，银监会和保监会合并，组建银保监会。自此，我国金融监管体系进入了金稳委、人民银行、银保监会和证监会"一委一行两会"为主导的新时代，综合监管步伐正式迈开。

---

① 出台《创业板首次公开发行股票注册管理办法（试行）》等四部规章，发布《创业板股票上市规则》等八项主要规则，推进创业板改革并试点注册制，建立健全对创业板企业的注册制安排、持续监管、发行保荐等配套制度。

（二）中国资本市场改革空间较大 [①]

1. 多层次资本市场结构失衡

第一，资本市场"倒三角"形结构导致供需扭曲。一是"新三板"市场投资准入的"门槛制"从需求侧严格限制需求、近乎单边开放供给，与主板市场的 IPO 审批制、核准制从供给侧严格限制供给、近乎单边开放需求之类的制度设定，无疑都扭曲了资本市场供求关系，导致"新三板"出现融资额下降、交易不活跃、申请挂牌公司减少、与其他市场割裂较为明显等现象。

第二，基础性资本市场未能充分发挥作用。基础性资本市场先是盲目发展、后是"一管就死"。"新三板"和场外区域性股权市场企业挂牌上市相对开放，但是都未能充分发挥作用。中小微企业间接融资艰难，直接融资门槛更高。一是"新三板"制度创新效果差强人意。监管层对挂牌企业进行了基础层、创新层和精选层的人为分层，频繁升降层以及交易方式变化，既存在操作风险，也容易导致市场不稳定。同时法治市场运营更为复杂、监管难度更大。二是区域性股权交易市场交易活跃度低，存在无序竞争、监管真空以及市场建设滞后等问题。

2. 基础制度建设有待加强

第一，股票发行体制改革有待进一步深化。目前主板发行体制仍延续核准制，A 股不少企业还在主板发行，发行规模、发行价格、上市时间很大程度还由监管部门决定。从成熟市场看，股票发行普遍实行注册制，发行程序方便快捷，市场定价充分。股票退市制度不够完善。尽管市场化、法治化的多元退市机制不断健全，但具体实施效果离市场期望还有一定差距。

第二，股票市场缺乏足够的做空机制。2010 年以来，我国股票市场引入了股指期货和融资融券做空机制。从实际操作层面看，价格发现功能并未很好

[①]　孔泾源：《治理改革与市场建制》，中国人民大学出版社 2020 年版，第 234—240 页。

实现，而且往往还起到助涨助跌的作用。如果没有看空报告，对上市公司约束就有限，这也是当前垃圾股、问题股能够长期存续于主板市场的一个重要原因。

第三，债券市场分割严重，国债品种多元化不足。一是公司信用类债券发行延续部门审批制，债券市场"五龙治水"，交易所市场和银行间市场有不同管理规则，标准不一，基础设施不一样，相互之间并不连通，导致债券市场流动性偏低。二是国债交易流动性不足。市场缺乏随买随卖多效率，市场交易活跃度相对较低。同时，国债发行主要以短期为主，长期产品供给不足，如缺少30年期国债品种，导致收益率曲线不连续，制约长期国债收益率曲线市场化定价功能或定价基准职能的有效发挥。

3.资本市场化进程失序

第一，产品的市场化滞后于资本的证券化。我国资本市场建设相对滞后，但也有一批大型国有企业还在产品实行政府定价、或多或少享有市场垄断地位以及价格补贴和政策优惠阶段，借由"加快改革"而得以公开上市直至涉足海外资本市场，即尚未实现产品市场化的企业，却先行实现了资本市场化。这类企业有可能一方面利用垄断地位或垄断价格从市场获取超额利润，抬高社会生产生活成本，以及形成企业间不平等的竞争地位；另一方面利用信息不对称，以市场波动、价格管制为由向政府要价，寻求政策优惠或经营补贴，扭曲市场竞争秩序与规则的同时还可能形成对相关企业的持股者包括海外持股者长期性的体制性利益输送。

第二，实体资本的证券化滞后于金融资本的证券化。当前金融结构性错位十分突出。公开市场的发展次序、速度、比重、政策，明显优于场外市场等区域性、基础性股权市场。现有 A 股市值中，金融板块占比过大，金融资产证券化的程度或比重远远超过实体经济。2009—2016 年，有国有银行背景的非银行金融机构信贷增速达到实体经济的 3 倍左右，杠杆率绝不低于实体经济。长此下去，资产证券化将有可能助长经济脱实向虚。

4.国际化程度有待进一步提升

目前，在我国股市和债市中，外资持有比重均不高，股市在35%左右，债市在2.5%上下，这个水平不仅明显低于成熟市场国家，也低于一些新兴市场经济体。为推进金融供给侧结构性改革，近两年我国加快了资本市场开放步伐。如外资金融机构持股比例可以达到100%，股市投资不再设数量限制，可以同时做本外币业务，简化境外机构投资者境内证券期货投资资金管理要求等，政策效应还未完全显现。目前资本市场的对外开放与汇率市场、资本账户改革系统性配套不足。

5.社会信用体系需进一步健全

当前，我国社会信用法律制度体系还不够成熟，守信激励机制不够健全、失信惩戒机制较为薄弱，导致部分金融机构因失信成本过低，出现"竞相"钻监管空子的情况。此外，在完善社会信用体系建设过程中，由于个人、企业和政府相关的金融信用信息尚未充分收集，再加之金融监管机构尚未有效利用，这在一定程度上限制了金融监管的覆盖面，降低了金融监管效率。如在地方融资平台监管中，监管部门面临的一个棘手问题就是信息的不公开和不透明，从而不能根据地方政府的实际信用情况，有效控制其债务的扩张速度和规模水平。

6.监管体系有待进一步完善

长期以来，政府对资本市场干预力度过大，"家长式"保护主义造成监管科学性和合理性的欠缺。

第一，监管组织体系不完善。目前，包括资本市场在内的金融业分业经营实际上已经混业化、综合化，风险交叉复杂、创新花样迭出，"一委一行两会"[①]

---

① "一行三会"是国内金融界对中国人民银行、中国银行业监督管理委员会、中国证券监督管理委员会和中国保险监督管理委员会这四家金融分业监管部门的简称。2018年3月，根据国务院机构改革方案，银监会与保监会职责整合组建中国银行保险监督管理委员会，与中国人民银行、证监会合称"一行两会"，共同接受国务院金融稳定发展委员会的监管协调。

分业监管体制难以适应混业经营趋势。与成熟市场国家金融监管体系相比,我国金融监管机构还存在职能不完备、权责不统一问题。

第二,分业监管导致监管真空。由于监管机构的监管标准、方法、力度和目标不一,同类资产管理业务的监管规则和标准各异,存在部分业务发展不规范、产品多层嵌套、刚性兑付、监管套利、规避金融监管和宏观调控等问题,容易形成监管套利和监管"真空"。

第三,监管滞后于市场创新。P2P、股权众筹、线上货币基金等互联网金融的迅速发展挑战监管能力与反应力。规模庞大的货币基金迅速冲击央行的货币政策。第三方支付平台的迅速发展冲击传统支付监管方式。

第四,投资者保护力度尚存欠缺。目前,我国不存在独立的金融投资者保护机构,主要是"一行两会"根据自身职责设置相应的消费者保护部门。由于消费者保护重视程度不够,在一些金融大案中消费者权益往往没有得到妥善保护。

第五,监管法律体系顶层设计尚不完善。金融监管领域缺乏综合且系统的基本法,对金融行为的约束分布在各种法律、法规及相关条例中。金融监管法律覆盖面还不够广。尽管各监管部门在各自监管领域颁布了大量金融监管规章和规范性文件,但在金融业务和互联网深度融合趋势下,互联网金融、金融控股公司立法工作亟待加强。金融违法成本偏低。长期以来,我国对破坏金融市场规则的违法犯罪行为处罚力度偏低。

(三)中国资本市场改革政策建议

中国经济进入高质量发展阶段,必然要求提高金融服务供给体系的质量和效率,在更高起点上深化资本市场改革,必须全面加强基础性制度改革和体制机制创新,促进资本市场规范稳健运行和持续健康发展。

1.打造"正金字塔"形资本市场结构

树立开放动态的市场发展理念,顺应实体经济多样化需求,尊重市场创新，着力推动标准市场与非标市场、场内交易与场外交易、股权市场与债权市场、公募市场与私募市场、现货市场与期货衍生品市场等统筹布局、协调发展、均衡发力，打造多层次"正金字塔"型资本市场结构。

第一，从应对国际科技竞争、高科技贸易壁垒和人才竞争的战略高度出发，在沪深交易所开设国际板，专门吸纳境外科技创新类企业上市。

第二，大力发展私募基金市场，要把发展私募基金作为提高直接融资比重和"积极去杠杆"的重要举措。应从去杠杆、促进创新驱动的战略高度支持私募基金的发展，培育高质量的私募基金管理公司，允许证券公司和证券基金公司组建私募股权基金管理机构。

第三，规范发展区域股权交易市场。在风险可控前提下，按照投资者合格、产品适合、规模适当的原则，鼓励地方政府引导推动区域性股权交易市场规范健康发展。支持股权交易中心以集合股权投资和债转股融资等方式开展中小企业融资服务。

2.积极推动基础制度改革

加快发行制度向注册制改革转变，让一些未来有成长性的企业成为中国主板市场的主导型的企业；改革上市标准，本着"既奖励过去、又奖励未来"的原则，对于创业初期的中小微企业，尤其是创新类（包括新技术新产业新业态新模式）企业，应在资产规模和盈利指标上降低要求，在中小微企业发展最困难的初创期给予支持。对退市制度进行改革，对达到退市标准的企业，严格进行退市程序，加大对上市公司的审查。适时启动"T+0"交易机制；重新启动市场熔断机制；改革涨跌幅制度。健全信息披露体系，提升市场透明度和效率。改善信息披露规则体系。加大股票发行上市审核中的合理质疑和专业问询力度，强化市场约束机制，强化中介机构的尽职调查义务和核查把关责任。大力发展期权等衍生品，丰富市场做多和做空工具。

3.提升市场主体质量

第一，进一步强化发行人、投资者、证券基金经营机构、其他中介机构等各类市场主体主动合规和自我规范意识，督促各类市场主体完善合规管理、风险管理和内部控制的制度机制，提升合规管理、风险管理和内部控制能力，加强诚信建设，规范和约束各类市场主体运作行为，促使各类市场主体依法、合规、规范运作，提高各类市场主体规范化运作的程度和水平。

第二，提升上市公司质量，督促上市公司依法合规、规范稳健经营，建立健全现代企业制度，完善公司治理和内部控制机制，提高公司治理与内部控制的能力、质量和水平，促进上市公司做大做强做优，实现高质量、可持续发展，不断增强资本市场的微观主体活力。

4.加大资本市场双向开放力度

稳步扩大资本市场对内准入开放度。资本市场向各类组织模式、控制架构、注册地区的上市公司开放，新技术、新领域的企业同样能够进入到市场中，资本市场才可以维持快速、有序地发展。[①]

不断提高资本市场对外开放质量和水平，推进我国资本市场的国际化进程。一是深化、完善和拓展境内资本市场与境外资本市场的互联互通机制。优先引进国外养老基金等长期稳定投资者。二是向境外投资者开放境内公司债和地方债市场，引进国外政府、金融机构和企业在国内发行人民币债券，承销和投资人民币债券；支持国内企业到境外发行外币债券。三是深化证券行业高水平的对外开放，支持国内证券公司、期货公司在境外及"一带一路"沿线开设分支机构，收购境外证券期货类经营机构，成为国际主要交易所的结算会员。

5.建立健全信用评级体系

加强信用评级相关法律体系建设，发挥监管主体对评级行业的引导作用，

---

① 李湛：《持续完善我国资本市场基础性制度》，《清华金融评论》2019 年第 6 期。

构建一致且公允的评级标准。加快建立独立客观的评级市场体系。提升各评级机构提高自身的内控水平和公司治理能力。同时大力提升信用评级执业人员素质，建立信用评级行业人员资格体系，从执业人员的教育培训到资格认证再到继续教育等形成完整的素质培养体系，加强对从业人员的职业道德教育并提供行为规范指导。

6. 依法从严监管，提升投资者保护水平

第一，进一步加大资本市场监管力度。严格市场主体监管，公平对待全部的市场参与者，上市企业、发行人、中介组织以及投资人等都需严格遵守市场相关的法律法规。

第二，提升资本市场科技监管能力、大数据资源运用能力、风险预警分析能力，进一步提高市场风险监测效能，建立跨市场监测稽查、穿透式监测和信息共享机制。

第三，明确市场和政府的功能界限，严格尊重市场本身的基本规律，增强资本市场法制供应的全面性和科学性，使监管主体监管有法可依、市场主体行为有法可依，加大违法活动的惩罚力度，充分维护投资者的合法权益。加大对于内幕交易、欺诈上市、利益输送、操纵市场等违法活动的打击力度。

第四，加强投资者教育和保护，培育机构投资者。倡导投资者尤其是广大中小投资者树立价值投资、长期投资的理性投资理念和健康投资文化，不断增强风险意识；培育中长期机构投资者，建立健全中长期资金持续入市机制，如鼓励全国社保基金、各类养老金、保险资金、信托资金等专业机构投资者扩大入市规模，乃至境外中长期资金（QFII 和 RQFII）入市，促进资本市场有序高效运行和持续健康发展，行稳致远，实现高质量发展。

二、发达经济体资本市场建设的做法

近年来，我国资本市场与实体经济脱钩严重，资本市场没有发挥好经济晴雨表功能，突发事件频发，市场波动较大，严重影响市场信心。目前，我国经济发展正面临百年未有之大变局，国内外环境正发生深刻而复杂的变化。健全多层次资本市场，满足实体经济发展至关重要。健全资本市场体系，是实现"十四五"规划目标乃至实现 2035 年远景目标的改革重点。2020 年，中国资本市场刚步入而立之年，与发达市场经济体数百年资本市场发展的历史相比，中国资本市场还处于学习、赶超阶段。梳理发达经济体资本市场经验，探寻其在国内的适用性和契合性，对于中国资本市场健康发展具有现实促进意义。

（一）英国资本市场自律监管模式

英国资本市场历史悠久。18 世纪时，英国农业、工业、交通运输业发展迅猛，以及国债的出现，使得资本需求大增，奠定了资本市场的发展基础。银行为英国资本市场的发展发挥了关键作用，有效减缓了政府的财政压力，改变了农业、工业、交通运输业的资金困难的局面。[①] 英国资本市场采用自律性监管模式。证券市场主要由证券交易所和证券商协会等组织自行管理，除国家必要的立法外，英国政府较少干预证券市场。[②]

1. 英国自律监管机构及主要模式

英国资本市场的监管主要由英格兰银行、英国证券与投资委员会、英国证

---

① 刘金源：《论 18 世纪英国资本市场的兴起》，《史学集刊》2013 年第 3 期。

② 万瑶华：《英国资本市场自律监管经验及对我国的启示》，《前沿》2010 年第 8 期。

券交易所协会、英国证券业理事会、英国企业收购与合并问题专门小组负责。英国证券与期货管理局是独立于政府的自律组织。早在 20 世纪 80 年代以前，英国便形成了成熟的自律监管系统，政府极少监管资本市场。英国资本市场的监管，主要由行业、专业和社会组织承担。包括证券交易所、证券和投资委员会，乃至私人组织都可以监督资本市场活动。非特殊情况，政府部门不会参与资本市场监管。①

2. 监管立法保障投资者权益

英国政府虽然很少干涉资本市场，但对初级市场、内部交易等领域，有着完善的法规。为保障投资者权益，由英格兰银行负责审批证券发行。为保障股民利益，上市公司向证券交易所协会提交资本结构、红利分配、税收等情况。金融服务监管局共同监管银行、保险业、证券、期货。②

（二）美国资本市场体系

金融市场的本质是进行产权交易，法治是保障金融市场正常运转的基础条件。美国股票市场有着悠久的监管历史，1934 年便出台《美国证券交易法》，以法律进行信用背书，为美国民众参与股市夯实了基础。③ 美国证券市场有着场内交易与场外交易相结合的多层次市场体系。④

1. 多层次资本市场体系

美国资本市场体系按规模层次分为：全国集中市场、区域性市场、全国性场外交易市场和未经注册的地方性交易市场。全国性市场包括纽约证券交易

---

① 万瑶华：《英国资本市场自律监管经验及对我国的启示》，《前沿》2010 年第 8 期。
② 万瑶华：《英国资本市场自律监管经验及对我国的启示》，《前沿》2010 年第 8 期。
③ 舒杰：《美国资本市场发展对中国的启示》，《检察风云》2015 年第 22 期。
④ 李昇：《美国多层次资本市场的结构及其借鉴作用》，《经济视角》（下）2013 年第 2 期。

所、美国证券交易所和纳斯达克市场；区域性市场包括太平洋交易所、中西交易所、波士顿交易所和费城交易所；全国性场外交易市场是一个分散且无固定交易场所的无形市场。①

2. 高效资源配置，改善公司管理

美国资本市场是全世界最有效率的资本市场，按市场规则进行资源配置，资产价格完全由市场决定，有效刺激了资本市场参与者的热情，为不同行业、规模、经营状况、盈利水平和发展阶段的企业提供融资平台。美国资本市场拥有严格、规范的信息披露制度，要求企业经营者不断提升上市公司运营水平，提升了资源配置效率。多层次资本市场采用不同的监管标准、有效控制风险、降低管理成本、提高了服务水平。资本市场并购频繁，要求上市公司管理层不断改进企业管理，不断提高企业自身价值。②

（三）德国地方性资本市场发展模式

德国地方性资本市场采取联邦政府、地方政府监管与证券交易所的自律管理相结合的监管模式。德国资本市场有效改善地方资金不足，整合产业资源。

1."共同上市"制度，提供多元化的交易产品

德国证券交易所实行以流动性为主导的业务模式，部分股票在法兰克福交易所做"第一上市"的同时，也可在其他地方性交易所作"共同上市"，促进了上市企业的流动性。德国地方性证券交易所提供多元化的金融产品。慕尼黑证券交易所主要针对有上市潜力的地方性中小企业。斯图加特证券交易所主要

---

① 王龙康、信玉红：《美国资本市场及对我国公司治理的启示》，《中国经贸导刊》2012 年第 28 期。
② 王龙康、信玉红：《美国资本市场及对我国公司治理的启示》，《中国经贸导刊》2012 年第 28 期。

面向私人投资。柏林证券交易所是交易外国债券的重要场所。汉堡证券交易所和汉诺威商品交易所服务于地方高科技企业。

2. 推动区域资源整合，解决企业资金缺口

德国地方性资本市场通过便利的股权流转机制保证兼并、收购、债权转股、投资参股等交易的顺利进行，实现区域产业的资源整合。德国有七个地方性交易所辐射全国，促进了中小企业与金融中介的信息交流，降低了交易成本。资本支持速度较快，可以有效解决地方企业的资金缺口。①

（四）日本资本市场对外开放模式

日本资本市场分为交易所市场和场外市场。截至 2017 年 8 月，日本交易所集团挂牌企业有 3560 家，绿单市场挂牌企业不足 40 家。日本资本市场呈现明显的"倒金字塔"形结构。② 日本对资本市场监管思路经历了"事后监管—事前预防—事后监管"的变化过程。20 世纪 90 年代末，日本重启注册制，规范外资金融机构行为。③

1. 限制外资金融机构，关键领域限制外资直接投资

20 世纪 90 年代以来，日本加强了资本市场监管力度。通过层层法规、制度变相限制外资金融机构开展业务，并对外资金融机构实施窗口指导、检查等监管措施。在国家安全、公共基础设施等领域，日本通过法律政策、政府控股等方式限制外商直接投资。

---

① 宋凌峰、郭亚琳：《德国地方性资本市场发展模式及借鉴》，《证券市场导报》2015 年 8 月 10 日。

② 李正全等：《发达国家多层次资本市场体系研究——以美国和日本为例》，《清华金融评论》2018 年第 5 期。

③ 韩鑫韬、杨鳗：《日本对外开放资本市场的经验及启示》，《武汉金融》2019 年第 5 期。

2.延迟开放股票交易市场

20世纪80年代以前，日本政府一直变相推迟外资证券公司进入日本，当时仅有4家外资证券公司以分支机构的名义在日本落地且没有实际业务。直到2006年，日本修改公司法后，高盛、瑞士信贷等公司才进入日本资本市场。[1]

（五）立足国情完善多层次资本市场体系

我国资本市场虽然经历了飞速发展，"体型"很大，但发展还不够成熟。目前，中国资本市场没有体现出投资市场功能，一个规范、合规、可以充分保障各类投资者基本权益的资本市场亟待完善。[2]完善多层次资本市场体系，必须立足国情，更好满足实体需求，发挥金融市场作用。不断满足各类融资新需要、新变化，促进创新型经济发展。[3]

1.坚持市场化改革，完善资本市场

虽然资本市场存在诸多问题，但这并不是市场化改革导致的，反而是市场化改革不足产生的必然结果。完善资本市场，必须遵循市场规律，这是国内外经验早已证明的铁律。必须坚持市场化改革，激发市场主体应有活力，发挥市场在资源配置的决定性作用。市场并不是万能良药，政府也需要发挥更好作用。需要在资本市场里扮演好监管角色，强化事中事后监管，维护市场秩序，保障各类投资者合法权益。

---

[1] 韩鑫韬、杨鳗：《日本对外开放资本市场的经验及启示》，《武汉金融》2019年第5期。

[2] 任彭东：《资本市场缺陷与市场化改革路径》，《杭州金融研修学院学报》2015年第5期。

[3] 李正全等：《发达国家多层次资本市场体系研究——以美国和日本为例》，《清华金融评论》2018年第5期。

2.加大违规违法处罚力度，提高执法公平性

进一步完善金融市场信用档案征集，公开诚信不良的金融机构。对"坐庄"、"老鼠仓"、披露虚假信息等行为引入刑法处罚。[1] 监管资本市场应秉持规制中性原则，无论企业所有制成分，均应做到一视同仁。规范程序、明确细则、告别"自由裁量"。加强社会公众监督，维护执法公平。[2]

3.审批监管和交易所综合，保障投资者权益

建议采取中央政府、地方政府审批监管和交易所综合模式，由证监会进行统一监管，公开信息披露和财务报告。加强地方政府的监督职能，根据不同地区自身情况设立具体的监管要求。交易所适度降低市场准入门槛，对交易行为、企业信息披露进行重点监管，保障投资者基本权益。[3]

4.发展地方性资本市场，创新地方特色的金融产品

大多数中小企业很难达到深沪两市的上市要求，很难得到资本市场的资金支持。积极发展地方性资本市场，可为中小企业提供融资平台。地方性资本市场可适度降低债券市场的准入门槛，鼓励挂牌企业发行企业债和短期融资券等金融产品。可采用多地挂牌的模式吸引更多投资者，为企业创造更多融资机会。深沪交易所可通过投资参股等形式参与地方性资本市场建设，联通交易所和区域性股权交易市场。[4]

5.放开投资者准入制度，引导资源有效配置

鼓励各类投资者参与资本市场交易，引导各类股权投资、债权投资企业发展，发挥资本集聚作用。积极设立天使投资基金、产业基金、股权激励基金，

---

[1]　万瑶华：《英国资本市场自律监管经验及对我国的启示》，《前沿》2010 年第 8 期。

[2]　韩鑫韬、杨鳗：《日本对外开放资本市场的经验及启示》，《武汉金融》2019 年第 5 期。

[3]　宋凌峰、郭亚琳：《德国地方性资本市场发展模式及借鉴》，《证券市场导报》2015 年 8 月 10 日。

[4]　宋凌峰、郭亚琳：《德国地方性资本市场发展模式及借鉴》，《证券市场导报》2015 年 8 月 10 日。

鼓励各类资本参与风险投资基金。健全资本市场中介机构，淘汰劣质金融中介，倒逼中介机构改革。明确金融中介定位，充分发挥市场机制作用，打破金融中介无序竞争的乱象，引导资源进行有效配置。出台政策引导证券机构辅导企业到资本市场上挂牌交易，引导投资咨询、财务顾问、资信评级等机构对准备进行挂牌交易的企业进行评估、对比。[①]

6. 逐步开放资本市场，加强事后监管

资本市场需要开放，这是毋庸置疑的，但是有必要结合自身情况考虑开放进度。日本在美国的压力迫使下，才在 20 世纪 80 年代末开放外资进入日本资本市场，但由于缺乏有效监管，打乱了日本资本市场的原有规划。我们的资本市场并不比日本成熟，在开放过程中不能操之过急，需要循序渐进，力求实现效率与稳定的双目标。对于薄弱领域有必要进行适当保护，待其较为成熟后再参与竞争，以维护国内资本市场的稳定。在资本市场逐步放开的过程中，必须进行相应监管改革，并加强事后监管。[②]

三、中国股票市场化改革

股票市场作为中国资本市场的重要组成部分，在中国经济的发展过程中，扮演着至关重要的角色。在建设现代化经济体系的大背景下，股票市场在现代金融运行中"牵一发而动全身"的中枢作用获得更加广泛的认同。党的十九大以来，在新的发展理念和新的指导思想的指引下，股票市场基础制度建设进一步加快推进，取得了明显进展和成效。

[①] 宋凌峰、郭亚琳：《德国地方性资本市场发展模式及借鉴》，《证券市场导报》2015 年 8 月 10 日。

[②] 韩鑫韬、杨鳗：《日本对外开放资本市场的经验及启示》，《武汉金融》2019 年第 5 期。

（一）中国股票市场发展现状

中国股票市场肇始于 20 世纪 80 年代股份制企业的产生。从 20 世纪 90 年代开始，已经走过了 30 年的历程。中国股票市场在发展中规范、在规范中发展，从初具规模到发展壮大，从不够成熟到日臻完善。2013 年以来我国股票市场基础制度建设已经取得重大突破，股票市场进入了良性的快速发展阶段。

第一，市场基础制度建设不断完善。一是股票发行制度向市场化迈进，以信息披露为中心的股票发行制度逐步完善。2019 年，科创板的设立和注册制试点为改革市场准入的关键性体制机制扫除了障碍。二是股市退市制度在形式上和内容上趋于完备。2012 年和 2014 年，监管机构和交易所对退市制度进行了两轮重大修改和补充，明确了退市标准和操作流程，规定了上市公司被强制退市的 21 种情形以及具体的退市操作流程，增加了主动退市和重大违法退市的相关规定。三是优化上市公司并购重组和再融资政策，资本运作市场化程度进一步提升。

第二，多层次市场体系初步形成。一是从市场结构来看，已经形成主板、中小板、创业板、科创板、新三板、区域性股权交易市场、债券市场、外汇市场、期货市场在内的多层次市场体系。二是从产品结构来看，从基础的股票、债券、外汇增加到期货、期权、互换、远期产品；从单向交易增加到开展融资融券、股指期货双向交易。

第三，市场双向开放进程明显提速。从行业开放来看，取消证券期货寿险外资股比限制。从市场开放来看，沪港通、深港通机制持续优化，取消 QFII 和 RQFII 投资额度管理要求。① 国际知名指数纳入 MSCI 全球指数纳入并不断

---

① 2019 年 6 月 13 日，证监会主席易会满在陆家嘴论坛上宣布进一步便利境外机构投资者参与中国资本市场、全面推开 H 股"全流通"改革等进一步扩大资本市场对外开放的 9 项政策措施发布。同年 7 月 20 日，国务院金融稳定发展委员会办公室对外发布《关于进一步扩大金融业对外开放的有关举措》，将原定于 2021 年取消证券公司、基金管理公司和期货公司外资股比限制的时点提前到 2020 年。

提高 A 股纳入比例。① 境外机构投资者持续增加对 A 股配置，原油期货、铁矿石期货境外投资者不断增加。从合作交流看，金融监管国际合作交流持续增强，跨境监管、执法合作效能明显提高。

第四，监管体系与法治不断健全。一是我国金融监管体系进入了金稳委、人民银行、银保监会和证监会"一委一行两会"为主导的新时代，综合监管步伐正式迈开。2017 年，我国设立了金融稳定和发展委员会；2018 年，银监会和保监会合并，组建银保监会。二是资本市场法制体系不断完善。2020 年，新证券法开始正式施行。② 新证券法在证券定义、注册制改革、投资者保护和违法惩戒方面均有所突破，进一步规范证券交易环节，显著提高违法成本；并建立了上市公司股东权利代为行使征集制度、普通投资者与证券公司纠纷的强制调解制度、上市公司现金分红制度、投资者保护机构依法作为诉讼代表的制度。

经过 30 年的发展，中国股票市场已经具备了相当的市值规模，市场制度建设日趋完善，多层次资本市场初步建立，基本具备成熟股票市场应当具备的功能。

（二）中国股市市场化改革提升的空间还很大

30 年来，股票市场作为中国证券市场的重要组成部分，在拓宽融资渠

---

① 2018 年 5 月 15 日，MSCI 于半年度评审会上正式公布了纳入 MSCI 全球指数的 234 支 A 股的名单，并于 5 月 31 日宣布，中国 A 股指数的纳入进程顺利。2019 年，A 股已按既定方案于 6 月 1 日和 9 月 3 日分两步以 5% 的比例初步纳入 MSCI。

② 《中华人民共和国证券法》于 1998 年 12 月 29 日由第九届全国人大常委会通过，自 1999 年 7 月 1 日起施行，迄今已 20 年，其间历经了 2004 年、2013 年、2014 年 3 次修正（只修改了少量条款和文字）和 2005 年第 1 次修订（大幅度修改），该次修订奠定了适用至今的现行证券法框架。此次修改是第 2 次修订，起步于 2013 年，历经 6 年终于成功通过，算得上是一次"大修"。修订后的证券法条文共 226 条，比 2005 年版 240 条少 14 条，增加了"信息披露"和"投资者保护"两章，修改变动的条文在 100 条以上。

道、促进资本形成、优化资源配置、分散市场风险方面发挥了重要作用。然而，中国股票市场在法治与监管体系、基础制度体系、市场结构体系、多层次资本市场体系以及投资者保护体系等五大方面仍存在诸多问题，直接融资功能尚有较大增长空间，[①] 与高质量发展要求中国股市成为"自主创新的发动机、产业升级的推进器"和"宏观经济的晴雨表、国民财富的聚宝盆"还有一定差距。

第一，市场主体结构不健全，专业化程度需要进一步提升。一是投资者结构以个人投资者为主，专业化程度低，助推股市非理性暴涨暴跌。根据中国证券登记结算有限公司的统计，截至 2019 年 10 月，我国自然人投资者数量占投资者总数的 99.76%，并贡献了证券市场近 80% 的成交量。二是券商"大而不强"。证券业总资产、净利润占比仅为 2.04% 和 5.14%；净资产收益率仅为 3.5%，远低于境内商业银行 13% 和同期美国投行 11.7% 的水平；杠杆倍数为 3.3，显著低于同期美国投行的 10 倍、日本投行的 15 倍。三是市场中介机构履职不足。交易所、公众公司会计监督委员会等自律性组织自律管理作用有待加强，在预防性监管方面没有起到充分的作用。保荐人、会计师、律师、评级机构"看门人"功能未能充分发挥。四是上市公司治理水平不高，诚信缺失。信息披露不诚信、不及时。信息披露虚假、虚构利润、粉饰财务报表现象仍十分突出；上市公司在投资者不知情的情况下，随意变更资金用向，导致投资者利益受损，降低股票市场运行的稳定性；"重融资、轻回报"。大部分上市公司只考虑股市的融资功能，部分公司常年不分红，或未提供有吸引力的回报。

第二，股票市场基础制度不完善，制度改革亟待加速。一是股票发行核准制降低了资本市场资源配置效率。二是退市制度有效性不足，限制了上市企业整体质量提升。三是转板制度缺失，造成股票市场的人为分割，无法形成有效

---

① 截至 2019 年底，我国社会融资规模存量高达 251 万亿元。其中，非金融企业股票规模和企业债券合计为 30 万亿元，仅占 12% 左右。

联通、互相补充、进退有序的市场整体，不能更好满足不同层次的企业需求。四是并购重组制度设计不合理，制约了资本市场存量资源配置。五是资本市场信息披露制度不完善。信息披露质量低、造假、误导和不充分等现象突出，法律规制不力，中介机构信息披露监管职能缺位，导致市场有效性不高，不利于股票市场法治生态的完善。六是做空机制不够完善，无法对冲风险，难以对市场主体起到约束作用。七是上市公司分红水平较低，分红连续性和稳定性差，鼓励分红的相关政策制定只注重短期效果，难以形成持续性的分红力量；上市公司分红存在"板块倒置""行业倒置""代际倒置"，不符合公司金融理论和资源配置理论，与成熟市场发展经验也不符。八是不同股票权无法在 A 股实现上市，导致高质量科创公司流失。

第三，多层次股票市场规则错位，结构与企业构成不相适应。一是我国多层资本市场，尤其是主板和中小板采取了几乎一致的交易制度，如统一的对称性涨跌幅限价交易制度，这种统一的交易制度无法体现多层资本市场体系收益与风险权衡的层次性，不能满足不同风险偏好投资者的投资需求，降低了股票市场运行效率，无法优化资源配置与风险配置效率。二是场外市场功能未能充分发挥。新三板挂牌企业分化明显，市场流动性有待进一步提高；区域性股权交易市场交易活跃度低，存在无序竞争、监管真空以及市场建设滞后等问题。①

第四，投资者教育力度不足，投资者保护体系有待加强。一是投资者教育缺乏立法、监管与实施硬性制约。二是投资者适当性制度不健全，投资者保护有待加强。我国现有的适当性制度过于庞杂，加之投资者本身素质不够高，纷繁复杂的自律文件对投资者来说很难把握，增加了投资者适当性制度落地的难度；投资者分类标准在转换与运用上值得商榷。以投资者经济实力作为单纯的基础进行投资者分类必然存在隐患。

第五，政府干预力度过大，监管与法治体系不完善。政府与市场主体的边

---

① 在交易机制灵活的天津股权交易所，换手率约为 25%，而部分市场甚至尚无任何交易。

界尚未厘清，监管与创新反复博弈，法治体系与市场发展的匹配度仍然有待加强。一是政府干预力度过大，金融抑制和市场寻租并存，股价波动和内幕交易丛生，股票市场不能优化资源配置。二是监管机制未能完全适应市场发展，导致监管与创新之间反复博弈。三是法律法规滞后于证券市场的快速发展，刑事违法处罚不够严厉，中小投资者保护力度不足，缺乏实施细则，法律执行力度有待加强。

（三）深化股市市场化改革的建议

中国股票市场在未来的改革和发展，必须要有效推动自主创新经济体系构建，有效支持居民财富管理，最终实现提升中国全球经济金融竞争力的长远目标。而坚持市场化改革方向、加快市场化改革步伐、健全市场化运行机制，应是中国股票市场最终的、最根本的改革路径选择。

第一，优化股票市场基础制度安排，让市场在资源配置中发挥决定性作用。一是培育市场化发行和创新机制。加快推进主板发行注册制试点，使企业发行上市程序更为便捷和标准化，定价机制更加市场化。二是完善强制退市和主动退市制度。明确股票市场的层次性特征，实施严格的投资者适当性制度。三是完善交易制度，进一步降低股票市场交易成本。四是稳妥推进股票市场不同投票股权制度的建立。五是提高信息披露质量。披露信息需要高效、充分、一致、可理解；加大信息披露违规处罚责任；推进中介机构的适当性审查，充分发挥"看门人"的作用。六是规范上市公司行为。提升上市公司质量，大力推进上市公司治理机制改革，增强上市公司的规范性，对财务报表的真实性和时效性作出对应的规定；不断深化政府行政审批改革，严格股市法制环境；规范市值管理，健全上市公司分红的市场化激励约束机制；健全上市公司市场化的并购重组机制，减少上市公司并购重组中的行政干预，丰富投融资工具，加强对杠杆收购风险的监管。

第二，大力推进多层次股票市场"正金字塔"形结构。完善自身定位明确、层次分明、功能互补的多层次股票市场体系，满足不同企业的多元化的投融资需求，制定适合不同板块特征的制度。一是在保持整体交易制度一致性的基础上，适当引入差异化交易机制，提高板块流动性。二是针对不同板块，制定不同的投资者准入和适当性管理制度。① 重点是从场外市场着手，夯实金字塔形市场"塔基"，完善新三板市场，规范发展区域性股权交易市场，让多层次资本市场有效匹配中小微企业融资需求。

第三，形成市场双向高水平开放新格局，增强全球资源配置能力。一是持续深化资本市场互联互通。二是进一步推动股票市场"走出去"。三是加快配套制度建设。协调好资本市场对外开放、汇率市场化、资本管制等相关政策的推进节奏，加快金融衍生品、外汇市场开放步伐，吸引更多外资投资国内资本市场。四是加强风险防控与跨境监管合作。

第四，积极培育长期投资者，健全投资者保护体系。一是健全注册投资顾问制度，推进注册投资顾问制度立法，加大注册投资顾问制度供给，积极推动注册投资顾问制度落实。二是加快培育长期投资者。推动放宽社保基金、养老金等中长期资金入市比例和范围，制定差异化的资本利得税制度，增强资本市场对长期投资者的吸引力。三是加强投资者教育，健全投资者保护制度。建议在人民银行内部设立金融行为监管局，积极宣传金融法律知识，保护投资者利益；畅通投资者信息反馈渠道。

第五，回归监管本位，建立健全科学合理、法治的金融监管体系。一是合理界定政府职能边界，推动政府职能转变，变行政审批为依法监管，更好地发挥市场机制的作用，促进资本市场的长期健康发展。二是进一步完善金融法治体系。三是健全统一金融监管体系。深化监管体制改革，建立健全中央地方两级金融监管体系，进一步加强宏观审慎监管和微观功能监管。四是加强监管科技建设，完善监管基础设施建设。

---

① 李丹等:《伦交所多层次市场体系改革研究》,上海证券交易所资本市场研究所,2015 年 6 月。

四、债券市场化改革

（一）债券市场重要性

债券市场作为我国资本市场的重要组成部分，对改善我国融资结构、稳定我国金融体系甚至保障实体经济平稳运行方面都发挥着不可或缺的作用，也是央行发挥货币政策作用的主要场所之一。它不仅能够打通资本流通的渠道，也为金融市场中资本的定价提供了依据。同时，债券市场中广泛存在的固定收益类产品也为资本与财富的增值提供了坚实的基础，而债务融资工具的稳步发展也降低了经济运行对政府的依赖程度，有利于形成经济体系中资本的良性循环。

债券市场堪称金融稳定的"定海神针"。第一，高效健全的债券市场能够进一步完善我国资本结构，减少企业对股权融资的依赖，缓解中小企业融资难、融资贵等问题，为经济运行提供多样化的融资渠道。第二，多样化的债券产品能够丰富我国现有的投资渠道，缓解资本向证券市场过度集中而引发的非理性投资或资产泡沫等问题。第三，发展健全的债券市场有利于基础利率的形成，为金融创新提供基础。第四，债券市场的健全有利于分散金融风险，助推商业银行改革。

我国债券市场总体规模已于 2019 年超越日本，跃升为全球第二大债券市场。截至 2020 年第二季度末，中国债券市场存量规模已达 105.39 万亿元人民币。体量如此庞大的债券市场对于我国金融系统甚至全球的经济稳定都有着"牵一发而动全身"的影响。

（二）我国债券市场发展现状

1. 规模构成

我国从 1981 年恢复发行国债开始才逐步建立起真正意义上的债券市场，由交易所市场、银行间市场和商业银行柜台市场构成。其中，容纳机构投资者的银行间市场的诞生被视为我国债券市场的重要转折点，标志着我国债券市场制度基础的奠定，并逐渐形成了以场外市场为主的市场发展模式。而商业银行柜台市场则是以个人投资者为主的场外零售市场，是银行间市场的一种延伸。同时，各个市场中的债券产品的托管结算服务由中央国债登记结算有限公司（以下简称"中债登"）、银行间市场清算所股份有限公司（以下简称"上清所"）和中国证券登记结算有限责任公司（以下简称"中证登"）共同完成。

各市场的规模与发展并不统一：上交所债券市场 2019 年共成交 221.79 万亿元人民币，挂牌交易债券数量达 15368 只，债券托管量合计 10.14 万亿元人民币。[①] 中债登 2019 年合计发行债券面额 15.31 万亿元人民币，合计托管债券 10282 只，托管面额达 64.98 万亿元人民币。[②] 中证登截至 2019 年末登记存管的债券数量合计 11257 只，面额合计 10.87 万亿元人民币。[③] 而上清所 2019 年 12 月末共托管债券 26618 只，面额近 22.35 万亿元人民币，占银行间债券市场债券托管余额的 26%。[④]

2. 产品层次

我国债券市场中流通的产品种类正逐步丰富。从 2005 年之前仅有的国债、

---

① 数据来源：上海证券交易所债券市场概况，http://bond.sse.com.cn/market/mo/market/。

② 数据来源：中国债券信息网统计月报，https://www.chinabond.com.cn/Channel/19012917?BBND=2019&BBYF=12&sPageType=2#。

③ 数据来源：中国证券登记结算年鉴 2019，http://www.chinaclear.cn/zdjs/editor_file/2020081816-0825297.pdf。

④ 数据来源：上海清算所债券业务运行分析，https://www.shclearing.com/sjtj/ywfx/202001/t20-200121_630959.html。

央行票据、政策性银行债和极为少数的其他金融机构债和企业债等有限品种发展到如今短期融资券、公司债、中期票据、地方政府债、超短期融资券等各类债券产品层出不穷。从发行主体上看，从原有的仅中央政府、中央银行和少数政策性银行与金融机构和大型企业逐渐扩大到地方政府、大多数金融机构和中小型企业均有资格发行债券产品。从产品的利息类型上看，既有固定利率产品也有浮动利率产品，甚至贴现产品和附息产品也逐渐活跃起来。从产品的期限长短上看，短至一年以内的同业存单、短期融资券与贴现国债，长至30年的信用债产品和50年的国债产品均有流通。这不仅体现出我国债券市场产品创新的活跃程度，更是其层次结构不断完善的体现。

3. 监管结构

我国债券市场中的活动主要受到国家发展改革委员会、财政部、人民银行及银保监会等的监督与管理，不同市场及不同的交易行为受不同的监管机构管辖。

（三）我国债券市场现存问题

1. 二级市场发展有待完善

我国债券二级市场最早出现于1990年，起步较晚，发展经验也相对欠缺。与欧美发达资本主义国家相比，二级市场的发展还存在许多不足。其一，我国债券二级市场中监管分割的现象依然严重。其二，债券市场交易场所间的竞争愈发激烈。

2. 多头监管与监管真空同时存在

中国的债券市场的发展带有较强的政策色彩，基于时代和政策环境需要选择了不同的发展方式，并最终形成了现有的"三个市场并存、三大机构并立"的基本格局，导致监管重叠与监管真空两种情形同时存在。发行主体常常需要同时符合两种甚至以上的监管规定和信息披露要求,监管政策之间缺乏协调性,导致合规成本居高不下,降低市场的运行效率。

而相较于美国等成熟的资本市场中债券产品的结算和处理由中央托管机构完成,我国三大结算机构并行的设计也使得信息收集的渠道更为分散,对市场主体和行为的监测不够全面与及时。这也进一步加剧了信息不对称的问题,提高了我国建立债券市场风险监督防控体系的难度。

3. 信息披露要求存在差异

发债主体经常面临不同子市场差异性的披露要求。尽管债券产品发行时所要求的披露内容相同,但存续期内不同市场对信息披露的时间节点及其披露内容要求均存在差异。复杂的差异性要求可能推高发行者的合规成本,也打击了跨市场创新的积极性。

4. 债券违约处理机制尚待健全

首先,我国债券违约相关法律体系发展程度远远落后于债券市场的发展,使得债券持有人面临违约时的维权难度较大。另外,债务合同中普遍存在特定条款的缺位,如债务的加速到期和债务的交叉违约等,推高债券违约情形中的维权难度。其次,我国违约债券处置方式以政府兜底或其他担保人代为偿清等为主,市场化程度较低。发债主体的违约成本较小,容易引发较高的道德风险,给投资者权益造成威胁。第三,投资者保护机制不完善。虽然有"债券持有人会议制"和"受托管理人制度"等手段,但其中的相关规定及触发条件不够明确,难以发挥有效作用。同时,我国债券市场中发行的产品普遍存在偿债基金的缺位,助推投资者保护难度。

5. 信用评级体制不够健全,评级机构缺乏独立性

我国债券市场的信用评级体系相较于发达资本主义国家依旧差距较大。首先,信用评级相关的立法体系仍不够完善。依据欧美国家的经验,强有力的外

部监管是信用评级行业的健康发展必不可少的条件。然而，我国信用评级行业规范仅靠央行发布的诸如《信用评级业管理暂行办法》《中国人民银行信用评级管理指导意见》等相关指导文件与办法维持，法律约束力较弱。其次，我国评级机构的盈利模式欠成熟，评级机构间的恶性竞争催生评级趋同的现象，大大降低我国评级公信力。一方面，我国债券信用评级市场当前普遍实行的是由债券发行者承担评级费用的收费模式，极易诱发道德风险。另一方面，评级行业间激烈的竞争水平迫使部分评级机构以宽松的评级政策换取市场份额，评级结果趋同严重。

6. 对外开放程度有待提高

伴随着我国资本市场对外开放的步伐加快，债券市场的国际化程度也逐步提高。自 2005 年境外投资者与发行主体逐渐被允许进入我国的债券市场，且持续致力于实现与香港债券市场的互联互通。其中，2017 年 7 月债券通的开放被视为债券市场对外开放史上的重要里程碑。而 2019 年 4 月彭博巴克莱全球综合债券指数将 364 只在岸人民币债券纳入考量则是对我国债券市场对外开放程度的又一次认可。[1]

但我们仍然应当保持一个清醒的认识：中国债券市场的对外开放程度与其他国家债券市场相比仍有很长的路要走，外资在债券市场中的参与度仍有待提高。根据金融市场交易报告库披露的相关数据显示，截至 2020 年 4 月，境外机构持有的银行间市场债券总值约为 2.31 万亿元人民币，仅占该市场总体托管量的 2.5%，远低于成熟资本市场国家水平。另外，国际上公认的三大债券指数中仅彭博巴克莱指数一项将人民币债券纳入其指标体系当中，我国债券市场的认可度仍有待提升。

---

[1]　胡光耀：《中国债券市场对外开放程度及预测研究——兼析境外投资者银行间市场债券持有比例》，《价格理论与实践》2019 年第 4 期。

五、中国基金业市场化改革

基金作为重要的机构投资者与市场参与主体，已成为我国多层次资本市场的重要组成部分。作为资本市场的稳定器，基金业二十年来的高速发展为中国经济高质量发展提供了有效资金保障。

（一）公募基金市场化改革

1.中国公募基金业发展现状与特征

第一，从规模来看，中国公募基金 ① 整体规模稳健发展壮大。自1998年第一批基金管理公司设立以来，我国基金业总规模呈不断扩大态势，截至2020年6月，基金金额规模达到16.9万亿元人民币。2019年第二季度末，全部基金公司管理公募基金资产净值已达133万亿人民币。

第二，从市场来看，一是基金专户通道业务自资管新规以后承压，未来主动管理优势明显。二是基金市场集中度下滑。CR3和CR10大幅下降。三是整体呈现高申购和赎回率。2014年中国基金业申购赎回频率不断提升，规模扩张近200%。

第三，从产品来看，一是基金产品类型日趋完善，公募基金产品类型从最初的权益型逐步覆盖债券、货币、商品乃至海外市场资产。二是竞争日趋激烈，货币型基金的发展促进了基金公司市场份额的增加，各基金公司产品竞争更加激烈。三是跨界创新不断涌现。随着混合所有制改革、RETs、国企改革等提速与深化，公募基金公司正逐渐探索将投资范围拓展至全新领域。四是

---

① 公募基金公司业务可分为两类：一是公募类业务，二是专户类业务。其中，专户业务可分为主动管理型业务和通道业务。

开放式基金异军突起成主导。封闭式基金是我国最早的基金产品类型，但自2001 年开放式基金出现以来，后者因交易灵活而规模快速做大。根据证券基金业协会统计，截至 2019 年 6 月末开放式基金总净值达 1239 万亿元人民币，占总规模的 92%。

2. 中国公募基金业发展存在的不足

第一，基金产品结构波动性较大。一是基金产品结构受证券市场变化影响较大。比如，在股票市场大幅上涨的 2007 年，股票型和混合型等高风险类基金的资产规模占全部基金总资产的比例达到 94%，而在股票市场低迷的 2005年，这一比例跌至 43%。二是产品创新能力不足。据统计，一直到 2018 年末我国已有公募基金产品达到了 5000 多个，虽然超出了 A 股市场股票数量，但同质化发展的问题较为严重。

第二，基金公司治理水平不高。一是由于基金中的国有投资人拥有过重的权利，且薪酬机制存在缺陷，为了满足国有资本的投资要求，基金只能从短期利益入手进行发展。二是大部分公募基金经理人的薪酬是由企业在同类企业排名所决定的，因此就算最终获取效益没有达到预期要求，只要排名靠前经理人依旧可以得到一定报酬。虽然这有助于调动经理人的工作热情，但也会增加基金行业的发展风险。

第三，投资者结构不合理，欠缺成熟理性的投资文化。一是长期资金来源不足，公募基金大都是散户投资，而真正意义上的诸如保险、养老基金长期机构资金占据比例非常小。例如，养老金所占股票市场的份额仅为 1.7%，相比美国等成熟资本市场还有很大的差距。[①] 二是我国基金的投资者的短期利益倾向较高，欠缺稳定的投资理念、在交易上表现为申购赎回的频率较高，直接增加了交易成本。

---

① 截至 2009 年三季度，美国共同基金共管理着 3.874 万亿美元的养老金，占所有养老金资产的 25%，占共同基金资产的 36%。

第四，处罚不力。当前基金产品从发行到销售，再到投资运作，均接受监管部门的行政监管。然而，对于我国基金产品发展中存在的违法违规现象的处罚力度尚显不够。

3. 我国公募基金市场化改革对策

第一，构建多元化的第三方销售机构，提升行业专业素养。推广财务顾问销售渠道的基础上，加快养老金公司和基金超市发展步伐，也可以在一定意义上拓展基金销售渠道。同时培育第三方销售机构的专业能力，加强人才培训，提高行业综合素养。

第二，全面优化激励机制，提升基金公司治理水平。一是加强持股与持基机制设计。二是全面优化考评制度，构建多样化的人才培养方式。有助于提高整体工作团队的综合素养，降低经理人离开后产生的负面影响。

第三，科技赋能，加强产品创新与策略创新。一是加强科技赋能，将 AI、机器学习等全新科技在公募基金行业中大范围推广。二是提升创新意识，强化产品特色、风格、标识与策略创新。三是提升投资理念，积极推进被动投资和工具化投资。

第四，优化基金结构，构建动态平衡的大类资产配置。一是建议加快债券型和货币型基金的发展。二是大力发展交易所交易基金，培育更多的指数型基金和不动产投资信托基金（REITs）产品。

第五，进一步深化社保、养老、企业年金等机构长期资金发展。推动养老金账户的税收优惠政策的制定，研究养老金投资运营管理办法，鼓励与养老金资金性质相配套的基金品种发展。

第六，构建分类监管新模式，提升监管效率。构建创新型基金与传统型基金的分类监管模式，鼓励基金产品多元化发展。逐步放开传统基金发行的审批，将更多行政资源配置到创新型基金产品审核上，提升创新型基金的审批效率。

（二）私募基金市场化改革

私募基金已成为我国直接融资体系中的重要有生力量，在落实国家创新发展战略、支持中小企业发展中发挥着强力有效的作用，为创新资本形成提供重要支撑。

1.私募基金发展现状

自 2004 年赵丹阳与深国投合作成立第一只阳光私募基金以来，私募基金行业经过十多年发展，已成为我国多层次资本市场的重要组成部分。

第一，从市场发展来看，私募基金市场获得长足发展。一是从管理人数量来看，私募基金进入稳步增长期。截至 2020 年 6 月末，私募基金管理人 24419 家，管理基金数量 86095 只，管理基金规模 14.35 万亿元人民币。二是从管理规模来看，私募股权投资基金管理规模占据绝对主导地位。截至 2020 年 6 月，存续私募股权投资基金 28665 只，存续规模 9 万亿元人民币，占同期私募基金总规模的 62.7%。[①] 三是从区域来看，私募基金主要集中在一线城市。截至 2020 年 6 月末，私募基金管理人及管理基金规模都集中在上海市、深圳市、北京市、浙江省（除宁波）和广东省（除深圳）。四是从投资者构成来看，企业投资者是私募基金的主要资金来源，居民资金于 2019 年转向证券投资基金，政府资金出资规模及比例逐步提高，积极发挥产业引导作用，境外资金出资额快速增长。五是从投向来看，私募基金为实体经济提供了重要的资本金。截至 2019 年末，私募基金累计投资于境内未上市未挂牌企业股权、新三板企业股权和再融资项目数量达 11.71 万个，为实体经济形成股权资本金 6.89 万亿元人民币，股权类资产占比超过 48%。

第二，养老金和基金行业税收制度不断完善，行业制度环境明显优化。一

---

① 截至 2020 年 6 月，存续私募基金 86095 只，存续规模 14.35 万亿元。其中，存续私募证券投资基金 45278 只，存续规模 2.65 万亿元；存续创业投资基金 8866 只，存续规模 1.35 万亿元。另外，若无特殊说明，本书数据均来自中国证券投资基金业协会。

是基金业开始与养老金体系深度融合，2019年3月，国务院办公厅印发《关于推进养老服务发展的意见》，提出发展养老普惠金融，扩大养老目标基金管理规模，鼓励投资人长期持有。二是对创业投资企业和天使投资个人投资于种子期、初创期科技型企业取得的收入提供税收抵扣优惠；基金业"确保整体税负不增""依法备案的基金可选择按单一投资基金核算"；合伙制创投基金的个人合伙人所得税政策趋于合理。①

第三，适度监管体系不断健全，逐步迈向统一监管。《基金法》《国务院关于进一步促进资本市场健康发展的若干意见》《私募投资基金监督管理暂行办法》对私募基金采取了"适度监管"原则。2012年12月，《证券投资基金法》在修订的时候将私募基金首次纳入监管，确立了私募基金的法律地位。同年成立基金业行业协会，负责私募基金备案登记工作和自律管理工作。2013年6月实施的新基金法奠定了公私募基金统一监管的法理基础，由此形成证监会行政监管和中基协自律管理相结合的私募基金管理体系。2018年4月，资管新规（即《关于规范金融机构资产管理业务的指导意见》）的发布实施，对以基金业为代表的资管行业产生了深刻的影响，迈出资产管理业统一监管的第一步。

2.中国基金业市场化改革存在的不足

第一，市场风险不断集聚。当前私募市场中私募基金管理公司失联、跑路现象时有发生。一是"全牌照"业务引发利益冲突和风险传染。私募机构自身及其关联方经常从事与私募基金利益有冲突的类金融业务，如个体网络借贷（P2P）、民间借贷、保理、融资租赁等。这些关联业务极易产生利益输送，侵害基金投资者利益。二是集团化倾向加剧"募资难""融资贵"。同一实际控制人经常因各种原因申请登记多家同类型私募基金管理人或增设多级子公司，导

---

① 2019年1月，国家财政部等四部委正式发布《关于创业投资企业个人合伙人所得税政策问题的通知》，落实国务院常务会议精神。

致集团内部问题外部化，资金流转多层嵌套，增加资金成本，加剧私募基金"募资难"、民营企业"融资贵"。

第二，公司治理不健全。一是风控和合规能力欠缺。私募基金规范运作水平较低、合规意识淡薄、内控不健全、风控能力参差不齐。二是投资运作规范性不足。部分私募基金在违规推介销售、虚假宣传、承诺收益、违背约定进行投资、为关联方或实际控制人提供融资。三是高管团队缺乏专业性。部分申请机构的高管团队缺乏与岗位要求相适应的职业操守和专业胜任能力。

第三，长期投资激励不足，行业税收核心制度仍然有待突破。目前，养老金融产品专业化定位和差异化竞争不足，行业税收政策仍局限于创投税收优惠和养老金税收递延，还不具备行业层面的税收中性价值和普遍意义的长期投资激励。

第四，法律法规不完善，存在监管真空。一是规范各类资产管理业务的监管规章尚未完成上位法的统一。因信受托、忠实于信托财产利益是对基金管理人的根本要求，也是对所有受托资产管理人的根本要求。刚性兑付、资金池、单一项目融资是基金业的"天敌"，却在各类资产管理产品中大量存在。实践中，存在将信义义务降低为合同义务的现象。二是监管未能及时匹配市场创新。互联网金融模式模糊了公募和私募的界限，通过公开方式向不特定对象宣传推介、向非合格投资者募集资金、未能充分履行投资者适当性管理义务等。

3.私募基金市场化改革建议

第一，以市场专业能力作为准入门槛。私募机构的准入不能只以股东背景和股东信用为准入门槛，应当以专业能力为基础。建议允许有良好历史信用和专业能力记录的私募基金管理人申请开展公募基金业务。这是"市场起决定性作用"的要求。

第二，进一步完善私募基金登记备案和信息披露制度。一是要强化落实私募基金全口径登记备案制度。二是加强监管信息报送的强制性、针对性和全面性，信息报送要求应覆盖基金"募投管退"业务全链条，实现全面监测。

第三，鼓励长期投资，促进长期资本和创新资本形成。一是积极扫清封闭式创业投资基金法律障碍，推进封闭式创业投资基金上市制度建设。二是大力推进基金税收中性和征缴机制改革，推动有利于创新资本形成的行业税收制度。① 积极推动基金法税收中性原则落地。

第四，加强投资者教育与权益保护。一是将投资者权益保护的关口前移，建立投资者教育的长效机制，加大对私募基金政策法规的宣传力度。二是畅通从监管部门、仲裁机构到司法机构的投资者维权渠道，构建和完善多元纠纷协调和解决机制。三是发挥中介机构、媒体和社会公众对私募市场的监督和约束作用。四是建立私募基金财产第三方强制托管机制，拓宽基金财产托管范围，杜绝私募基金盗用、侵占、挪用客户资产的风险。强化托管机构职责，加强对托管机构的监督检查。五是督导私募基金落实投资者适当性管理制度，坚决执行合格投资者制度，防止将风险传递给普通投资者。

第五，强化监管的科学性。一是厘清自律、行政、司法的功能边界和协调机制，建立协同监管工作机制，增强监管合力，进一步提高监管效率和有效性。二是行业监管要从机构监管转向功能监管与行为监管，保证基金运作始终忠实于产品属性和目的。应当从基金的本质出发，推动上位法和监管规则的统一，实现从准入到持续运作的功能监管与行为监管，将其作为强化金融监管的重点方向。② 三是强化适度监管的硬约束。私募基金施行登记备案制度要加强关于私募基金管理人专业能力、利益冲突防范等的实质性要求。四是加快推动实施细则出台，健全差异化监管机制。建议加快完善并推动私募投资基金管理暂行条例出台，厘定私募基金的角色定位，在合格投资者、信息披露、销售、托管等核心环节立规，并进一步健全创业投资基金差异化监管机制。五是强化

---

① 洪磊：《推进私募基金行业治理体系现代化　促进创新资本形成》，《清华金融评论》2019 年第 2 期。

② 王鹏飞：《我国私募基金行为监管研究》，《现代管理科学》2018 年第 8 期。

监管执法和处罚惩戒。[1] 拓宽检查覆盖面，把存在风险的机构、产品、业务纳入重点检查范畴，着力排查风险，查处违法违规。加大违法犯罪惩罚行为，发挥法律法规惩戒、警示、震慑的作用。六是规范民营金控集团投资私募基金行业，加强对民营金控集团投资私募基金的穿透监管，建立健全风险隔离机制，依法合规经营。七是探索科技监管，依托信息技术，提升对私募基金监管的效能。

（三）我国债券市场发展改革政策建议

1. 落实债券二级市场建设，推进债券市场机制创新

一方面，债券二级市场的完善离不开权责分明、边界清晰的监管体系。另一方面，二级市场的优化不能完全依靠单纯的相互效仿和机制照搬，而需要真正的市场机制创新。债券市场效率的提升最终仍应回归到市场运行机制本身。

2. 逐步建立统一的债券市场监管体系

首先，应从其监管体系的顶层设计着手，最大化地实现统筹监管。不仅要明确清晰地划定好各监管主体的管理边界和规则，还应加强各个监管机构之间的交流与协作，发挥好协同效应。在更长远的时间维度上，应努力实现监管主体的统一化，最终达到监管政策的统一。其次，逐步推进集中化的托管体系的建设。这不仅是大多数成熟资本市场国家的选择，也是国际债券结算标准的要求之一。应回归市场本质，避免在割裂的架构上继续基础设施的建设，导致现有的分割局面进 步固化。再次，依托中央化的托管机构，实现基础设施间的直通直连。世界范围内成熟的债券市场里中央化的结算机构与各交易所的交易平台之间基本都实现了直接连通。我国的中债登却仅实现了与上海交易所及外

---

① 刘瑜恒：《我国私募基金风险及监管对策研究——基于美国的比较分析》，《金融监管研究》
2018 年第 8 期。

汇交易中心的直通对接,基础设施统筹设计的进程有待加速。

3.促进市场互联互通,统一信息披露标准

一方面,应促进不同债券市场间的互联互通,致力于形成协作机制与畅通的市场间信息共享渠道,减少由市场分割和市场竞争对信息传导与债券流动性的不良影响。另一方面,应完善统一的信息披露制度。这不仅能有效降低发债主体的合规成本,避免信息的不对称对产品定价等造成的负面影响,还能扩大债券产品的流通范围,鼓励跨市场的产品创新。

4.健全债券违约风险管理和市场化处置机制

首先,应从建立健全债券相关法律体系着手,从立法层面保证维权过程中有法可依。不仅要更新完善现有法律中与债务违约相关的法律条文,细化有关债务重组、保全等的规定;还可以考虑参照《期货法》《证券投资基金法》等金融子市场专门法律来出台《债券法》,为债券市场的长久发展提供统筹基础。

其次,应构建多元化的风险分散机制,以市场化手段代替政府担保及代偿等作为债券违约处理的主流方式。可以考虑由央行牵头,搭建违约债券的市场化管理和交易平台,对违约债券和违约主体分门别类,根据客观条件协助双方自主协商使用债券回购、债券转让或债券置换等处理方法,协商无果再通过司法诉讼途径维护双方合法权益。

第三,应建立健全投资者保护机制,增强投资者信心。不仅要细化债券持有人大会的触发条件,确保持有人会议制度能够发挥其应有的作用;还应明确《公司债券发行与管理办法》中对受托管理者权利及义务的有关规定,要求受托管理人对发行主体的经营状况、财产规模及发行目的进行全盘掌握并持续跟进。

5.建立健全信用评级体系

首先,应推进我国评级相关法律体系的建设,使评级行业的发展有法可

依。其次，发挥监管主体对评级行业的引导作用，逐步形成一致且公允的评级标准。第三，加快建立独立客观的评级市场体系。这不仅需要信用评级行业加强自律，还要求各评级机构提高自身的内控水平和公司治理能力，筑好"防火墙"以防范评级人员与被评级主体间的直接利益往来。第四，注重信用评级执业人员素质培养。一方面，建立信用评级行业人员资格体系，从执业人员的教育培训到资格认证再到继续教育等形成完整的素质培养体系，确保其专业素养；另一方面，还应加强对从业人员的职业道德教育并提供行为规范指导。

6. 主动提升对外开放程度，提升对外资吸引力

首先，为适应境外投资者的交易偏好，可将我国债券市场实行的规则中与国际上已有的通用安排不一致的部分进行适当调整（例如尽可能缩小境外投资人与境内市场间的清算周期差异），为境外机构在我国债券市场交易提供更多的便利。其次，应持续与主流债券指数提供者保持良好的沟通，明确其相关要求，从而有的放矢地完善我国债券市场的相关法律法规和基础设施建设，致力于获取更多国际债券指标体系的认证，从而获得被动投资指数产品的长期持有和配置需求。第三，应加快建立由本土金融机构开发的债券指数体系，展现我国债券市场的真实状况，以期更大程度地发挥我国在债券市场中的定价自主权，提升我国在国际资本市场中的话语权。最后，对外开放还应适度推进，而非急于将成熟资本市场的现有经验进行生搬硬套。改革过程既要注意向国际通用规范靠拢，吸取他国的优秀发展经验，还要强调与我国国情的兼容能力，避免出现类似"邯郸学步"的尴尬现象。

第六章　加速数据要素市场培育

一、数据要素成为数字经济时代的新引擎

随着互联网、大数据、人工智能、区块链等新一代信息技术的不断普及应用，我国数字产业发展势头强劲，催生出数字经济新形态。根据 2016 年 G20杭州峰会发布的《二十国集团数字经济发展与合作倡议》，数字经济是指以使用数字化的知识和信息作为关键生产要素、以现代信息网络作为重要载体、以信息通信技术的有效使用作为效率提升和经济结构优化的重要推动力的一系列经济活动。

数字经济作为经济领域的新形态，既包括传统的农业、工业、服务业的改进升级，也包括新模式、新产品、新业态的发展壮大。目前，我国经济已由高速增长阶段转向高质量发展阶段，处于转变发展方式、优化经济结构、转换增长动力的攻关期，把握数字经济发展大势，促进生产力的发展，促进生产关系变革，是实现高标准市场经济、建设现代化强国的重要一步。数据作为其中关键的生产要素，具有举足轻重的作用。

2020 年 4 月 9 日发布的《中共中央、国务院关于构建更加完善的要素市场化配置体制机制的意见》，将数据和土地、劳动力、资本、技术等传统生产要素并列，明确了数据这一新型生产要素的重要地位。2020 年 10 月出台的《中共中央关于制定国民经济和社会发展第十四个五年规划和二〇三五年远景目标

的建议》进一步提出："推进土地、劳动力、资本、技术、数据等要素市场化改革。健全要素市场运行机制，完善要素交易规则和服务体系。""建立数据资源产权、交易流通、跨境传输和安全保护等基础制度和标准规范，推动数据资源开发利用。扩大基础公共信息数据有序开放，建设国家数据统一共享开放平台。保障国家数据安全，加强个人信息保护。"

20世纪40年代末至今，以微电子、现代通信、计算机及互联网为代表的信息通信技术是人类信息传播和处理手段最为迅速、广泛且深刻的革命，推动着人类从工业社会迈入崭新的信息社会，数据量和处理能力呈爆炸性增长，为推动数字经济的发展提供了技术手段和物质基础，全球数字经济发展大幕徐徐拉开，人类社会逐步从信息技术时代进入到数据技术时代。

数据技术为我们产生信息、产生知识、产生智慧，并且深刻地影响着甚至改变着我们的思考方式、学习方式以及生产活动方式。据IDC预计，从2019年到2024年，全球数据存储容量增长将超过200%，而中国市场的增幅将达393%，几乎是全球增速的两倍。

2020年的新冠肺炎疫情，是一场典型的"黑天鹅"事件。疫情防控期间，大量的生产与生活方式都转移到线上，并由此推动企业经营、运作，甚至是商业模式的巨大变化。2003年的非典疫情促进了中国线上电商平台的大爆发，数据技术时代，我们仍然需要在危机中寻找到技术破局的产业变革之路。

众所周知，生产力是经济社会发展的根本动力。当前，数据已经从战略资源升级为生产要素，能够发挥出对传统要素的配置优化、投入替代、价值倍增的作用，从而全面激发对经济社会价值创造的乘数效应，形成新的生产力系统。其中，资产化是实现数据要素价值的核心。中国信通院发布了《数据资产管理实践白皮书4.0版》，其中将"数据资产"定义为"由企业拥有或者控制的，能够为企业带来未来经济利益的，以一定方式记录的数据资源"。这一概念强调了数据具备的"预期给会计主体带来经济利益"的资产特征。

数据资产化是数据价值创造过程中的一种质变，真正体现和实现了数据的价值。其本质就是数据驱动业务变革，实现数据价值的过程，更多体现为一个产业经济过程。类比于劳动力,就是把劳动力组织起来,与生产工具、生产资料相结合的过程;类比于资本,就是把资本引入产业,转换为能够带来价值增值的机器、设备、厂房、技术等过程。

鉴于数据要素在数字经济时代的地位日益突出,企业的划分将从资本密集型、技术密集型、人力密集型企业到数据密集型企业转变。所谓数据密集型企业,并不单纯是指对于数据资源的富集,更多指的是数据驱动,也就是数据在企业内部自动流动,当企业采集到客户需求的信息之后,信息就在企业内部的研发设计、物流配送的每一个环节流动,这些信息不断被加工、处理、执行,在这个流动的过程中,会形成无数个闭环,把正确的数据在正确的时间以正确的方式传递给正确的人和机器,实现高效的数据驱动,即通过生产制造全过程、全产业链、产品全生命周期数据的自动流动不断优化制造资源的配置效率,这将带来数据驱动的创新、生产和决策。

一是数据驱动的创新。在数字经济时代,对客户现实需求和潜在需求的深度挖掘、实时感知、快速响应、及时满足水平已成为企业新型能力的分水岭。无论是工业4.0所强调的端到端集成,还是工业互联网所关心的效率提升;无论是传统企业信息化转型中的去分销商化,还是在互联网思维中孕育的"粉丝经济",其核心都在于打造面向客户需求、客户体验的感知能力和转化能力,这依赖于需求—数据—功能—创意—产品链条数据联动的速度、节奏和效率。

二是数据驱动的生产。在生产过程中,无所不在的感知、无所不在的连接必然带来无所不在的数据,智能装备的自感知、自决策、自执行奠定了从单机智能化到智能生产线、智能工厂的基础。生产线、生产设备的数据可以用于对设备本身进行实时监控、实现工业控制和管理最优化。采购、仓储、销售、配送等供应链环节上,极大地减少库存、改进和优化供应链。销售数据、供应商数据的实时变化,不断动态调整优化生产、库存的节奏和规模。数据驱动的智能生产模式,带来了个性化定制、服务型制造以及分享制造,重构整个生产体系。

三是数据驱动的决策。企业间内部数据的横向集成以及企业间数据的纵向集成，带来了数据的完整性、及时性、准确性和可执行性，推动数据—信息—知识—决策持续转化，构建企业运营新机制。数据会成为信息，信息会变成知识，知识会带来服务，数据到服务的转变依赖于数据的准确性、及时性和完整性，而数据的准确性、及时性和完整性来自数据的开放、共享、集成。

四是，数据要素也可以用于检验和评估政府的政策效应。一是由各国政府和国际组织产生或储存的数据，可以用于支持基于证据的公共决策；二是私营企业产生的数据，是促进增长的生产要素，但也可以被重新利用，以支持发展目标；三是通过向社会提供数据，以更好地监测政府政策的效果，并向个人提供数据，使他们能够获得符合其需求的公共和商业服务；四是通过促进数据在公共部门、私营企业和社会渠道之间的流动，以产生更广泛的发展影响。

毫无疑问，当下数据已成为核心关键要素，在数据要素和数字技术的推动下，将赋予传统的土地、劳动、资本和技术等要素新的内涵，这将促进生产方式、商业模式、管理模式和思维模式的变革，改变旧业态，创造新生态，推动人类社会进入数字经济新时代。

当前，我国正在构建"以国内大循环为主体、国内国际双循环相互促进"的新发展格局。以国内大循环为主体，就是要充分发挥数据这一新型生产要素的作用，利用我国完备的工业体系，推动实体经济和数字经济融合发展，推动制造业加速向数字化、网络化、智能化发展，打造先进制造业和关键产业链外商投资高地，更好辐射并稳定全球产业链、供应链，有效对冲日益增长的国际风险，以自身发展的确定性应对外部环境不确定性，为全球经济发展注入正能量。

二、中国数据要素市场化进程

(一) 中国数据要素市场的发展现状

作为人口大国和制造大国，我国数据产生能力巨大，数据要素资源极为丰富。随着数字中国建设的推进，各行业的数据资源采集、应用能力不断提升，将会导致更快更多的数据积累。

习近平总书记在十九届中共中央政治局第二次集体学习时指出，"大数据是信息化发展的新阶段"，并做出了"推动大数据技术产业创新发展、构建以数据为关键要素的数字经济、运用大数据提升国家治理现代化水平、运用大数据促进保障和改善民生、切实保障国家数据安全"的战略部署，为我国构筑大数据时代国家综合竞争新优势指明了方向。

数据可以从不同的角度进行分类，从主体划分大致可以分为政府数据、企业数据、个人数据。

国家政策层面高度重视数据的作用，对数据的定位从战略资源上升到生产要素。2015年，国务院印发《促进大数据发展行动纲要》，将数据定义为国家基础性战略资源，提出建设国家政府数据统一开放平台，引导培育大数据交易市场，其后迅速成立了一批数据交易中心。2016年，工信部发布了《大数据产业发展规划（2016—2020年）》，提出了强化大数据技术产品研发、深化工业大数据创新应用、促进行业大数据应用发展、加快大数据产业主体培育、推进大数据标准体系建设、完善大数据产业支撑体系、提升大数据安全保障能力等七大发展方向。2019年，国务院办公厅发布了《关于促进平台经济规范健康发展的指导意见》提出了加强政府部门与平台数据共享。2020年4月9日，《中共中央、国务院关于构建更加完善的要素市场化配置体制机制的意见》正式公布，明确将数据作为一种新型生产要素写入政策文件，培育发展数据要素市场，使大数据成为推动经济高质量发展的新动能。

为什么要强调"推进政府数据开放"？因为一个国家有大量基础性、关键性的数据掌握在政府手中。只有将政府数据最大限度地开放出来，让社会进行有效融合和利用，合力构筑数据基础设施，才能充分释放数据能量，激发创新活力，创造公共价值，促进社会繁荣。

中国的政府数据开放历程并不算久远，以 2007 年公布的《政府信息公开条例》为标志，中国政府主要推动的是"信息公开"工作。数据开放和信息公开有重要区别，政府信息公开的主要目标是保障公众的知情权，提高政府透明度，而政府数据开放则不仅要让社会知情，还要让社会能对政府数据进行开发利用，从而释放数据的能量，创造社会和经济价值。

随着数字经济日益发展壮大，中国经济从高速发展向高质量发展转型，社会对"政府数据开放"的呼声越来越高，而政府在十多年间通过数字化转型也已经积累了非常可观的高价值"数据宝藏"。数据开放的总体环境已经成熟，客观条件已经具备。

目前，我国中央和地方层面已出台了多项有关公共数据开放的政策法规。2017 年 2 月，中央全面深化改革领导小组第三十二次会议审议通过了《关于推进公共信息资源开放的若干意见》，要求推进公共信息资源开放，促进信息惠民，着力推进重点领域公共信息资源开放。2018 年 1 月，中央网信办等多部委联合印发了《公共信息资源开放试点工作方案》，确定在北京、上海、浙江、福建、贵州开展公共信息资源开放试点，并要求试点地区着力提高开放数据质量、促进社会化利用，探索建立制度规范。

2019 年 8 月，上海市政府第 61 次常务会议审议通过了我国第一部专门针对公共数据开放的地方政府规章《上海市公共数据开放暂行办法》。该办法要求上海市各级公共管理和服务机构向社会提供具备原始性、可机器读取、可供社会化再利用的公共数据集。

同时，我国的政府数据开放工作也正在稳步推进。根据复旦大学数字与移动治理实验室发布的《中国地方政府数据开放报告（2019 年下半年）》，自上海市于 2012 年 6 月上线了我国第一个地方政府数据开放平台后，截至 2019 年下半年，我国内地已有 102 个地级以上的地方政府推出了数据开放平台。这对政府而言，是一种组织创新，代表着"数字时代治理"（DEG）取代了新公共管理（NPM），成为新的提高政府效率和客户服务的概念框架。

数据要素市场化，既要处理好政府如何做好数据开放的问题，也要打开企业数据流通和应用所带来的巨大价值空间。

数据作为生产要素，离不开流通交易，在"十三五"时期，我国已持续进行了数据交易市场的建设工作，主要的交易平台分为三类：第一，政府主导的交易平台，在政府主导和支持下设立，由国企独资或者控制，如贵阳大数据交易所、湖北长江大数据交易所、华中大数据交易所、西咸大数据交易所等；第二，企业主导的交易平台，依托自身的数据资源或技术优势，组建大数据交易平台，如数据堂、京东万象、天元数据等；第三，由产业联盟主导的交易平台，如中关村大数据产业联盟主导的交易平台（已经调整为政府主导）。

为了规范数据交易，支持市场发展，2018 年开始，行业规范和标准陆续出台实施，如《信息技术—数据交易服务平台—交易数据描述》《信息安全技术—数据交易服务安全要求》《信息技术—数据交易服务平台—通用—功能要求》等，有效对行业进行了引导规范。

2013 年，我国大数据应用处于起步阶段，应用主要聚焦于互联网、通信、金融领域，一些智慧城市试点项目刚刚展开。近年来，大数据应用的深度及广度均有所增加，大数据应用已经形成数据服务、数据基础支撑、数据融合应用的行业分工，在政务、工业、农业、金融、民生服务、零售、交通、电信等行业出现了大数据应用。一些互联网公司建成了具有国际领先水平的大数据存储与处理平台，并在移动支付、网络征信、电子商务等应用领域取得国际先进甚至领先的重要进展。在 2020 年的疫情阻击战中，基于三大电信运营商平台数据的应用，通过健康码认证和行程轨迹查询就可以充分掌握人口流动的轨迹信息，为科学防疫发挥了巨大的作用。

数据的流通融合助力大数据创新应用，正在稳步释放大数据潜在的巨大价值，支撑"数字中国"建设。但是，这一前提必须是数据安全。近年来，个人信息泄露时有发生，数据安全风险凸显，亟须制定数据隐私保护和安全审查制度，完善分类分级保护制度。

随着大众对于隐私的重视程度的增强，全球均针对数据隐私保护出台了一系列的法律法规，法律体系呈现日益健全化与规范化。在国际方面，除了被称为史上最严的个人数据保护法律的欧盟《一般数据保护条例》（GDPR）之外，国际标准化组织 ISO 已经发布了一系列相关的标准和规范，包括 ISO/IEC 29100《隐私保护框架》、ISO/IEC 29101《隐私体系架构》、ISO/IEC 29190《隐私能力评估模型》、ISO/IEC 29134《隐私影响评估》、ISO/IEC29151《个人可识别信息保护指南》。

国内方面，我国目前尚无专门的"个人数据保护法"，对个人数据保护只是分布在各个不同的法律法规中。2017 年施行的《中华人民共和国网络安全法》，强调了对基础设施及个人信息的保护。2020 年实施的《信息安全技术个人信息安全规范》，从国家标准层面，明确了企业收集、使用、分享个人信息的合规要求。2020 年 5 月出台的《中华人民共和国民法典》从民事基本法的高度，在人格权编中明确规定了个人信息保护的基本原则、个人信息处理者的义务和责任，并且针对新技术对个人信息带来的挑战进行了初步回应，为下一步出台个人信息保护法奠定了基础。2020 年 7 月，深圳市司法局出台《深圳经济特区数据条例（征求意见稿）》，是落实将数据作为生产要素的第一部政府文件，具有极强的标志性意义和极高的价值。另外，《中华人民共和国数据安全法（草案）》结束征求意见，草案中明确开展数据活动的组织、个人的数据安全保护义务，落实了数据安全保护责任，规定了支持促进的具体措施。

（二）中国数据要素市场面临的困境

数字经济时代已经来临。海量的数据资源对经济发展、政治决策、技术变革等方面，产生了深刻影响。

现阶段，我国数据要素市场化配置改革尚处起步阶段，还存在一些亟待解决的难点和问题，主要体现在以下方面。

1. 数据要素开放融合程度不高

近年来，从中央到地方陆续出台了一系列政策性文件和制度规范，积极推进政务数据开放工作，但在落实环节仍然面临诸多问题：第一，在制度构建方面，缺乏国家层级的统一立法，某些地方立法则存在规定相对笼统、缺少可操作性的问题，导致在实践中，一些政府部门尚未充分认清政务数据开放的公共服务属性，缺乏主动开放数据的意识和动力，将政务数据视为本部门的"私有财产"。第二，高价值数据（如信用、卫生、医疗、企业登记、行政许可、交通、就业、社保等）的开放比例不高，与市场主体和社会民众的现实需求存在脱节情况。第三，政务数据开放的质量标准尚待建立，开放数据在内容完整性准确性、更新及时性，数据可机读性以及可批量获取性（如提供 API 接口）等方面难以得到保障，导致数据资源的利用率较低。第四，我国还未建立全国统一的数据开放平台，部委和地方政府分散建立数据开放平台的方式，从长远看不利于公共数据资源的有效整合，也在无形中提高了社会主体获取和利用数据的成本。

另外，市场环境中的公司企业，特别是掌握海量数据的超大型互联网企业出于对用户隐私的保护和商业利益的维护，向政府开放数据资源意愿低。此外，受制于法律法规、技术标准和交易机制等不完善以及开放共享的理念缺乏，社会化数据要素的使用普遍以企业内部数据为主，呈现出自给自足的"小农经济"状态。在市场层面，垄断现象开始凸显，形成各大派系的数据阵营，彼此之间数据壁垒森严，阻碍了数据要素市场的一体化步伐。

2. 市场主体尚未完全培育起来

首先，目前我国参与数据要素市场流通和交易的主体仍仅限于大数据产业链上的局部环节，整体数量少，参与意愿不高。在参与的市场主体中，多以互联网企业和金融企业为主，出于安全和竞争方面的考虑，大多数企业不愿轻易公开自己的数据。其次，对于刚刚结束野蛮生长时代的国内大数据企业来说，培育数据共享的观念和机制仍需时日。目前我国各地数据交易大多基于数据交易平台开展，但数据交易平台在建设过程中对于建设主体、参与主体等并未制定严格的标准要求，对于谁可以出资、出资额多少才能建设大数据交易平台并未做明确规定，这种低门槛不仅使得参与主体良莠不分，水平参差不齐，也直接影响了数据交易的整体质量。最后，数据要素的市场化配置尽管具有巨大的经济价值，但其价值需要由专业的大数据人才经挖掘、分析、统筹而获得，这些技术均具有专业性和针对性，且在数据融合、数据治理、数据应用和数据流通等各个环节都不可或缺。但从实际情况看，相关的多学科复合型人才还存在巨大需求缺口。

3.体制机制还需要进一步完善

体制机制的完善是促进数据要素自主有序流动，提高要素配置效率，进一步激发全社会创造力和市场活力的强大动力，它涉及产权、定价、交易和监管等多个方面。在数据产权方面，我国对于数据收集者／持有者（包括政府、企业、个人）收集和交易涉及公民个人信息的数据，其产权的归属、类型和结构界定规则仍然比较模糊，尚无明确的法律法规依据；在数据资产估值和定价方面，目前交易主体对于多源数据汇集、非结构化处理、数据清洗、数据建模等技术和工具还亟待突破和提升，这在很大程度上制约着数据要素资产估值和定价，影响着数据要素的交易和流转效率；在数据安全防护方面，我国现行个人数据法律规范，选择了以"知情—同意"为基础，通过赋予数据主体控制权来保护个人数据安全的基本模式。其中，《网络安全法》第四十一条将数据主体的同意，规定为收集和使用个人数据的唯一合法依据。然而，个人数据不仅关涉信息主体的个人利益，还蕴含着极为丰富的社会和经济价值，而对于这些价值的利用，并不一定会对个人的合法权益造成影响。此时，若仍将个人数据当作信息主体的"私有财产"，一味强调对个人数据的控制权，将可能引发个人数据资源的"反公地悲剧"，使个人数据资源的合理使用面临瓶颈。

此外，由于我国尚无个人数据专门立法，而分布在《网络安全法》《民法总则》《刑法》《消费者权益保护法》《电信和互联网用户个人信息保护规定》以及诸多部门规章中的个人信息保护规则，普遍存在着监管职责授权不清的问题，导致在实践中多头管理情况较为严重。网信、工信、市场监管、公安、检察院等部门均曾以不同形式开展检查活动，企业负担较重。在数据监管治理方面，迄今为止，我国尚未制定出数据跨境安全评估细则和操作办法，在数据交易和流通方面，也没有制定出台数据交易和流通法的专门性法律法规，可交易和流转的数据范围还没有明确的法律依据等。

（三）中国数据要素市场发展的愿景

1.数据安全

进入数字经济时代，以"数据"为关键生产要素的新经济形态成为各国政策的关注重心。数据安全已成为事关国家安全与经济社会发展的重大问题。

比如，数以亿计的个人数据泄露的事件层出不穷，不仅威胁个人隐私，更对个人财产和人身安全造成巨大威胁。多源数据不加限制地收集、利用和共享，对个人和群体实施数据画像和分析预测，对个人、社会甚至国家造成安全威胁。

我国 2020 年 7 月公布的《数据安全法（草案）》将数据定义为任何以电子或者非电子形式对信息的记录。数据安全是指通过采取必要措施，保障数据得到有效保护和合法利用，并持续处于安全状态的能力。国家坚持维护数据安全和促进数据开发利用并重，以数据开发利用和产业发展促进数据安全，以数据安全保障数据开发利用和产业发展。

《数据安全法（草案）》要求根据数据在经济社会发展中的重要程度，以及一旦遭到篡改、破坏、泄露或者非法获取、非法利用，对国家安全、公共利益或者公民、组织合法权益造成的危害程度，对数据实行分级分类保护。重要数据的处理者应当设立数据安全负责人和管理机构，落实相应的数据安全保护责任，采取必要的安全措施，否则应承担相应的法律责任。

数据安全，是数据要素市场发展的高标准衡量指标之一，是我国发展数字经济的压舱石。

2. 数据确权

互联网的本质是"数据的流动"，数据通过在组织、人、设备三者之间形成自由流动，将世界连接成一个整体。而数据流动、使用、交易的首要前提是数据确权，数据一旦被确权，就可以实现数据的合规交易与价值转移，也就拥有了资产属性。

明晰产权是建立数据流通规则和秩序的前提条件。如果数据无法确定权利归属，也就无法进行交易，大数据产业的万亿元产值也就无法开发。

人权、物权、数权是人类未来生活的三项基本权利。数权是人格权和财产权的综合体，推动人类从"人权""物权"迈向"数权"时代。[1]

跟现实世界物权不同，数据产权尚无明确的数权主体。因相关法律法规、政策制度和技术手段的缺失，各互联网企业及各政府部门视数据为自有"私产"，无论从企业与部门利益，还是资源管控以及数据安全防护、知识产权保护等角度考量，都会导致信息数据难开放的无解局面。

数据作为国家新兴基础性战略资源，目前还处于初级发展阶段，并未形成规范的数据市场交易秩序，数据产权制度尚未建立、数据安全无法保证，这些问题的存在，不利于大数据行业健康发展。数据产权制度的确立，对加速数据共享和流通，降低交易成本，推动产业快速发展具有重大意义。

---

① 连玉明主编：《数权法 2.0》，社会科学文献出版社 2020 年版。

3. 数据共享

随着数字经济的深度发展，使数据价值实现不仅仅限于私人领域，其功能越来越凸显于国家总体安全、社会公共利益、行业整体创新等公共领域。数据共享作为"共享"理念在数字经济高质量发展中的集中体现，既是中共十九大报告中"共建共治共享"发展理念和实施战略在数字经济领域的要求，也是数字经济向纵深发展的必由之路和必然选择。

在数字经济时代，只有共享的数据资源，才能释放数据的价值。利用大数据打造企业核心竞争力，提升政府治理能力和公众服务水平，已成为社会的共识。数据是智慧社会的支撑，及时开放、共享数据，充分挖掘数据资源"宝矿"，才能发挥最大效益。

安全高效的公共数据共享管理，不只是和数据打交道，更涉及多方利益群体的共同参与。2020年，中共中央、国务院发布的《关于构建更加完善的要素市场化配置体制机制的意见》也重点强调，做好数据开放共享的同时，要加强数据资源整合共享和流通安全。同时，应该在坚持保护个人基本信息权利的前提下，促进数据开发和共享。

从某种意义上说，"数据不仅可以治国，还可以强国"。为此，国际上"开放政府联盟"宣布成立，八国集团首脑签署了《开放数据宪章》。在此期间，美国、英国、法国、加拿大和澳大利亚等西方发达国家和巴西、阿根廷等新兴国家纷纷推出数据开放的国家战略。

大数据对于中国的战略意义毋庸置疑，数据开放共享是大数据竞争战略核心。从《政务信息资源共享管理暂行办法》到《"十三五"国家信息化规划》，再到《政务信息系统整合共享实施方案》《公共信息资源开放试点工作方案》，从顶层战略规划到行动方案，我国政府不断推进数据共享开放落到实处，力求提高数据开放质量，扩大数据价值传播范围。以2020年中国抗击新冠肺炎疫情取得的良好效果为例，提升我国现代化治理能力的关键之一就是加快实现数据共享。

三、以交易为核心的数据要素市场制度构建

（一）数据要素市场需要以法律为基础

诺贝尔经济学得主奥利弗·威廉姆森曾用《圣经》开篇的口吻写道："太初有市场。"这句话反映出一种传统观念：市场是上帝赐予的礼物，是脱离人为因素的"自然机制"，它无须借助任何人为的设计、控制、约束而自然生成和自发运作。诚然，作为自愿交易的市场，已有三千年的历史，中国更是人类市场的最早发源地之一，《周易·系辞》载神农"日中为市，致天下之民，聚天下之货，交易而退，各得其所"，便是明证。然而，市场绝不仅是交易，它应是有组织的、有竞争的交易。正如波兰尼在《大转型》一书中洞见的，每个市场都依赖于自己的固有规则、文化规范和制度构造，是各种社会力量共同参与塑造的"人为机制"。① 在历史的视野中，西方从封建主义到市场社会的转变，东欧和东亚从共产主义向资本主义的过渡，以及在许多发展中国家为建立可行的市场体系而进行的改革，均证明作为一种复杂机制，市场始终需要政府有形之手的推动和维持。如今，"市场制度"（market-institution）的观念和架构已成为制度经济学、经济社会学、法律经济学、行政管理等诸多学科的共识。因此，数据要素市场绝非自动自发所能形成，恰恰相反，正是由于面临着人们无法自愿合作的挑战，这一市场的建立才显得问题重重。

在种种人为机制中，法律居于中心地位。较诸非正式机制，法律是一种国家运用强制力提供的保护性服务。由于规模经济的存在，通过法律保护权利的社会总收入高于社会个体保护权利的总收入，这意味着法律的保障更有效率。

---

① 汪晖：《现代中国思想的兴起》（下卷），生活·读书·新知三联书店 2008 年版，第 1460—1467 页。

不仅如此，法律还拓展了交易的范围和数量。在缺乏法律的支持时，交易只能依赖自我实施型的契约，而当法律介入后，第三方执行的机制提高了当事人的违约成本，从而促进了交易的达成与履行。

国家法律对于市场建构的作用体现为四方面：① 首先是"形成市场框架之法律"，即国家通过明确和保护财产权、执行合同、确立市场主体资格等方式，为市场搭建最基本的底层架构，当事人由此展开交换、竞争、合作与博弈。其次是"强化市场理性之法律"，即国家旨在化解信息不对称等市场失灵问题，以提升市场机能、完善经济秩序，进而实现个人自主。再次为"纠正市场偏差之法律"，即国家通过对具体市场结果的调整，达致双方当事人之间的利益平衡状态。如果说"强化市场理性之国家"侧重于程序控制，那么这里的国家则倾向于实质衡量。从公平交易原则到诚实信用原则，从"显失公平"的撤销权到合同的"情势变更"，无不体现出背后的国家考量。最后为"保护市场弱者之法律"，即国家针对地位形式对等但实际悬殊的当事人，基于对特定群体的政策偏向而向另一方苛加义务。在社会多元化和阶级分化的时代，强弱对立不唯是当事人在微观场景下的个别事件，更是群体之间的常态。较诸"纠正市场偏差之国家"，国家在此遵循着罗尔斯的"分配正义"而非司法的"矫正正义"。市场的"弱者"不只包括消费者、劳动者和其他无法被市场化的利益群体，还涵盖在市场垄断格局下的中小企业。

国家法律对数据要素市场的功能同样如此。就"形成市场框架之国家"而言，法律旨在明确数据财产权；就"强化市场理性之国家"而言，法律旨在消除数据交易的信息不对称；就"纠正市场偏差之国家"而言，法律旨在分配数据市场的责任；就"保护市场弱者之国家"而言，法律旨在化解数据市场的负外部性，以维护公共利益和竞争秩序。

---

① 许可：《民法与国家关系的再造》，《法商研究》2015 年第 1 期。

（二）形成数据市场框架：数据权属

数据并不是人类进入信息时代以来生产要素分配的首个难题。20世纪初，围绕着无线电波段的争讼不绝。随着联邦检察官对巅峰无线电公司无证运营公诉的失败，任何电台都可以在任何时间和任何波段运营而不受惩罚。面对这一混乱状态，由国家来分配无线电波段成为美国政府的选择。后来的美国总统，时任商务部部长的赫伯特·胡佛是这一政策的坚定支持者。他强调说，波段是"一种国家资源"，它足以与更古老的、更实体化的公共财产相提并论。据此，1927年《无线电法案》和1934年的《通讯法案》均明确，联邦无线电委员会应当"根据公众的便利、利益或需求"分配广播许可证。可是，由于法律没有提供更多的指引，委员会倾向于把功率最大的电台授权给实力最强劲的申请者，如通用电气、西屋电气和RCA等公司。相反，芝加哥劳动联合会等公益组织最终获批的仅仅是一个在白天而非夜晚广播的微弱信号。1959年，科斯在《联邦通讯委员会》一文中发问：由政府通过行政方式来分配无线电波段是否有效率？他的回答是：如果能清楚地界定产权，那么通过市场交易来确定波段的使用人是可行的。

回到信息时代的数据，"清楚界定的产权是市场前提"的判断依然成立。尽管我国民法典第一百二十七条规定"法律对数据、网络虚拟财产的保护有规定的，依照其规定"，但由于其并未对数据是权利还是法益、是物权性权利还是一种特别权利等问题加以规定，数据权利依然悬而未决。相关症结在于立法者仍囿于有体物的物权想象，将数据理解为类似于土地的财产。事实上，数据如水流，其价值在于流动而不在于静止，更重要的是，其边界不易确定，其使用也并非排他。在法理上，该等性质的资源被称为"流动性资源"（fugitive resource），在长期的制度实践中，"捕获规则"（capture rule）和"关联规则"（tied rule）成为确定流动性资源权属的两种相互独立规则。

1.基于捕获规则的企业数据权：首要规则

捕获规则要求只有实际取得控制流动性资源的人才能合法地确定其权利。捕获规则的成功应归功于洛克的财产权理论。[①] 洛克在《政府论》中以泉水为例论证了他的劳动赋权论："虽然出自泉源的流水是人人应有份的，但是谁能怀疑盛在水壶里的水是只属于汲水人呢？他的劳动把它从自然手里取了出来，从而拨归私用。"[②] 据此，只要人类使任何东西脱离自然其原始状态，并在其中掺杂其自己的劳动，就可能使之成为自己的财产，但同时也要留有足够的同样好的东西给其他人，而"捕获"恰恰就是这样的过程。功利主义是捕获所有权的另一个理论渊源。在"最大多数人的最大福利"的观念下，如果保障特定财产权能够提高普遍效益，那么法律就应予以认可。不在人控制之下的野生动物要么是危险的，要么是无价值的。为造福社会，法律应当鼓励人们捕杀野生动物。例如，如果甲知道他可以获得他杀死的任何野鹿的财产权，他就会有向猎鹿活动投入金钱与实践的激励，结果是社会获得了更多的鹿皮或鹿肉。但如果仅有追赶行为就可以获得鹿的所有权，甲就可能不愿意花费时间猎鹿，因为他发现任何鹿都有可能由曾经追赶该鹿，却未最终追上的他人所拥有。因此，捕获规则奖励的是成功者而不是努力者。[③]

捕获规则同样适用于数据。这意味着企业对于其合法收集的数据集合或各种数据产品（如数据库、数据报告或数据平台等），享有占有、适用、收益和处分的财产权益。[④] 这一论断有着如下的理由：首先，信息就像石油、天然气、水流或奔跑着的野生动物，信息的原始形态是不可见的或流动着的。由于它们具有从一个地方移动到另一个地方的能力，因而让一个人对其所能俘获的

---

① Thomas Merrill, Henry Smith: "Property: Principles and Policies", Foundation Press, 2012, p.87.

② ［英］约翰·洛克：《政府论》（下），叶启芳、瞿菊农译，商务印书馆1964年版，第20页。

③ ［美］约翰·G.斯普兰克林：《美国财产法精解》（第2版），钟书峰译，北京大学出版社2009年版，第28页。

④ 龙卫球：《数据新型财产权构建及其体系研究》，《政法论坛》2017年第4期。

事物享有所有权便是成本最低的规则。① 在某种意义上，我们可以将数据的形成想象为运用电子技术将信息固定化过程，更形象地说，数据是企业捕获信息所得的战利品。因而，数据收集者更像是发现者（finder），而不是发明者（inventor）。数据财产权由此和知识产权区别开来。其次，数据是企业劳动的结果。数据并非自在天然之物，其聚合、存储和价值实现有赖于大量的人工干预和资本投入。更重要的是，基于数据的多栖性，数据财产权的设定并未损害其信息的源头，从而符合"洛克但书"——财产权的授予并不导致其他人境况的恶化。最后，捕获规则给予了正向且有效的激励。对于人力和资本双密集的数据产业而言，捕获所有权一方面通过遏制他人的"搭便车"行为，鼓励了对数据收集、清洗、存储和安全保障的长期投资；另一方面，该规则增加了法律的确定性，有助于数据交易和数据的商业化再利用。不仅如此，捕获所有权将企业的实际控制转化为法律控制，这反而提升了数据的开放程度和可得性，从而增进数据的自由流通。可资作证的是，欧盟《关于数据库的法律保护的指令》（Directive 96/9/EC on the legal protection of databases），在赋予那些不受著作权法保护但又有实质性投资的数据库（database）以特殊权利（sui generis right protection）的同时，特别允许他人有权自由运用权利人公开数据库中属于单纯事实部分的数据。

　　然而，捕获规则在鼓励数据生产的同时，也在加剧竞争，因为它只奖励最后的"获胜者"。一旦激烈的竞争缺乏约束，就会引发不正当的恶性竞争，由此衍生出负外部性。就捕获野生动物而言，会造成破坏自然生态系统的悲剧，就捕获数据而言，可能引发数据的过度收集、泄露或滥用，从而严重损害数据主体的权益。故此，我们把捕获规则作为首要归属规则的同时，仍需引入另一项规则加以平衡，这就是"关联规则"（tied rule）。

---

① ［英］艾琳·麦克哈格、［新西兰］巴里·巴顿、［澳］阿德里安·布拉德布鲁克、［澳］李·戈登主编：《能源与自然资源中的财产和法律》，胡德胜、魏铁军等译，北京大学出版社2014年版，第196页。

2. 基于关联规则的个人数据权：次级规则

捕获规则并非对流动性资源赋权的唯一规则。以水权为例，与捕获规则如出一辙的"在先专用用水制度"（prior appropriation system）盛行于水资源丰富的美国东部，而水资源匮乏的西部各州，则采取了全然不同的"河岸制度"（riparianism）。简言之，前者视首次取水者为财产权人，而后者强调由河岸所在土地的所有人决定河水使用。① 人们将这种从特定物延伸而生的财产权归属规则称之为"关联规则"。就数据而言，它意味着能够识别出特定个人或与特定个人相关联的个人数据财产权归属于数据主体。

显然，数据的关联规则将大幅增强数据主体对数据的控制能力，避免企业在恶性竞争中对其权益的戕害。一方面，它迫使企业内部化使用个人数据的成本。② 在移动互联和大数据时代，个人数据容易收集、经常可免费取得、储存成本低廉，企业受"捕获规则"的激励，具有强烈动机竭尽所能地收集、使用其所能收集到的最多数量的数据。而基于关联所有权的设定，企业必须有偿或有对价才能取得数据的使用权，迫使他们内部化收集、利用、分享、出售个人数据所衍生的外部成本，从而更加审慎斟酌收集及利用个人数据的必要范围，减少滥用、误用的机会。另一方面，关联所有权拓展了数据主体的财产利益。在个人数据财产权下，当事人不再只是消极地被保护者，而是成为能利用市场机制、积极实现其利益的行动者。数据主体可基于成本效益的分析，评估是否、何时、如何、对谁揭露、分享、授权使用何种数据，以满足各自的偏好需求，防范企业的滥用和掠夺。例如，在医学研究领域，当研究者从他人基因资讯研究而获利时，数据主体理应取得相应回报。

不过，"关联规则"亦有缺陷。正如美国法院在 Hammonds v. Central Kentucky Natural Gas Co. 一案中所指出的，对于迥异于矿藏的石油和天然气，土

---

① Carol M. Rose: "Energy and Efficiency in the Realignment of Common-Law Water Rights", The Journal of Legal Studies, 1990, pp.261—296.

② 翁清坤：《赋予当事人个人资料财产权地位之优势与局限：以美国法为中心》，《国立台湾大学法学论丛》2018 年第 3 期。

地绝对所有权的概念不能再进一步发展延伸了，因为其迁徙性质将摧毁这一理论。它们今天在这里，明天就离开了。当它们是土地一部分时，它们属于土地的所有者，但当它们流动到其他土地，原来的权利也丧失了。并且，关联所有权管理成本和管理门槛的升高，可能导致其投资不足，令资源价值贬损。若要避免关联规则的不利后果，我们必须进一步限定"关联"的含义与范围。

其一，关联应当是紧密的和稳固的。黑格尔的财产人格理论为之提供了强有力的论证。在他看来，财产是人格的延伸。所有权制度把个人自由的自然领域从他的身体本身拓展到了物质世界。这是因为，物从人的意志中获得它的规定和灵魂，形成了人对一切物据为己有的绝对权利。[1] 在此意义上，人们对结婚戒指的财产利益，并不仅仅在于其拥有的财产本身，而在于这些物品与人们的自我认同感的深刻关联。所以，关联所有权下的财产是一种特殊的"人格财产"（personal property），是为了主体人格尊严和人身自由的存在而存在的，体现着人的深厚感情和意志。[2]

其二，关联应当是清晰的和确定的。从上述对"关联"的理解出发，数据主体的关联所有权首先指向与"人格"密不可分的数据，即"个人敏感数据"。个人一般数据与敏感信息的区分由欧洲委员会 1981 年《个人数据自动化处理中的个人保护公约》所首创，并为 2018 年欧盟《一般数据保护条例》（GDPR）所继承，同时被我国《个人信息安全规范》所借鉴。所谓"个人敏感数据"，是指关涉个人隐私核心领域、具有高度私密性、对其公开或利用将会对基本人格权利重大影响的个人数据。敏感数据不仅是人格的具体体现，还以人格保护为依归。同时，为满足外延明确的要求，个人敏感数据应先以列举法细化数据类型，以此作为权利的核心。敏感信息与各国文化传统、社会价值、风俗习惯息息相关。例如，《一般数据保护条例》第九条列举了"种族或民族出身、政治观点、宗教／哲学信仰、工会成员身份、涉及健康、性生活或性取向的数

---

① ［德］黑格尔：《法哲学原理》，范扬、张企泰译，商务印书馆 1982 年版，第 50 页。

② 冷传莉：《论人格物的界定与动态发展》，《法学论坛》2010 年第 2 期。

据、基因数据、生物识别数据"等数据类型。我国可以参考台湾地区"个人资料保护法"第 6 条的规定，把敏感数据限定在"民族、基因、性生活、医疗信息、健康检查、犯罪记录、宗教信仰"之内。① 此外，为了避免列举类型与技术进步和社会发展的落差，可以进一步将"对人格尊严和人身自由可能造成重大影响的数据"作为兜底条款，以发挥查遗补漏的功能。

（三）强化数据市场理性：再建信任

数据权属并非数据要素市场的唯一窒碍，正如欧盟《关于欧洲企业间数据共享的研究》（Study on data sharing between companies in Europe）所发现，数据流通的症结在于当事人之间的信任。实际上，早在 1963 年，诺贝尔经济学奖得主肯尼斯·阿罗就在《不确定性与医疗保健经济学》一文中提出信息经济的阿罗悖论：信息与一般商品迥然有异，它有着难以捉摸的性质，买方在购买前因为不了解该信息无法确定信息的价值，而买方一旦了解该信息，就可以复制，从而不会购买，故而信息是无法完全市场化的。这一问题在数据要素市场中同样存在：买方难以判断数据的质量和价值，卖方则对数据安全充满疑虑。更重要的是，数据是典型的时效品，老数据不如新数据值钱，而且随着时间推移，前者越来越没有价值。大数据与其说是"大"的数据，不如说是实时在线的"活"的数据，只有可信的数据信任源不断运行，才能避免数据的静态化和僵尸化，才能实现数据价值。因此，与一次性买卖不同，数据交易更加依赖于双方的长期合作。如何克服信息悖论导致的"双边信任困境"，成为关系数据要素市场的根本问题。

1. 双边市场中的化解策略

现有的数据交易往往是非标准化的一对一交易，面对双边信任困境，实践

---

① 张新宝：《我国个人信息保护法立法主要矛盾研讨》，《吉林大学社会科学学报》2018 年第 5 期。

发展出如下三种信任策略：关系契约、"数据担保"和数据经纪人。

尽管数据交易一般以正式书面合同为基础，但是，由于数据提供方之前的数据合法性和价值，以及数据接受方的后续行为均难以监控和验证，而数据安全事件更是无法预料的。为此，双方试图寻求一种长期的、连续性的和关系型的合同过程，而不再是一次简单的利益交换，长期关系的期待提供了完全履行合同的激励。同时，在数据交易外，双方还通过多方面的关系（股权、资产和其他业务关系）达成非正式控制，以遏制当事人的投机行为。不仅如此，这一关系所具有动态性和不断完善的特性，也赋予了数据交易的公正性。实践中，主要的数据交易一般发生在关联企业和合作伙伴之内，恰恰就是关系契约的明证。

当交易双方没有长期关系可依赖时，基于数据的"担保"就成为可行路径，这体现为数据的彼此共享，其实质是数据相互许可。在这一场景下，双方相互让渡自己的数据使用权，每个共享人既是数据提供方，也是其他主体提供的数据的接受方。权利义务的交互性使得相互交换的数据和共享的数据池成为各方履约的隐含"担保"，从而为双方信任搭建挑梁。

最后，当双方确实无法信任时，独立的专业第三方——数据经纪人成为重要的替代方案。数据经纪人，也被称为信息零售商、数据经销商，或者信息经纪人，其采取从各种各样的来源购买、收集、汇总、处理包括消费者信息在内的各种数据，然后将数据出售于客户，用于验证个人身份、区分记录、营销产品以及防止金融欺诈等目的。

关系契约、"数据担保"和数据经纪人固然在一定程度上发挥了克服"双边信任困境"的功能，但总体来说，其交易成木过高，数据流通的范围有限，难以推动高效的数据要素市场。

2.建立基于平台的多边市场

数据交易亟待从一对一的双边市场向多对多的多边市场转型。在此，我们不妨借鉴一下淘宝的经验。在网络虚拟空间中，买卖双方互不相识且天各一方，信任是个无解的难题。买方担心商品假冒伪劣、维权困难，卖方则恐惧无法收到货款。面对这种信任鸿沟，淘宝创造性地运用了支付宝担保、大数据风控以及在线反馈和评分系统，来执行合同、预防欺诈和解决纠纷。2019 年，中国电商市场的销售额已达 1.99 万亿美元，占全球在线零售总额的 55.8%。淘宝不仅改变了线上市场，还间接提升了线下市场的服务水准。

电商市场的经验启发我们：在数据要素市场发展的过程中，亟待通过网络平台——"数据交易平台"来实现多边交易。这一平台聚合了数据的利益相关者，包括数据持有人、数据需求者、数据处理者、数据经纪人和数据需求方。数据交易平台不能是简单的场所提供者，而应当把自身定位于市场秩序的维护者，积极介入交易流程，将一对一的数据交易转变为以平台为基础的网状交易，从而克服数据市场的双边信任困境。为此，数据交易平台能从如下三方面入手：其一，提供技术支持。数据交易平台可以提供数据管理系统、安全计算系统、数据加密算法等技术服务，从而确保数据安全与可追溯。其二，培育交易市场。作为多边市场的组织者，数据交易平台凭借不同参与方的互补性和网络效应，利用差异化的定价策略来优化市场结构，推动供需之间的高效匹配。其三，制定治理规则。如何有效管理利益既一致又冲突的参与方，需要激励相容的平台治理规则。为此，数据交易平台应提供合同模本、明确数据质量、披露数据内容并在必要时进行数据安全评估，从而降低各方的交易成本。

（四）纠正数据市场偏差：责任分配

任何市场都有赢家和输家，同时也必然有违法得利者和不当损失者。如何妥善分配数据要素市场中各方责任，成为纠正数据要素市场偏差的关键问题。但是，市场如欲壮大，必须有足够多的市场参与者，倘若风险太大、责任太重，潜在的数据交易者，特别是中小企业就会畏首畏尾，望而却步。然而，究竟该如何分配呢？

2019 年《数据安全管理办法》（征求意见稿）第三十条规定："网络运营者

对接入其平台的第三方应用，应明确数据安全要求和责任，督促监督第三方应用运营者加强数据安全管理。第三方应用发生数据安全事件对用户造成损失的，网络运营者应当承担部分或全部责任，除非网络运营者能够证明无过错。"由此，无论数据安全事件发生在何人身上，数据原始提供方都须承担连带责任。显然，这种不确定风险必然会使大量企业打消数据共享的念头。

2020年新冠肺炎疫情充分表明，我们所处的是一个风险无时不有、无处不在的风险社会。在中国传统观念中，"无危则安，无缺则全"，"安全"往往意味着没有危险且尽善尽美。而在当今，这种希冀消除一切风险的法律目标早已不合时宜。风险容忍的数据安全而非零风险的数据安全日益成为人们的共识。2016年4月25日，习近平在全国网络安全和信息化工作会议上强调，网络的安全是动态的而不是静态的，相对的而不是绝对的。既然数据泄露、滥用的事故不可避免，那么试图通过严苛的结果责任来阻吓违法行为，必然是"不可能完成的任务"。

在过错责任和自己责任的架构下，未来的数据责任不妨采取三元归责体系。简言之，在相关方单独侵权之时，承担自己责任；在多方构成共同侵权之时，承担连带责任；在网络平台未尽到安全保障义务时，承担补充责任；各方由此各得其所。考虑到大量的数据交易由交易平台发起和组织，妥当确定其责任意义重大。2020年7月发布的《数据安全法（草案）》第三十条规定："从事数据交易中介服务的机构在提供交易中介服务时，应当要求数据提供方说明数据来源，审核交易双方的身份，并留存审核、交易记录。"该条确立了数据交易中介（平台）的形式审查而非实质审查义务，实值赞赏。但问题是，《数据安全法》未规定违反审查义务的责任，建议在此情形下明确其补充责任。

（五）化解数据市场负外部性：数据许可

在数据市场中，除了个人，还有大量被大企业"护城河"拒之门外的中小企业。数据只有流通才有价值，但富有价值的数据往往又是不流通的。对于数据的独占不一定损害市场竞争，但在特殊情况下，中小企业可能因之无法进入市场，甚至可能黯然离场。HiQ 诉 LinkedIn 一案鲜明体现了大公司和小公司的数据争夺。因而，法律能否基于打破数据孤岛和数据垄断的目的，允许第三方在未取得企业同意的情况下获得和使用数据？

对此，国家可以在承认企业数据权的基础上，通过"法定许可"强制流通。起源于知识产权的法定许可的正当性建立在维护多元利益平衡、言论自由和文化繁荣和最后促进衍生作品的创作上。根据对权利人的知情权、同意权、自主定价权与获酬权限制的多寡，法定许可分为法令性法定许可、裁定性法定许可与法令性默示许可三种形式。根据不同类型的内在机理，并考量使用场景，企业数据权的法定许可制度不妨作出如下设计。

（1）如果数据公开可用，且不能被独立生成、收集或从任何其他来源获得，则第三方有权在通知数据权人的前提下，以公允价格和非歧视性条件将数据的实质部分用于商业目的。为此，数据权人第三方应就使用费率和支付条件达成合意。否则，相关政府机构或法院有权依其职权作出市价补偿的决定。相关制度的设计，可借鉴知识产权法中的 FRAND 原则，即数据的共享必须是"公平、合理、无歧视"。

（2）如果数据公开可用，且不能被独立生成、收集或从任何其他来源获得，则第三方有权在通知数据权人的前提下，以法定价格和非歧视性条件将数据库的实质部分用于教育、科研、文化传播等非商业目的。此时的使用费率和支付程序由法律直接规定，并可通过特定机制予以定期调整。

（3）如果数据已由负有法定义务的公共机构向公众公开，则第三方有权无偿获得摘取和再利用数据实质内容的许可。

除了上述针对特定方的数据强制许可外，基于公共利益和基本权利，如公共卫生、言论自由、教育等利益，可以要求数据向社会群体或政府部门开放。对前者而言，主要是行政机关、履行公共管理和服务职能的事业单位的公共数据的开放；就后者而言，主要是政府部门在履行行政管理的过程中，向企业的数据调取。

四、数据要素市场制度建构的国际做法

（一）欧盟数据要素市场：政府主导

21 世纪以来，数据逐渐成为促进经济增长、增强竞争力和创新、创造就业以及推动整个社会进步的重要资源。欧盟的数据产业和数字经济同样也在政府的各项政策以及阶段性数字战略的指导下迅速发展。

1. 数据赋权的首次尝试：1996 年《数据库指令》

1996 年 3 月 11 日，欧洲议会和欧盟理事会出台了《关于数据库的法律保护的指令》（Directive 96/9/EC on the legal protection of databases），旨在通过适当的法律保护和数据使用促进数据库的发展，鼓励对信息产业的投资，确保数据库不会被竞争对手随意复制。①《数据库指令》在全球首次赋予不受著作权法保护但又有实质性投资的数据库（database）以"特殊权利"（sui generis right protection），防止未经授权提取和再利用其内容的专属权利。这项权利有别于保护原创作品的版权，它保护的是数据库制造商已经对其进行重大投资的非原始数据库。与美国和其他大多数国家的版权法传统上保护具有创造力的原创作品不同，数据库的内容仅仅是事实或信息的汇编，缺乏足够的原创性，因此并不能受到版权法的保护。由于数据库的特殊权利完全独立于内容的原创性，因此公共领域材料的数据库仍然可以受到特殊权利的保护。

《数据库指令》将数据库定义为"以系统或有条理的方式并通过电子或其他手段单独存取的独立作品、数据或材料的集合"，而且只有在"对其内容的

---

① Eur-Lex: Directive 96/9/EC of the European Parliament and of the Council of 11 March 1996 on the legal protection of databases, https://eur-lex.europa.eu/legal-content/EN/ALL/?uri=celex%3A31996L0009.

获取、验证或展示进行了数量上或质量上的大量投资",数据库才会受到独特的数据库权利的保护。数据库权利属于投资于数据库制作的实体或自然人,权利主体可以进行转让或通过定制的许可证进行许可。该指令赋予了数据库的制造者两项新的权利,即防止未经授权从数据库中提取数据的权利和防止未经授权重新利用数据库内容的权利。这两项权利保护了创建数据库的作者的工作成果,阻止了数据库访问者为商业目的提取和再利用数据库的内容。

然而,《数据库指令》只保护欧盟成员国国民,他国只有在对等保护并达成双边协议的情况下才能获得这种保护。而这也为数据库的保护增加了新的问题,欧洲数据库将受到与外国数据库不同的待遇,其在欧洲将得到更多的保护,从而引发有关管辖权的问题。同时,法律本身的模糊性使得人们对其保护范围以及他人正当行为的边界一直充满分歧,该指令并未让欧盟数据产业蓬勃兴起,甚至到了 2004 年,欧盟数据库的发展已经回落到 1996 年的水平。

2. 全面计划:欧洲一体化数字市场战略

2000 年,欧盟发布《里斯本战略》提出要在 2010 年前成为以知识为基础的、世界上最有活力和竞争力的经济体,推动信息社会发展。2005 年,欧盟信息社会 2006—2010 年五年战略计划开启了欧盟数字经济新发展阶段。

2010 年,欧盟发布《2010 倡议——为了促进增长和就业的欧洲信息社会》("i2010:A European Information Society for Growth and Employment"),提出深耕三大重点领域:(1) 整合欧盟委员会既有法律,建立一个市场导向的数字经济法律框架;(2) 推动数字化的融合以及与私营部门合作,促进欧盟在数字创新技术方面的领导力;(3) 提供高效、方便实用的在线服务,建立包容性的欧洲信息社会。

2015 年,欧盟委员会再次确立欧洲"数字一体化市场"(Digital Single Market)战略,以期为欧盟个人和企业提供更好的数字产品和服务,创造有利于数字网络和服务繁荣发展的环境,以及最大化地实现数字经济的增长潜力。欧盟相信,通过确保货物、人员、服务、资本、数据自由流动,"数字一体化市场"能确保个人和企业均能在公平竞争的条件下无缝访问和在线活动，促进欧盟数字经济发展并确保欧洲在全球数字经济中的地位。该战略指出：数据是整个社会和所有经济部门经济增长、创新及数字化的催化剂，而分散的市场无法为云计算、大数据、数据驱动型科学、物联网在欧洲范围内充分发挥其潜力提供足够的规模保障，为此，欧盟需要消除一系列的技术障碍和法律障碍，2018 年，欧盟颁布了一项具有里程碑意义的立法《一般数据保护条例》(GDPR)，对欧盟公民的个人数据保护进行了统一。必须指出：其第 1 条"主旨与目标"开宗明义，"不得以保护自然人个人数据处理为由，限制或禁止个人数据在欧盟的自由流动。"这表明：GDPR 意图建立一个强大且面向未来的监管框架，以保证消费者和企业增强信心和相互信任，从而为欧洲铺平数字时代的道路。

3. 提升数据流动：2019 年《非个人数据自由流动条例》

2019 年 5 月 28 日，欧盟《非个人数据自由流动条例》开始生效，与《一般数据保护条例》共同提供了"欧洲共同数据空间和所有数据在欧盟内自由流动的全面框架"。① 该条例适用于欧盟内处理个人数据以外的电子数据。欧盟委员会同时就非个人数据在欧盟的自由流动发布了指导意见，阐述了法规所涵盖的个人和非个人数据的概念。非个人数据按来源可以分为两类，包括最初与已确认或可确认的自然人无关的数据和最初是个人数据但后来变成匿名的数据。对于可能是由个人数据和非个人数据组成的混合数据集，指导意见指出《非个人数据自由流动条例》适用于混合数据集中的非个人数据部分，《一般数据保护条例》适用于混合数据集的个人数据部分。如果非个人数据和个人数据密不可分，即使个人数据只占混合数据集的一小部分，则依然对整个数据集适用《一般数据保护条例》，而并没有要求企业将他们处理的数据集拆分。而且实际上，将这些混合数据集拆分，也是一项不切实际的挑战。《非个人数据自

---

① Europe Commission: New EU regulation on the free flow of nonpersonal data.https://www.gs1.org/sites/default/files/infopackage-free-flow-non-personal-data.pdf.

由流动条例》允许在整个欧盟内存储和处理数据不受不合理的限制，明确了禁止欧盟成员国在地方立法中规定数据本地化的要求，不论这些规定是直接的（例如有义务将数据储存在特定地理位置的服务器上）或间接的（例如使用会妨碍处理特定地点以外的数据的技术设施）。但如果是为了公共安全的目的且满足比例性的要求，则可以存在例外规定。在监管控制方面，无论数据在欧盟境内的任何地方存储或处理，监管当局都可以获取数据进行审查和监督控制。如果用户在监管当局的要求下不提供对存储在另一个成员国数据的访问，成员国可以对其进行制裁。此外，《非个人数据自由流动条例》在维持数据可携性方面也作出了规定。欧盟委员会鼓励业界制定欧盟层面的自律行为守则，处理数据携带问题，以避免供应商锁定行为使得用户无法在服务供应商之间切换。这些主要规定的目的都在于促进跨境数据的自由流动、增强数据经济的竞争力，同时也促进中小企业实现跨境扩张以及开发创新服务。

4. 面向未来：2020年《欧洲数据战略》

2020年2月19日，欧盟委员会发布了一套有望塑造欧洲数字未来的文件。欧盟委员会发布的数字战略文件阐述了如何将欧洲定位为数字世界中数据方面的领导者的计划，具体通过在未来五年内与数字技术相关的关键目标进行落实。此次发布的文件包括《人工智能白皮书》《欧洲数据战略》《塑造欧洲数字未来》的数字化战略。

《人工智能白皮书》和《欧洲数据战略》是新数字战略的第一支柱。欧盟委员会提出向"数字、工业和空间"集群投资150亿欧元，其中人工智能是需要支持的关键一环。欧盟希望通过人工智能白皮书，在明确界定的道德边界内建立一个可信任的生态系统。为了实现这一目标，白皮书概述了一种基于风险的方法，主要针对"高风险"的人工智能应用作出相应的监管干预。[1]

---

[1]　Europe Commission: WHITE PAPER On Artificial Intelligence-A European approach to excellence and trust, https://ec.europa.eu/info/publications/white-paper-artificial-intelligence-european-approach-excellence-and-trust_en.

《欧洲数据战略》中最引人注目的非立法部分是发展欧洲共同云基础设施和创建欧洲共同数据空间。欧洲希望建立欧洲主权共同云基础设施的动机，来自其对过度依赖外国云供应商的长期担忧。第一，欧盟担心其监管框架将不再足以保护其在境外处理的数据。为了防止外国对这些数据实施自己的法律框架，欧盟已经意识到它需要建立自己的主权云能力。第二，从国防和国家安全的角度来看，过度依赖外国科技公司也是一个问题，尤其是涉及国内关键的国家基础设施。第三，发展主权云能力符合欧盟发展强大的国内云供应商市场的雄心。其数据战略的另一个重要基石是创建欧洲共同数据空间，数据访问是强大的人工智能（AI）系统的先决条件，有利于欧盟经济的发展。《欧洲数据战略》旨在建立一个单一数据市场，确保欧洲的全球竞争力和数据主权。此外，欧盟委员会在《欧洲数据战略》中提出四大支柱战略，包括建立数据获取和使用的跨部门治理框架、投资于数据并加强欧洲在数据托管、处理使用、互操作性方面的能力和基础设施、增强个人能力，投资于技术建设和中小企业，增强个人对其数据的权利、建立战略部门和公共利益领域的欧洲共同数据空间。欧盟将致力于以欧洲价值观为基础，对国际数据采取一种开放而自信的方式，解决对第三国跨界数据流动的不合理障碍和限制，并确保获取欧盟公民个人数据和欧洲商业敏感数据的任何途径都符合欧盟价值观和欧盟立法框架。[①]

在《塑造欧洲数字未来》的数字化战略中，今后五年欧盟委员会将侧重于三个关键目标，以确保数字解决方案有助于塑造欧洲数字化未来战略，并使欧洲能够在全球范围内处于领先位置。第一，确保技术为人民服务，改变人们的日常生活，以尊重欧洲价值观的方式塑造技术。第二，建立公平和有竞争力的经济以及没有摩擦的欧盟单一数据市场，各种规模的公司可以在平等条件下竞争，消费者可以相信自己的权利得到尊重。在这个市场中，个人和非个人数据，包括机密和敏感数据都是安全的，企业和公共部门可以便捷地获得大量高

---

① Europe Commission: European data strategy, https://ec.europa.eu/info/strategy/priori-ties-2019-2024/europe-fit-digital-age/european-data-strategy_en.

质量的数据，以进行创造和创新。第三，开放、民主和可持续的社会，在这个社会中，人们有权获得他们可以信赖的技术，线下非法的东西在线上也是非法的。欧洲的价值观和道德规范以及社会和环境规范同样适用于数字空间。数字转型增强了民主价值观，并为可持续经济作出贡献。针对这三个目标，欧盟委员会同时在数字战略中计划了可采取的主要行动，主要包括 5G 和 6G 行动计划，公布数据治理立法框架和数据法案，制定《数字服务法》，为所有希望进入单一市场的企业制定明确的规则，并加强网络平台的责任。该法案将为数字平台规定更高的透明度和合规义务，并提供更强大的反垄断框架，以确保数字市场的公平和竞争性，特别是对小型企业而言，最终目标是确保欧盟的法律规则在线上适用。该立法将是全球首个大规模监控数字平台上的内容，并要求删除错误信息和非法内容，否则将面临罚款。此外，欧盟将大力强调网络安全，通过联合网络单位促进合作，保护欧洲关键基础设施，加强网络安全单一市场。欧盟委员会将进一步考虑制定规则，要求关键平台对其算法的运作更加透明。

未来的新政策和框架有望使欧洲部署前沿的数字技术，并加强其网络安全能力。然而，关于保护消费者、打击不公平商业行为以及个人数据保护和隐私的严格规则，仍然是欧盟的重要议程。随着主要的科技公司专注于获取越来越多的个人数据和其他有价值的数据，欧盟委员会注意到这些科技巨头可能会阻碍其网络战略，欧盟将会针对这些公司在数字和互联网经济中的其他行为实施更严格的规定。虽然欧盟仍然对外国科技企业持开放态度，但其数字战略已经明确表态，展示了欧盟建设数字主权能力的坚定意图，以更好地保护国家安全，充分发挥数据经济的经济优势。

（二）美国数据要素市场：企业先行

作为互联网的发源地和全球信息技术的高地，美国数据要素市场发展的时间最早、规模最大，商业化的市场分工与竞争正是其力量之源。

1. 美国数据交易的商业模式

美国数据交易的典型模式主要包括三种，数据平台 C2B 分销模式、数据平台 B2B 集中销售模式和数据平台 B2B2C 分销集销混合模式。在这三种主要模式中，第三种数据平台以数据经纪商的身份进行数据交易的模式发展迅速，在美国数据产业中占据重要地位，数据经纪商成为数据交易市场最为活跃的群体，形成了数据源头、数据中介和最终用户构成数据流通和交易主体的数据交易形式。

2014 年，联邦贸易委员会（FTC）在其发布的一份数据经纪商报告《数据服务商：呼吁透明度和问责制》中，展示了对美国九大数据经纪商的深入研究结果。[①] 美国九大数据经纪商包括 Acxiom、Corelogic、Datalogix、eBureau、IDAnalytics、Intelius、PeekYou、Rapleaf、RecordedFuture。在数据来源方面，这九家数据经纪商并没有直接从消费者那里收集数据。他们收集数据的来源主要包括政府来源、其他公开来源和商业来源。虽然每个数据经纪商来源可能只提供有关消费者活动的几个数据元素，但数据经纪商可以把所有这些数据元素放在一起，形成消费者生活数据的更详细的综合资料。在确定数据来源之后，数据经纪商会对数据进行评估，但通常不会评估政府和其他公开来源的数据，而是采取措施评估商业来源数据，以确保提供的数据准确。评估的方法包括衡量来源方在行业内的声誉，审查来源方的网站、使用条款、数据收集方法、隐私政策、隐私实践和监管合规性。之后，数据经纪商会与数据来源方签订各种书面合同，数据经纪商据此获得数据的所有权，根据数据许可协议在规定的时间内使用数据，或者根据数据转售协议使用数据经纪商的品牌转售数据源产品的权利。这些合同同时也包括对提供给数据经纪商的数据、数据的传输方法、更新频率以及使用数据的任何限制。经过对数据的加工整理之后，数据经纪商最终会向市场提供市场营销产品、风险控制产品和人员搜索产品三类数据应用产品。在确定交易对象方面，数据经纪商对客户的筛选、签订合同和监控做法各不相同，取决于产品类型（例如，市场推广或欺诈侦查）、产品

---

① Federal Trade Commission: Data Brokers A Call For Transparency and Accountability, 2014.

提供的数据类型（例如，物业信息或生活方式数据）或客户类型（例如，金融机构或零售商）。数据经纪商在甄别客户的过程中，主要途径包括与潜在客户会面或交谈，依靠潜在客户的良好声誉，并对潜在客户业务的合法性进行一些研究，例如核实业务地址，进行互联网搜索等。有些经纪商还会发放认证问卷，以确定客户是否是合法实体，是否合法使用产品等。客户方面，包括个人消费者，通过数据代理商的网站访问这些产品，而数据代理商并不确定客户使用产品的目的。数据经纪商网站的使用条款规定禁止将产品用于非法目的，或用于 FCRA 目的。有些数据经纪商只在其网站上张贴其使用条款，而不要求客户明确地同意这些条款。另一些数据经纪商则要求客户在完成交易时明确地同意使用条款。在客户端完成交易后，数据经纪商通常不会审查、监视、审计或评估其客户搜索产品的使用情况。

总体而言，美国的数据经纪商产业呈现出产业复杂、层次众多的态势，数据经纪商不仅向用户提供数据，同时也向其他数据经纪商提供数据，且互相提供的数据远远多于通过其他渠道获得的数据。数据经纪商从多个渠道获取消费者数据，消费者对大部分情况其实并不知晓，而且其获取和存储的数据量极大，几乎涵盖了每一位美国消费者。数据经纪商结合并分析有关消费者的数据，对其进行推断，包括进行潜在的敏感推断，从数据中推断出消费者的兴趣。之后将线上和线下数据结合起来，在线上向消费者进行营销。数据经纪商依靠具有注册功能和 cookies 的网站，在线上找到消费者，并根据他们的线下活动向他们定向投放互联网广告。数据经纪商的行为是一把双刃剑，在给企业和消费者带来便利的同时，也存在一定的风险。一方面，数据经纪商的产品有助于防止欺诈，改善产品供应，并向消费者提供定制的广告；另一方面，数据经纪商收集和使用数据的很多目的都会给消费者带来风险，也在一定程度上侵犯了消费者个人隐私的权利。

2. 美国数据交易的合约安排

数据作为一种商业资产在市场交易流转的过程中，对数据资产性质的确定决定了对数据交易规制的法律形式。将数据作为一种知识产权资产加以保护，通过数据许可的形式规制数据交易过程中数据所有权、数据使用以及数据保密性和安全性等问题。在将数据作为知识产权保护时，具体包括作为商业秘密予以保护、版权保护、作为无形资产保护和数据库专利保护。正是由于数据受到这样一个或多个知识产权的保护，第三方对数据的使用需要数据所有者的许可或者拥有数据所有者许可的一方的再许可。虽然这在某些方面与其他类型的知识产权许可相类似，但数据许可也存在着一些特殊的许可问题，如数据所有权和使用，对原始数据、派生数据和使用数据的处理等。例如，在数据所有权和使用方面，数据许可方将会通过协议释明以确保其对数据的所有权和其他权利，并对被许可方对数据的使用作出一定的限制。

在美国，由于数据的特性，使其不同于传统的有形货物交易，因而未能被《美国统一商法典》纳入管辖范围。而随着美国经济发展进入信息时代，软件业爆发性增长，互联网商业逐步普及，传统的货物买卖法不再能够适用互联网环境下新兴的数据交易形式，由美国统一州法委员会通过的《统一计算机信息交易法》（UCITA）也正是在这样的背景下应运而生。①

《美国统一计算机信息交易法》是一部电子合同法，适用于计算机信息交易。计算机信息交易被定义为创建、修改、转让或许可计算机信息的协议。计算机信息是指从计算机中获得或通过使用计算机获得的电子形式的信息，或能够被计算机处理的信息。信息被定义为包括数据、文本、图像、声音、掩饰作品或计算机程序，包括集合和汇编。数据交易的标的物正是属于《美国统一计算机信息交易法》规范的范围。《美国统一计算机信息交易法》建立了以许可协议为核心的交易模式，通过许可的形式授予标的的使用权。该法律精确地解释了许可的概念，将"许可"定义为一种可执行的协议，无论被许可人是否拥有计算机信息的副本，它并不授予有关计算机信息的所有权利。许可合同是指

---

① Uniform Law Commission: Computer Information Transactions Act, https://www.uniformlaws.org/viewdocument/committee-archive-52?CommunityKey=92b2978d-585f-4ab6-b8a1-53860fbb43b5&tab=librarydocuments.

授权获取、使用、分发、执行、修改或复制信息或信息权利的合同，但明确限制授权的获取或使用，或明确并不授予信息的所有权利，无论受让人是否拥有许可信息副本的所有权。信息交易通常涉及转让、获取或使用无形产品的有限权利，而不是完全转让所有权和有形货物的实物交付。例如，最终用户通常获得一个许可，允许使用该产品，但是并没有权利转售或复制和分发它。

《美国统一计算机信息交易法》为原本含糊不清的法律体系带来了统一性。在许可人方面，《美国统一计算机信息交易法》规定了对许可方给予特别保护的法律措施，其中最主要的是电子控制与电子自助法律制度。在被许可人方面，为其提供了许多担保保护，包含了普通法和消费者法律保护。这些保护措施中最普遍的是涉及诚信和不公平的问题。

3. 美国数据交易的规制与监管

在 2014 年《数据服务商：呼吁透明度和问责制》中，美国 FTC 向国会提出了关于提高数据中介透明度和用户控制的各种建议。该机构建议国会考虑立法，要求数据经纪商设置一个互联网门户访问网站，数据经纪商在该网站上表明自己的身份，并说明数据信息收集来源和使用做法，以及为用户提供选择退出机制。报告针对数据经纪商提出了法律规制方面的建议，目的都是为了保障消费者对个人数据被收集和使用时合理的知情权和访问权。2019 年 7 月 30 日，密歇根州民主党参议员加里·彼得斯和亚利桑那州共和党参议员玛莎·麦克萨利向联邦提出了 S.2342—2019 年数据经纪商名单法案（S.2342-Data Broker List Act of 2019），该法案规定了对数据经纪商在获取、使用和保护个人信息方面的要求，将建立一个由联邦贸易委员会监督的全国性注册机构，并要求数据经纪商每年向其注册，国会应该通过联邦贸易委员使得数据经纪商更加透明化。①

---

① 116th Congress.S.2342-Data Broker List Act of 2019，https://www.congress.gov/bill/116th-congress/senate-bill/2342.

而早在该提案提出以前，2019 年 1 月美国佛蒙特州关于数据经纪商监管的法律开始生效实施，该法律也是首部开创性的关于数据经纪商披露和安全立法。2019 年 10 月，美国加利福尼亚州同样颁布了关于数据经纪商监管的法律。从这两部法律的规定来看，其对数据经纪商的规定的范围基本一致，所采取的监管措施主要是要求数据经济商必须按照规定向州检察长（the Attorney General）进行登记注册。相比之下，佛蒙特州的法律规定得更为详细和严格，对向州检察长披露的信息进行了详细的规定，对未成年人信息进行了特别规定，并要求数据经纪商制订数据安全计划，同时将违反该数据经纪商法律的行为视为违法行为。而在加利福尼亚州的法律中规定仅仅对未注册的数据经纪商进行罚款。然而，这种仅以登记注册为手段的监管措施，在形式上提高了数据经纪商运营的透明度，但实质上似乎并不能满足对数据经纪商进行监管的要求，也无法遏制出现数据泄露和侵犯消费者隐私权的风险。尽管如此，这两部法律虽然直接影响不大，但其对美国未来的消费者隐私和信息安全无疑具有重要意义，佛蒙特州的注册法案必然会在未来几年影响联邦和州的立法者。如果类似的立法在全国范围内扩散，其他各州在开始制定自己的数据监管法案时，很可能会对各地的大型企业和安全专业人员产生巨大影响。联邦政府也有可能在未来几年内通过自己的数据隐私立法，这将得到寻求全面保护的隐私组织和希望避免遵守 50 个不同州政策的行业领导者的支持。

4. 美国数据战略：政府发力

鉴于数据对于发展经济、提高联邦政府的执政效率、促进公民参与和监督、提高透明度方面的重要性，2019 年 12 月 23 日，美国白宫行政管理和预算办公室（OMB）发布了由 OMB、科学技术政策办公室（OSTP）、商务部和小型企业管理局联合起草的《联邦数据战略和 2020 年行动计划》。①

---

① President's Management Agenda: Federal Date Strategy 2020 Action Plan, https://strategy.data. gov/assets/docs/2020-federal-data-strategy-action-plan.pdf.

联邦数据战略描述了联邦政府将如何加速利用数据来完成任务、服务客户、管理资源，同时尊重隐私和保密性的 10 年发展愿景。其主要内容包括一份使命宣言、十项操作原则和一套 40 项最佳实践，以指导各机构利用联邦和联邦政府提供的数据。在联邦数据战略原则中，从实践道德治理、有意识的设计和学习文化三个方面，确立了十项联邦数据战略原则作为激励指南以及综合数据战略的基础，其内容涵盖了联邦和联邦政府资助项目、统计数据和任务支持数据，并为数据战略实践和 2020 年行动计划提供了信息。在数据战略实践方面，旨在为各机构的行动提供信息，使其数据战略具有持续的相关性和通用性，以便广泛适用于所有联邦机构和项目。联邦数据战略确立的 40 项数据战略实践代表了数据战略理想的目标，将不断挑战和指导各机构、从业人员和政策制定者，以改进政府的数据管理方法并利用数据创造价值。40 项数据战略实践总体上可以分为建立重视数据和促进数据共享的文化、数据的监管与保护和促进数据的有效使用三个方面。

2020 年行动计划是各行政部门机构实施该战略的基础，行动计划具体规定了各机构在执行战略的第一年应采取的 20 项可衡量的行动，使得国家战略得以落地实施。2020 年行动计划为联邦政府加强数据管理和使用奠定了坚实的基础，以支持在今后十年该战略的执行。2020 年行动计划包括 20 项行动，分为机构行动、社区实践行动和共同解决方案行动。机构行动由每个机构执行，旨在提高每个机构充分利用其数据作为战略资产的能力。社区实践行动由若干机构围绕一个共同主题执行，通过一个已建立的机构间理事会或其他现有的协调机制予以协调。共同解决方案行动是指不同的项目由单一机构或现有的协会领导的有利于所有机构的工作，利用跨机构资源实施的行动。

《联邦数据战略和 2020 年行动计划》所构建的数据战略发展框架，使得各机构必须在动态环境中实施该战略。年度行动计划的制定使战略的实施成为可能。每个年度根据新的法律、要求和优先事项进行调整，这些法律、要求和优先事项将影响各机构利用数据作为战略资产的能力。未来的年度行动计划将以 2020 年行动计划为基础，进一步制定一个协调的联邦数据管理方法。来自利益相关方的反馈将继续为未来的年度行动计划确定关键的主题领域，例如关注数据质量，增加安全数据共享的机会，提高联邦工作人员的数据素质以及解决支持将数据作为战略资产进行利用的组织文化。未来的年度行动计划将以各机构为推进联邦数据系统的努力为基础，并加以扩展，挖掘联邦数据的全部价值，并与美国的价值观保持一致，以实现数据战略使命、服务和公共利益。

数据的使用正在改变社会、企业和经济，联邦政府提供的数据在社会中具有独特的地位，保持对联邦数据的信任是民主进程的关键。这样一个长期的、覆盖全企业范围的联邦数据战略，可以更好地管理和利用联邦政府的数据，使美国公众、企业和研究人员能够获得和使用政府数据，并改善数据在联邦政府决策和问责中的使用，包括决策、创新、监督和学习。《联邦数据战略与2020年行动计划》显示出政府的重点正转向将数据作为战略资产加以利用，以促进经济增长，提高联邦政府的效率，便利监督，并提高透明度。

五、关于加快培育数据要素市场的政策建议

人类社会正加速迈入数字经济时代，数据日渐成为继土地、劳动力、资本、技术之后最活跃的关键生产要素，对经济发展、社会治理、国家管理、人民生活产生重要影响。历史发展经验表明，生产要素在经济社会发展中具有基础性、先导性、全局性的重要影响，生产要素的结构和形态随着经济转型而不断变迁升级，关系着经济增长的长期动力，影响着国家发展的未来前景。

作为一种新的生产要素，数据对经济社会的放大、叠加、倍增价值已经显现出来。国家已经作出了顶层设计，并正在加快落地实施，领军企业也进行了前沿探索，树立了榜样。数据要素对经济社会的价值巨大，但任务也更加艰巨，需要多方在各个方面进行长期而艰苦的努力。

（一）加快数字经济建设，推动高质量发展

由消费互联网拉动和倒逼产业互联网，将是中国数字经济发展的独特路径，而为了推动这一进程，就需要为消费端和供给端，架起一座数字化能力的迁移之桥，探索一条数字化全面转型之路，提升中国数字经济产业集群发展水平，促进中国经济高质量发展。

加快实施产业互联网国家战略。2020 年 4 月 7 日，国家发展改革委、中央网信办联合印发《关于推进"上云用数赋智"行动培育新经济发展实施方案》，明确提出要"构建多层联动的产业互联网平台"。产业互联网为数据要素的生产与消费提供了海量的应用场景，通过将数据要素与产业互联网结合起来，能够迅速实现数据应用迭代与价值创造。因此，需要大力推进云计算创新发展和普及应用，加快推进企业生产经营管理数字化转型，积极发展面向企业的专业信息技术服务，加快突破产业互联网发展核心技术，构建产业互联网发展生态圈。

积极推动数据密集型产业发展。如前所述，数据要素已经成为数字革命的关键核心要素，数据密集型产业能够通过发挥结构效应、技术效应与配置效应等作用，有效推动产业互联网发展。一方面，鼓励电信、信息技术与服务等数据密集型行业发展，加快数据密集型行业分类研究，在《产业结构调整指导目录》等产业政策中明确对数据密集型产业发展的支持；另一方面，选取医疗、教育、汽车制造等典型行业和企业实施产业互联网发展专项计划，以典型案例和解决方案发挥行业示范效应。从数据处理利用环节来看，呼吁审慎包容监管，为数据创新留有充分空间；同时，在日益激烈的数据市场竞争中，也需要形成健康有序的数据竞争秩序。

（二）确立企业数据权利，夯实数据市场基础

强化企业数据权益的合理保护有利于促进数据的开放与共享。当法律对企

业数据权益提供充分保护时，企业将有更多的激励与保障去收集数据与生产数据，对数据进行更为高质量的处理与分析。此外，在法律制度的合理保护下，企业数据也将有更多的动力公开与共享数据，避免对数据采取过多的保密性措施或防护性措施。

在具体制度设计上，建议采取简单、统一的企业数据权，兼顾消极保障和积极处分，推进数据共享流通，拓展数据要素化。加快完善数据权属，研究制定公平、开放、透明的数据交易规则。构建合理的数据资产价值评估模式和体系，加快发现数据合理的内在价值，为市场这只"看不见的手"来指导数据定价奠定基础。

鼓励相关单位加快数据的开放共享，提高数据资源价值创造的水平。支持优势产业上下游企业开放数据，加强合作，共建安全可信的工业数据空间，建立互利共赢的共享机制。加快区块链等技术在数据流通中的应用，为数据安全、有序流通提供新的技术方案。加强市场监管和行业自律，以科学合理的规则制度体系作为基本保障，激发数据市场活力，促进数据要素市场化配置。

（三）完善价格机制，构建竞争性数据市场

改革开放以来，我国持续推进市场化制度改革，但是与产品市场相对充分的竞争程度相比，要素市场的改革相对落后，而要素市场化改革就是要让价格制度在要素定价和配置中发挥决定性作用；同时，需要注意的是，要素市场化配置改革不是简单的放松价格管制，而是要构建完善的竞争性要素市场体系，形成真正意义上的竞争性市场价格。数据要素作为承载信息的虚拟物品，其价格设定受到数据收集难度、数据质量高低、特定应用场景、数据异质性与非标准等的影响，比传统要素的定价难度更高，从而制约了数据要素市场的形成与发展；因此，可考虑从建立多层级多种类的数据交易市场入手，让市场探索数据定价模型，在多类别市场主体互动中明晰数据要素定价规则和定价标准，探索构建完善的数据要素价格制度。

（四）发展数据交易平台，打造网络化数据交易

积极营造数据自由流动的市场秩序，鼓励市场主体、行业协会、政府部门共同搭建数据交易平台，探索数据交易程序和交易担保等机制，推进我国大数据交易发展的突破路径。

加快标准立法建设，优化数据交易环境。目前，贵州、湖北等地积极探索大数据交易标准规范，贵阳大数据交易所成为国家首个"大数据交易标准试点基地"，华中大数据交易所通过制定《大数据交易格式标准》《大数据交易行为规范》等推动大数据交易规范化发展。国家可基于地方数据交易实践及标准规范，并借鉴国外先进经验，逐步探索建立国家层面数据交易的法律法规和行业标准，推动我国大数据交易实现标准化、规范化交易。

逐步推进"分类"交易原则，试行"一类一策"。按照差异化交易原则，对交易的数据进行分类，根据不同类型数据实施分类交易。一是针对不同的交易主体、交易模式等，鼓励其根据自身优势、自身发展定位等分类发展。二是针对不同来源的数据、不同类型的数据，尝试制定不同的交易策略和定价策略。如针对稀缺性、价值高的数据，实施卖方定价；针对社会公共价值高的数据，特别是政府部门提供的数据，实施成本定价。

（五）革新信息公开制度，促进政府数据开放

在政务信息公开、共享的基础上扩大数据开放。之所以需要政府率先垂范，是因为政府数据开放与信息公开一脉相承，借助政府长期推行的这一政策可以让开放数据较快地得到落实。但需要注意的是，数据开放不是信息公开的简单延伸和扩展，而是适应数字时代的一项公共政策，因而要从满足公民知情权转为着眼于数据的可开发利用性，进而促进数据创新，释放经济价值和社会效应。

第一，以开放为原则，不开放为例外的基本原则，优先开放那些社会经济

发展急需、与民政日常生活息息相关，并具有较高附加值的数据类型。第二，提高开放数据的结构化程度和可机读性，建立覆盖政务数据全生命周期的质量管理机制，保障开放政务数据的可用性、准确性、完整性、及时性和可获得性。第三，建立统一的政务数据开放平台，为社会公众提供"一站式"的数据检索、分析和下载服务，原则上不得对政务数据的使用者和用途进行限制。第四，建立激励和反馈机制，通过优惠政策，吸引更多社会主体积极利用政务数据。第五，建立政府数据开放的安全审查标准，既要在公开前进行风险评估，也要在公开后建立风险监控机制，及时了解开放数据的使用情况，并对因此产生的风险进行处置。第六，探索多形式的数据开放付费制度。鉴于政府数据的收集、存储和处理均需要大量人力、物力，在一般免费的基础上，未来可以尝试采取成本性收费、使用者收费等方案，实现数据开放的效率与公平。

（六）强化个人信息保护，实现规则与执法统一

调整个人信息法律制度的建构思路，将从如何为信息主体赋予更多权利，转变为如何根据不同场景，对个人数据的收集和处理行为设置合理规范。例如，在个人信息收集环节，可区分敏感个人信息与一般个人信息，对于前者的收集和使用应设置较为严格的限制条件，而对于后者则可采取底线监管模式，以禁止滥用为标准对其收集和使用行为进行规制。再如，在个人信息的用途方面，应允许信息控制者在保障信息主体知情权的情况下，根据业务发展对个人信息的用途进行适当调整，以促进数据价值的发掘和商业模式创新。针对个人信息多头监管问题，有必要从体制机制建设方面，借鉴国外成熟经验，明确一个统一的个人信息保护机构，重塑个人信息监管格局。

未来，个人信息保护法只有通过统一立法模式，才能改变当前法律体系缺乏顶层设计的现状。一是通过统一立法明确基础法律条款要求，统一明确个人信息概念范围、主要角色、个人信息主体的权利等，摆脱行业立法条块分割的情况；二是通过统一立法明确执法部门定位，减少交叉执法，促进监管形成合

力；三是立法必须做到发展与保护的平衡，法律既要有威慑作用，也要考虑促进技术创新，我国有自身经济社会特点，欧美立法未必完全适合，必须坚持走独立自主的立法路线。

（七）灵活行使数据主权，鼓励安全自由跨境流动

随着数字经济的发展，数据跨境流动成为关系各国政治、经济、社会的核心议题。麦肯锡全球研究院（MGI）《数字全球化：全球性流动的新时代》报告指出，自 2008 年以来，数据流动对全球经济增长的贡献已经超过传统的跨国贸易和投资，不仅支撑了包括商品、服务、资本、人才等其他几乎所有类型的全球化活动，并发挥着越来越独立的作用，数据全球化成为推动全球经济发展的重要力量。[①] 总体来看，各国数据跨境流动政策越来越受到地缘政治、国家安全、隐私保护、产业能力、市场准入等复杂因素的综合影响。

在复杂形势下，构建数据跨境流动管理体系应当服务于我国建设"网络强国"的战略目标，服务于我国整体经济发展的战略需要。通过把握全球产业竞争和政策演进的趋势，认清我国当前产业能力和发展目标，明确我国国家安全和网络安全的"红线"，选择适当的数据跨境国际合作伙伴，建立确保我国数字经济全球竞争力的数据跨境流动互认区域，实现经济发展、国家安全、公民权益等多个价值目标的有机协同，真正推动我国数字经济的发展，保障数据主权。

我国应当积极发挥产业界优势，鼓励龙头企业积极探索跨境数据流动的实践，更多地利用市场化机制提升跨境流动管理效率。比如借鉴欧盟 GDPR 条款，要求企业设置数据安全官，负责与监管部门的对接和对话。对企业申请国外监管机构或第三方认证提供帮助和指导。积极推广优秀企业的数据保护和跨境流动最佳实践，带动行业和社会整体保护水平的提升。通过行业协会、第三

---

① McKinsey & Company.Digital globalization: The new era of global flows, 2016.

方机构实施数据跨境流动认证评估，推动优秀企业在市场竞争能够被广大用户清晰辨识，激发企业严格合规与高度自律的积极性。

（八）积极制定数据标准，实现法律与标准二元共治

标准作为一种规范性约束，是促进产业转型升级和经济提质增效的重要技术支撑，是重要的技术和市场规则，是国家治理体系和治理能力现代化的基础性制度。数据要素的标准化是数据应用和发展的重要基础，与数据要素管理相关的标准的缺失，会导致数据要素的评估、运营等工作都没有可参考的依据，影响了数据要素价值的进一步挖掘，阻碍了产业化的发展。推动数据开放共享，提升应用效率，关键在于建立健全数据标准和规范。数据标准是大数据应用发展的基础和前提。数字经济的健康发展，需要发挥数据标准的基础性、战略性、引领性作用。数据标准主要针对大数据技术底层数据相关要素进行规范，包括数据资源和数据应用。其中，数据资源包括元数据、数据元素、数据目录等；数据应用包括数据共享、数据开放和数据交易。

（九）发展新一代信息技术，平衡多方价值诉求

当前，云计算、大数据、物联网、移动互联网、人工智能等新一代信息技术的发展正加速推进全球产业分工深化和经济结构调整，重塑全球经济竞争格局，我们必须加快抓住全球信息技术和产业新一轮动荡、分化和重组的重大变革机遇，以新一代信息技术和产业驱动我国数字经济的发展。

数据是数字经济时代的土壤，用户与数据构成了现在数字经济竞争的基本逻辑法则。区块链是新一代的基于信任机制的分布式技术，在万物互联、价值交换、数据保护等方面将发挥重大作用，但是，区块链在建立多中心化技术信任的同时，如何满足商业隐私的保护和操作权限的控制呢？隐私计算便是解决这个问题、实现区块链规模化商业应用中的"关键之钥"。

隐私计算技术是密码学的一个前沿发展方向，填补了数据在计算环节隐私性问题的空白，为云计算、分布式计算网络和区块链等技术的应用提供隐私性基础。隐私计算与区块链结合，可以满足更复杂多变的商业需求，特别是面向数据交换、分享的各类场景。比如区块链 +MPC（安全多方计算，隐私计算技术分支之一）的运用，可以有效连接政务各部门间的数据孤岛解决共享或归集难题，在数据不做归集，数据存储不发生迁移的情况下，为企业提供数据信息或事物办理的协同操作能力；解决政务信息共享"最后一公里"，改善降低企业办事多头跑、重复提交材料的现状。

此外，数据成为生产要素的难点在于实现隐私保护和数据开放共享之间的平衡，产业界一般采用联邦学习（Federated Learning）技术解决该问题。联邦学习诞生于 2016 年的谷歌输入法优化项目，是一种在大数据服务中保护隐私的分布式机器学习技术，作为隐私计算的技术分支之一，同区块链一样，是近年来备受关注的热门技术。联邦学习和区块链有共同的应用基础，通过技术上的共识实现多方合作的可信网络，具有较好的互补性，将为国民经济持续健康发展提供新的生产力。

总之，我国应当积极发展区块链、隐私计算等新技术新手段建设数据资产流通管理和运营平台，为政府部门和各类市场主体提供数据价值评估、数据存贷、数据交易中介等服务，有效释放数据红利，促进数据要素市场发展。

（十）促进政府和市场的协力，培育我国特色数据要素发展路径

欧盟和美国在数据治理政策和战略规划方面呈现出了不同的态势。欧盟坚持政府先行，以数据法律政策和阶段性战略规划指导数字经济发展方向，致力于建立高水平的数据治理体系。美国则坚持市场主导，健全数据交易合同规则，主张在全球范围内消除贸易壁垒，支持数据在全球范围内自由流动，促进数字经济与贸易活动。然则，我国如何选择数据要素发展的路径？

政府和市场并不是对立和二分的，正如卡尔·波兰尼所言："自由放任是

计划出来的"。我国在数字经济的地位（欧盟和美国之间）、法律体系的混合性（兼具大陆法系和英美法系的特色）以及强大的国家能力，使得我国应汲取欧盟和美国的经验和教训，同时兼顾政府战略规划布局和市场导向，通过"亲市场"（pro-market）的政策法规，为数据要素市场建立稳定、可预期的私法架构，采取包容审慎的态度对待市场主体的创新活动，以"非必要不干涉"作为政府强制性介入的前提条件。但是，这绝不意味着"无监管"或"去监管"，而是将自上而下的"数据监管"（data regulation）自下而上或相互平行的"数据治理"（data governance）转变。从"监管"到"治理"的转变，在主体上体现为从"单一主体"向"多元社会经济组织"的转变，在规则上体现为"正式制度"向"契约、行业标准、其他非正式制度"的转变，在向度上体现为从"自上而下"控制向"自下而上或平行运行"协调的转变。这种思路已经体现在《数据安全法（草案）》第九条"建立健全数据安全协同治理体系"之中。为此，针对数据市场中有关个人权益、行业竞争和国家安全等重大事项，政府应当积极与企业、公众、行业组织、技术专家紧密合作，形成政策法规、技术标准、商业惯例、代码架构、社会规范、国家规则的无缝之网，实现数据协同治理。总之，在数字化的世界，数据要素市场不再是一个复杂系统的微观场域，它自身就是一个复杂系统。只有理解并尊重复杂系统中多样化、涌现性和自组织的规律，才能实现数据善治。

第七章 促进收入分配公平合理，推进共同富裕取得更为明显的实质性进展

自改革开放以来，收入分配问题一直是我国经济社会发展中的重点与热点问题。2019年10月，党的十九届四中全会公报提出，"坚持按劳分配为主体、多种分配方式并存"。坚持多劳多得，着重保护劳动所得，增加劳动者特别是一线劳动者劳动报酬，提高劳动报酬在初次分配中的比重。2020年10月，党的十九届五中全会通过的《关于制定国民经济和社会发展第十四个五年规划和二〇三五年远景目标的建议》明确提出"坚持按劳分配为主体、多种分配方式并存，提高劳动报酬在初次分配中的比重，完善工资制度，健全工资合理增长机制，着力提高低收入群体收入，扩大中等收入群体。完善按要素分配政策制度，健全各类生产要素由市场决定报酬的机制，探索通过土地、资本等要素使用权、收益权增加中低收入群体要素收入。多渠道增加城乡居民财产性收入。完善再分配机制，加大税收、社保、转移支付等调节力度和精准性，合理调节过高收入，取缔非法收入。发挥第三次分配作用，发展慈善事业，改善收入和财富分配格局。"未来一段时期，是我国向社会主义现代化强国迈进的关键时期，通过深化改革，促进收入分配公平合理，是经济社会持续稳定发展，全体人民共同富裕取得更为明显的实质性进展和现代化实现的重要支撑和保障。

一、中国特色社会主义分配理论的形成和发展

（一）改革开放以来分配理论的发展和制度建设

党的十一届三中全会以来，党的领导集体立足于中国社会主义初级阶段的基本国情，洞察经济社会发展的新变化和新需要，在继承马克思主义收入分配思想的基础上，实事求是，与时俱进，创新、发展和完善了我国的社会主义分配理论，建立起以"按劳分配为主体、多种分配方式并存"的分配制度。大体经历了以下阶段：

一是反对平均主义，贯彻落实按劳分配原则。改革之初，政界和学界对此前僵化的"按劳分配"原则进行了反思，为分配制度改革改革做了理论准备。1978 年 3 月，邓小平同志指出："按劳分配就是按劳动的数量和质量进行分配。""只能是按劳，不能是按政，也不能是按资格。"1978 年底召开的十一届三中全会公报明确指出："人民公社各级经济组织必须认真执行各尽所能、按劳分配的原则，多劳多得，少劳少得，男女同工同酬。加强定额管理，按照劳动的数量和质量付给报酬，建立必要的奖惩制度，坚决纠正平均主义。"1984 年 10 月，党的十二届三中全会通过了《中共中央关于经济体制改革的决定》提出，按劳分配的社会主义原则将得到进一步的贯彻落实，鼓励一部分人先富起来的政策，是符合社会主义发展规律的，是整个社会走向富裕的必由之路。纵观这一时期党的相关文献论述，党和国家领导人深刻认识到了按劳分配的重要性，而真正贯彻落实按劳分配，就必须打破平均主义，让一部分人、一部分地区先富裕起来。认识到社会主义初级阶段必然是公有制为主体，发展多种经济成分，而发展多种经济成分，就必然要求多种分配形式。

针对先富带动后富可能带来的贫富差距问题，在 1985 年 3 月的全国科技大会上，邓小平即席发表《一靠理想二靠纪律才能团结起来》，指出："社会主

义的目的就是要全国人民共同富裕，不是两极分化。如果我们的政策导致两极分化，我们就失败了；如果产生了什么新的资产阶级，那我们就真是走了邪路了。"①同时他认为：我国生产资料公有制的主体地位，决定了收入分配必然以按劳分配为主体，这就消除了产生两极分化的根源，从而能够避免两极分化，但有必要制定和执行正确的分配政策来进行调节。

二是以按劳分配为主体，其他分配形式为补充到以按劳分配为主体、多种分配方式并存。随着改革的不断深入和经济快速增长，以公有制为主体、多种所有制形式并存的局面开始出现。随着多种所有制形式的出现，如何贯彻执行和解读按劳分配原则成为理论界争论的一个焦点问题。1987年10月，党的十三大提出了社会主义初级阶段理论，并在此基础上明确提出："社会主义初级阶段的分配方式不可能是单一的。我们必须坚持的原则是，以按劳分配为主体，其他分配方式为补充。"党的十四大则继续坚持了十三大的收入分配理论，明确提出："在分配制度上，以按劳分配为主体，其他分配方式为补充。"党的十四届三中全会制定的《中共中央关于建立社会主义市场经济体制若干问题的决定》，在我国收入分配理论方面作了进一步继承和发展。《决定》指出："个人收入分配要坚持以按劳分配为主体、多种分配方式并存的制度……劳动者的个人劳动报酬要引入竞争机制，打破平均主义，实行多劳多得，合理拉开差距。坚持鼓励一部分地区一部分人通过诚实劳动和合法经营先富起来的政策，提倡先富带动和帮助后富，逐步实现共同富裕。"我国分配理论在这一时期的发展具有以下几个显著特点：一是突破了单一的按劳分配形式，以按劳分配为主体，其他分配方式为补充，这是与我国经济结构变化相适应的与时俱进的理论发展。党的十四届三中全会又提出"以按劳分配为主体、多种分配方式并存的制度"，提法上升到了"制度"层面。二是首次承认了非劳动收入的合法性，并得到允许和保护，这极大地调动了广大人民群众生产和投资的积极性。三是提出了按生产要素分配理论。按生产要素分配理论是我国社会主义收入分配制

---

① 《邓小平文选》第三卷，人民出版社1993年版，第110—111页。

度理论的最大创新成果，为我国社会主义市场经济分配制度的创新和改革提供了新的理论依据。

三是坚持按劳分配为主体，多种分配方式并存，按劳分配和按生产要素分配相结合。党的十四届三中全会以后，我国确立了社会主义市场经济体制，收入分配理论需要进一步突破，以适应社会主义市场经济发展的需要。党的十五大报告指出，"坚持按劳分配为主体，多种分配方式并存的制度"并首次提出"把按劳分配和按生产要素分配结合起来"，"允许和鼓励资本、技术等生产要素参与收益分配"。这是我国在分配理论上的又一次更具有深远意义的突破，不仅体现出社会主义市场经济的本质，而且充分发挥了社会主义制度的优越性。党的十六大提出确立劳动、资本、技术和管理等生产要素按贡献参与分配的原则，完善按劳分配为主体，多种分配方式并存制度。十六大报告将"按生产要素分配"的提法改为"确立劳动、资本、技术和管理等生产要素按贡献参与分配的原则"，这一收入分配原则是对马克思主义关于社会主义收入分配理论的创新，是适应社会主义市场经济体制的建立和完善，适应以公有制为主体，多种经济成分并存的必然选择，它一方面将生产要素进行了明确细化，另一方面在劳动价值论基础上肯定了生产要素参与分配的合法地位。党的十七大对社会主义收入分配理论又有创新，提出"坚持和完善按劳分配为主体、多种分配方式并存的分配制度"，健全"生产要素按贡献参与分配的制度"。一方面，强调坚持按劳分配为主体；另一方面，肯定了市场经济下各种生产要素参与财富创造和财富分配的合理性，有利于调动要素所有者的积极性、主动性与创造性，同时防止两极分化，最终实现共同富裕。

（二）新时代中国特色社会主义分配理论的确立和发展

习近平在十九大报告指出："中国特色社会主义进入新时代，我国社会主要矛盾已经转化为人民日益增长的美好生活需要和不平衡不充分的发展之间的矛盾。"从新时代中国特色社会主义的国情来看，所谓"美好生活"已不仅是满足人们的物质需求，而是包含着对人的全面发展的向往。对于国家而言，应该为每一位社会成员在经济、政治、社会、文化、生态等各方面的需求提供有效而公平的制度保障，为每个人实现自己的"美好生活"追求创造优良的条件。在中国特色社会主义的新时代，贫富差距大小、分配秩序是否规范、分配规则是否公正，将日益成为"人民对美好生活需要"的重要组成部分。尤其是随着2020年决胜全面小康社会建设任务的逐步完成，我国人均收入由中等向中上等迈进。在新时代中国特色社会主义建设历史进程中，需要不断地改进和完善分配制度，以适应和促进生产力的发展，跨越"中等收入陷阱"，顺利实现我国现代化建设新征程的新任务。

分配问题和财产所有权问题是马克思主义经济学经典理论的两大核心内容。一个良好的分配制度应具备两个特征：一是适应生产力发展的需要，极大地激发要素的活力，尤其是激发生产力中最活跃的因素——劳动的活力，从而促进经济的持续发展；二是让全体人民公平公正地分享经济发展的成果，从而促进社会的全面进步。这是马克思主义政治经济学的基本启示。以习近平同志为核心的党中央坚持"以人民为中心的发展思想"这一新时代收入分配改革的主基调，从提高劳动者收入水平、共享发展成果、保障和改善民生、基本公共服务均等、缩小收入分配差距、促进社会公平正义等视角，为收入分配改革赋予了新的时代内涵，提出了新的目标要求。

党的十八大以来，收入分配理论创新和实践探索进入了新的发展阶段。党的十八大提出"要坚持社会主义基本经济制度和分配制度"。党的十八届三中全会、五中全会进一步提出要实现"两个同步"，即"居民收入增长和经济发展同步""劳动报酬增长和劳动生产率提高同步"。在2016年5月中央财经领导小组第十三次会议上，习近平强调，必须完善收入分配制度，坚持按劳分配为主体、多种分配方式并存的制度，把按劳分配和按生产要素分配结合起来，处理好政府、企业、居民三者分配关系；必须强化人力资本，加大人力资本投入力度，着力把教育质量搞上去，建设现代职业教育体系；必须发挥好企业家作用，帮助企业解决困难、化解困惑，保障各种要素投入获得回报；必须加强产权保护，健全现代产权制度，加强对国有资产所有权、经营权、企业法人财产权保护，加强对非公有制经济产权保护，加强知识产权保护，增强人民群众财产安全感。

党的十九大报告系统梳理了完善分配制度的内容，提出"坚持按劳分配原则，完善按要素分配的体制机制，促进收入分配更合理、更有序"，"保证全体人民在共建共享发展中有更多获得感，不断促进人的全面发展、全体人民共同富裕"。这一提法确立了今后一个时期我国改进和完善分配制度的基本原则，也标志着在新时代中国特色社会主义建设过程中，我们党对现代市场经济条件下分配问题认识的新高度。这对于如何从马克思主义基本原理出发，结合中国发展实践，深化分配问题研究，丰富和完善新时代中国特色社会主义理论内容，进一步服务于实践发展，有着十分重要的意义。

党的十九大报告对分配问题的系统论述中，包括了通过提高要素激励、完善所有制结构、优化产业结构来实现分配格局的调整、分配状况的改善、分配关系的调节等内容。这既是对分配制度改革的具体部署，也是对传统分配概念的细化和拓展。随着经济发展和分配制度改革的不断探索，适应新时代中国特色社会主义的分配理论不断发展和完善。

党的十九届四中全会确立了公有制为主体、多种所有制经济共同发展，按劳分配为主体、多种分配方式并存，社会主义市场经济体制等社会主义基本经济制度。这是对社会主义基本经济制度作出的新概括，是对社会主义基本经济制度内涵的重要发展和深化，标志着我国社会主义基本经济制度更加成熟更加定型。这意味着党把分配制度作为基本经济制度的组成部分确定下来。按劳分配为主体、多种分配方式并存的收入分配制度，既坚持科学社会主义的基本原则，又适应市场经济基本要求，激发了人民群众创造财富的热情，是党和人民的伟大创造。这是首次把收入分配制度列入社会主义基本经济制度的范畴，是中国特色社会主义制度的重大理论创新。以此为基础，党的十九届四中全会通过的《中共中央关于坚持和完善中国特色社会主义制度推进国家治理体系和治理能力现代化若干重大问题的决定》，细化了收入分配领域的政策行动方案，主要表现在以下几个方面。①

一是坚持多劳多得，着重保护劳动所得，增加劳动者特别是一线劳动者劳动报酬，提高劳动报酬在初次分配中的比重。我国国民收入中劳动报酬份额在过去近20年间一直处于下降趋势，近几年虽略有回升，但仍低于本世纪初期水平。因此，迫切需要从根源上提高劳动者尤其是一线劳动者报酬。另外，随着居民财富的积累和资本性收入占比的逐渐提高，社会上出现不劳而获的食利现象，与此相伴随的是居民劳动参与率出现持续下降，因此，党的十九届四中全会提出要鼓励勤劳致富，增加劳动者特别是一线劳动者劳动报酬，尤其是要保护合法劳动收入所得。

二是要健全以税收等为主要手段的再分配调节机制，强化税收调节，完善直接税制度并逐步提高其比重。根据对我国收入分配与再分配政策效果评估结果显示，我国税收政策对收入差距的调节作用相对有限，并且少数间接税收项目甚至还有可能扩大了收入分配差距。尤其是，针对性较强的个人所得税等直接税目前比重还比较低，因此在扭转总体收入分配差距方面的作用还不够强，并且当前我国的直接税种类还比较单一，所以专门提出要完善直接税制度并逐步提高其比重。

三是要合理调节城乡、区域、不同群体间分配关系。当前我国收入分配差距的主要来源就是城乡和区域差距，因此，党的十九届四中全会的决定是抓到了问题和关键。以不同标准来衡量，目前我国城乡差距甚至最高能达到总体差距的一半左右，因此瞄准关键的城乡差距是显而易见的，尤其是在新型城镇化背景下如何保障农民工群体的利益，增强对农村居民的转移支付力度，实现城乡一体化发展等还有很多工作要做。

四是要重视发挥第三次分配作用，发展慈善等社会公益事业。随着过去几十年经济的快速增长，目前我国居民已经积累了相当程度的财富水平，有相当一批先富起来的社会群体，民间财富的规模目前已完全可以成为收入分配的第

---

① 万海远、孟凡强：《收入分配制度的重大理论创新》，《中国经济日报》2019年11月15日。

三支柱了。因此，党的十九届四中全会专门提出要重视提高第三次分配的作用，完善相关政策激励引导居民财富合理流向社会公益事业，以更好地解决贫困和缩小收入分配差距。

五是强调市场机制在收入分配中的重要作用。十九届四中全会的决定，不仅侧重提到三次分配，讲到了二次分配，尤其需要注意的是，这里还特别突出了以劳动报酬为代表的初次分配的重要性。要解决当前我国的收入分配问题，需要从这几个方面同时发力，其中尤其是要解决初次分配领域所存在的关键问题。初次分配领域中生产要素市场的改革与初次收入分配制度的改革是相辅相成的，甚至在很大程度上前者的进展决定了后者的进展，前者的成功决定了后者的成功。因此，政府需要推进市场化改革进程，进一步完善市场体系，让市场机制在资源配置中起到决定性作用。党的十九届四中全会中提出健全劳动、资本、土地、知识、技术、管理、数据等生产要素由市场评价贡献、按贡献决定报酬的机制，为生产要素市场的改革指明了方向。

党的十九届四中全会对收入分配理论的发展，在十九届五中全会得到进一步阐述，明确了实现路径。十九届五中全会提出，到2035年"人均国内生产总值达到中等发达国家水平，中等收入群体显著扩大，基本公共服务实现均等化，城乡区域发展差距和居民生活水平差距显著缩小……人民生活更加美好，人的全面发展、全体人民共同富裕取得更为明显的实质性进展"。"十四五"时期，将"民生福祉达到新水平，实现更加充分更高质量就业，居民收入增长和经济增长基本同步，分配结构明显改善，基本公共服务均等化水平明显提高，全民受教育程度不断提升，多层次社会保障体系更加健全，卫生健康体系更加完善，脱贫攻坚成果巩固拓展，乡村振兴战略全面推进"作为经济社会发展主要目标之一。为实现以上收入分配领域的发展目标，"十四五"时期将扎实推动共同富裕，坚持按劳分配为主体、多种分配方式并存，提高劳动报酬在初次分配中的比重；健全工资合理增长机制，完善按要素分配政策制度，增加中低收入群体的要素收入；完善再分配机制，加大税收、社保、转移支付等调节力度和精准性；发挥第三次分配的作用，发展慈善事业。

二、我国收入分配领域改革的主要成就

（一）城乡居民收入水平持续增长，人民生活水平显著提高

新中国成立初期，我国城乡居民收入很低，1949 年城乡人均收入分别仅为 95 元和 44 元（以下都以 1949 年为 100 来调整的实际收入），绝大部分居民都入不敷出；到 1977 年，城乡居民的人均实际收入分别提高到 259 元和 88 元；在 1949—1977 年间，城乡居民实际收入年均增长率为 3.6％和 2.5％，同期人均 GDP 增长 3.3％。改革开放以来，随着经济增长和改革开放的不断深入，收入分配领域改革不断推进，直接带来了城乡居民收入持续强劲的增长，自 1978—2019 年年间，城乡居民收入的年均增长速度达到 7.4％和 7.3％，人均 GDP 年均增速为 8.5％，其增速都远超过 1949—1977 年间。

随着城乡居民收入水平的增长，人民生活水平得到了显著提高。从近几年数据看，2019 年，全国居民人均可支配收入达到 30733 元，比 2015 年实际增长 28.6％，2016—2019 年年均增长 6.5％，快于同期人均国内生产总值增速。同时，城乡居民生活质量得到明显提升。2019 年，全国居民恩格尔系数为 28.2％，比 2015 年下降 2.4 个百分点；居民消费不断增长，2019 年，全国居民人均服务性消费支出 9886 元，占居民人均消费支出比重达到 45.9％。居民平均预期寿命由 2015 年的 76.34 岁提高到 2019 年的 77.3 岁。世界上规模最大的社会保障体系已经建成，到 2019 年末，参加基本医疗、基本养老、失业、工伤、生育保险人数分别比 2015 年末增加 68826 万人、10921 万人、3217 万人、4046 万人、3646 万人，基本医疗保险覆盖超过 13 亿人，基本养老保险覆盖近 10 亿人。

（二）建构按劳分配与按生产要素分配的微观基础，分配机制不断完善

收入分配改革过程中，通过市场化的定价模式、采用市场化的调控方式，使之与我国社会中劳动力禀赋丰富的基本背景相一致，从而提高劳动力要素在生产过程中的回报，增加就业机会以提高劳动报酬在初次分配中的比重，并提高居民收入在国民收入中的比重。在企业内部，以市场为定价基础的工资分配制度，让职工看得明白、算得清楚、拿得服气，从而能最充分、最直接地调动他们的工作积极性。特别是改革开放以来，劳动者和居民收入水平普遍大幅度提高，发挥了调动劳动者积极性、主动性、创造性的作用。由于坚持市场机制导向，劳资平等协商，企业自主分配，政府指导调节，真正落实按劳分配的原则，特别是在权责分明、产权明晰和收入保护的制度安排下，职工通过辛勤劳动而积累财富的积极性被极大释放，由此适应市场、激励有效的工资决定机制和增长机制完全建立起来，整体上收入分配制度的微观基础基本形成。

（三）建立收入再分配政策体系，提高民生保障水平

随着改革的不断进行，我国收入再分配政策体系不断健全，逐步建立起税收、社会保障、转移支付和基本公共服务均等化等协同发展的政策调节体系。如财政转移支付力度不断加大，社会福利、社会救助和抚恤等转移支付支出总规模不断升高，享受转移支付的群体和对象不断增加。另外，我国税收制度改革稳步推进，税收再分配功能不断增强。社会保障制度从无到有、从少到多，逐步实现了制度的全覆盖。到 2019 年末，我国基本养老保险覆盖近 10 亿人，覆盖面约 71%。全民医保体系确立并不断完善，基本医疗保险覆盖超过 13 亿人；最低生活保障基本实现应保尽保。

（四）收入来源拓展，分配调节体系不断完善

随着与社会主义市场经济相适应的按劳分配为主体、多种分配方式并存的分配制度基本确立，包括各类企业多种多样的薪酬分配制度，机关事业单位工资分配制度，多种形式的经营性收入、资产性收入分配制度，农村家庭联产承包责任制度等也已建立；以税收、社会保障、转移支付为主要手段的再分配调节框架初步形成。收入分配改革也拓展了劳动者和居民的增收渠道和途径，包括工资性收入、经营性收入、财产性收入、转移性收入等多种渠道和途径，各类生产要素按贡献参与分配的格局大体形成。

（五）经济转轨中收入差距扩大，社会转型中保持稳定

收入分配改革的过程，几乎都伴随着收入差距水平的全方位提高，无论是城镇内部、农村内部还是全国总体，其收入差距水平都在持续上升并保持高位，但我国经济社会发展仍然保持相对稳定的状态，这很大程度上得益于以下几个方面：首先，是中国特色的人口流动制度，在中国特色的城乡分割体系中，候鸟式就业的农民工几乎起到了蓄水池作用，也保证了其一定的收入水平。其次，还得益于强劲经济增长带来收入水平的绝对稳定增长。从中低收入群体纵向比较来看，在经济强劲增长的带动下，其收入水平仍在持续稳定提高。最后，虽然收入的结果差距在持续扩大，但是居民最起码的机会公平仍然有相当程度的保证。如接受更高程度的教育已越来越成为很多低收入阶层改变命运的途径，高等教育数量扩招、教育回报率上升等都使得低收入阶层有机会迈入高收入阶层。

三、我国收入分配状况的实证分析

党的十九届五中全会就有关收入分配领域的论述中，明确提出"提高人民收入水平。坚持按劳分配为主体、多种分配方式并存，提高劳动报酬在初次分配中的比重，完善工资制度，健全工资合理增长机制，着力提高低收入群体收入，扩大中等收入群体"。现阶段，这必然是促进收入公平分配的基础和重要内容。以党的十九届五中全会的要求为认识背景，我们从城乡居民收入增长、居民收入差距变化以及宏观收入分配格局变化等视角，就我国收入分配现状展开实证分析。

（一）城乡居民收入增长及结构变化

1. 全国（总体）居民收入增长及结构变化

（1）全国居民收入增长状况

2019 年，全年全国居民人均可支配收入 30733 元，比 2018 年增长 8.9%，扣除价格因素，实际增长 5.8%。2013—2019 年，全国居民人均可支配收入稳定增长，由 18310.8 元增长至 30733 元，名义增长 67.8%，但每年增速呈下降趋势，2019 年较 2013 年名义增速和实际增速分别下降 2.0 和 2.3 个百分点。显然，这和我国经济新常态下经济从高速增长转为中高速增长直接相关。

人均可支配收入中各收入来源均呈增长趋势，2018 年人均可支配收入各项来源工资性收入、经营净收入、财产净收入和转移净收入相较 2013 年年均呈增长态势，增幅最大的是转移净收入，增长 69.9%。各项来源增速，相较 2013 年除财产净收入增长 1.3 个百分点外，其余均有所下降。从来源构成看，工资性收入是全国居民可支配收入最主要的来源，财产净收入在可支配收入中占比最低。全国居民人均可支配收入来源构成变化表现为：工资性收入和经营净收入占比均有所下降，财产净收入和转移净收入均有所提高。

2013—2019 年全国居民人均可支配收入和增速

年份	人均可支配收入（元）	名义增速（%）	实际增速（%）
2013	18310.8	10.9	8.1
2014	20167.1	10.1	8.0
2015	21966.2	8.9	7.4
2016	23821.0	8.4	6.3
2017	25973.8	9.0	7.3
2018	28228.0	8.7	6.5
2019	30733.0	8.9	5.8

数据来源：《中国住户调查年鉴2019》和2019年国民经济和社会发展统计公报。

2013—2018 年全国居民人均可支配收入来源构成增速

年份	可支配收入水平（元）	增速（%）	工资性收入水平（元）	增速（%）	经营净收入水平（元）	增速（%）	财产净收入水平（元）	增速（%）	转移净收入水平（元）	增速（%）
2013	18310.8	—	10410.8	—	3434.7	—	1423.3	—	3042.1	—
2014	20167.1	10.1	11420.6	9.7	3732.0	8.7	1587.8	11.6	3426.8	12.6
2015	21966.2	8.9	12459.0	9.1	3955.6	6.0	1739.6	9.6	3811.9	11.2
2016	23821.0	8.4	13455.2	8.0	4217.7	6.6	1889.0	8.6	4259.1	11.7
2017	25973.8	9.0	14620.3	8.7	4501.8	6.7	2107.4	11.6	4744.3	11.4
2018	28228.0	8.7	15829.0	8.3	4852.4	7.8	2378.5	12.9	5168.1	8.9

数据来源：《中国统计年鉴》。

2013—2018 年全国居民人均可支配收入来源构成

年份	可支配收入水平（元）	比重（%）	工资性收入水平（元）	比重（%）	经营净收入水平（元）	比重（%）	财产净收入水平（元）	比重（%）	转移净收入水平（元）	比重（%）
2013	18310.8	100	10410.8	56.9	3434.7	18.8	1423.3	7.8	3042.1	16.61

续表

年份	可支配收入		工资性收入		经营净收入		财产净收入		转移净收入	
	水平(元)	比重(%)	水平(元)	比重(%)	水平(元)	比重(%)	水平(元)	比重(%)	水平(元)	比重(%)
2014	20167.1	100	11420.6	56.6	3732.0	18.5	1587.8	7.9	3426.8	16.99
2015	21966.2	100	12459.0	56.7	3955.6	18.0	1739.6	7.9	3811.9	17.35
2016	23821.0	100	13455.2	56.5	4217.7	17.7	1889.0	7.9	4259.1	17.88
2017	25973.8	100	14620.3	56.3	4501.8	17.3	2107.4	8.1	4744.3	18.27
2018	28228.0	100	15829.0	56.1	4852.4	17.2	2378.5	8.4	5168.1	18.31

数据来源：《中国统计年鉴》。

（2）全国居民可支配收入增长与 GDP 增长

将 2013 年以来 GDP 与居民可支配收入的名义增长率进行比较可以看到，如图 1 所示，2013—2019 年全国居民可支配收入增长率和 GDP 增长率基本保持同步增长态势，2013—2016 年，居民可支配收入增长速度略高于 GDP 增长率；2017—2019 年，GDP 增长率略高于居民可支配收入增长率。总体来看，我国居民收入与经济基本保持了同步增长的态势。

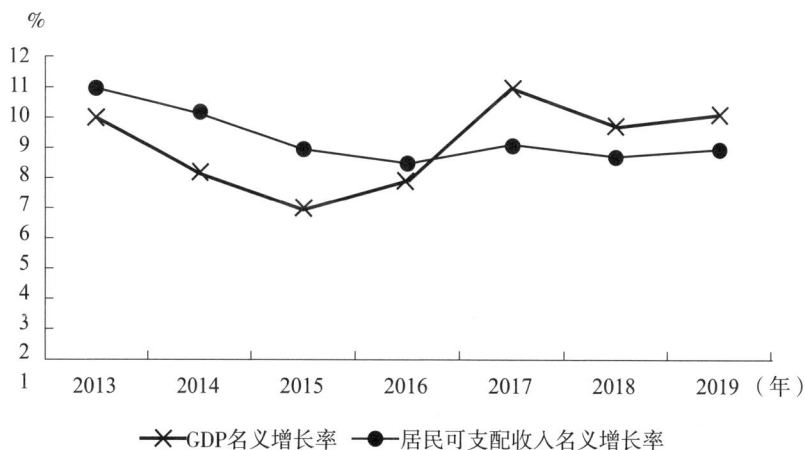

图 1　2013—2019 年我国 GDP 名义增长率、居民可支配收入名义增长率比较

数据来源：《中国统计年鉴》和 2019 年国民经济和社会发展统计公报。

（3）劳动者报酬占国民收入比重有所提高

劳动者报酬是指劳动者从事生产活动应该获得的全部报酬，包括两大类：一是劳动者在单位就业获得的劳动报酬，如工资、奖金、津贴和补贴等，以及单位为员工交纳的社会保险费、住房公积金和其他各种形式的福利、报酬等；二是个体经济活动中自雇者的劳动报酬，需要基于个体经济收入按一定比例在劳动者报酬和营业盈余之间进行划分。

如图2所示，2013—2016年，劳动者报酬占国民收入比重连续上升，由2013年的50.6%上升至2016年的52.2%，提高了1.6个百分点，2017—2018年所有回落，2018年较2016年回落0.45个百分点，较2013年上升1.15个百分点。劳动者报酬是居民收入的主要来源，占居民可支配收入的比重超过80%，因此，劳动者报酬提高有利于提高居民收入比重，改善收入分配格局。

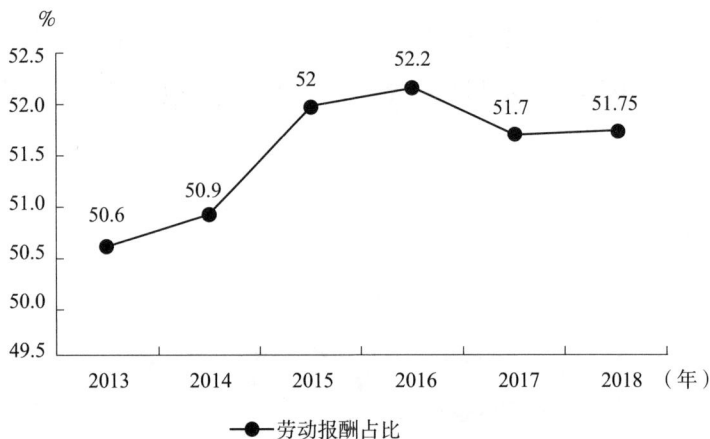

图2　2013—2018年劳动者报酬占国民总收入的比重

数据来源：《中国统计年鉴》和2019年国民经济和社会发展统计公报。

（4）全员劳动生产率与劳动报酬

全员劳动生产率用名义GDP值与就业人数的比值表示；劳动报酬用城镇就业人员平均工资表示。如图3所示，2013—2019年我国的劳动生产率保持稳步提升，分别达到了77031元/人、83010元/人、88571元/人、95365元/人、

105713 元 / 人、116040 元 / 人和 127901 元 / 人；城镇单位就业人员平均工资在
2013—2019 年也实现了较大幅度的增长，分别为 51483 元、56360 元、62029 元、
67569 元、74318 元、82413 元和 90501 元。可以看出，在劳动生产率稳步提
高的同时，城镇单位就业人员劳动报酬也实现了较大程度的增长，劳动生产率
提高与劳动报酬增长实现了同步提升。

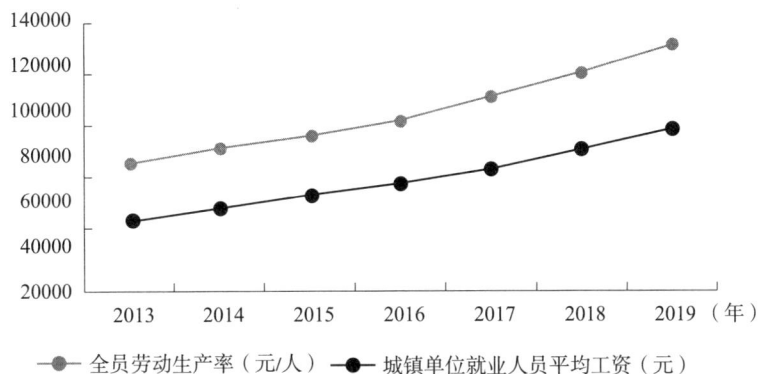

图 3　2013—2019 年我国全员劳动生产率与城镇单位就业人员平均工资

数据来源：《中国统计年鉴》和 2019 年国民经济和社会发展统计公报。

2. 城镇居民收入增长及构成变化

2018 年，全国城镇居民人均可支配收入为 39250.8 元，比上年名义增长
7.8%，扣除价格影响因素，实际增长 5.6%，分别比上年回落 0.5 和 0.9 个百
分点。2013—2018 年，全国城镇人均可支配收入稳定增长，由 26467 元增长
至 39250.8 元，名义增长 48.3%，实际增长 35%，但是每年增速呈下降趋势，
2018 年较上一年名义增速和实际增速分别比 2013 年下降 1.9 和 1.4 个百分点。

各项收入来源对城镇居民增收的贡献。城镇居民人均可支配收入中，
2013—2018 年，人均工资性收入增加 7174.8 元，拉动城镇居民人均可支配收
入增长 27.1 个百分点，是城镇居民收入增长的主要拉动力量，增收贡献率为
56.1%。人均经营净收入增加 1467.3 元，拉动城镇居民人均可支配收入增长
5.5 个百分点，增收贡献率为 11.48%。人均财产净收入增加 1476.2 元，拉动

城镇居民人均可支配收入增长 5.6 个百分点，增收贡献率为 11.55%。人均转移净收入增加 2665.5 元，拉动城镇居民人均可支配收入增长 10.1 个百分点，增收贡献率为 20.9%。

2013—2018 年城镇居民人均可支配收入和增速

年份	城镇人均可支配收入（元）	名义增速（%）	实际增速（%）
2013	26467.0	9.7	7.0
2014	28843.9	9.0	6.8
2015	31194.8	8.2	6.6
2016	33616.2	7.8	5.6
2017	36396.2	8.3	6.5
2018	39250.8	7.8	5.6

数据来源：《中国住户调查年鉴 2019》。

2013—2018 年城镇居民人均可支配收入各项收入来源增长及贡献率

年份	可支配收入		工资性收入		经营净收入		财产净收入		转移净收入	
	水平（元）	增长（元）	增长（元）	贡献率（%）	增长（元）	贡献率（%）	增长（元）	贡献率（%）	增长（元）	贡献率（%）
2013	26467.0	—	—	—	—	—	—	—	—	—
2014	28843.9	2376.8	1319.4	55.5	303.6	12.8	260.6	11.0	493.2	20.8
2015	31194.8	2351.0	1400.3	59.6	197.1	8.4	229.8	9.8	523.8	22.3
2016	33616.2	2421.4	1327.9	54.8	294.0	12.1	229.4	9.5	570.1	23.5
2017	36396.2	2779.9	1535.9	55.3	294.6	10.6	335.5	12.1	613.8	22.1
2018	39250.8	2854.6	1591.3	55.7	377.9	13.2	420.9	14.7	464.6	16.3

数据来源：《中国统计年鉴》。

3. 农村居民收入增长及构成变化

2013—2018 年，全国农村居民人均可支配收入呈增长趋势，由 9429.6 元增长至 14617 元，名义增长 55.%，实际增长 42.6%，但每年增速呈下降趋势，2018 年农村居民人均收入名义增速和实际增速分别比 2013 年下降 3.6 个百分点和 2.7 个百分点。

各项收入来源对农村居民增收的贡献。农村居民人均可支配收入中，2013—2018 年，人均工资性收入增加 5187.4 元，拉动农村居民人均可支配收入增长 24.9 个百分点，是农村居民收入增长的主要拉动力量，增收贡献率为 45.2%；人均经营净收入增加 1423.6 元，拉动农村居民人均可支配收入增长 15.1 个百分点，增收贡献率为 27.4%；人均财产净收入增加 147.3 元，拉动农村居民人均可支配收入增长 1.6 个百分点，增收贡献率为 2.8%；人均转移净收入增加 1272.9 元，拉动农村居民人均可支配收入增长 13.5 个百分点，增收贡献率为 24.5%。

2013—2018 年农村居民人均可支配收入和增速

年份	农村人均可支配收入（元）	名义增速（%）	实际增速（%）
2013	9429.6	12.4	9.3
2014	10488.9	11.2	9.2
2015	11421.7	8.9	7.5
2016	12363.4	8.2	6.2
2017	13432.4	8.6	7.3
2018	14617.0	8.8	6.6

数据来源：《中国住户调查年鉴 2019》。

2013—2018 年农村居民人均可支配收入各项收入来源增长及贡献率

年份	可支配收入		工资性收入		经营净收入		财产净收入		转移净收入	
	水平（元）	增长（元）	增长（元）	贡献率（%）	增长（元）	贡献率（%）	增长（元）	贡献率（%）	增长（元）	贡献率（%）
2013	9429.6	—	—	—	—	—	—	—	—	—
2014	10488.9	1059.3	499.7	47.2	302.5	28.6	27.4	2.6	229.7	21.7
2015	11421.7	932.8	448.1	48.0	266.2	28.5	29.5	3.2	189.1	20.3

续表

年份	可支配收入		工资性收入		经营净收入		财产净收入		转移净收入	
	水平（元）	增长（元）	增长（元）	贡献率（%）	增长（元）	贡献率（%）	增长（元）	贡献率（%）	增长（元）	贡献率（%）
2016	12363.4	941.7	421.5	44.8	237.7	25.2	20.5	2.2	261.9	27.8
2017	13432.4	1069.0	476.6	44.6	286.5	26.8	30.9	2.9	275.0	25.7
2018	14617.0	1184.6	497.7	42.0	330.6	27.9	39.1	3.3	317.2	26.8

数据来源：《中国统计年鉴》。

（二）居民收入差距发展现状及特征

1. 以高低收入分组反映的全国居民收入差距发展变化及特点

（1）全国居民高、低收入组相对收入差距有所缩小

如下表所示，从全国居民可支配收入五等份分组数据看，2019年低收入组收入水平增速为14.6%，较2014年上升了6.8个百分点；中低偏向下收入组收入水平增速为9.9%，较2014年下降2.9个百分点；中间组收入水平增速为8%，较2014年下降4.3个百分点；中间偏上收入组收入水平增速为7.6%，较2014年下降3个百分点；高收入组收入水平增速为8.2%，较2014年上升0.8个百分点。2019年高、低收入组收入之比为10.35，较2013年下降0.43个点，全国居民高、低收入组相对收入差距有所缩小。

2013—2019年不同收入组全国居民人均可支配收入差距

年份	低收入组		中间偏下收入组		中间收入组		中间偏上收入组		高收入组		高/低
	水平（元）	增速（%）	水平（元）	增速（%）	水平	增速（%）	水平（元）	增速（%）	水平（元）	增速（%）	
2013	4402.4	—	9653.7	—	15698.0	—	24361.2	—	47456.6	—	10.78
2014	4747.3	7.8	10887.4	12.8	17631.0	12.3	26937.4	10.6	50968.0	7.4	10.74
2015	5221.2	10.0	11894.0	9.2	19320.1	9.6	29437.6	9.3	54543.5	7.0	10.45
2016	5528.7	5.9	12898.9	8.4	20924.4	8.3	31990.4	8.7	59259.5	8.6	10.72

续表

年份	低收入组		中间偏下收入组		中间收入组		中间偏上收入组		高收入组		高 / 低
	水平（元）	增速（%）	水平（元）	增速（%）	水平	增速（%）	水平（元）	增速（%）	水平（元）	增速（%）	
2017	5958.4	7.8	13842.8	7.3	22495.3	7.5	34546.8	8.0	64934.0	9.6	10.90
2018	6440.5	8.1	14360.5	3.7	23188.9	3.1	36471.4	5.6	70639.5	8.8	10.97
2019	7380.0	14.6	15777.0	9.9	25035.0	8.0	39230.0	7.6	76401.0	8.2	10.35

数据来源：《中国统计年鉴》。

（2）全国居民收入差距指数和基尼系数 ①

如图 4 所示，2013—2019 年全国居民收入差距指数和基尼系数显示，我国居民收入差距先下降后上升。2013—2018 年居民收入差距指数分别为：1.171、1.148、1.139、1.141、1.159、1.160 和 1.159，2013—2015 年连续下降，2 年下降了 0.032，2016—2018 年逆转上升，2 年上升了 0.019。2013—2018 年基尼系数分别为：0.473、0.469、0.462、0.465、0.467 和 0.468，2013—2015 年呈下降趋势，下降了 0.011，2016—2018 年又开始微弱上升，上升了 0.003。

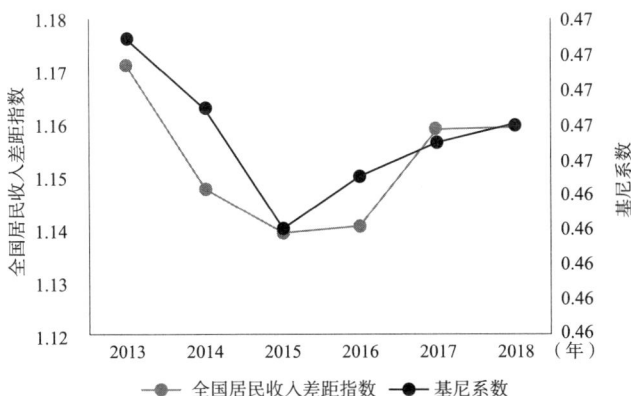

图 4 2013—2018 年我国居民收入差距指数和基尼系数

数据来源：统计局和《中国住户调查年鉴 2019》。

---

① 居民收入差距指数由居民可支配收入平均数除以中位数计算得出。

2. 城乡居民收入差距状况

（1）农村居民收入差距大于城镇居民收入差距

从 2013—2018 年城乡居民高低收入组收入水平之比和城乡居民收入差距指数可以看出，农村居民收入差距大于城镇居民收入差距。城镇高低收入组收入水平之比波动范围在 5.321—5.902 之间，最大波动幅度为 0.601，而农村高低收入组收入水平之比波动范围在 7.409—9.479 之间，最大波动幅度为 2.07。2013—2018 年城镇高低收入组收入水平之比的平均值为 5.597，农村高低收入组收入水平之比的平均值为 8.786。2013—2018 年城镇居民收入差距指数平均数为 1.078，而农村居民收入差距指数平均数为 1.126。

2013—2018 年城乡高 / 低收入组收入之比与收入差距指数

年份	高 / 低收入组收入水平之比		居民收入差距指数	
	城镇	农村	城镇	农村
2013	5.837	7.409	1.094	1.193
2014	5.492	8.651	1.083	1.104
2015	5.321	8.431	1.071	1.110
2016	5.410	9.462	1.065	1.109
2017	5.618	9.479	1.076	1.122
2018	5.902	9.286	1.078	1.119

数据来源：国家统计局。

（2）城乡收入差距有所减小

如图 5 所示，从 2013—2019 年城乡人均可支配收入比和人均可支配收入中位数走势可以看出，城乡收入差距有所减小。城乡人均可支配收入比由 2013 年的 2.807 下降到 2019 年的 2.644，降低了 0.163，下降 5.8%；城乡人均可支配收入中位数由 2013 年的 3.061 下降到 2019 年的 2.727，降低了 0.333，下降 10.887%。

（3）城乡收入差距的另一个视角——务农与务工的收入差距

从上述城乡可支配收入比和可支配收入中位数之比看，城乡居民收入的相

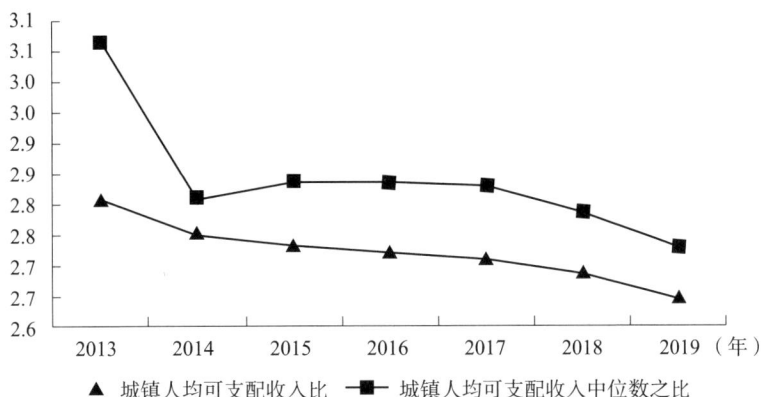

图5　2013—2019年城乡可支配收入比和可支配收入中位数之比

数据来源：国家统计局。

对差距在缩小，但绝对收入差距在扩大。城乡人均可支配收入比由2013年的2.807下降到2019年的2.644，但人均绝对差距却由2013年17037元/年，扩大到2019年的26338元/年；并且相对收入差距缩小主要是因为进城务工收入的快速增长，而不是务农收入的增长。如表所示，2016—2018年稻谷、小麦和玉米三大主粮的平均利润率为负值，分别为-80.3元/亩，-12.5元/亩，-85.6元/亩，即使将成本中"家庭用工折价"去掉，每亩收益也只有328.3元、381.4元、298.1元。而相比之下，农民工平均工资分别为3275元/月、3485元/月、3721元/月，农民工一个家庭种一年地的收入，还不如一个人在外打工一个月的工资收入。

2013—2018年稻谷、小麦、玉米三大主粮平均利润率与农民工月平均工资

单位：元

年份	净利润	家庭用工折价	去掉家庭用工折价利润	农民工月平均工资
2013	72.94	397.32	470.26	2609
2014	124.78	414.18	538.96	2864

续表

年份	净利润	家庭用工折价	去掉家庭用工折价利润	农民工月平均工资
2015	19.55	415.74	435.29	3072
2016	−80.3	408.6	328.3	3275
2017	−12.5	393.9	381.4	3485
2018	−85.6	383.7	298.1	3721

数据来源:《中国农村统计年鉴》。

　　总体来看,党的十八大以来,在共享发展理念的价值引导下,我国宏观收入分配格局进一步改善,全国居民收入实现较快增长,其中农村居民可支配收入增速快于城镇居民,城乡居民收入差距有所缩小。在实现"两个同步"和"两个提高"目标方面取得了显著成效:劳动生产率稳步提高的同时,城镇单位就业人员的劳动报酬也实现了较快增长,劳动生产率提高与劳动报酬增长实现了同步提升;伴随着居民收入在国民收入分配所占比例的增加,我国居民人均可支配收入也保持了较快增长,劳动报酬在初次分配中所占比重有所提高。

　　但我国的收入差距依然比较明显。根据基尼系数判断,我国居民总体收入差距依然比较大,2018 年,我国基尼系数为 0.468,虽然比 2013 年有所下降,但下降幅度很小,仍然处于偏高区间;根据高、低收入组收入水平之比和居民收入差距指数判断,农村居民收入差距大于城镇居民;根据不同收入组收入水平平均增速判断,城镇和农村低收入组收入增长较慢,高、低收入组间收入差距略有扩大;根据城乡人均可支配收入绝对值判断,城乡居民绝对收入差距在扩大;而根据三大主粮平均利润与农民工月平均工资对比判断,务农和务工收入差距明显。

(三) 我国宏观收入分配关系的变化

1.初次分配格局变化

通过资金流量表测算分析得出结论:从总体收入规模增长来看,20 世纪

90 年代至今，三大部门初次分配收入都有大幅提高，其中企业部门收入增速最快，住户部门增速最慢。近几年数据显示，政府和住户部门收入增速快于三部门平均增速，而企业部门增速相对滞后。从分配结构看，我国国民收入初次分配格局在不同阶段呈现不同的变化趋势。总体分析，政府和企业部门收入比重上升，但居民部门收入比重下降。通过 1992—2000 年、2001—2010 年、2011 年以来不同阶段比较，政府部门收入比重均平稳上升，但是企业和住户部门收入比重在不同阶段存在明显变化。相对来说政府部门收入比重变化相对平稳，而企业和住户部门的收入比重变化波动性较强。

　　总体来看，20 世纪 90 年代我国国民收入初次分配格局相对平稳，但是进入本世纪以来发生了较大变化；本世纪以来的国民收入初次分配格局变化大体上可以分为两个不同阶段，以 2010 年为界，前一个阶段企业部门收入比重上升而住户部门收入比重下降；后一个阶段与之相反，企业部门收入比重下降而住户部门收入比重在上升；总体上比较，20 世纪 90 年代以来，政府和企业部门收入比重相对上升，住户部门收入比重相对下降；尽管近年来住户部门收入比重开始上升，但初次分配格局向资本要素、政府部门倾斜的趋势尚难说已根本扭转。

资金流量表核算法测算的初次分配格局

年份	资金流量表初次分配收入（亿元）				初次分配格局（%）		
	总收入	政府	企业	住户	政府	企业	住户
1992	27208.2	2983.3	6411.3	17813.6	10.96	23.56	65.47
1993	35599.3	4037.0	9495.0	22067.3	11.34	26.67	61.99
1994	48548.2	5111.4	12229.1	31207.7	10.53	25.19	64.28
1995	60356.6	6006.5	15634.3	38715.8	9.95	25.90	64.15
1996	70779.6	8054.2	15403.9	47321.5	11.38	21.76	66.86
1997	78802.9	9209.3	18209.3	51384.3	11.69	23.11	65.21
1998	83817.6	10180.7	18485.6	55151.3	12.15	22.05	65.80
1999	89366.5	11242.4	19929.8	58194.3	12.58	22.30	65.12
2000	99066.1	12679.1	22067.8	64319.2	12.80	22.28	64.93

续表

年份	资金流量表初次分配收入（亿元）				初次分配格局（%）		
	总收入	政府	企业	住户	政府	企业	住户
2001	109276.2	14212.8	25655.8	69407.6	13.01	23.48	63.52
2002	120480.4	17198.5	28470.7	74811.2	14.27	23.63	62.09
2003	136576.2	18794.6	34865.4	82916.2	13.76	25.53	60.71
2004	161415.5	22726.9	44286.2	94402.4	14.08	27.44	58.48
2005	185998.9	26516.7	51616.8	107865.4	14.26	27.75	57.99
2006	219028.0	31704.6	61264.4	126059.0	14.48	27.97	57.55
2007	270704.0	39105.7	76064.4	155533.9	14.45	28.10	57.46
2008	321229.6	45254.9	92899.9	183074.8	14.09	28.92	56.99
2009	347934.8	49222.7	97564.7	201147.4	14.15	28.04	57.81
2010	410354.2	61074.7	114853.3	234426.2	14.88	27.99	57.13
2011	483392.8	74461.1	128324.5	280607.2	15.40	26.55	58.05
2012	524328.9	85003.2	123413.1	315912.6	16.21	23.54	60.25
2013	588141.2	90255.5	148284.0	349601.7	15.35	25.21	59.44
2014	644380.1	99244.9	162643.7	382491.5	15.40	25.24	59.36
2015	686255.8	102490.0	168908.1	414857.7	14.93	24.61	60.45
2016	743408.3	104442.7	186401.9	452563.7	14.05	25.07	60.88
2017	831381.3	111450.7	213258.6	506672.0	13.41	25.65	60.94
2018	914327.2	116898.0	237982.7	559446.5	12.79	26.03	61.19
2019	970101.2	123058.7	250559.4	596483.0	12.69	25.83	61.49
2020	1004054.7	126662.9	258023.8	619368.1	12.62	25.70	61.69
区间	各主体初次分配收入增长倍数				分配格局的变化		
1992—2000	2.64	3.25	2.44	2.61	1.83	−1.29	−0.55
2000—2010	3.14	3.82	4.20	2.64	2.08	5.71	−7.80
2010—2020	1.45	1.07	1.25	1.64	−2.27	−2.29	4.56
1992—2020	35.90	41.46	39.25	33.77	1.65	2.13	−3.78

注：根据 2020 年《中国统计年鉴》数据整理，统计部门根据第四次经济普查结果对三大部门 1992—2018 年数据做了修订，前后数据可比。2019 年和 2020 年数据根据统计公报中相关数据进行预测。各部门收入增长倍数为考察期比基期数据的倍数。

2. 再分配格局变化

主要以资金流量表为依据，对我国政府、企业和住户三大部门的再分配结构进行测算和分析。测算结果如下表所示。主要结论是：

总体来看，政府、企业和住户的可支配收入均大幅提高，其中企业所得增长最快，住户居民所得增长最慢。再收入分配格局中，2014 年政府部门可支配收入占三大部门的总体比重，比考察基期的 1992 年上升了 0.98 个百分点，变化并不明显，但企业部门可支配收入比重上升了 7.07 个百分点，住户部门收入比重则下降了 8.05 个百分点。结合前文对初次分配格局的测算结果（同期初次分配中住户部门收入比重下降了 5.98 个百分点），说明经过国民收入再分配之后，住户部门在分配格局中的地位不仅没有强化，反而更加削弱了。同时，经过国民收入再分配调整，企业部门在分配格局中的地位进一步获得了强化。因此可以判断，在我国宏观收入分配格局中，无论是初次分配还是再分配，都存在向企业部门倾斜的趋势，而住户部门居于相对弱势地位。

分阶段比较，三大主体在再分配格局中的收入比重变化存在明显不同。1992—2000 年，再分配格局呈现政府和住户两个部门的收入比重下降，企业部门收入比重上升的特点；2000—2010 年，政府和企业两个部门的收入比重上升，但是住户部门的收入比重下降；2010 年以来，政府部门收入比重继续上升，企业部门收入比重下降，而住户部门收入比重得到提升。不难看出，近几年来，住户部门分配格局中弱势地位开始得到缓解，但是否根本扭转，仍需进一步观察。

资金流量表核算的国民收入再分配格局

年份	资金流量表可支配收入（亿元）				国民收入再分配格局（%）		
	总体	政府	企业	住户	政府	企业	住户
1992	27272	3515.2	5187.6	18569.2	12.89	19.02	68.09
1993	35666.8	4607.9	8142.9	22916	12.92	22.83	64.25
1994	48663.4	5755.3	10687.7	32220.4	11.83	21.96	66.21
1995	60476.4	7087	13525.7	39863.7	11.72	22.37	65.92
1996	70956.6	9401.3	12904.8	48650.5	13.25	18.19	68.56

续表

年份	资金流量表可支配收入（亿元）				国民收入再分配格局（%）		
	总体	政府	企业	住户	政府	企业	住户
1997	79229.3	10784	15050.9	53394.4	13.61	19.00	67.39
1998	84171.9	11448.8	16008.2	56714.9	13.60	19.02	67.38
1999	89775.7	12409.9	18614.9	58750.9	13.82	20.73	65.44
2000	99588.6	14428.1	20413.8	64746.7	14.49	20.50	65.01
2001	109979	17191.7	23115.2	69672.1	15.63	21.02	63.35
2002	121555.2	20541.9	26017.7	74995.6	16.90	21.40	61.70
2003	138020.6	23042.2	31994.4	82984	16.69	23.18	60.12
2004	163310.6	28244.5	40557.2	94508.9	17.29	24.83	57.87
2005	187953.9	34104.2	46679	107170.7	18.14	24.84	57.02
2006	221266	41379.1	54839	125047.9	18.70	24.78	56.51
2007	273525.3	54052.9	67207.1	152265.3	19.76	24.57	55.67
2008	324226.7	62975.1	81371.3	179880.3	19.42	25.10	55.48
2009	350097.5	66637.2	85972	197488.3	19.03	24.56	56.41
2010	413105.4	80976.7	102163.3	229965.4	19.60	24.73	55.67
2011	484987.4	99761.9	110295.3	274930.2	20.57	22.74	56.69
2012	537545.8	114900.4	114300.6	308344.8	21.37	21.26	57.36
2013	587601.5	124080.1	122765.5	340755.9	21.12	20.89	57.99
2014	644468.4	136341.2	135796	372331.2	21.16	21.07	57.77
2015	685462	143169.4	138922.4	403370.2	20.89	20.27	58.85
2016	742771.5	146768.3	154837.7	441165.5	19.76	20.85	59.39
2017	830577.7	162859.5	178541.3	489176.9	19.61	21.50	58.90
2018	914193.8	171265.6	199627.3	543300.9	18.73	21.84	59.43
2019	973616.4	178503.4	213576.7	581536.3	18.33	21.94	59.73
2020	1007693.0	182735.6	219540.3	605417.0	18.13	21.79	60.08
区间	各部门收入增长倍数				收入格局变化		
	总体	政府	企业	住户	政府	企业	住户
1992—2000	2.65	3.10	2.94	2.49	1.60	1.48	−3.07
2000—2010	3.15	4.61	4.00	2.55	5.11	4.23	−9.35
2010—2020	1.44	1.26	1.15	1.63	−1.47	−2.94	4.41

年份	资金流量表可支配收入（亿元）				国民收入再分配格局（%）		
	总体	政府	企业	住户	政府	企业	住户
1992—2020	35.95	50.98	41.32	31.60	5.24	2.76	−8.01

注：表中数值由历年的《中国统计年鉴》资金流量表汇总。三大部门再分配格局按照本章介绍方法进行归类。各部门收入增长倍数为考察期比基期数据的倍数。2019 年和 2020 年数为本章根据统计公报预估值。

3.非规范收入的影响

即使基于中国最权威的统计数据对我国的国民收入分配格局进行了测算分析，我们仍感到，这仍难以全面准确反映我国宏观收入分配的真实状况。因为在三大分配主体中，都分别存在着难以在统计数据中反映，但绝对是收入分配因素的部分。其中最重要的是各分配主体都存在的非规范收入。基于此，我们尝试对宏观分配格局做进一步的分析，并力争对未来几年情况进行前瞻性分析。

我们运用资金流量法估算了国民收入分配中政府、企业和住户三大部门的分配格局及其变动趋势。正如有学者认为，资金流量表是国民经济核算体系的重要组成部分，是当前最直接反映宏观分配中三大主体部门再分配格局的现实工具。但是因为编制资金流量表中的缺憾，该方法并非全面、正确地衡量了国民收入分配。

其中的原因：一是隐性经济始终存在，在每一轮新的经济普查结束后，统计部门都会根据普查结果对以往年份数据进行再调整，也就是说资金流量表中的数据更多体现的是可以监测的显性经济。受各种因素影响，社会各界高度关注的土地出让收入和所谓"第二财政"问题、企业避税逃税问题、住户部门的灰色收入和个人税逃逸等问题，在资金流量表中并没有体现出来。再有，企业和住户部门存在大量的税收流失，而这些流失的税收无疑对政府部门收入有重要影响。而一旦将三大部门中这些显性和隐性的收入进行估算后，现有资金流量表中的初次分配格局将发生变化，如果进一步地弥补税收逃逸监管漏洞强化征收效能，国民收入再分配格局也会发生一定程度上的变化。对考虑各分配主体的非规范收入初次分配格局和再分配格局及可能的变化趋势进行了测算，结果见下表。

考虑非规范收入后国民收入初次分配格局

年份	资金流量表初次分配收入（亿元）				未调整的初次分配格局（%）			纳入政府收入土地出让金（亿元）	隐性收入规模		调整后的初次分配收入（亿元）				调整后初次分配格局（%）		
	总收入	政府	企业	住户	政府	企业	住户		企业规模	住户规模	总收入	政府	企业	住户	政府	企业	住户
1992	27208.2	2983.3	6411.3	17813.6	10.96	23.56	65.47	168.9	788.7	2898.4	31064.2	3152.2	7200.0	20712.0	10.15	23.18	66.67
1993	35599.3	4037.0	9495.0	22067.3	11.34	26.67	61.99	179.9	1234.3	3507.2	40520.7	4216.9	10729.3	25574.5	10.41	26.48	63.11
1994	48548.2	5111.4	12229.1	31207.7	10.53	25.19	64.28	191.7	1427.8	4243.7	54411.4	5303.1	13656.9	35451.4	9.75	25.10	65.15
1995	60356.6	6006.5	15634.3	38715.8	9.95	25.90	64.15	204.2	1739.7	4819.8	67120.3	6210.7	17374.0	43535.6	9.25	25.88	64.86
1996	70779.6	8054.2	15403.9	47321.5	11.38	21.76	66.86	217.5	1721.5	5788.7	78507.3	8271.7	17125.4	53110.2	10.54	21.81	67.65
1997	78802.9	9209.3	18209.3	51384.3	11.69	23.11	65.21	231.7	2248.9	6761.6	88045.1	9441.0	20458.2	58145.9	10.72	23.24	66.04
1998	83817.6	10180.7	18485.6	55151.3	12.15	22.05	65.80	246.8	2382.9	7734.1	94181.4	10427.5	20868.5	62885.4	11.07	22.16	66.77
1999	89366.5	11242.4	19929.8	58194.3	12.58	22.30	65.12	250	2806.8	8954.4	101377.7	11492.4	22736.6	67148.7	11.34	22.43	66.24
2000	99066.1	12679.1	22067.8	64319.2	12.80	22.28	64.93	289.5	3391.5	10532.9	113280.0	12968.6	25459.3	74852.1	11.45	22.47	66.08
2001	109276.2	14212.8	25555.8	69407.6	13.01	23.48	63.52	630	4492.4	12519.2	126917.8	14842.8	30148.2	81926.8	11.69	23.75	64.55
2002	120480.4	17198.5	28470.7	74811.2	14.27	23.63	62.09	1174.9	5367.6	14397	141419.9	18373.4	33838.3	89208.2	12.99	23.93	63.08
2003	136576.2	18794.6	34865.4	82916.2	13.76	25.53	60.71	2635.5	6324.3	16209.7	161745.7	21430.1	41189.7	99125.9	13.25	25.47	61.29
2004	161415.5	22726.9	44286.2	94402.4	14.08	27.44	58.48	3117.2	8538.9	18817.9	191889.5	25844.1	52825.1	113220.3	13.47	27.53	59.00
2005	185998.9	26516.7	51616.8	107865.4	14.26	27.75	57.99	2860.4	10076.9	22433.9	221370.1	29377.1	61693.7	130299.3	13.27	27.87	58.86
2006	219028.0	31704.6	61264.4	126059.0	14.48	27.97	57.55	3926.9	12432.2	27201.1	262588.2	35631.5	73696.6	153260.1	13.57	28.07	58.37
2007	270704.0	39105.7	76064.4	155533.9	14.45	28.10	57.46	5939.1	16877.1	35582.4	329102.6	45044.8	92941.5	191116.3	13.69	28.24	58.07
2008	321229.6	45254.9	92899.9	183074.8	14.09	28.92	56.99	4987.7	20668.1	41962.9	388848.3	50242.6	113568.0	225037.7	12.92	29.21	57.87
2009	347934.8	49222.7	97564.7	201147.4	14.15	28.04	57.81	8351.7	21616.3	46628.3	424531.1	57574.4	119181.0	247775.7	13.56	28.07	58.36
2010	410354.2	61074.7	114853.3	234426.2	14.88	27.99	57.13	13351.7	26487.9	57540.2	507734.0	74426.4	141341.2	291966.4	14.66	27.84	57.50
2011	483392.8	74461.1	128324.5	280607.2	15.40	26.55	58.05	15617.9	31199.4	71624.1	601834.2	90079.0	159523.9	352231.3	14.97	26.51	58.53
2012	524328.9	85003.2	123413.1	315912.6	16.21	23.54	60.25	13632.6	34050.7	82244.4	654256.6	98635.8	157463.8	398157.0	15.08	24.07	60.86
2013	588141.2	90255.5	148284.0	349601.7	15.35	25.21	59.44	18995.1	36130.8	90848.4	734115.5	109250.6	184414.8	440450.1	14.88	25.12	60.00
2014	644380.1	99244.9	162643.7	382491.5	15.40	25.24	59.36	16712.3	40105.3	97702.3	798900.0	115957.2	202749.0	480193.8	14.51	25.38	60.11
2015	686255.8	102490.0	168908.1	414857.7	14.93	24.61	60.45	12414.8	41618.5	105525.5	845814.6	114904.8	210526.6	520383.2	13.59	24.89	61.52
2016	743408.3	104442.7	186401.9	452563.7	14.05	25.07	60.88	18209.5	45455	116547.7	923620.5	122652.2	238856.9	569111.4	13.28	25.10	61.62
2017	831381.3	111450.7	213258.6	506672.0	13.41	25.65	60.94	14567.6	49217.4	128680.6	1023846.9	126018.3	264276.0	635352.6	12.31	25.64	62.06
2018	914327.2	116898.0	237982.7	559446.5	12.79	26.03	61.19	14567.6	53275.6	142077.3	1124247.7	131465.6	291258.3	701523.8	11.69	25.91	62.40
2019	970101.2	123058.7	250559.4	596483.0	12.69	25.83	61.49	14567.6	57651.1	156869.5	1199189.4	137626.3	308210.5	753352.5	11.48	25.70	62.82
2020	1004054.7	126662.9	258023.8	619368.1	12.62	25.70	61.69	14567.6	62366.4	173202.5	1254191.2	141230.5	320390.2	792570.6	11.26	25.55	63.19

注：2020年数据为按照本章估算方法，根据统计部门相关季度分析数据进行估算。

考虑非规范收入纳入后国民收入再分配格局变化

年份	调整后的初次分配收入（亿元）				资金流量表转移性收入（亿元）			调整后的转移性收入（亿元）			符合实际再分配格局（%）			规范后再分配格局（%）		
	总收入	政府	企业	住户	政府	企业	住户	政府	企业	住户	政府	企业	居民	政府	企业	居民
1992	31064.2	3152.2	7200.0	20712.0	926.66	-1520.3	657.3	1192.91	-1766.54	637.29	13.10	18.25	68.65	13.96	17.46	68.59
1993	40520.7	4216.9	10729.3	25574.5	845.3	-1529.6	751.8	1161.72	-1771.92	677.7	12.47	22.67	64.86	13.25	22.07	64.68
1994	54411.4	5303.1	13656.9	35451.4	839.5	-1673	948.8	1293.29	-1899.13	721.14	11.27	21.98	66.76	12.10	21.56	66.34
1995	67120.3	6210.7	17374.0	43535.6	799.3	-1946.3	1266.8	1417.05	-2188.57	891.32	10.43	22.94	66.63	11.34	22.58	66.07
1996	78507.3	8271.7	17125.4	53110.2	1111.4	-2429.9	1496.3	1946.78	-2726.51	957.53	11.92	18.68	69.40	12.99	18.30	68.71
1997	88045.1	9441.0	20458.2	58145.9	1048.4	-2682.3	2060	1995.22	-3034.12	1465	11.86	20.09	68.05	12.93	19.69	67.38
1998	94181.4	10427.5	20868.5	62885.4	573	-2412	2193.4	1678.37	-2747.51	1423.54	11.64	19.52	68.84	12.81	19.17	68.03
1999	101377.7	11492.4	22736.6	67148.7	1391.7	-2976	1993.6	3004.21	-3428.39	833.48	12.66	19.41	67.93	14.24	18.97	66.79
2000	113280.0	12968.6	25459.3	74852.1	1448.9	-1654.1	727.7	3150.23	-1923.1	-704.63	12.67	20.92	66.41	14.16	20.68	65.15
2001	126917.8	14842.8	30148.2	81926.8	2626.9	-2540.6	616.6	4755.9	-2996.06	-1056.94	13.69	21.63	64.68	15.36	21.28	63.37
2002	141419.9	18373.4	33838.3	89208.2	2906	-2453	621.8	5546.45	-2923.62	-1548.03	14.93	22.03	63.04	16.79	21.70	61.52
2003	161745.7	21430.1	41189.7	99125.9	3559.3	-2871	756	6725.34	-3423.18	-1857.86	15.31	23.48	61.21	17.25	23.14	59.60
2004	191889.5	25844.1	52825.1	113220.3	4604.9	-3728.9	1019.2	8706.77	-4468.45	-2343.12	15.71	25.34	58.95	17.83	24.95	57.22
2005	221370.1	29377.1	61693.7	130299.3	6499.8	-4937.9	393.1	11232.05	-5950.11	-3326.94	16.06	25.41	58.52	18.18	24.96	56.86
2006	262588.2	35631.5	73696.6	153260.1	8351.9	-6425.9	311.5	13856.87	-7793.57	-3825.8	16.61	25.40	57.99	18.69	24.89	56.43
2007	329102.6	45044.8	92941.5	191116.3	11925.2	-8857.4	-246.6	18383.02	-10882.8	-4679.02	17.16	25.33	57.50	19.11	24.72	56.17
2008	388848.3	50242.6	113568.0	225037.7	13994.9	-11528.6	530.9	21083.6	-14165.95	-3920.45	16.39	26.04	57.57	18.20	25.37	56.43
2009	424531.1	57574.4	119181.0	247775.7	12997	-11592.8	758.3	21439.73	-14256.27	-5020.96	16.54	25.21	58.25	18.52	24.59	56.89
2010	507734.0	74426.4	141341.2	291966.4	14189.5	-12692.6	1257.2	24400.15	-15760.64	-5885.41	17.36	25.20	57.44	19.36	24.60	56.04
2011	601834.2	90079.0	159523.9	352231.3	18136.3	-18042.9	1489.6	28921.96	-22597.3	-4741.66	17.93	23.45	58.62	19.72	22.69	57.59
2012	654256.6	98635.8	157463.8	398157.0	20325.2	-22045.2	1936.8	34383.38	-27738.09	-6428.49	18.18	20.69	61.13	20.32	19.82	59.85
2013	734115.5	109250.6	184414.8	440450.1	21631	-25524.3	3353.5	37671.92	-32079.14	-6132.58	17.84	21.66	60.50	20.03	20.77	59.21
2014	798900.0	115957.2	202749.0	480193.8	23307.9	-26856.4	3636.6	40462.33	-33628.31	-6745.72	17.43	22.01	60.56	19.58	21.17	59.26
2015	845814.6	114904.8	210526.6	520383.2	24819.12	-29054.07	4234.95	42534.4	-35037.23	-7497.16	16.52	21.46	62.03	18.61	20.75	60.64
2016	923620.5	122652.2	231856.9	569111.4	26428.33	-31359.8	4931.47	45755.86	-37894.52	-7861.35	16.14	21.71	62.15	18.23	21.00	60.77
2017	1023846.9	126018.3	262476.0	635352.6	28141.88	-33884.43	5742.55	49342.06	-40960.03	-8382.04	15.06	22.33	62.62	17.13	21.64	61.24
2018	1124247.7	131465.6	291258.3	701523.8	29966.53	-36653.56	6687.03	53220.62	-44312.58	-8908.04	14.36	22.65	62.99	16.43	21.97	61.61
2019	1199189.4	137626.3	303210.5	753352.5	31909.48	-39696.33	7786.85	57416.25	-47984.38	-9431.88	14.14	22.39	63.47	16.26	21.70	62.04
2020	1254191.2	141230.5	320390.2	792570.6	33978.41	-43045.97	9067.56	61955.85	-52011.89	-9943.96	13.97	22.11	63.92	16.20	21.40	62.40

注：根据本章方法对统计年鉴中相关数据进行整理。其中符合实际再分配格局为不考虑非正常收入的再分配格局，规范后的再分配格局为考虑非正常收入后的再分配格局。

四、公平合理分配的判断：标准和指标体系

（一）公平合理分配应当是经济标准和社会标准的有机统一

如何生产和如何分配是一国（或者地区）经济的核心环节。分配制度是指建立在一定社会生产力发展水平基础上，反映该社会的价值判断和价值取向，由国家或国家机关建立的调整经济主体间分配关系的具有正式形式和强制性的规范体系。马克思认为，生产和分配是有机联系的统一体，生产决定分配，而分配对生产具有反作用，与生产相适应的分配制度可以促进生产。相反，与生产不相适应的分配制度则会阻碍生产的发展。分配是一定生产方式的反映，这决定了分配在本质上具有经济属性。而分配合理与否又反映了一定社会的价值判断和价值取向，这使得分配本身又具有强烈的社会性。

1. 合理收入分配的经济标准

从经济角度来说，在我国现阶段合理的收入分配应当具有如下特征：首先，合理的收入分配应当是分配制度的充分体现，应当能达成分配的既定目标；其次，合理的收入分配应当能够对经济的发展起到积极的作用。合理的收入分配能够起到合理配置经济资源的效果；反之，不尽合理的收入分配，一定会造成居民收入差距总量和结构上的不合理，也会对经济发展带来损害。

通过对历史的追溯分析，判断收入分配在经济意义上是否公平合理，就是要看它是否能促进国民经济社会生产能力与需求水平之间的平衡，如果这种分配能够促进二者在平衡中增长，那么这种收入分配就是合理的收入分配；反之，则可以说这种收入分配存在着不合理的地方。

2. 公平合理分配的社会标准

公平合理的收入分配绝对不仅仅是一个经济问题，它更是一个社会问题。收入分配本身就体现着人们对公平的诉求，合理的收入分配也应当是公平的收入分配机制。

分配的公平一直是受人们关注问题。早在古希腊，柏拉图曾指出，如果一个政体要避免社会瓦解，就不能允许在公民共同体的任何部分出现绝对的贫困和富庶，因为这两者都会引发祸乱。全体国民的平等是国家的根本所在。

人们对于公平诉求的程度往往和其收入水平有关，根据世界银行的调查，收入水平较高的群体往往对于公平的诉求较高，而收入水平越低就越是关心收入水平总量，对公平的诉求关注就越低。依照人们对于公平诉求程度的不同，我们可以将整个社会国民（居民）划分为四类："公平决定型""公平偏好型""收入总量偏好型""收入总量决定型"。通过简单的模型进行描述得出的结论是：居民不但关心其获得收入总量的大小，而且还关心收入分配是否合理。而居民收入总量越高，则社会福利的预算线位置越高。在一定条件下经济社会可以通过牺牲收入总量，而达到社会总福利的最大化；而在另外的一些条件下，则可以通过牺牲公平，来实现社会福利的最大化。公平合理的收入分配，就是能够有效地反映居民对于公平的诉求程度，为社会进行福利最大化决策的收入分配制度或机制。

3. 公平合理收入分配经济标准与社会标准的辩证统一

从静态来看，依照合理收入分配的社会标准，如果居民间的收入差距偏离了"效用公平线"就会引起社会福利总水平的下降，而依照收入分配机制的经济标准，适度的居民收入差距会促进资本形成，有利于迅速扩大生产规模。看上去二者似乎是矛盾的。看似矛盾的双方，一方的发展就要以矛盾的另一方为代价。某种程度上这也是为什么"效率"与"公平"问题成为人们永恒话题的原因。

但是，我们如果以动态的眼光，以发展的眼光来看，二者又是一个统一体。无论是以经济标准还是社会标准来看，其目的都是为了实现社会主义社会的发展，都是为了让人民生活得更好、更和谐。相对于居民的有效需求而言，在生产力较落后的经济环境中，反映经济配置效率，适度拉大居民收入差距分配机制，不但可以达到经济规模迅速扩大的目标，而且，由于收入的提高使得社会总福利水平的轨道迅速上移，不但可以弥补由于收入分配差距偏离公平造成的福利损失，而且还为下一步的牺牲少量收入总量，而达到社会总福利的最大化创造了条件。

经济社会的发展就是在这样矛盾对立双方的共同作用下进行的，经济快速发展的时期，集中稀缺资源，扩大生产能力实现资本积累。在需求不足，经济发展速度下降的时期，我们又可以通过调整收入分配结构，不但促进了社会福利水平的提高，而且由于收入差距的缩小，引起有效需求的提高。为下一阶段的经济发展提供基础。

从总的趋势来看，经济以"相对公平—相对不公平—相对公平—相对不公平……"的波动性方式运行；居民福利不断增加（无差异曲线向右移动）；经济持续增长（预算线向右移动，尽管有快有慢）；人们对于公平的诉求也越来越高（无差异曲线越来越陡峭）。

总之，经济标准与社会标准是公平合理收入分配的两个侧面，尽管它们的观察角度不同，但是二者的实现都必须依赖于经济发展。合理的收入分配应当是经济合理和社会合理的有机统一。因而，判断收入分配公平合理与否，必须要考虑我国所处的经济环境和社会环境。在现阶段，由于有效需求相对于生产能力来说略显不足，从经济标准来说，应当缩小居民收入差距以扩大内需；而从社会标准来说，现在的"状态"偏离已经较大，适度的减少收入差距有利于社会总福利的提高。

（二）收入分配流程中公平与效率的视角：收入公平合理分配的标准判断

从某种程度上说，收入公平指生产要素之间分配的公平性。合理分配指生产要素之间分配的有效率，要能够激发各生产要素的潜力和动力，是提高全要素生产率的关键环节之一。因此，我们可以从初次分配和再次分配两个阶段，围绕处理好公平和效率关系的问题，探讨收入公平合理分配标准。

1. 初次分配中公平和效率状态的衡量

（1）生产要素之间初次分配公平和效率的判断标准

尽管无法通过计算的方式判断生产要素之间分配的公平性，但是生产要素之间的初次分配是否公平却可以通过各主体的行为选择表现出来。具体来说，归纳为以下几种方式。

首先，进行制度规范等形式上的判断。所谓形式上的判断是指各种有关生产要素收入初次分配的成文法规和制度的内容是否公平。对于分配权利、分配机会、分配规则等是否公平，成文法规和制度的内容能够提供判断的依据。如果成文法规和制度的内容不公正、不平等，那就可以认定分配权利、分配机会、分配规则等是不公平的，相反，就可以认定分配权利、分配机会、分配规则等是公平的。尽管分配权利、分配机会、分配规则等所包括的内容很多，但依据成文法规和制度的内容是能够对公平的总体状态和结构进行客观的判断的。

其次，通过生产要素还给进入和退出市场的行为选择来判断初次分配的公平性。在生产要素能够自由选择进入和退出市场的条件下，可以根据生产要素进入和退出市场作为分配公平性的判断依据。如果各种生产要素都不断地进入市场，在不考虑再分配的条件下，则可以认为生产要素收入初次分配具有公平性。如果只是一部分生产要素选择进入市场，而另一些生产要素还可选择退出市场，则可认为生产要素收入的初次分配是不公平的。

再次，通过生产要素所有者的公开意见表达来判断初次分配的公平性。在生产要素进入和退出劳动力市场的行为受到限制或者因为其他原因被扭曲的条件下，生产要素所有者的意见表达可以作为分配公平性的重要判别依据。如果所有种类的生产要素的所有者对收入分配满意度高，都支持现行的分配制度和政策，就可以判断分配是公平的或者相对公平；如果只是部分种类的生产要素所有者对要素收入分配满意，而另一部分种类的生产要素所有者对要素收入分配不满意，或者所有种类的生产要素的所有者都对要素收入分配不满意，都反对现行的分配制度和政策，就可以判定初次分配是不公平的。

最后，通过生产要素所有者运用生产要素的积极性的高低来判断初次分配的公平性。在生产要素不能或者因为种种原因不愿进入和退出市场，不能或者不愿进行公开的意见表达情况下，生产要素收入初次分配公平与否，还可以通过生产要素所有者运用生产要素的积极性的状态反映出来。如果所有种类的生产要素的所有者都积极运用其所拥有的生产要素，让生产要素得到充分的利用，则意味着分配是公平的；如果只是部分种类的生产要素的所有者具有运用生产要素的积极性，而另一部分生产要素的所有者缺乏运用生产要素的积极性，或者所有种类的生产要素的所有者运用生产要素的积极性都很低，从而导致要素利用率和利用效率低下，则意味着分配是不公平的。

上述几种方法相互补充，从不同的角度和侧面反映生产要素收入初次分配是否公平。就效率而言，一方面，要求所有种类的生产要素均应具有高的生产效率和配置效率，另一方面，要求所有种类的生产要素的利用都必须实现短期效率和长期效率、微观效率和宏观效率的协调，如果生产要素收入的初次分配导致的是生产要素的不合理闲置或者过度利用，则意味着初次分配有损于效率，因此从效率的角度来看，生产要素收入的初次分配所应达到的状态是使全部生产要素都能得到合理而充分的利用。

（2）不同种类生产要素初次分配中公平和效率的考察重点

任何种类的生产要素在其收入初次分配中，无论是分配权利、分配机会、分配条件、分配规则，还是分配过程和分配结果等，都应当以高公平作为追求的目标，但是公平与否却会影响到经济主体的行为，从而最终会对效率产生影响。因此，无论是劳动力，还是土地、资本、技术、管理以及其他生产要素，在其收入的初次分配中都要考虑其对效率的影响。

就土地、矿物等自然生产要素（自然资源）而言，对效率的考量，不仅要考虑这些类型的生产要素利用效率、配置效率的高低，还要考虑这些生产要素利用的科学性和合理性，考虑其利用的可持续性。土地、矿物等自然生产要素是自然界本身就存在的生产要素，因此，此类要素收入初次分配中分配权利和分配结果的公平是分配公平要关注的核心问题。分配权利公平要关注的核心问题是哪些人有参与分配的权利，分配份额多大，分配结果公平要关心的核心问题是哪些人参与了要素收入的初次分配，他们获得了多大的分配份额。土地、矿物等是自然界赐予人类的生产要素，其进入生产过程，带来了新的产品，借由它们带来的收入应该由人们分享。

就资本这一生产要素而言，对效率的考量，一是其利用效率和配置效率的高低，高效率意味着利用效率和配置效率高；二是其数量的增长和质量的提升状况，高效率意味着资本积累不断增长，生产率低的资本不断被淘汰，资本质量不断提升。就其初次分配收入的公平而言，分配权利、分配规则、分配结果的公平都是重要的。从分配权利来看，虽然由于资本的所有制属性不同，不同性质的资本其最终的获取收入的主体会不同，但只要参与产品生产的资本是合法的，均应享有参加收入分配的权利。从分配规则来看，在资本种类相同的情况下，按资本贡献大小来分配资本收入是公平的。从分配结果来看，资本所得若与其贡献相称，就符合公平原则。

就技术、管理这些种类的生产要素而言，对其效率的考量，一是其选择和利用状况，高效率意味着技术要素、管理要素得到优化选择和充分利用；二是其创新状况，高效率意味着技术、管理持续和快速的创新，技术水平、管理水平持续和快速的提升。就它们参与初次分配的公平而言，分配权利、分配规则和分配结果的公平与否是应关注的重点。从分配权利来看，技术要素、管理要素均有参与分配的权利，分配规则应该是按贡献分配，分配结果则必须体现分配权利和规则。

就劳动力要素来说，主要关注的是劳动力的利用率和劳动效率，高效率意味着高水平的劳动力利用率和劳动效率。劳动收入初次分配是否公平对劳动力的利用率和劳动效率有着重要影响。对劳动收入初次分配来说，分配条件、分配规则、分配结果的公平都很重要。分配条件不公平，形式上的分配公平会是实质上的分配不公平。公平的分配规则应是按劳分配，但如果分配条件不公平，按分配规则执行的分配结果会是不公平，肯定会损害效率。因此，必须努力创造公平的分配条件，最终获得公平的分配结果。

2. 再次分配中公平和效率状态的衡量

（1）国民收入再分配的公平

国民收入再分配的多个方面都与居民收入密切相关，包括参与国民收入再分配的权利、参与国民收入再分配的条件、获得国民收入再分配的机会、国民收入再分配的规则、国民收入再分配的过程和国民收入再分配的结果等。国民收入再分配结果的公平与国民收入再分配权利、条件、机会、规则、过程的公平可能一致，也可能不一致，更重要的是国民收入再分配结果的公平与国民收入再分配权利、条件、机会、规则、过程的公平各自涉及的是国民收入再分配的不同内容，因此国民收入再分配结果的公平等同于国民收入再分配的公平是不合适的。国民收入再分配的公平应该是包括国民收入再分配的权利公平、条件公平、规则公平、过程公平和结果公平等在内的系统公平的概念，仅有分配结果的公平并不能说再分配就是公平的，仅有分配权利的公平或者仅有分配条件、分配机会、分配规则、分配过程的公平也不能说再分配就是公平的。既然国民收入再分配的公平是一个系统公平的概念，那也就意味着不能以国民收入再分配结果公平与否作为判断公平与否的唯一标准，而应该从国民收入再分配的权利公平、条件公平、机会公平、规则公平、过程公平和结果公平等各个方面来进行衡量。

在国民收入再分配的权利公平、条件公平、机会公平、规则公平、过程公平和结果公平等方面，各自所反映的是国民收入再分配公平的不同内容，体现的是不同的权利关系，社会既要追求再分配的权利公平、机会公平、规则公平、过程公平，也要追求适度的结果公平。

（2）国民收入再分配公平状态的衡量

观察要素供给者的要素供给行为，是衡量国民收入再分配的公平性和公平程度的可行方法，既可以避免人们为了最大限度地增加自身的局部利益而故意扭曲对国民收入再分配公平状态的公开意见表达，也可以在一定程度上纠正人们对国民收入再分配公平状态公开意见表达的自我利益取向。

国民收入再分配如果真正符合公平的内在标准，就应该能够促进要素供给增加。劳动力要素供给者的劳动积极性越高、资本要素供给者的投资积极性越高，就表明国民收入再分配越公平；反之，则表明国民收入再分配越不公平。当然，要素供给者的要素供给行为并非只是对国民收入再分配公平性和公平程度的反应，但国民收入再分配决定了要素供给者最终的利益分配格局，因此要素供给者的要素供给行为在很大程度上应是对国民收入再分配的公平性和公平程度的反应。

（3）再分配中公平和效率关系的处理

国民收入再分配以公平为目标，可以通过矫正初次分配的不公平和创造初次分配公平的条件，以及促进社会稳定和政治稳定而促进效率的提高。反过来，效率的提高也是提高再分配公平性的重要条件。也就是说，增进再分配的公平并非要以牺牲效率为代价，而提高效率也并非要以牺牲公平为代价。

由此，形成如下两点具体判断：第一，基于极端状态的可能出现，再分配必须防止将注重公平视为单纯追求再分配结果的高度平等，或者追求再分配的季度的系统公平和将注重效率视为可以无视公平。第二，基于国民收入再分配公平与效率间可以实现相互促进、相互制约的关系，再分配既须注重公平，也须注重效率。

五、促进收入分配公平合理，推进共同富裕实质性进展的战略目标取向和政策建议

（一）战略目标取向

党的十九届五中全会提出，"改善人民生活品质，提高社会建设水平。坚

持把实现好、维护好、发展好最广大人民根本利益作为发展的出发点和落脚点"，"扎实推动共同富裕，不断增强人民群众获得感、幸福感、安全感，促进人的全面发展和社会全面进步。"这就需要以新时代中国特色社会主义分配理论为指导，全面贯彻党的十九届五中全会的改革精神，深化收入分配改革，切实缩小收入分配差距，更高水平的实现社会公平。

1. 完善初次分配制度和再分配调节机制，收入分配制度改革取得实质性进展

各项改革举措的推进，要使得初次分配和再分配制度体系都要以公平和高效可持续运转为前提，初次分配更加注重效率，形成有效激励；再分配更加注重均等，形成合理分配结果。完善初次分配制度，主要就是完善劳动、资本、技术、管理等要素按贡献参与分配的中国特色社会主义分配制度。总体思路是要着力清除市场壁垒，加快形成企业自主经营、公平竞争和要素自由流动、平等交换的现代市场体系，保障要素参与分配机会公平性和市场评价的有效性，提高资源配置效率。不断完善再分配调节机制，在公平和高效可持续运转前提下，通过改革完善税收、社会保障和转移支付三大类措施，修正初次分配结果，将收入和财富分配差距缩小到合理水平。初次分配方面，通过综合运用多项改革举措，包括在户籍、社保、农村土地等方面加快突破，降低阻碍劳动力流动的制度性成本；建立健全科学的工资制度；健全多层次、多渠道的财产性收入通道；完善技术成果评价、转移、转化和分配的市场化机制；等等。再分配方面，强化预分配保障起点平等，深入推进有利于调节收入差距的税收制度改革等。

2. 分配结构明显改善，中等收入群体不断扩大

习近平在党的十九大报告中提出，扩大收入群体，到 2035 年，中等收入群体比例明显提高。这是我国发展进入新时代经济社会发展的重要任务。经过相关测算分析，我们认为，到"十四五"期末，按绝对标准计算的中等收入群体比例提升至 7 亿人以上，占全部人口比例 50%左右；城乡居民收入稳步增长，收入差距趋向缩小，分配结构明显改善。到 2035 年，随着我国社会主义现代化建设不断推进，按绝对标准计算的中等收入群体比例提升至 10 亿人以上，占全部人口比例 70% 以上，收入分配结构总体合理，橄榄型社会基本形成。

3. 促进公平正义，推进实现共同富裕

从某种程度上说，现代意义上的公平指的是一种合理的社会状态，它包括社会成员之间的权利公平、机会公平、过程公平和结果公平。促进公平正义，也是收入分配制度改革的应有之义。公平合理的收入分配制度，要使得每个公民能普遍地参与社会发展并分享由此带来的成果，而在参与经济社会等各项活动过程公开透明，不允许某些人通过对过程的控制而谋取不当利益。更要在分配上兼顾全体公民的利益，防止过于悬殊的两极分化，促进共同富裕的实现。公平正义是古往今来人们衡量理想社会的标准之一，也是人类社会发展进步的重要价值取向。当前阶段，我国正处在迈向社会主义现代化的新阶段，公平正义在这个进程中处于十分关键的基础地位。要通过收入分配制度改革的推进，促进收入公平合理分配，促进公平正义，推进共同富裕实现。

（二）促进收入分配公平合理，推进共同富裕实质性进展的政策建议

党的十九届五中全会提出，"中等收入群体显著扩大，基本公共服务实现均等化，城乡区域发展差距和居民生活水平差距显著缩小。""人民生活更加美好，人的全面发展、全体人民共同富裕取得更为明显的实质性进展。"这为我国继续深化收入分配改革，促进收入公平合理分配指明了前进方向。

1. 完善收入分配制度，推进共同富裕取得更为明显的实质性进展

（1）切实贯彻按劳分配为主体，促进劳动报酬增长

首先，在初次分配阶段就要根据社会主义要求处理好公平和效率的关系，

不能忽视劳动复杂程度不高的劳动者在企业效率提高中的贡献。其次，随着社会进步，劳动者的必要劳动范围也在扩大，相应的劳动报酬也有所增长趋势。从社会主义公平观考虑，劳动收入差距主要由各自拥有的包括技术等方面的要素差异所致。因此通过教育公平等途径缩小各个分配主体所拥有的要素差异，坚持机会公平，分配结果的差距也可缩小。[1]

（2）按劳分配与按生产要素分配相结合，确保各类要素分配公平

分配适当向劳动要素倾斜，逐步扭转重资本、轻劳动的分配局面。对于国有企业的收入分配必须强调公有制的主体地位与按劳分配为主的分配方式，不使公有制带来贫富差距扩大问题。不论是按劳分配还是按生产要素分配，都需要均衡利益关系，在巩固国有经济主导地位的同时，加强政府宏观调控力度，均衡企业内部利益关系。充分发挥在优化生产资源、调动劳动者积极性方面的优势，不断丰富社会成员的收入来源，拓宽收入渠道，缩小收入差距。完善多种生产要素按贡献参与分配的制度。要加快改革户籍制度，消除劳动市场分割现象，加快统一的劳动市场建设。从法律与制度层面加大对劳动者权益保护，企业不得随意裁员，应切实保障职工合法权益的实现；企业应提供相关培训，提高劳动者综合素质。要加快推进要素市场化改革，健全要素市场报酬决定机制。进一步开放市场，让市场来决定生产要素价格，发挥市场在调节各种生产要素流动中的导向作用。要以有序、公平、公正竞争为前提，实现各种生产要素价值与价格基本吻合的运行传导机制。政府适度对要素市场进行干预，以维护要素市场的稳定性与相应利益主体的根本利益。切实保护各生产要素所有者的要素产权。加强对劳动力产权的保护，使其能够按照在生产过程中提供的劳动数量和质量予以合理分配。同时，切实保护土地产权，特别是农村土地产权。鼓励企业进行技术创新。通过技术创新，能够提高我国经济发展效率与质量，改变过于依赖劳动、资本、土地等生产要素投入的局面。

---

[1] 洪银兴：《十八大以来需要进一步研究的几个重大政治经济学理论问题》，《南京大学学报（哲学·人文科学·社会科学）》2016年第2期。

2.健全市场调节机制，维护市场公平竞争环境

（1）完善劳动、资本、技术、管理、数字等要素按贡献参与分配，初次分配兼顾公平

强化就业优先政策。扩大就业创业规模，创造平等就业环境，提升劳动者获取收入能力，实现更高质量的就业。深化工资制度改革，完善企业、机关、事业单位工资决定和增长机制。推动各种所有制经济依法平等使用生产要素、公平参与市场竞争、同等受到法律保护。就居民的初次分配而言，主要包括工资性收入、经营性收入和财产性收入，这些类型收入的多少除了与居民自身的要素禀赋相关外，还要受劳动市场、资本市场等要素市场的影响。在现有体制机制的制约下，各要素市场普遍面临资源配置效率不足问题。积极推动这些领域初次分配的"再市场化"改革进程，进一步消除影响市场效率的深层次体制性结构性问题，不断优化要素市场资源优化配置能力，能够促进居民初次收入分配效率提升，优化居民收入结构，促进初次分配的公平提升。

（2）完善政府再分配调节机制，提高促公平能力

政府的再分配调节，无外乎收和支两种机制、两条渠道。目前来看，政府收支调节的科学性、有效性还有较大提升空间。以政府职能改革为切入点，取消不合理的行政事业收费，提高非税收入透明度。加快健全以税收、社会保障、转移支付为主要手段的再分配调节机制。健全公共财政体系，完善转移支付制度，调整优化财政支出结构和规模，大力推进基本公共服务均等化。加大税收调节力度，以税负公平为基点，通过税制改革，更科学地设置税种、税率，改革个人所得税，完善财产税，弱化物质财富自我积累机制，减轻中低收入者和小微型企业税费负担，形成有利于结构优化、社会公平的税收制度。将新开增的居民财产类、消费类税收和更多的财力用于改善民生事业，建立对教育、就业、社会保障、扶贫开发和保障性住房等方面财政投入与当地政府财政比重只增不减的刚性制度。

（3）营造市场公平竞争环境，优化分配秩序

营造公平的市场竞争环境，给予各市场主体参与市场竞争的平等地位，真

正让市场在资源配置中发挥决定性作用，促进全社会收入分配秩序的合理与公平。一是限制行业垄断，管理和调控垄断性行业收入水平。对于容易形成垄断的行业，应放宽市场准入条件，降低市场进入壁垒。二是利用国有资本运营平台，加强国有资本运营管理。通过国有资本运营平台切实管住资本，对垄断行业的垄断定价进行管制。三是加强市场监管，加快建设全国统一市场。要废止那些妨碍公平竞争、设置行政壁垒、排斥外地产品和服务的各种分割市场的规定。同时，加大反对不正当竞争行为的力度，严厉查处各种仿冒、欺诈行为，保护企业合法权益，促进企业在更大范围、更广领域和更高层次上参与竞争。积极创造各类市场主体平等使用生产要素的环境，促进商品和生产要素在全国市场自由流动。

3. 加快人力资本形成和结构升级，稳步提高劳动收入比重

（1）发挥政府部门的基础性作用，强化人力资本投资积累

深化收入分配改革、促进收入分配公平的重点在于不断提高劳动者收入水平，而实现这一目标的基础在于人力资本的高质量积累。要进一步发挥政府主导部门在人力资本形成中的基础性作用，需要政府财政持续加大对科技研发、教育培训、文化事业和产业、公共卫生体育的投入力度，引导更多的国有经济由偏重物质资本投资逐步加大人力资本投资，或者将更多的国有经济收益通过转移支付和税收调节等措施向有助于人力资本形成部门倾斜，以政府主导部门公益性或准公益性投入，引导全社会进一步加强人力资本投资。同时，深入推进教育、医疗卫生、科技研发部门中的国有组织管理体制机制改革，促进资源合理布局，强化区域统筹力度，进一步激发国有部门在促进全社会人力资本形成中的效率。

（2）化解瓶颈制约因素，激发人力资本积累的市场活力

目前，我国包括非国有经济和居民个体在内的非政府主导部门人力资本投资相对不足。以各级政府强有力的政策支持为先导，进一步化解发展瓶颈制约因素，激发人力资本投资市场活力，吸引社会优质资本进入有利于人力资本积

累的公共服务领域，同时切实注意改变教育卫生投入城市偏向，保障城乡居民具有公平机会获得人力资本积累，全面促进人力资本积累。要进一步加快人力资本形成领域的市场化改革进程，激发非政府主导部门或者说市场自发的投资活力。促进居民收入多元化并完善税收体系，增加居民人力资本投资。在优先保障政策覆盖面的前提下逐步提升社会保障水平，弱化城乡居民抑制消费的不稳定预期，积极促进居民购买式人力资本投资。持续加强中高等人力资本投入，促进人力资本结构优化升级。在推进供给侧结构性改革、促进产业结构转型升级的过程中，高度重视人力资本结构升级进程。比如，在尽量保持扩大高等教育规模的同时，注重建立与国际接轨的科研能力认证体系，培育科研精英层人力资本。建立职教与普教、职教内部各层次间的衔接机制，使学习者能根据自己的意愿和社会需求，打通终生学习的途径和成长道路。借鉴发达国家经验，建立熟练工人职级晋升激励系统。进一步深化人事制度和薪酬体系改革，切实促进职务和职级之间、不同岗位之间工资差异合理化。以此推进、引导、激励人力资本积累质量的提升。

（3）促进教育公平，使人力资本投资更多惠及中低收入居民

加强教育经费支出绩效评估，确保教育支出资金使用效率。需要参考教育支出本身特点，结合绩效评价环节和绩效评价指标设置规则，设置教育支出整体评价体系。从主管部门层面、支出部门层面和项目层面进行定性和定量指标设置。同时增强教育支出绩效评价结果的时效性，加强教育支出绩效评价工作的监督监管。加强职业技能教育培训，发挥财政资金对职业教育的引导作用，吸引更多社会资本办学；加强对下岗工人、农村剩余劳动力的职业技术培训，为再就业创造更多有利条件。继续开展多种形式的成人教育，保障更多人得到所需要的教育。扩大接受高等教育人群范围，提高劳动力综合素质。

4.规范政府、企业收入，形成合理的国民收入分配格局

（1）加强制度设计，规范政府部门收入

政府部门在促进形成合理的国民收入分配格局中应提供良好的制度环境，

切实发挥政策引导作用，做好收入分配的监管者。进一步构建和完善监督和制约权力的有效制度体系。一是科学设计相关制度，使制度间相互衔接配套。二是制度制定明确具体，不留任何模糊空间或漏洞。对于需要大力提倡的制度规定应确定为硬性规定，对于需要运用自由裁量权的规定要制定具体标准，尽量规范各种情形中的权力运用要求，缩小自由裁量空间。三是运用信息技术加强对权力行使权限和权力监督的全面渗透式管理。四是建立问责体系，保持执行制度评估反馈机制畅通，每项工作、每个环节有章可循，依靠制度的执行、反馈、完善实施机制，提高制度的刚性约束力。充分发挥政府部门的审计治理功能。

（2）健全国有企业薪酬分配体系

企业薪酬管理应坚持内部平衡、外部平衡、发展平衡和自我平衡原则，构建全面报酬架构。实行以岗定薪制度，根据管理资产规模、营业收入、对企业贡献度和员工人数，包括复杂程度的不同确定薪酬。同时，按照绩效确定薪酬，定期对员工绩效进行考核，薪酬确定既要考核组织绩效又要考核个人绩效，组织绩效分为经营单位绩效和职能部门绩效。对于国有企业，应加强对国企高管的薪酬管理。对金融、电信、石化、烟草等收入过高行业的国有以及国有控股企业，应严格控制工资水平和工资总额，缩小与非垄断行业的工资差距。全面考虑企业当期业绩和未来发展，建立完善按照经营绩效、风险和责任综合确定人员薪资的制度，可以对由行政任命的国企高管实行限薪，实行薪酬延期支付与追索扣回制度，高管薪酬增幅不高于职工平均工资的增幅，从而缩小国企内部的分配差距。

5. 健全城乡融合发展体制机制，缩小城乡居民收入差距

（1）加快提高农民收入

加快提高农民收入，是缩小城乡收入差距的必由之路。党的十九届五中全会强调"优先发展农业农村，全面推进乡村振兴"，"加快农业农村现代化"。增加农民收入要坚定不移抓好乡村产业发展，因地制宜发展乡村特色产业；不断壮大村集体经济，推动农村发展、农业增效、农民增收；支持乡村创新创业，加强农村就业服务和职业技能培训，以促进农村劳动力多渠道转移就业和增收。

（2）消除城乡一体化制度障碍，推进城乡融合发展

加快落实户籍制度改革，进一步放宽落户条件，推进农业转移人口市民化。加快完善城乡发展一体化体制机制，促进公共资源在城乡之间均衡配置、生产要素在城乡之间平等交换和自由流动，促进城乡规划、基础设施、基本公共服务等领域的城乡一体化建设，健全农民合理分享土地增值收益的相关制度，建立健全农业转移人口就地市民化机制，统筹推进区域性和全国性户籍制度改革。加快推进农村土地制度改革，落实"三权分置"改革相关措施，确保农民土地入市权益。创新融资方式，提高农村公共服务水平。培养农民掌握现代化技能，提高农民整体素质。除通过创造教育机会公平提高农民受教育水平外，还应通过成人教育、职业教育、技能教育等方式使农民掌握现代化生产技能，提高农民整体素质。同时，应加强对农民的就业培训与创业培训，增强农民自身就业和创业能力，引导农民自主择业就业，或在当地创业。夯实农民持续增收的基础。

6. 发挥慈善事业三次分配作用，促进分配公平

（1）完善相关慈善捐赠法律法规，实施慈善捐赠优惠政策

党的十九届四中、五中全会均提出要"重视发挥第三次分配作用，发展慈善等社会公益事业"。党中央首次明确以第三次分配为收入分配制度体系的重要组成，确立慈善等公益事业在我国经济和社会发展中的重要地位。第三次分配是建立在志愿基础上，以募集、志愿捐助和资助等慈善公益方式对社会资源和社会财富进行分配，这是关系经济社会发展和国家治理的重要制度安排，这种分配方式有助于缩小贫富差距，更好地实现社会公平正义，提升国家凝聚力。探索再分配基础上的再次分配，对于缩小收入差距，实现社会公平意义重大。

完善现有的《中华人民共和国公益事业捐赠法》，贯彻落实《社会团体登

记管理条例》《基金会管理条例》及国家财政部、民政部等相关部门制定的规章制度。推动《慈善事业法》尽快出台，规范社会慈善捐助过程中存在的"诺而不捐""多说少捐"等现象，运用社会诚信平台管理社会慈善事业，将慈善捐赠记入捐赠人诚信档案。对于企业通过国家认可的慈善机构捐赠货币、实物都应同等按照适用扣除比例予以税前扣除，同时提高捐赠扣除比例。对于个人捐赠应提高扣除比例，同时对于个人捐赠可以适当放宽捐赠要求。另外，除了对慈善捐赠实行税收优惠政策外，还应该给予产业政策、财政政策、信贷政策等方面优惠。

（2）创新慈善组织形式，吸引社会资本建设慈善机构

慈善事业更多是社会性救济事业，需要鼓励公众参与，过于浓厚的行政色彩不利于带动全社会力量。鼓励社会资本从事社会慈善事业。探索慈善事业与金融市场对接机制，发挥金融市场融通资金，引导收入分配功能，成立类似慈善信托、公益慈善基金会等社会团体，充分发挥信托等形式的灵活性，构建社会保障、社会救助与社会慈善良性互动的体制机制。

（3）加强慈善事业信息披露制度与监督，促进三次分配健康发展

降低慈善事业准入门槛，倡导多种形式的慈善机构组织形式，必须加强组织机构运营风险管理，这就需要建立慈善事业信息披露制度和监督体系。实行慈善捐赠资金全过程信息披露，包括接受慈善资金数额、捐赠人、资金使用方向、使用计划、资金使用效果评估。建立对慈善组织第三方评估制度，对慈善组织开展定期与不定期相结合的评估，并及时将评估结果向社会公众公布。同时，建立内部监督与社会监督相结合的监督体系，慈善组织内部应有独立的监察部门并畅通投诉渠道，加强社会公众对慈善组织的监督。

完善收入分配制度，促进收入分配公平合理，是推进全体人民共同富裕取得更为明显的实质性进展的主要内容。在促进公平分配的同时，还要进一步推动基本公共服务均等化，实现城乡基本公共服务普惠共享；优化区域经济布局，促进区域协调发展；综合施策全面发力，更好地推动人的全面发展和社会全面进步，促进共同富裕实现。

第八章　央地关系改革的基本问题
与改革路径选择

一、推进中央和地方关系改革是新时期改革的重要任务

中央和地方关系是一个历久弥新的话题。随着时代变迁，中央和地方关系始终处于不断调整过程之中，以满足不同时期、不同领域产生的各种新问题。形成强大、稳定、安全的国家，并激发地方活力来更好地实现人民群众向往的美好生活，无疑是我国全面建设社会主义现代化国家的必然要求。

（一）历次中央全会决定中的中央和地方关系问题

2020 年 10 月 29 日，中国共产党第十九届中央委员会第五次全体会议通过了《中共中央关于制定国民经济和社会发展第十四个五年规划和二〇三五年远景目标的建议》，提出"更好发挥中央、地方和各方面积极性""明确中央和地方政府事权与支出责任，健全省以下财政体制，增强基层公共服务保障能力""完善中央生态环境保护督察制度""加强党中央集中统一领导"等方面的要求。其中，强调了发挥中央和地方积极性、加强党中央集中统一领导，提到了中央和地方事权和支出责任划分这一近年来的重点问题，还提到了完善中央在生态环境保护督察方面发挥更重要作用的问题。可以看到，从国民经济和社会发展的角度，良好的中央和地方关系对于我国全局性谋划、战略性布局、整

体性推进、统筹两个大局，坚持全国一盘棋，防范化解重大风险挑战，都具有十分重要的意义。

2019 年 10 月 31 日，中国共产党第十九届中央委员会第四次全体会议通过了《中共中央关于坚持和完善中国特色社会主义制度、推进国家治理体系和治理能力现代化若干重大问题的决定》，提出"坚决维护党中央权威，健全总揽全局、协调各方的党的领导制度体系，把党的领导落实到国家治理各领域各方面各环节""健全维护党的集中统一的组织制度，形成党的中央组织、地方组织、基层组织上下贯通、执行有力的严密体系，实现党的组织和党的工作全覆盖""健全充分发挥中央和地方两个积极性体制机制""理顺中央和地方权责关系""赋予地方更多自主权，支持地方创造性开展工作""优化政府间事权和财权划分，建立权责清晰、财力协调、区域均衡的中央和地方财政关系，形成稳定的各级政府事权、支出责任和财力相适应的制度""构建从中央到地方权责清晰、运行顺畅、充满活力的工作体系"的要求。其中，提到了党组织在中央和地方关系中的重要作用，提出要支持地方创造性地开展工作，进一步在权责方面厘清中央和地方关系。可以看到，从推进国家治理体系和治理能力现代化的角度，健全充分发挥中央和地方两个积极性体制机制，对于坚持和完善中国特色社会主义行政体制，构建职责明确、依法行政的政府治理体系具有重要意义。

2018 年 2 月 28 日，中国共产党第十九届中央委员会第三次全体会议通过了《中共中央关于深化党和国家机构改革的决定》，指出还存在"一些领域中央和地方机构职能上下一般粗，权责划分不尽合理""基层机构设置和权力配置有待完善"等问题；提出"统筹优化地方机构设置和职能配置，构建从中央到地方运行顺畅、充满活力、令行禁止的工作体系。科学设置中央和地方事权，理顺中央和地方职责关系，更好发挥中央和地方两个积极性，中央加强宏观事务管理，地方在保证党中央令行禁止前提下管理好本地区事务，合理设置和配置各层级机构及其职能"。中央和地方关系最终体现在机构设置上，只有明确优化中央和地方关系目标和方式方法，才能更好完善党和国家机构设置，实现构建运行顺畅、充满活力、令行禁止的工作体系目标。

2014 年 10 月 23 日，中国共产党第十八届中央委员会第四次全体会议通过了《中共中央关于全面推进依法治国若干重大问题的决定》，指出"推进各级政府事权规范化、法律化，完善不同层级政府特别是中央和地方政府事权法律制度，强化中央政府宏观管理、制度设定职责和必要的执法权，强化省级政府统筹推进区域内基本公共服务均等化职责，强化市县政府执行职责"。可见，良好的中央和地方关系是全面依法治国的重要组成部分，应当受到制度的规范和约束。通过推进各级政府事权规范化、法律化，形成更加稳定的、可预期的中央和地方关系。

2013 年 11 月 12 日，中国共产党第十八届中央委员会第三次全体会议通过《中共中央关于全面深化改革若干重大问题的决定》，指出"最大限度减少中央政府对微观事务的管理"，"直接面向基层、量大面广、由地方管理更方便有效的经济社会事项，一律下放地方和基层管理"，"加强中央政府宏观调控职责和能力，加强地方政府公共服务、市场监管、社会管理、环境保护等职责"，"必须完善立法、明确事权、改革税制、稳定税负、透明预算、提高效率，建立现代财政制度，发挥中央和地方两个积极性"，"适度加强中央事权和支出责任"，"中央和地方按照事权划分相应承担和分担支出责任"，"保持现有中央和地方财力格局总体稳定，结合税制改革，考虑税种属性，进一步理顺中央和地方收入划分"。可见，构建良好的中央和地方关系，是全面正确履行政府职能、财政体制改革、加强和改善党对全面深化改革领导的重要支撑。

党中央历次全会都重点关注了中央和地方关系，表明中央和地方关系是具有系统性、战略性、全局性高度的重大改革问题。它对于全面深化改革、全面推进依法治国、深化党和国家机构改革、推进国家治理体系和治理能力现代化、推动国民经济和社会发展都具有重要作用。因此，本章以中央和地方关系改革中的路径选择为主要研究对象，进一步发现问题、理清思路，为构建更加富有活力、富有效率的中央和地方关系提出对策建议。

（二）中央和地方关系改革对经济社会发展的重要作用

1.推进国家治理体系和治理能力现代化

提升国家治理体系和治理能力现代化是中国特色社会主义制度优越性的直接体现。其中，中央和地方关系以其全局性、系统性的作用，直接影响着国家治理的成效。《中共中央关于坚持和完善中国特色社会主义制度、推进国家治理体系和治理能力现代化若干重大问题的决定》提出："理顺中央和地方权责关系""赋予地方更多自主权，支持地方创造性开展工作""优化政府间事权和财权划分，建立权责清晰、财力协调、区域均衡的中央和地方财政关系，形成稳定的各级政府事权、支出责任和财力相适应的制度。构建从中央到地方权责清晰、运行顺畅、充满活力的工作体系"的要求。可以看到，从推进国家治理体系和治理能力现代化的角度，中央和地方关系发挥着举足轻重的作用。通过完善中央和地方关系，能更好推进地方创造性地开展工作，推进区域之间的平衡发展，形成运行顺畅的政府工作体系。这些国家治理体系和治理能力现代化重要目标的实现，都建立于、依赖于央地关系的整体结构。

2.保持国家长期繁荣稳定

中国作为一个幅员辽阔、人口众多的大国，治理效能的发挥离不开国家长期繁荣稳定。国家长期繁荣稳定是各项制度得以发挥的前提。因此，现代国家要求拥有强大的中央领导，为形成现代国家、推动国家发展提供必要的动能。福山将现代国家如何拥有成功的政治秩序归结为强有力国家（State）、法治（Rule of Law）和负责任的政府（Accountable Government）三个根本因素，而"强有力国家"主要依赖强大中央政府的建立。①

事实上，强有力的中央推动我国全面建成小康社会，实现第一个百年奋斗

---

① ［美］弗朗西斯·福山：《政治秩序的起源：从前人类时代到法国大革命》，毛俊杰译，广西师范大学出版社 2014 年版，第 21 页。

目标，取得了举世瞩目的脱贫攻坚成果，并成功防范化解重大风险，有效开展污染防治，并有力地应对经济全球化遭遇逆流和新冠肺炎疫情带来的冲击。同时，改革开放之后，地方积极性的增强为经济发展提供了有力支撑，创造了世所罕见的经济快速发展奇迹。我国将开启全面建设社会主义现代化国家新征程，良好的中央和地方关系将为保持我国长期繁荣稳定提供有力保障。

3. 推动经济高质量发展

政府在我国经济发展中发挥着举足轻重的作用，因此，良好的中央和地方关系有利于推动经济高质量发展。很长一段时期，我国经济保持了持续高速增长态势，很大程度上得益于中央在基础设施上推进全国性交通设施和通信网络设施建设，在制度上提高人流、物流、资金流、信息流的全国流动。地方通过优化公共服务，推进本地经济发展，实现产业结构优化，并形成良性竞争态势，不断激发地方活力，提升地方发展质量。在未来，我国各级政府仍将在经济发展中发挥重要作用。良好的中央和地方关系对于维护国家法制统一、政令统一，强化市场统一、保护公平竞争环境、消除地方保护主义，都将发挥不可替代的作用。

4. 激励地方改革创新

改革开放以来，我国通过设立经济特区、开放沿海城市、国家级开发区、新区、自贸试验区等一系列特殊功能区，开展改革试验，探索新制度、新举措，以改革平台的建立为载体，激发地方的积极性。通过赋予地方更多自主发展、自主改革、自主创新的权限，调动一切可以调动的积极因素，为我国改革事业取得举世瞩目成就奠定了制度基础。

近年来，我国在深圳设立中国特色社会主义先行示范区。2019年8月，发布《中共中央国务院关于支持深圳建设中国特色社会主义先行示范区的意见》进一步提升了深圳作为改革开放排头兵的作用。2020年10月，中共中央办公厅、国务院办公厅印发《深圳建设中国特色社会主义先行示范区综合改革试点实施方案（2020—2025年）》的通知，为深圳改革开辟新空间。

向地方放权为地方大胆先行先试创造了条件，为中央推进全面改革提供了可复制、可推广的制度成果。通过调动地方积极性，地方之间逐步形成了制度创新的"竞赛"，改革力度更大、对生产力制约因素越少的地方，将获得更多的要素流入。通过地方之间在改革中的相互借鉴，重要的制度创新得以传播，在全国范围得到更加充分的运用。

二、我国中央和地方关系改革历程

我国中央和地方关系经过多次调整，始终处于动态演进过程中。回顾历史，不难发现我国中央和地方关系呈现出"收放循环"的特征，中央和地方的"积极性"也处于此消彼长的状态。在该背景下，我国积极推进中央和地方关系的改革，并形成了中央和地方关系变化的不同发展阶段。

第一阶段是国民经济恢复时期（1949—1956 年），主要特征是加强中央集权。新中国成立初期，国民经济落后，经济文化发展不平衡，没有统一市场，各地之间联系十分松散。执政党制定并实施了一系列走向集权的经济与政治政策。主要表现在：统一全国的税政税制；建立物资机构，统一物资调配；建立投资机构和制度，统一投资管理；建立预决算及工资制度，统一财政支出管理。中央集权制度在新中国成立初期，实现了构建统一民族国家、统一国家军队、统一政治架构、统一法律体系、统一国内市场的目标。这一时期，强有力的中央集权有助于消除任何可能危及政权的危险，保证国家的统一与稳定。①

第二阶段是计划经济时期（1956—1978 年），主要特征是两次权力下放。第一次是"大跃进"时期，经济管理权和大量企事业单位管理权都由中央下放

---

① 苏力：《当代中国的中央与地方分权——重读毛泽东〈论十大关系〉第五节》,《中国社会科学》2004 年第 2 期。

到地方。主要表现在：下放计划管理权，下放企业管辖权，下放物资分配权，下放基本建设项目的审批权、投资管理权和信贷管理权，下放财政权和税收权，下放劳动管理权。权力的大规模下放导致许多盲目性生产和重复性建设，不仅造成了资源的严重浪费，还对中央的统一指挥造成了极大的破坏。之后，中央收权，要求严格预算、企业财务、税收管理，收回劳动就业审批权；收回投资审批权，严格投资管理；上收一批下放不适当的企业；试办工业、交通托拉斯等。第二次是在"文化大革命"时期。具体内容有：简化税制，下放税权，实行财政收支"大包干"；试行基本建设投资"大包干"；试行物资分配"大包干"；下放劳动人事权，简化劳动工资制度；下放绝大部分部属企业事业单位；精简中央机构，实行"块块为主"的计划管理。这次权力下放导致国家对宏观经济失去控制，出现"乱""散"的格局。随后，中央又一次权力集中，上收企业折旧基金管理权；上收部分税收管理权；加强投资集中统一管理；上收部分企业，建立"联合公司"；统一计划管理，按照"统一计划，分级管理，条块结合，以块为主"的原则，实行中央和地方两级管理。

第三阶段是改革开放初期（1978—1992年），主要特征是以放权让利为主的地方分权。邓小平领导的中国改革不断推进地方分权，大量的经济决策权被下放给地方政府，各主要经济职能部门，如计委、工商、税务、银行等，划归同级地方政府管理，不受上级职能部门控制。改革开放初期以放权让利为主要标志的地方分权改革主要表现为三个方面：一是"分灶吃饭"新的财政体制推行。20世纪80年代实行的财政包干制比较彻底地改变了此前财政集权的基本框架，财政体制由集权为主变为分权为主。财政承包的基本思路是中央对各省级财政单位的财政收入和支出进行包干，地方增收的部分可以按一定比例留下自用，对收入下降导致的收不抵支则减少或不予补助。财政体制的变革，改变了传统的高度集中的状况，扩大了地方财政的自主权，调动了地方各级政府发展经济的积极性。二是干部制度的改革。1983年，中央组织部发布《关于改革干部管理体制若干问题的规定》，提出了"管少、管活、管好"的精神，将中央管理干部的范围限定于省这一级的党政干部。1984年，中央组织部印发

《关于修订中共中央干部管理的干部职务名称表的通知》，规定由过去的下管两级变为下管一级，地方干部管理的权限有效扩大。三是立法体制的变更。1982年宪法首次以列举的方式划分了中央政府和省级政府的行政管理权限。根据宪法修改的《中华人民共和国地方各级人民代表大会和地方人民政府组织法》，改革了中央一级立法体制，基本上形成了中央与地方四级立法体制，扩大了地方立法权，人、财、事三个方面均给予地方巨大自主权。

第四阶段是社会主义市场经济体制初创期（1992—2002年），主要特征是选择性集权。第一，分税制改革。在新的税制下，税收被分为三类：中央税、地方税及共享税。第二，中央银行制度的改革。央行的各省级分行被撤销，建立了九个跨省的大区级分行。这些分行直接受央行领导，人事财权都与地方脱钩。第三，预算体制的改革。实行部门预算改革，即一个部门一本预算，由基层开始预算编制，逐级上报、审核、汇总。第四，干部制度的改革。中共中央组织部1999年颁发了干部交流规定，在地方领导选拔上实行非本地原则和定期调换制度。具体规定县和市的最高领导不应从本地选出；在一个县或市担任领导职务10年以上者应被调到别的地方；省级领导应更加频繁地调到另一个省或调到中央任职。第五，立法体制的完善。2000年颁布的《中华人民共和国立法法》规范了中央与地方立法权限，省、自治区、直辖市的人民代表大会及其常务委员会根据本行政区域的具体情况和实际需要，在不同宪法、法律、行政法规相抵触的前提下，可以制定地方法规。

第五阶段是社会主义市场经济体制完善期（2002—2012年），主要特征是合理集权与分权。第一，加强中央政府公共服务能力。为纠偏地方政府重增长轻发展的政绩观，提升政府公共服务供给水平，中央政府在若干重要领域重新集权，包括质量检查、审计、环保、土地管理、统计和安全生产等，让这些部门实行垂直管理，与地方政府脱钩。第二，完善了财政转移支付制度。中央制定了一般性转移支付办法、一般性转移支付的额度及标准财政收入的确定，"明确各地区标准财政收入由地方本级标准财政收入、中央对该地区税收返还和财力转移支付构成"。第三，试行"省直管县"体制。在有条件的省进行省直管县试点，推进省直接管理县财政体制改革。

第六阶段是全面深化改革时期（2012 年至今），主要特征是科学划分事权与责任。第一，财税方面。2014 年 6 月 30 日，中共中央政治局会议审议通过《深化财税体制改革总体方案》，对合理划分各级政府间事权和支出责任作了系统设计和总体安排。2016 年，《国务院关于推进中央与地方财政事权与支出责任划分改革的指导意见》明确了财政事权和支出责任划分改革的具体任务、时间表和路线图。并在基本公共服务、医疗卫生、科技、教育、交通运输、生态环境、公共文化、自然资源、应急救援等领域提出中央与地方财政事权和支出责任划分改革方案。第二，国家监察和巡视制度。党中央对国家监察和巡视工作高度重视，各方面制度不断完善。2018 年 3 月，十三届全国人大一次会议表决通过了《中华人民共和国监察法》，确立国家监察委员会是最高监察机关，建立了集中统一、权威高效的中国特色国家监察体制。2013 年 6 月，中共中央办公厅转发《中央纪委中央组织部关于进一步加强巡视工作的意见》，党中央在 2015 年、2017 年两次对《中国共产党巡视工作条例（试行）》进行修订，党的十九大对《中国共产党章程》修改案把巡视制度单列为一条，增加了市、县党委建立巡察制度的要求。

三、我国中央与地方关系面临的主要问题

（一）稳定性不强

中央和地方关系非制度化因素决定了受政策和客观情势的影响大，致使预期不确定。我国中央和地方关系的真实状态呈现出"收放循环"特征，中央和地方的"积极性"也始终处于此消彼长的状态。新中国成立以来，我国进行过三次较大规模分权。第一次分权发生在 1958 年，中央将投资权力下放地方，

同时将绝大多数的中央企业下放地方管理。在计划经济体制下，政府支配经济活动，分权导致地方投资项目过多，以致出现投资战线过长和经济混乱等。第二次分权发生在 1969 年，国务院的直属机构从 90 个精简为 27 个，同时中央直属的企业大量下放地方，部属企业从 1965 年的 10533 个，减少到 1976 年的 1600 个。20 世纪 80 年代，中国开始第三次分权，即中央和地方的财政收入分配上采用"大包干""分灶吃饭"的做法，地方在完成一定额度的收入上缴之后，可以部分甚至全部留存新增收入。这对调动地方发展经济的积极性起到重要推动作用，但也带来了中央财政收入严重不足的问题，并导致 1994 年的分税制改革。"推进国家治理体系和治理能力现代化"时期，改革的系统性、整体性、全局性更为显著。各领域的中央和地方事权划分正在逐渐改变中央和地方关系稳定性不强的问题。

（二）权力责任分配不合理

我国中央和地方关系面临权力和责任分配不合理的问题。中央享有决策权、人事权、财权乃至监督权，这些权力有效保障了其意志地方贯彻落实、其权威得到地方充分尊重。中央人事权通过干部任命加强对地方的人事控制。监督权的强化将晋升与政绩考核联系起来，保证了下级服从上级、地方服从中央。财权上移措施使得中央财政收入在全国财政总收入中的比重大幅攀升。与此同时，地方事权具有刚性强、支出大、管理严、责任重的特点，地方一般公共预算支出比重从 1978 年的 52.6%逐年上升至 2019 年的 85.3%。因此，形成了中央权力多而任务少，地方任务重但权力不足的格局。权力责任分配不合理还体现在双方之间风险相互转嫁。中央可能将容易引发民众强烈不满的事权下放给地方，以降低中央承担的风险。① 而激励地方竞争和预算软约束，地方官

---

① 曹正汉、周杰：《社会风险与地方分权——中国食品安全监管实行地方分级管理的原因》，《社会学研究》2013 年第 1 期。

员不断通过大量财政投入获取短期政绩，而中央对地方债务担负了无限连带的最终担保责任，因而使得中央面临严重的全局性财政风险。①

（三）地方之间合作不足

我国中央和地方政府间关系面临地方之间横向合作水平不足问题。完善中央和地方关系要求维护国家法制统一、政令统一，同时也要求强化市场统一，消除地方保护主义。唯有如此，才能增强产品和要素在地方之间的自由流动。改革开放以来，一系列制度安排和相关措施的实施，有效地调动了各地发展的积极性，各级地方政府成为了本地发展的主体，推动了中国经济社会的高速发展。地方政府的经济职能过强，而社会管理和公共服务的职能却相对弱化，形成"经济增长与社会发展的不平衡"。各地经济的高速增长伴随着资源过度开发、生态环境保护和补偿严重不足，形成"经济社会发展和生态环境保护的不平衡"。"分灶吃饭"下公共服务支出责任更多地层层分解到地方，而地方财政主要覆盖的是本地户籍人口，各地出于减轻本身财政压力的考虑，对于外来人口形成"允许你来打工、难让你来落户"局面，阻碍了农民工市民化的进程。

（四）政府职责同构

职责同构是指不同层级的政府在纵向间职能、职责和机构设置上的高度统一。② 这种体制要求机构在设置上"上下对口，左右对齐"，每级政府所管理的事务大致相同。为了保证国家意志的实现，我国的单一制体制往往是各种职能部门垂直对应，从中央、省、市最后到县，存在一一对应的职能相同的党政

---

① 周雪光：《"逆向软预算约束"：一个政府行为的组织分析》，《中国社会科学》2005 年第 2 期。

② 朱光磊、张志红：《"职责同构"批判》，《中国智库》2013 年第 1 期。

部门不同层级地方政府在事权划分上存在明显短板。这对于重塑中央和地方关系、加强央地关系制度化、转变政府职能、消除条块矛盾等一系列重要问题，构成了体制性阻碍。

（五）中央政策空转现象

中央政策空转主要表现为"上有政策、下有对策"，政策在实际运转中不产生实际效力的一种现象。这种现象一方面是地方对中央政策的灵活运用，把中央政策与本地实际结合起来进行变通。在执行上级部门尤其是中央政府政策指令时，基层政府会出现共谋现象，采取各种手段共同应对中央政府。"共谋现象"多数情况下是基层政府执行上级政府政策时所表现的适应性策略选择。政策空转一定程度上是因为地方在上传下达过程中简单地将上级政策进行传递。当有新政策或新任务时，"传达派"习惯于召开会议进行工作部署，要求下级认真落实；也有的仅仅发一个文件，文件内容与上级文件没有多大不同，基本上是转述上级的意见。如何落实，既没有相应的实施细则，也没有明确的指标，更没有相关的配套措施。

四、改革目标：何为良好中央和地方关系

构建良好中央和地方关系的最终目的是推进国家治理体系和治理能力现代化，通过构建系统完备、科学规范、运行有效的中央和地方制度体系，服务于全面建设社会主义现代化国家。因此，在理解和观察中央和地方关系时，应当重点了解其作为国家治理工具的价值。良好的中央和地方关系应当有助于实现中央和地方积极性的充分发挥，维护中央和地方关系长期稳定，权力和责任合理配置，以及地方间合作水平的提高。在完善中央和地方关系的过程中，明确

目标有助于更好推动我国央地关系的改革实践。

（一）良好中央和地方关系的标准

第一，中央和地方两个积极性充分发挥。发挥中央和地方两个积极性，是衡量中央和地方关系体制机制是否完善的首要标准。任何一个国家都不能仅由中央政府进行治理，这对于区域广袤、人口众多的大国而言尤其如此。与此同时，国家治理也不能仅依靠地方，中央起着对全国进行协调、沟通、管理、整合的重要作用。毛泽东同志1956年发表《论十大关系》的讲话中指出："我们的国家这样大，人口这样多，情况这样复杂，有中央和地方两个积极性，比只有一个积极性好得多"；"应当在巩固中央统一领导的前提下，扩大一点地方的权力，给地方更多的独立性，让地方办更多的事情"。邓小平在《党和国家领导制度的改革》一文中也明确指出了"权力过分集中"的问题。

近年来，党中央长期高度关注这一问题。党的十八届三中全会决定强调，正确处理中央和地方、全局和局部、当前和长远的关系，正确对待利益格局调整；党的十九届三中全会决定强调，充分发挥中央和地方两个积极性，构建从中央到地方各级机构政令统一、运行顺畅、充满活力的工作体系；党的十九届四中全会决定强调，健全充分发挥中央和地方两个积极性体制机制。党的十九届五中全会决定强调，坚持全国一盘棋，更好发挥中央、地方和各方面积极性。

在两个积极性中，由于中央拥有绝对权威，因此，发挥地方积极性是主要问题。将国家权力进行纵向配置，把直接面向基层、量大面广、由地方实施更为便捷有效的经济社会管理事项下放给地方，把处理这些事项的权力授予地方，可以更好满足地方的需求，提高地方干事创业的意愿和能力。

当前，中国特色社会主义进入新时代，中央和地方两个积极性将不仅体现在经济发展方面，还将在更好满足人民日益增长的美好生活需要、着力解决发展不平衡不充分问题、有效应对各方面重大风险挑战方面发挥更大、更积极的作用。

第二，中央和地方关系稳定。良好的中央和地方关系应当具有保持长期稳定的能力。相对稳定的中央和地方关系，是相应体制机制成熟定型、合理科学的重要标志。稳定的中央和地方关系可以提供稳定的预期，引导中央和地方采取更加立足长远的措施，避免短期机会主义行为。我国是单一制国家，中央向地方的分权不具有永久性和不可撤回性，这对增强我国中央和地方关系的稳定性提出了更高要求。新中国成立以来，我国分别于"大跃进"时期、"文化大革命"时期和改革开放初期实施了较大程度分权。这些分权措施与当时的历史背景、国家目标转变有着密切联系。这也表明长期以来我国中央和地方尚未形成成熟的体制机制，尚不足以应对各种复杂环境和形势变化。在国家治理体系和治理能力现代化阶段，国家对制度的成熟与定型提出了更高要求，中央和地方关系面临着制度化、规范化的问题。完善中央与地方关系协调机制，以规范化方式解决中央与地方间矛盾，将成为下一步中央和地方关系改革的重要目标和成败的衡量标准。

第三，权力责任分配合理。良好的中央和地方关系应当保证权力和责任的合理分配。在单一制国家，地方政府是中央政府的代理和执行机构，是中央政府的延伸。地方不仅要实施本地的公共服务、政府监管、社会保障等职能，同时，要配合与执行上级政府出台的各项政策；与此同时，地方往往可以因此获得大量来自中央政府的资源和授权，作为履行大量任务的补偿，并提高履行大量任务的能力。

在不同体制下，权力和责任的配置重心不同，但不变的是权力和责任的配置最终要实现平衡。唯有如此，各级政府才能正常运转，不至于因为责任太重、权力不足而无法顺利履行职责；也不会因责任少而权力多而导致资源浪费和权力闲置。改革开放以后，我国对形成于计划经济时期的中央高度集权管理体制进行变革，其重点是将"中央高度集权"转变为"中央合理集权"。在保持中央集权、维护中央权威的条件下，增强权力和责任分配的合理性，优化国家治理体系、提升国家治理能力。因此，权力责任分配是否合理，决定了中央和地方关系是平衡还是失衡，是有效还是无效，也构成衡量中央和地方关系是否合理的中央标准。

（二）中央和地方关系要处理好的主要关系

第一，中央集权与地方分权之间的关系有待进一步理顺。现代国家的兴盛离不开稳定强大的中央政府，同时创新和繁荣也离不开充满活力的地方。现代国家运行过程中，自由活力的地方和强大稳定的中央之间构成张力，两者不断冲突又不断妥协、相互制约又相互支撑，共同塑造了现代国家中央与地方关系格局，推动其经济社会的不断发展。中央集权和地方分权并行，保证了国家运行自下而上和自下而上相结合。我国地方政府是中央政府的代理和执行机构，是中央政府的自然延伸。中央享有决策权、人事权、财政权乃至监督权，保障了其意志能得到地方贯彻落实。改革开放以来，中央加强和改进了对地方的人事控制，建立起依靠政治压力驱动的体制。监督权将晋升与政绩考核联系起来，保证了下级服从上级、地方服从中央。

第二，协调好经济分权与政治集权。加强中央集权是构建稳定统一国家的必要举措，当计划经济把单一制推向极端后，则转向了以分权为重点的经济体制改革。[①] 中国的经济变革是在政治稳定的前提下进行的，在既定的政治结构不变的条件下，中国的经济关系发生了革命性变化。地方制度创新、地方经济竞争都是央地经济关系变革的重要推动力，他们同政治关系上的中央集权是相互结合的。总体来看，尽管随着市场化改革的推行，中央对于地方的管理和控制在减弱，但中央政府仍然在整个国家运行中占有着绝对的支配地位。这种结合保障了中央对地方具有控制权的同时，能有力推动计划经济向市场经济转型。[②] 因此，必须对中央—地方关系进行政治上和经济上的二元化认识。[③] 事实上，经济体制改革不仅仅要依靠向地方分权，还需要强人的中央来维护国内

---

① 杨光斌：《中国经济转型时期的中央—地方关系新论——理论、现实与政策》，《学海》2007年第 1 期。

② 郑永年：《中国的"行为联邦制"：中央—地方关系的变革与动力》，东方出版社 2013 年版，第 4—5 页。

③ 杨光斌：《中国经济转型时期的中央—地方关系新论——理论、现实与政策》，《学海》2007年第 1 期。

市场的统一和市场秩序。当地方政府从计划经济下的代理人转变为市场经济下的利益主体时，其行为模式也就发生了重大变化，从过去的以执行中央计划为主转变为以实现地方利益驱动。没有强大的中央，那么地方保护主义则会破坏统一的国内市场。在向市场经济转型中，仅进行宏观调控是不够的，维护国内统一的市场和形成良好的市场秩序，还必须依靠国家的强制性权力。经济分权将原有计划体制下中央管得过多过死的局面被打破，更多赋予地方自身发展的主动性。在财政税收、政绩考核、公共服务、土地制度等一系列制度安排下，地方发展的积极性被充分地调动起来，促成了各地争先恐后、大干快上发展经济的局面。"地区竞争"被认为是中国经济高速增长的重要动力之一。

第三，处理好中央决策与地方执行的关系。地方政府实际承担了大部分执行任务，地方不仅要实施本地的公共服务、政府监管、社会保障等职能，同时，要配合与执行上级政府出台的各项政策。中央决策能够更好地保障国家利益和民众利益最大化。地方主要负责执行，可以发挥地方直接面对基层和民众优势。中央负责决策可以避免地方政府作为本地利益的代表者，实行更加公平的政策。地方政府则可以选择效率最高的手段。来提高执行的有效性。与此同时，中央决策可以更好发挥中央决策的专业素质，而地方执行能够更好发挥地方在获得地方性政策方面的便利优势。

（三）中央和地方关系改革的主要原则

基于中央和地方关系中存在的各项问题，理论界和实务界也对如何进一步完善中央和地方关系提出了多项原则。具体而言，应当从以下三个方面推进央地关系的改革。

1.推进权、责、利相统一

一是要总体平衡。行政权、人事权、监督权、财权、事权、立法权等一系列权力分配上，要实现总体上的平衡。在地方和中央之间，要在各种权力配置上，最终形成一个相对均衡的局面，避免上述权力单方向配置在其中一方而导致关系失衡。

二是权力间平衡。相互关联性较强的权力之间要形成相对平衡的局面。比如，财权和事权之前要大体匹配，避免地方政府承担的事权大大超出其财权所能提供的财政资源，导致地方面临较大的财政压力。比如，行政权与监督权相匹配。如果地方政府行政权较小、中央监督权较大，则地方自主性将受到较大的影响。

三是权力内平衡。每一项权力内部也应当是平衡分配的。比如，中央与地方事权划分不合理，会导致本应由中央直接负责的事务交给地方承担，宜由地方负责的事务最终由中央承担。因此，在中央统一领导下，适宜由中央承担的财政事权执行权要上划，加强中央的财政事权执行能力；适宜由地方承担的事权要下放，保证地方有效管理区域内事务。

四是权力和责任相平衡。任何一级政府在行使一项权利的同时应当承担相应的责任。比如，中央的财政事权原则上由中央直接行使。中央的财政事权确需委托地方行使的，要通过中央专项转移支付安排相应经费。

五是权力边界清晰。中央和地方之间的权力边界应当不断清晰化，唯有如此，中央和地方才能明确各自的职权范围，才能实现中央和地方关系的规范化。因此，要明确共同财政事权中央与地方各自承担的职责，减少并规范中央与地方共同财政事权，避免由于权力边界不清造成中央和地方关系的越位、错位。

2.实现较高的行政效率

该原则要求，更好发挥地方政府尤其是县级政府组织能力强、贴近基层、获取信息便利的优势，将所需信息量大、信息复杂且获取困难的基本公共服务优先作为地方财政事权，提高行政效率，降低行政成本。信息有效性强调地方相较于中央而言更具信息优势，因而，应将直接面向基层、量大面广，由地方实施更为便捷有效的经济社会管理事项下放给地方，把地方切实需要也能够有效承接的事项下放给地方，特别是行政审批、便民服务，资源配置、市场监管，综合执法、社会治理等具体事项要逐级下放，增强地方治理能力。与此同时，信息比较容易获取和甄别的全国性基本公共服务宜作为中央的财政事权。对于经济宏观调控、国家安全、统一市场、跨区域事务等中央可以充分获取信息事务，则应纳入中央事权。而对于中央和地方的共同事权，需要根据不同的国情而定。例如义务教育是基本性的、普惠性的，在小型国家往往划定为中央事权，由国家按照公平性、一致性的原则提供直接的公共服务；但在大型经济体，由于地区间情况多样，个人信息的复杂性高，保障服务的监督难度大，义务教育往往列为共同事权。

3. 准确把握政府事务的外部性

外部性标准关注事权是具有全局意义的全国性事务，还是仅具有局部意义的地方性事务。这一标准能按照公共事务的不同属性，将公共事务配置于不同区域范围和层级的政府，并且配置以相应的公共权力。该标准认为，应当根据公共服务受益范围或政府职权的影响范围来确定事权的分配，如果某项事权对其他地方产生影响，则具有一定外部性，就应当由更高层级的政府承担。政府的公共服务或政府干预的受益或影响范围是有区别的，若要充分调动各级政府的积极性，就应按照受益范围或影响范围划分事权。

因此，对于受益范围或影响范围仅限于当地范围的政府职能，可作为地方事权，并由地方政府履行支出责任。包括：社会治安、市政交通、农村公路、城乡社区事务等与当地居民密切相关、受益范围地域性强的公共服务。

对于事关全局、受益范围或影响范围覆盖全国的政府职能，具有主权属性的事务、需要全国强制统一实施的事务、与国家利益关系直接的事务，可作为中央事权，并由中央政府履行支出责任，包括保障国家安全、维护全国统一市场、体现社会公平正义、推动区域协调发展等方面的财政事权。具体而言，有国防、外交、国家安全、出入境管理、国防公路、国界河湖治理、全国性重大传染病防治、全国性战略性自然资源使用和保护、涉及全国统一市场和要素自由流动、跨地区司法纠纷审理等公共服务等。

对于受益范围跨区域的公共服务，既事关本地利益，又事关局部或整体利益，可作为中央和地方共同事权，并由中央政府和有关地方政府共同履行支出责任。包括：义务教育、高等教育、科技研发、公共文化、基本养老保险、基本医疗和公共卫生、城乡居民基本医疗保险、就业、粮食安全、跨省重大基础设施项目建设、环境保护与治理等体现中央战略意图、跨省的公共服务。

五、央地关系改革的主要路径和政策建议

我国中央和地方关系的改革应当是系统的、全面的。在推进国家治理体系和治理能力现代化目标指引下，中央和地方关系的改革应当更好地把问题导向和目标导向相结合。既充分化解实践中存在的各项问题，又能够站在全局的高度构建完整的改革方案。

（一）中央和地方关系改革的总体建议

第一，准确定位，增强中央和地方政府间关系稳定性和适应性。把握住中央面向全国、地方面向本地的基本定位，结合权责利相统一、行政效率和外部性标准等基本原则，抓大放小，保持中央和地方在权力分化上的稳定性。在中央和地方关系保持相对稳定的同时，应当结合经济社会发展的突出问题，根据国内外环境的变化，对中央和地方之间的权力分配应当进行动态调整，保证中央和地方政府间关系有效适应不同的时期和环境。

第二，充分放权，实现政治统一与经济发展相协调。在加强政治巡视工作的条件下，中央对地方的监督能力进一步增强，为保持中央政令畅通、法治统一、市场统一提供了坚实的基础。同时，也为进一步在经济发展事务上放权提

供了重要保障。在政治高度统一的条件下进一步推进经济管理事务权力下放，将更好激发地方政府干事创业的积极性，为地方经济发展提供动力。

第三，转变职能，以政府与市场关系改革推进中央与地方政府间关系改革。中央和地方政府间关系的完善应当以理顺政府与市场关系为前提。政府事权范围是政府提供公共物品和公共服务的边界，中央和地方的权力划分应当在此边界之内进行。因此，要加快政府职能转变，简政放权，为合理调整和划分央地事权奠定基础。

第四，回应民意，增强各级政府对民意的回应能力。在中央发挥统领全局的主导地位条件下，增强地方履职过程中对本地居民需求的吸纳，提高本地居民参与度，确保各方参与主体能够经由各种渠道和方式有效表达诉求。[1] 同时，增强中央的回应性，对属于中央事权、由中央负责的事项，中央设立垂直机构实行规范管理。

第五，有效激励，完善中央与地方之间的激励与约束机制。中央的政策、规则能否得到贯彻落实，地方是否能充分自主创新，取决于激励与约束机制的设置是否合理。因此，要改革以 GDP 为导向的考核机制，降低地方以经济增长为核心竞争动力。完善地方各级人大监督的途径，不断推进人大监督工作的规范化、制度化建设，充分发挥代表在人大监督中的重要作用。

第六，信息联通，降低中央和地方之间的信息壁垒。面对经济、金融、生态、卫生等领域风险不断提升，降低信息壁垒对于中央统筹做好风险防控、作出正确决策具有重要意义。要充分利用大数据、人工智能等技术，提高政务电子化、信息化水平，建立中央与地方信息收集、交换和共享的渠道，保障中央和地方共享各类别、各地区、各层级的信息，减少信息传递过程中的时滞与失真问题，增强中央和地方之间的协同能力。

第七，整体推进，促进中央和地方之间各方面关系改革。要中央与地方事

---

① 陈世香、唐玉珍：《中央—地方政府间职责结构的历史变迁与优化——基于地方政府行动策略的视角》，《行政论坛》2020 年第 2 期。

权配置结构的改革应与财政改革、机构改革和政府职能调整结合起来，根据具体条件、实际效果和改革进程，准确把握改革的力度、进度，实现中央和地方政府间关系在动态变化中始终处于相对平衡的状态，保障中央和地方两个积极性得到充分发挥。

第八，法治保障，为中央和地方之间关系提供制度保障。经过改革开放40多年的探索，发挥中央和地方两个积极性的体制机制正逐步成熟。要通过法治方式，让实践证明行之有效的体制机制政策制度更加成熟更加定型。要将依法治国、依法执政、依法行政贯穿发挥两个积极性全过程，推进各级政府事权规范化、法治化，以完备的法律规范体系、高效的法治实施体系、严密的法治监督体系，确保中央和地方的重大关系、重大制度、工作体系于事周延、于法有据、落实有力。

第九，推动创新，以更大力度的分权促进地方改革创新。改革开放以来，我国通过建立经济特区、自贸区、新区、综合改革试验区等一系列举措，授予地方在更大程度进行探索和改革的权力，拓宽地方制度创新的行动空间，破解了深层次体制机制障碍，实现了很多领域的历史性变革，成功推动了制度的创新和经济的发展。下一步，有必要加强进一步降低地方改革成本、保证地方改革有法可依、推动地方改革从政策试点向制度试验转变，更好地将顶层设计和地方试点有机结合。

（二）央地关系改革的主要路径

1.加强中央对地方的约束作用

中央对地方的约束是保证地方服从中央指挥，维护中央权威和集中统一领导的基石。通过这些方面的改革，可以进一步巩固现有的制度成果，同时，通过局部调整进一步激发地方活力。

第一，政治领导机制。"中国共产党领导是中国特色社会主义最本质的特征"。宪法第一条第二款的这一规定表明中国共产党具有特殊的政治和宪法地位。这一条款同时也与党的一系列重要决定相互呼应。① 作为最高政治领导力量，中国共产党通过政治领导、组织领导和思想领导，形成了"下级服从上级，全党服从中央"的党内组织结构。党中央通过地方各级党组织对地方实施政治领导，将党自身的组织架构外化于中央和地方关系之中。正如党的十九届四中全会提出，"坚决维护党中央权威，健全总揽全局、协调各方的党的领导制度体系，把党的领导落实到国家治理各领域各方面各环节"。党的领导在国家治理中全面落实，深刻决定了我国中央和地方关系的实际状态。

在中央和地方关系改革中，应当基于中央和地方关系的真实状态，进一步完善党组织在中央和地方关系中的核心枢纽作用。通过中央和地方关系的改革，让党中央的权威成为中央权威的主要支撑力量，成为我国单一制特征的集中体现。

第二，人事管理制度。人事管理制度也是中央约束地方的重要途径。自20世纪90年代后期以来，中央加强对地方省级核心领导干部的管理，遏制地方主义、加强中央权威，保持政治上的统一和稳定。根据1998年中共中央颁布的《中共中央管理干部名称表》，所有副省级以上的干部均由中央直接考察和管理，地方主要正局级岗位的干部向中央备案。中共中央组织部1999年6月颁发了《干部交流规定》，在地方领导选拔上实行非本地原则和定期调换制度。一系列的人事制度安排，使得20世纪90年代后期以来地方领导任期不断缩短，更替逐步加快。中央在人事制度上的安排，保障了中央政策得到贯彻落实，也形成了激烈的地方官员竞争，成为推动中国经济发展不可忽视的力量。②

在中央和地方关系改革中，应当进一步完善人事考核、晋升、流动的规则

---

① 《中共中央关于坚持和完善中国特色社会主义制度　推进国家治理体系和治理能力现代化若干重大问题的决定》指出："必须坚持党政军民学、东西南北中，党是领导一切的"。党的十九大报告指出："坚持党对一切工作的领导。党政军民学，东西南北中，党是领导一切的。"

② 周黎安：《中国地方官员的晋升锦标赛模式研究》，《经济研究》2007年第7期。

设置，体现中央对地方官员的激励和约束作用，尤其是直接反映中央人事安排目标中的党管干部原则和干部委任制。在中国经济高质量发展阶段，在约束地方领导干部、坚持党的集中统一领导的同时，更好激发地方党政干部的积极性和主动性。①

第三，立法权配置机制。法律是协调中央与地方关系的基本方法。世界主要发达国家的中央和地方关系都建立在明确的宪法和法律基础上，而且都努力通过法律化、制度化、程序化的手段来协调中央与地方关系。法律作为协调中央和地方关系的手段，主要依靠全国人大和地方人大之间立法权配置的关系。立法权的配置始终遵循了中央立法的主导地位，《立法法》第八条明确规定了只能由全国人大进行中央立法的事项。在地方立法权限和范围不断扩大过程中，也始终采取了谨慎、稳妥的做法。城市立法权从直辖市向副省级城市等较大的市再向设区的市渐进地扩大。

在中央和地方关系改革中，应当进一步优化人大立法权配置关系，推进地方性法规和政府规章的制定应与上位法相统一，促进地方遵守宪法、法律和行政法规。同时，授予地方适当的立法权，更好发挥地方立法权的主动性，发挥地方立法的试验田作用，使地方立法在经济发展中发挥保驾护航作用。

第四，行政管理权配置机制。中央对宏观事务进行管理，地方在保证中央令行禁止前提下管理本地事务。政府管理活动与人民群众生活密切相关，因此是中央和地方关系发挥作用的重点领域。《宪法》第八十九条规定：国务院有权"统一领导全国地方各级国家行政机关的工作，规定中央和省、自治区、直辖市的国家行政机关的职权的具体划分"。中央有权改变或撤销地方各级。政府不适当的决定和命令，维护中央权威、法制统一、政令统一。

在中央和地方关系改革中，应当在地方实施管理过程中，保证中央方针政策和国家法律法规的有效实施，同时根据本地实际情况开展管理。进一步简政

---

① 杨光斌：《我国现行中央—地方关系下的社会公正问题与治理》，《社会科学研究》2007 年第3 期。

放权，让在地方经济社会管理活动中获得更多自主权。对于直接面向基层、量大面广，由地方实施更为便捷有效的经济社会管理事项，应当直接交给地方，推进地方政府治理能力不断增强。

第五，财权分配机制。党的十九大报告指出，要"加快建立现代财政制度，建立权责清晰、财力协调、区域均衡的中央和地方财政关系"。中央和地方财政关系直接影响到中央和地方的财力。改革开放以来，中央决定从财政体制入手，围绕中央和地方财政关系，探索财政包干体制，打破了传统统收统支体制，实行了分级管理，调动了地方政府增加财力的积极性。但财政包干体制强化了地方利益，出现地方保护、盲目发展、重复建设等问题。在建立统一的社会主义市场经济体制背景下，中央推行选择性集权改革，实现了中央和地方之间从划分收入到划分税种的重大转变。

在中央和地方关系改革中，应当在满足中央财政利益的同时，明显增强地方财力，让中央和地方在财政总收入中的比重更为平衡，缓解地方面临的沉重财政负担。进一步规范中央对地方转移支付制度，健全地方税体系；同时，合理扩充中央事权和支出责任，规范中央事权的执行方式。

2.细化中央和地方的分权领域

《中共中央关于全面深化改革若干重大问题的决定》指出，"加强中央政府宏观调控职责和能力，加强地方政府公共服务、市场监管、社会管理、环境保护等职责"。在这些重要职能中，中央和地方需要通过广泛而深入的合作，推进政府职能的实现。

第一，宏观调控职能。新中国70年宏观调控先后经历了从"计划管理"到"综合平衡"、再到"宏观调控""总量调控""总量＋结构"调控以及从"需求结构调整"到"需求＋供给"的结构性调控五次大规模实践转型。[1] 改革开放以来，宏观调控始终是中央承担的重点职能。《中共中央关于全面深化改革

---

[1] 庞明川：《新中国70年宏观调控的转型、创新与基本经验》，《财经问题研究》2019年第11期。

若干重大问题的决定》中指出："加强中央政府宏观调控职责和能力，加强地方政府公共服务、市场监管、社会管理、环境保护等职责。"在中央和地方关系改革中，应当充分发挥中央在保持经济总量平衡、促进重大经济结构协调和生产力布局优化、减缓经济周期波动影响、防范区域性、系统性风险、稳定市场预期和实现经济持续健康发展中的作用。健全以国家发展规划为战略导向，以财政政策和货币政策为主要手段，就业、产业、投资、消费、区域等政策协同发力的宏观调控制度体系。完善国家重大发展战略和中长期经济社会发展规划制度。

第二，市场监管职能。在市场监管领域，中央和地方关系是合作互补的关系。建设全国统一市场的规则制定和监管属于中央事权，近年来，市场监管领域特别强调中央应当在知识产权保护这一事项上加强监管力度。当然，中央并非应当参与各项监管事务，对于微观事务的监管，中央政府正逐步减少自身的作用。在中央和地方关系改革中，应当在市场机制有效调节的经济活动中，中央应当取消审批；而直接面向基层、量大面广，由地方管理更方便有效的经济社会事项，中央则应当下放地方和基层管理。对于地方而言，加强食品药品、安全生产、环境保护、劳动保障等重点领域基层执法力量。此外，进一步明确新领域、重点领域的监管，比如推进金融监管改革，界定中央和地方金融监管职责和风险处置责任；完善新经济监管体制，降低对新经济发展的阻碍。

第三，公共服务职能。中央和地方在公共服务供给中承担着不同的任务。中央主要处理基本公共服务的均等化问题，中央承担的支出责任有所区别，体现向困难地区倾斜，使地区间、城乡之间、不同群体之间在基础教育、公共医疗、社会保障等基本公共服务方面的差距逐步缩小，满足全体社会公众对最低公共资源需求的公共服务，促进社会公平、公正。实践中，以 GDP 为中心构建的中央与地方关系，仍导致地方政府将主要财力用于经济发展，导致公共服务水平不足。在中央和地方关系改革中，应当进一步完善一般性转移支付增长机制，重点增加对革命老区、民族地区、边疆地区、贫困地区等欠发达地区的财力支持。同时，适当加强中央在养老保险等方面事权。对于地方而言，主要是健全省以下财政体制，增强基层公共服务保障能力。

第四，环境保护职能。党的十九届五中全会指出："完善中央生态环境保护督察制度。"十九届四中全会提道："适当加强中央在知识产权保护、养老保险跨区域生态环境保护等方面事权。"《国务院关于推进中央与地方财政事权和支出责任划分改革的指导意见》指出："在条件成熟时，将全国范围内环境质量监测和对全国生态具有基础性、战略性作用的生态环境保护等基本公共服务，逐步上划为中央的财政事权。"在中央和地方关系改革中，应当由中央主要承担生态环境规划、生态环境监测和执法、全国性生态文明建设目标评价考核、国家重大环境信息统一发布等跨区域生态环境保护的事权。地方主要承担地方性大气和水污染防治、地方性生态环境监测执法、地方性生态文明建设目标评价考核等事权。

3. 提升中央和地方的合作水平

从中央和地方合作的角度来看，中央和地方关系之间存在计划、执行、反馈、监督的关系。合作过程体现在中央和地方共同实施一项任务时的角色定位和任务分配情况。

第一，目标设定。目标设定主要体现在中央对地方工作的目标设定上，具体表现在中央制定国民经济和社会发展五年规划、政府工作报告中年度发展目标和工作安排等全局性的部署，以及针对具体部门、具体事项、特定区域的规划、政策和授权。我国政府往往采用规划的方式，用较为全面、具体的形式体现中央完整的目标、举措和意图。在中央和地方关系改革中，应当增加中央目标设定的方式。更多采取立法方式，用效力层级最高的法律文件，具有长期性、关键性的政策，提出稳定的目标设定，为地方的权力、行为设定界限和准则。

第二，任务执行。地方贯彻执行中央各项政策指令是地方的重要工作，是我国中央和地方关系的基本特点。任务执行下沉、违规执行不合法任务等问题在任务执行环节仍然突出。在分税制导致地方财力不足背景下，地方即便面临违反严格保护耕地政策，也可能选择违法征地行为，以便利于获取土地出让收入、扩大招商引资、提升官员政绩。[①] 在中央环保目标设定和考核压力之下，可能出现地方采取"一刀切"方式以实现短期内降低中央监督压力的做法，这既与中央在环保领域承担任务不足有关，也与地方责任过重有关。[②] 在中央和地方关系改革中，应当逐步改变"中央决策、地方执行"的现象，化解地方执行任务重、中央执行力不足的问题。通过加强中央的执行能力，还将进一步提高中央政府的权威性。

第三，监督考核。中央对地方进行监督考核的机制主要有全国人大的监督、中央组织部的干部考核与任免、中央纪律检查委员会和国家监察委的监督、国务院督查等。这些机制对强化地方贯彻落实中央决策部署，防止政出多门、各自为政，遏制上有政策、下有对策，确保令行禁止、政令畅通，具有重要的保障作用。在中央和地方关系改革中，应当进一步提升中央巡视工作的制度化和常态化，加强中央对地方的政治监督水平。[③]建立和完善监督考核机制，有针对性地对地方出现违背中央的法律、纪律、政策等要求的行为进行及时、有效监督，增强地方执行中央政策的有效性。

第四，信息反馈。在中央和地方关系改革中，应当完善中央在目标设定和监督评估以及地方在任务实施过程中所形成的关系模式，进一步提高地方的反馈能力。充分发挥地方拥有更多的地方性信息和技术处理能力的优势，增强地方在与中央互动中的沟通能力，扩大地方在资源分配、考核标准、工作负荷、责任分担等方面的谈判空间。

4.提升中央和地方的合作治理效能

第一，提高效率。中央和地方政府之间的协调，能提高政府组织的运行效

---

① 石志宽等：《农地征收中央地方政府博弈行为分析》，《农村经济与科技》2020 年第 1 期。

② 张国磊等：《中央环保督察、地方政府回应与环境治理取向》，《北京理工大学学报（社会科学版）》2020 年第 5 期。

③ 孙亮：《政治巡视：意涵、逻辑与辩误》，《岭南学刊》2020 年第 2 期。

率。不同的中央和地方政府间关系会产生不同的政府效率。如果行政层级比较少，则层级之间的沟通成本较低。但与此同时，会增加每一层级所管辖的区域范围和下一级的政府数量，导致每一层级的效率降低和成本增加。从信息获取角度来看，政府层级较多，信息处理能力有限，中央则须依赖地方获取信息，因而将决策权下放。但中央也因此面临信息时间滞后和信息不对称的问题。在中央和地方关系改革中，应当发挥中央在人员专业性上较强的优势，和地方人员专业性较低但地方性知识较强的优势。① 促进二者在专业性知识和地方性知识之间的融合，提高政府体系的运行效率。

第二，促进平等。无论是国民还是企业，都希望得到政府的平等对待。面对我国人口和民族众多、幅员辽阔、发展不平衡的国情和经济社会发展的阶段性要求，更好发挥中央的作用，能在保障公民基本权利、基本公共服务均等化方面提供坚实的保障。在中央和地方关系改革中，应当加强重点领域民生工作，建立健全更加公平、更可持续的社会保障制度和公共服务体系。同时，发挥中央在构建全国统一市场，建立公平竞争环境，约束地方保护主义倾向中发挥主导作用。

第三，提升质量。提高政府工作质量是政府工作结果的重要标准。若中央和地方在机构设置和职责划分上不够科学，则会出现职责缺位和效能不高的问题。若中央和地方政府在自身职能上存在缺位和错位，则会制约使市场在资源配置中起决定性作用。政府在经济调节、市场监管、社会管理、公共服务、生态环境保护职能上的工作质量与中央和地方关系具有密切联系。在中央和地方关系改革中，应当优化地方政府职能，在能够执行中央下达的各项任务和目标同时，也要有能力回应地方的各项需求。同时，探索向主要市场经济国家的三级政府体制转变，进一步缩小中央和地方之间的沟通成本，提高政府治理体系的扁平化水平。

---

① 姜子莹、封凯栋：《政府知识与创新政策效果——基于中国中央项目和地方项目的比较研究》，《学习与探索》2020 年第 2 期。

第四，激发创新。良好的中央和地方关系应当保证能根据具体情况和实际需要，开展制度上的创新。中央立法离不开地方立法的创新和探索，正是因为有地方制度创新，才能保证一国制度创新具有旺盛的生命力。通过全国范围内的制度创新，并以竞争和比较的方式筛选出最优制度，进而推动大国治理能力的提升。在中央和地方关系改革中，应当让地方获得充分的立法自主权，以便更充分地开展制度创新。进一步扩大地方立法权的范围，增强县一级的立法权力。在维护国家法制统一的前提下，激发地方制度创新的活力。

（三）把优化中央对地方的监督方式作为突破口

在下一阶段，完善中央和地方关系的突破口应当是理顺中央强化监督和地方积极作为之间的关系。通过优化中央对地方的监督方式，进一步激发地方经济增长的活力。让地方不断探索实践、不断改革创新同时，维护好政治稳定、民族团结、社会安宁、国家统一。

第一，加强中央对地方的政治监督。中央通过纪检监察强化政治监督、增强党的政治建设，有利于及时发现并纠正地方存在的政治偏差，加强地方对党的理论和路线方针政策以及重大决策部署贯彻落实。增强政治纪律和政治规矩的实效，是中央政令畅通、地方始终在政治立场、政治方向、政治原则、政治道路上同中央保持高度一致的重要保障。

第二，加强中央在地方超越中央事权上的监督。中央和地方之间在事权上主要划分为中央事权、共同事权和地方事权。中央事权涉及国家主权和全国性事项，只能由中央实施。对于法律或相关政策文件规定将相关事权划归中央的，除非有相应授权，否则地方不得实施，并应当接受中央的监督。

第三，加强中央在重大战略任务上的监督。中央提出的重大战略任务和部署是中央高度关切的事项，牵涉到国家治理的成效。通过纪检监察，对重大战略任务和部署实施过程中存在的渎职、懈怠、不作为等问题进行监督，可以让纪检监察不仅具有惩戒的作用，也成为中央政令畅通的促进机制。

第四,加强对地方"关键少数"的监督。"关键少数"是干部队伍中的主心骨,掌握着重要的管理权力,承担着重大的决策任务,面对着复杂的经济社会发展形势,也面临着寻租和腐败的诱惑。对"关键少数"进行重点监督,有利于集中有限的纪检监察资源,最大限度提高纪检监察实效,保证中央各项方针政策贯彻落实,从源头上管好整个地方干部队伍。

第五,加强对违纪、违法、犯罪行为的监督。近年来,纪检监察干部队伍的专业化水平不断提高,纪检监察业务能力不断增强。纪检监察队伍主要由法学专业人员构成,因此,纪检监察机关具有对违纪、违法、犯罪行为进行监督的有利条件,应当得到不断的增强和巩固。这有利于增强各级领导干部对法律的理解和掌握程度,对法治的尊重和敬畏程度,促使党政干部运用法治思维和法治方式治国理政。

在完善中央监督权的同时,有必要在一些具体方面给地方留有必要空间,避免过于严格的监督使地方失去积极探索和创新的动力和活力。

第一,减少对具体经济社会管理事务的监督。地方的经济社会事务具有较强的特殊性,需要因地制宜。因此,中央在进行监督过程中,应当将重点从约束和控制地方政府转向促使其更好地执行法律和政策,调动地方积极性,改变中央监督对地方政府形成过大压力。

第二,减少对地方事权的监督。地方事权与本地区事务高度相关,通常不具有明显的外部性,并且地方在获取相关信息方面具有明显优势,便于地方管理。在这些事权上,中央监督由于信息获取难度较大,对地方事务的了解程度不高,因此,应当主要由地方对这一部分事权的实施进行监督。

第三,优化对于中央授权事项的监督。中央授权事项一方面属于中央权力,另一方面这些授权由地方实施较为便利,并对地方经济发展具有较强推动作用。因此,中央应当对授权事项实施进行监管,保证授权事项的实施符合授权的目的。与此同时,由于中央已经将权力授予地方,因此应当充分尊重地方在实施授权中的自主性。

第四,减少对具体执行活动的监督。具体执行活动是重大决策的延伸,没有决策就没有执行。因此，对于地方开展的具体执行活动，由于其范围广、内容庞杂，由中央进行监督会产生较高昂的成本，因此对于具体执行活动应当由地方进行监管。

第九章 市场决定资源配置下的政府行为边界

改革开放的40多年，是我国经济社会蓬勃发展的40多年，是体制机制不断取得重大突破的40多年。40多年里，我们取得一系列历史性成就，主要原因是中国市场化改革将相对僵化、低效的传统计划经济体制转变为更灵活、更高效的市场经济体制。这一过程中，核心问题是如何完善社会主义市场经济体制，使市场在资源配置中起决定性作用，以及理顺政府和市场关系。回顾改革历程，改革并没有迅速、完全、直接地走向市场化，政府长期发挥举足轻重且不可替代的作用。然而，在进入全面深化改革、推进国家治理体系和治理能力现代化的时期，在实现高质量发展和构建现代经济体系的关口，政府职能和定位则与新时代加快完善社会主义市场经济体制的要求存在一定差距。对此，准确划定政府行为边界，进一步巩固竞争政策的基础地位，对于全面深化改革、提升国家治理能力现代化和推动经济社会发展，都具有重要的理论和实践价值。

党的十八大以来，完善社会主义市场经济体制一直是我国政府的关注重点。党的十八届三中全会提出："使市场在资源配置中起决定性作用和更好发挥政府作用"。党的十九大报告指出：要"着力构建市场机制有效、微观主体有活力、宏观调控有度的经济体制"。《中共中央关于坚持和完善中国特色社会主义制度　推进国家治理体系和治理能力现代化若干重大问题的决定》指出："必须坚持社会主义基本经济制度，充分发挥市场在资源配置中的决定性作用，更好发挥政府作用，全面贯彻新发展理念，坚持以供给侧结构性改革为主线，加快建设现代化经济体系。"《中共中央国务院关于新时代加快完善社会主义市场经济体制的意见》指出："在更高起点、更高层次、更高目标上推进经济体制改革及其他各方面体制改革，构建更加系统完备、更加成熟定型的高水平社会主义市场经济体制"。在新的历史时期，这些重大的指导性论断，为进一步理顺政府与市场关系，提出了具体要求、指出了明确方向。对此，有必要加强对市场决定资源配置下的政府行为边界的认识，更加旗帜鲜明地将各项政府行为约束在必要且合理的限度之内，为实现上述重要目标奠定现实基础。

党的十八大以来，竞争政策成为新的理论和政策增长点，对竞争政策的强调丰富了社会主义市场经济的内涵，为深化改革提供了具体途径。自党的十八届三中全会为公平竞争审查制度打开大门以来，多部相关政策文件制定出台。2015 年 3 月，《中共中央　国务院关于深化体制机制改革加快实施创新驱动发展战略的若干意见》提到，探索实施公平竞争审查制度。2015 年 6 月，《国务院关于大力推进大众创业万众创新若干政策措施的意见》指出，加快出台公平竞争审查制度，建立统一透明有序规范的市场环境。2015 年 10 月，《中共中央　国务院关于推进价格机制改革的若干意见》强调，逐步确立竞争政策的基础性地位，建立竞争政策与产业政策协调机制，实施公平竞争审查制度。2016年 3 月，"十三五"规划纲要提到，健全竞争政策，完善市场竞争规则，实施公平竞争审查制度。2016 年 6 月，《国务院关于在市场体系建设中建立公平竞争审查制度的意见》印发，则标志着竞争政策在落实机制上实现重大突破。2018 年，中央经济工作会议提出，确立竞争政策的基础性地位。2019 年，《中共中央关于坚持和完善中国特色社会主义制度、推进国家治理体系和治理能力现代化若干重大问题的决定》强调，"强化竞争政策基础地位，落实公平竞争审查制度"。至此，竞争政策进一步上升为国家治理体系的重要组成部分。政府行为边界是对竞争政策的深化与具体化，有利于进一步明确竞争政策的内涵。

自 2008 年开始实施反垄断法、党的十八届三中全会以来，党中央、国务院关于确立竞争政策基础地位的一系列重要决定，以及众多法律、行政法规、部门规章中的约束政府行为的规定，都为政府行为边界划定了抽象原则和具体规则。下一阶段，政府和市场仍将是合作、互补的关系，但合作和互补关系是有条件的、有约束的、有边界的。换言之，政府与市场之间的界限应当更为明确、合理与稳定。本章将对政府和市场关系进行梳理，多角度观察政府行为排除和妨碍市场竞争的问题，提出完善相关政策与制度的建议。

一、确立政府行为边界是"十四五"时期建设高标准市场体系的必然要求

《中华人民共和国国民经济和社会发展第十四个五年规划和二〇三五年远景目标纲要》提出，要"强化竞争政策基础地位"，"强化公平竞争审查制度的刚性约束，完善公平竞争审查细则，持续清理废除妨碍全国统一市场和公平竞争的规定及做法"。进一步厘清政府行为边界，对于强化竞争政策基础地位，强化公平竞争审查制度的刚性约束，建设全国统一市场，都具有重要的作用。

（一）时代诉求：加快完善社会主义市场经济体制

近年来，党中央、国务院发布了一系列重要文件，提出了诸多关于完善社会主义市场经济体制的重要论述，从不同角度强调了政府行为边界的重要性，为构建并完善政府行为边界提供了重要参考。

党的十八大报告提出："保证各种所有制经济依法平等使用生产要素，公开公平参与市场竞争、同等受到法律保护。"只有政府恪守行为边界，才能减少市场主体在使用生产要素上免受不公平的对待，才能有资格、有条件公平地参与竞争，才有可能得到平等的法律保护。当前，政府在要素的配置上还发挥着直接的作用，在市场运行中还进行着多方面的干预，在保护公平竞争上享有不可替代的公共权力，所以，恪守政府行为边界的重要性尤为突出。

党的十八届三中全会提出："使市场在资源配置中起决定性作用和更好发挥政府作用"。市场决定资源配置是市场经济的一般规律，市场经济本质上是市场决定资源配置的经济。改革开放 40 多年来，虽然我国已经建立了社会主义市场经济体制，但经济发展仍以政府主导的市场经济为基本模式，市场的决定性作用没有得到充分发挥。在新的历史时期，要发挥市场在资源配置中的决定性作用，必须进一步确定政府行为边界，为政府行为确定合理的、适当的、必要的边界，巩固市场配置资源的地位，提高市场配置资源的作用。

党的十九大报告指出，要"着力构建市场机制有效、微观主体有活力、宏观调控有度的经济体制"。"清理废除妨碍统一市场和公平竞争的各种规定和做法"。这是建设统一、开放、竞争、有序的市场体系的内在要求，对政府而言则提出了更加具体的目标。即政府行为不得影响市场机制的有效性，不得削弱微观主体的积极性，并增强政府行为的合理性和适度性。

党的十九届三中全会审议通过《中共中央关于深化党和国家机构改革的决定》，提出"加强和优化政府反垄断、反不正当竞争职能，打破行政性垄断，防止市场垄断，清理废除妨碍统一市场和公平竞争的各种规定和做法"。在推进和深化党和国家机构改革中，加强政府维护市场公平竞争和反垄断职能已成为新时期深化改革的重点。政府机构的设置对政府行为产生着直接的影响，因此，也应顺应市场经济发展的基本规律。

党的十九届四中全会通过了《中共中央关于坚持和完善中国特色社会主义制度、推进国家治理体系和治理能力现代化若干重大问题的决定》，强调"加快完善社会主义市场经济体制。建立高标准市场体系，完善公平竞争制度……强化竞争政策基础地位，落实公平竞争审查制度，加强和改进反垄断和反不正当竞争执法"。随着竞争政策基础地位得到多次重申，公平竞争审查制度的地位不断提高，对政府行为的约束在力度上不断加强，在举措上不断完善。建立并完善政府行为边界对于落实竞争政策基础地位具有不可替代的作用，也因此是推进国家治理体系和治理能力现代化的重要途径之一。

　　同时，党中央、国务院还颁布了一系列规范性文件。2014 年，国务院发布《关于促进市场公平竞争维护市场正常秩序的若干意见》，就完善市场监管体系、促进市场公平竞争、维护市场正常秩序作出重要规定。2015 年 10 月《关于推进价格机制改革的若干意见》提到，逐步确立竞争政策的基础性地位。2016 年，具有里程碑意义的《关于在市场体系建设中建立公平竞争审查制度的意见》颁布，要求全国各级政府及其职能部门对自己制定的规章、规范性文件和政策措施进行公平竞争审查。《国民经济和社会发展第十三个五年规划纲要》提到，"健全竞争政策，完善市场竞争规则，实施公平竞争审查制度"。2017 年，国务院印发《"十三五"市场监管规划》，提出保证各类市场主体依法平等使用生产要素、公平参与市场竞争。2018 年，国务院办公厅印发《关于聚焦企业关切进一步推动优化营商环境政策落实的通知》，强调破除各种不合理门槛和限制，减少社会资本市场准入限制，清理取消在外商投资准入负面清单以外领域针对外资设置的准入限制，实现市场准入内外资标准一致，使外资企业享有公平待遇。2019 年国务院政府工作报告提出："按照竞争中性原则，在要素获取、准入许可、经营运行、政府采购和招投标等方面，对各类所有制企业平等对待"。中共中央办公厅、国务院办公厅印发的《关于促进中小企业健康发展的指导意见》强调："按照竞争中性原则，打造公平便捷营商环境，进一步激发中小企业活力和发展动力。"

　　在新的历史时期，这些重大的指导性论断表明，最重要的市场环境就是公平竞争环境。保障公平竞争不是应对各种质疑和困难的权宜之计，而是社会主义市场经济发展的必经之路，是形成更加成熟、更加定型的社会主义市场经济体制的必然选择。然而，上述关于政府和市场关系的要求尚未得到充分的贯彻落实，建立公平竞争市场环境依然任重道远。对此，有必要站在战略性、全局性和长期性的高度，重新审视政府与市场关系，明确建立政府行为边界的重要性，突出目标导向，进一步巩固竞争政策的基础地位。

（二）根本目标：保障市场在资源配置中起决定性作用

《中共中央关于全面深化改革若干重大问题的决定》指出："紧紧围绕使市场在资源配置中起决定性作用深化经济体制改革，坚持和完善基本经济制度，加快完善现代市场体系、宏观调控体系、开放型经济体系，加快转变经济发展方式，加快建设创新型国家，推动经济更有效率、更加公平、更可持续发展。"《中共中央　国务院关于新时代加快完善社会主义市场经济体制的意见》指出："坚持社会主义市场经济改革方向，更加尊重市场经济一般规律，最大限度减少政府对市场资源的直接配置和对微观经济活动的直接干预，充分发挥市场在资源配置中的决定性作用，更好发挥政府作用，有效弥补市场失灵。"

"市场在资源配置中起决定性作用"作为经济体制改革的根本目标和追求，经历了发展和演变的过程。党的十五大提出："使市场在国家宏观调控下对资源配置起基础性作用"；党的十六大提出："在更大程度上发挥市场在资源配置中的基础性作用"；党的十七大提出："从制度上更好发挥市场在资源配置中的基础性作用"；党的十八大提出："更大程度更广范围发挥市场在资源配置中的基础性作用"。党的十八届三中全会《中共中央关于全面深化改革若干重大问题的决定》中，则进一步把市场在资源配置中的"基础性作用"修改为"决定性作用"。

市场在资源配置中发挥怎样的作用之所以重要，原因在于它涉及资源由谁分配、如何分配的问题，要解决的是对有限资源进行最大化利用的问题。在政府职能和政府作用不断增强的条件下，市场配置资源的程度和范围无疑与政府行为是否规范、合理密切相关。构建并完善政府行为的市场边界，将为充分发挥市场在资源配置中的决定性作用提供重要思路。这不是一种折中思路，而是更加鲜明地将市场化作为根本目标，通过强化市场作用来约束政府，通过约束政府的方式来助推市场，为二者关系相协调提出清晰指引。

随着我国经济进入高质量发展阶段，学界和实务界都对政府促进经济的作用有了更多的关注。尤其是在科技创新日新月异、人民群众需求高度个性化的时代，在我国人口红利、资源环境承载力等有利条件逐渐弱化的背景下，在贸易保护主义抬头并更加依赖国内大循环的条件下，政府与市场的关系重构具有重要意义。虽然政府仍将在市场经济和社会生活的各个方面发挥重要作用，但不同增长阶段和增长方式决定了政府的行为边界将进一步明确和强化。尤其是在有可能影响到市场公平竞争的领域和环节，对政府行为进行必要约束将有利于促进经济社会发展和提高人民群众福祉。唯有如此，才能保证政府在不应当介入的事务上不越位，在应当完成的事务上不缺位，在应当做好的事务上做到位。

	边界模糊的政府与市场关系	有边界的政府与市场关系
增长阶段	高速增长阶段	高质量发展阶段
增长方式	要素投入驱动	技术驱动
资源配置方式	政府主导	市场主导

对政府行为进行约束的目的并不在于捆住政府的手脚，构建并完善政府行为边界的目标恰恰在于更好发挥政府作用。也只有做到不缺位、不越位、不错位的政府，才能保障公平竞争的市场环境，激发市场主体的活力，最终更好服务于经济社会发展。从建设公平竞争的市场环境的角度出发，政府行为边界的划定上应当遵循以下指导思想。

第一，在一般条件下，政府行为不应影响市场主体的自由竞争。因此，政府应当减少不当的管制。具体而言，政府应当降低市场准入门槛，减少垄断和专营的领域；减少不必要的或过于严格的监管，避免行政权力滥用；降低政府繁杂的办事程序构成的进入壁垒；降低设立事前监管壁垒的必要性，以公正监管促进公平竞争，提高市场主体竞争力和市场效率。

第二，在一般条件下，政府行为不应影响市场主体之间的公平竞争。因此，政府应当减少对市场主体的选择，尤其是不具有恰当公共目标的选择。只有经过竞争中的试错，才能判断市场中暂时有效满足消费者需求的企业。将对企业、技术、产品的选择权留给市场，通常是更加明智的选择。这要求政府减少具有特定指向性的选择行为，减少监管环境、法律框架、监管规则的不平等；保障不同所有制企业在要素获取、准入许可、经营运行、政府采购和招投标等方面的不平等对待。

第三，在一般条件下，政府行为不应影响市场主体的高效竞争。因此，政府应当减少不必要的保护，让市场主体充分接受市场竞争的"洗礼"。这要求减少过度扶持与保护对企业竞争积极性产生的不利影响，让市场参与者保持竞争压力，始终具有改善供给、提高效率的积极性。同时，降低并逐步消除政府在经济竞争中的作用，减少政府对资源的直接配置，还市场主体以真正的主体地位。

二、确立政府行为边界是处理好政府与市场关系的应有之义

政府行为是行政机关和法律法规授权组织等行政主体所实施的具有法律效力的行为。[1] 政府行为是实现国家意志的活动，是政府积极主动实施的面对未来的活动，是对具有广泛性、多样性、复杂性的经济社会生活所实施的活动，是以行政权力为支撑，以保障政府在维护公共秩序、提供公共产品、实施政府监管等方面发挥实际效力的活动，其目的是实现社会公共利益，为维护社会公共利益而提供公共服务、进行市场干预。

从政府与市场关系的角度来看，政府行为的核心特征在于能弥补市场失灵，同时也会产生政府失灵。实践中，缺乏经济调节、市场监管、公共服务

---

[1]　政府行为具有以下特征：第一，从行为主体角度而言，政府行为是由行政机关和法律法规授权组织实施的。因此，政府行为不同于立法机关和司法机关实施的立法行为和司法行为。第二，从权力来源角度而言，政府行为必须获得法律授权，否则，政府无权实施某项具体行为。第三，从法律效力角度而言，政府行为是具有法律效力的行为，政府自由裁量权的行使对市场主体的权利义务产生实质影响，因此必须受到法律的约束。

的经济，容易产生产能过剩、市场垄断、贫富悬殊等诸多市场失灵问题。市场的有效运转需要政府制定规则并予以执行，保护产权和交易合约，为公众提供公共产品，最终形成一个交易成本足够低的市场环境。① 当然，政府行为也会给市场机制带来人为扭曲。实践中，财政税收、国有企业、行政垄断、产业政策、贸易政策、金融监管、市场监管等政府行为，都可能产生价格扭曲、税收歧视、金融抑制、市场分割、对外开放不足等诸多政府失灵问题。

随着我国经济进入高质量发展阶段，传统的后发优势逐步消失，经济社会生活的复杂程度加深，政府行为出错的可能性逐渐增大，提高政府行为的合法性、合理性、适当性的诉求不断增强。我国政府在资源调动、公共决策、市场监管、规则执行、信息搜集等方面具有较强的能力，因此，降低政府失灵的风险尤为重要。在全面深化改革和推进国家治理体系和治理能力现代化的进程中，为政府行为划定更加清晰的政府行为边界，为更好发挥政府作用、突出政府在弥补市场失灵方面的作用提供重要保障，是推动建立更加成熟、更加定型的社会主义市场经济体制所必不可少的条件。

（一）建立政府行为边界是弥补政府失灵的重要保障

针对市场竞争的影响，政府与市场有三种基本关系，即政府维护市场竞争的关系、政府损害市场竞争的关系以及政府无涉市场竞争的关系。总体而言，在政府无涉市场竞争的关系中，不存在政府行为边界问题；在政府维护市场竞争的关系中，政府行为符合市场化改革方向，因而值得肯定。问题主要集中在政府损害市场竞争关系中，它是构建和完善政府行为边界的主要原因。针对政府行为对市场竞争可能产生的不利影响，确定政府行为边界对于发现政府排除和限制竞争问题、提出对策建议都十分必要。

---

① 刘戒骄：《竞争中性的理论脉络与实践逻辑》，《中国工业经济》2019 年第 6 期。

一般认为，竞争政策是保护和促进市场公平竞争的政策总和。而政府行为边界则是对政府不当干预市场公平竞争的规范的总和，是政府实施损害市场竞争的行为时应当受到的制度约束的总和。因此，政府行为边界是竞争政策在限制政府滥用行政权力排除、限制竞争领域的具体体现。对于政府主动实施的满足形式特征、体现国家意志、具有强制力、试图增进公共利益的活动，政府行为边界有助于降低政府失灵的风险。

通常而言，虽然政府被假定为维护公共利益的组织，但其并非始终按最有利于公共利益的方式配置资源。政府可能存在滥用行政权力、政府俘获、信息不足、判断失误等问题，导致其在作用于市场的过程中，可能出现歧视、保护、限制等有损市场竞争的行为。

第一，权力滥用。政府在实施一项行为过程中，往往具有自身的动机和策略，其目标不仅仅是提升公共利益，也可能是自身利益的最大化。因此，政府行为难免受到自身利益的影响，出现滥用行政权力的现象。第二，政府俘获。因受到多方利益团体压力，处于决策中心的政府一方面要考虑最优方案，但同时也要处理好现实的利益分配和平衡。这决定了政府行为会受影响力较大团体的干扰，而难以实施不偏不倚的行为。第三，信息不足。只有获得充分信息，政府行为的合理性才具有扎实基础。然而，对于内容繁多的事务，政府对信息的收集把握能力仍有不足。即便在信息化时代，社会生活的快速变化也决定了政府获取信息存在滞后性。第四，判断失误。政府行为和市场行为最终都依靠具体的个人。虽然政府可以借助各方力量提高其行为的质量，增强合法性与合理性，但仍无法避免认知上的误区和偏差。与此同时，政府经常根据以往信息和国外经验对未来进行预测，也面临着预测偏差的问题。

建立政府行为边界有利于约束政府行为、减少政府失灵、实现政府作用。政府行为边界有助于反面约束的同时，对于如何更加准确、更加科学、更加有效地行使政府行为，还有重要的正面指导作用。政府与市场关系的核心问题是，在资源配置中是市场起决定性作用，还是政府起决定性作用。从政府配置资源的角度来看，其配置资源的方式、范围、手段与结果，都直接反映了政府与市场在资源配置中的实际状况。因此，本章则围绕政府的资源配置展开政府行为边界的构建。

（二）如何从配置资源的视角确立政府行为边界

从政府配置资源的比例来看，政府可在不同比例上对资源予以配置。从政府与市场主体之间的力量对比来看，政府享有公权力，而市场主体仅具有民商事权利，这决定了二者在资源配置上先天的不对等。从总的资源划分格局而言，政府行为的主动性和对资源的控制力量决定了政府在资源配置中往往处于先发的、主动的地位。政府有权扩张其占有资源的比例，有权对其占有的资源进行分配和利用，有权对现有的资源配置的格局进行调整。因此，市场主体在资源配置上的限度取决于政府在资源配置上的介入限度。

从政府配置资源的范围来看，政府因职能差异而在资源配置范围上有所不同。一国政府可以将其职能收缩为"守夜人"的小政府模式，也能扩大为"从摇篮到坟墓"的大政府模式。虽然几乎所有政府在职能上均位于二者之间，但政府职能的侧重却有实质差别。不同的职能定位决定了政府影响经济社会的侧重点不同。在侧重点选择上，有的国家侧重于经济调节，有的更侧重公共服务，这也决定了政府对市场的干预程度存在较大差别。

从政府配置资源的手段来看，有的采用具有明显强制力的行为，有的则采用更加柔性的手段。传统上，政府行为主要以强制性手段为主，随着经济社会的发展以及法治意识、公民意识的增强，实务界和学界都意识到具有强制力的行为未必能够实现预期目标，而且柔性的手段往往具有更好效果。当前，政府行为已经从以强制为主逐步转变为多种行为方式并存的格局。

从政府配置资源的结果来看，不同政府行为无疑对市场产生不同程度影响。实践中，有的政府行为维护市场竞争，有的则损害市场竞争，有的则与市场竞争无关。当一国的市场机制尚不完备，国际竞争压力较大时，政府往往采取较多促进经济发展的行为。其中可能存在损害市场竞争的行为，随着发展阶段的变迁，应及时对相应行为予以纠正。与此同时，由于计划经济体制影响和政府管理方式转变滞后的影响，政府在配置资源过程中也可能出现损害市场竞争的行为。

根据上述对政府配置资源的四个方面，政府行为边界可以从以下方面着手。

根据配置资源比例不同，对占有资源、使用资源和让渡资源等政府行为进行分析。对于尚未明确属于政府还是市场的资源，政府可以通过制定规则，明确资源由政府占有还是由市场占有。对于属于政府占有的资源，政府可以通过具体的使用或者进一步分配，来实现资源的价值。而对于政府不占有的资源，政府可以通过各种法律、行政、经济的手段，让资源在不同的市场主体之间转移。

根据配置资源范围不同，对经济调节、市场监管、社会管理和公共服务等政府行为进行分析。不同政府职能所处理的事务之间存在较大区别，面临完全不同的公共问题，需采取不同的公共政策，也因此会对市场竞争产生不同影响。经济调节行为主要包括税收优惠、财政补贴、信贷管制、土地供应等行为，而市场监管行为主要采取市场准入、质量监督、知识产权保护、反垄断和反不正当竞争执法等行为。

根据配置资源手段不同，对强制命令、利益给付、公私合作和倡导指导等政府行为进行分析。四种行为所具有的选择性、歧视性不同，对市场竞争的影响随着干预强度的降低而缩小。我国政府侧重于强制命令行为，但随着市场经济体制不断完善，政府行为的规范和制约力度不断增强，政府配置资源的手段更丰富，政府行为与公共目标之间的契合程度不断提升。

根据配置资源结果不同，对维护市场竞争、限制市场竞争的政府行为进行分析。政府行为对配置资源会产生某种具体的结果。从最终结果来看，政府行为可能维护或限制了市场竞争，也可能与市场竞争无关。具体而言，市场监管行为中的强制命令行为，可能对市场主体的竞争资格造成一定的限制；而经济调节行为中利益给付行为，可能对市场主体的竞争意愿造成一定的抑制；而公共服务行为中的公私合作行为，也可能限制市场主体的竞争资格。

三、政府在资源配置中存在的主要问题

（一）政府在配置资源比例上存在的问题

在资源配置过程中，存在政府和市场两大主体。通常而言，资源是指用于生产商品和服务的稀缺要素，主要包括土地、劳动力、资本、技术、数据等。资源配置则是对稀缺资源在不同用途上的选择。

政府占有资源是资源在政府与市场之间的初次分配。政府占有资源的种类和数量决定了政府和市场在占有资源中的相对位置。实践中，政府通过制定规则，对政府和市场主体之间各自占有的资源进行划定。虽然，占有资源本身并不直接对市场主体之间的竞争产生影响，但政府分配资源以占有资源为前提条件，因此，政府占有大量资源将大幅提高政府干预市场的力量和水平，并对市场配置资源和市场公平竞争造成潜在不利影响。

政府占有资源行为是政府干预市场竞争的一项重要基础。在占有较多资源的条件下，政府可以凭借其对资源的占有，对市场主体间的竞争产生影响。换言之，占有资源行为并不直接对竞争产生影响，但提升了影响竞争的可能性和程度。实践中，政府对土地资源的占有表现为政府垄断土地一级市场，土地供给成为地方政府招商引资的重要资源。这进一步导致土地供给中存在明显干预市场竞争的现象。

政府以其对土地、财政、税收等资源的掌握，能够对大量资源进行分配。政府对其占有的资源进行再次分配，对市场主体间公平竞争将产生直接影响。若政府行为面临的约束不足，则容易产生差别对待问题。若政府使用资源的领域过于广泛，则会对市场配置资源的空间造成挤压，并出现较为明显的选择性和倾向性。

(二) 政府在行使公共职能中存在的主要问题

不同国家的政府在配置资源上的范围不同。职能范围较广的政府则配置资源的范围较广。因此，厘清政府职能有助于明确政府配置资源的范围。斯蒂格利茨指出政府应具有六项职能，即促进教育、促进技术进步、支持金融部门、进行投资基础设施和制度的建设、防止环境恶化、建立和维护社会保障体系。保罗·萨缪尔森和威廉·诺德豪斯将市场经济中政府职能归纳为三项：一是政府通过促进竞争、控制污染等外部性问题和提供公共物品等活动来提高效率；二是通过财政税收和预算支出等手段，为增进公平而有倾斜地进行再分配；三是通过财政政策和货币政策促进宏观经济的稳定和增长，减少失业和降低通货膨胀。[①] 政府职能包括经济调节、市场监管、公共服务和社会管理。下文将政府行为划分为经济调节行为、市场监管行为、公共服务行为和社会管理行为，并逐一讨论这四个方面可能存在的问题。

1.经济调节方面

经济调节是现代国家的重要经济职能。在高质量发展阶段，转变经济发展方式、保持经济平稳较快发展是重要而紧迫的任务，这要求政府在调节宏观经济运行中发挥积极作用。实践中，政府通过制定经济发展规划，并利用财政、货币、税收、区域、就业、人口等一系列政策，调控宏观经济运行。这有利于保持社会总需求和总供给的基本平衡，促进产业结构优化和经济发展方式转变，引导宏观经济长期平稳较快发展，并实现充分就业和物价稳定。经济调节行为对资源配置的影响巨大，尽管政府的经济调节行为是基于弥补市场失灵、保障公共利益的目标而实施的，一旦运用不当，降低市场配置资源有效性的问题也会发生。一般而言，主要有以下情况。

---

① [美] 保罗·萨缪尔森、[美] 威廉·诺德豪斯：《谈效率、公平与混合经济》，萧琛主译，商务印书馆 2012 年版。

第一，税收优惠行为。这类行为主要包括政府对特定产业和企业在一定期限内给予企业所得税减免、增值税减免、企业进口设备和重要零部件进口环节关税和增值税的减免等。虽然新设税种、调整税率等主要税权由中央行使，但地方仍可以通过争取中央政府批准扩大本辖区税收优惠幅度和策略化税收征管，降低本行政区域的税负水平，增强招商引资的竞争力。此外，有些地方还主动采取一些税收优惠政策来吸引投资。地方之间的竞争导致各地争相采取税收优惠政策，引发企业之间不公平竞争的问题。

第二，财政补贴行为。财政补贴是政府的一种转移性支出，对于引导企业行为，实现政府经济社会宏观调控目标具有重要作用。长期以来，我国针对诸多产业、企业、地区等出台了一系列财政补贴政策。财政补贴主要包括中央和地方政府针对特定产业和企业进行直接资本金注入、贷款贴息、创业投资引导基金支持、产业投资基金支持、进出口补贴、企业亏损补贴，等等。[1]实践中，地方政府对本地企业进行补贴较为普遍。财政补贴若以选择性、歧视性的方式提供，往往产生过度投资、产能过剩、严重依赖补贴、骗补等问题。选择性财政补贴虽能引导企业开展研发，但很难与未来的技术发展方向相吻合。[2]部分企业领取了高于生产成本的补贴，导致市场价格信号失真。财政补贴维持了低效企业的存活，让不具比较优势的企业占据一定市场份额。财政补贴提升了部分企业还款能力，导致银行更愿意为其提供更低利率贷款，不公平地降低了这些企业的融资成本。[3]此外，国有企业整体上比民营企业获得更高的政府补贴。[4]总体而言，大多数财政补贴没有达到预期效果，且在一定程度上阻碍了公平竞争市场秩序的建立。

第三，信贷管制行为。信贷管制行为是为防范金融风险、保持金融稳

---

[1] 徐林：《国际贸易规则下，中国产业政策如何优化》，《中国改革》2018年第4期。

[2] 在数额巨大的补贴之下，多数国产电动车企业在电池研发上没有突破性进展，与跨国公司的研发差距反而拉大了。参见王力为：《优化产业政策》，《中国改革》2014年第8期。

[3] 李宇英：《"竞争中立"规制水平的国际比较研究》，《复旦学报（社会科学版）》2019年第2期。

[4] 孔东民等：《市场竞争、产权与政府补贴》，《经济研究》2013年第2期。

定，对金融机构的贷款投向、利率以及贷款操作进行监管。信贷管制有利于抑制信贷膨胀，调整信贷结构，使金融机构信贷增长保持总量适宜、结构合理。实践中，国有企业获得贷款较多，出现部分国有企业利用低息借贷资金，进而转贷民营中小企业赚取资金利差的现象。这不利于降低中小企业的融资成本，也导致大型国企发展动力衰退。我国信贷资源偏向具有刚性兑付的国有企业，民营企业往往选择成本更高的非标融资。在去杠杆过程中，非标融资萎缩，导致民营企业的融资环境明显恶化。政府通过产业政策向银行传递积极信息，助推银行向受产业政策支持企业进行信贷投放。① 地方政府通过对金融运行的干预，使本地企业优先获得贷款，以缓解地方的经济发展压力。②

第四，土地供应行为。我国土地供应方式主要有两种：一种是协议出让方式，一种是招标、拍卖、挂牌出让方式。土地供应关系到房地产调控、国有土地有效利用，对国计民生至关重要。各级政府依据国民经济和社会发展计划、国家产业政策、土地利用总体规划以及建设用地和土地利用的实际情况，按年度编制土地利用年度计划。实践中，政府对符合产业政策的产业，会提供低价土地供应。地方政府作为土地资源的垄断供给者，通过土地出让金退还、免缴租赁用地租金、以成本价甚至是零地价出让土地等方式，提高本地吸引投资的优势。低价土地供应使得部分企业能以低于征地成本和开发成本的优惠条件获取土地。地方政府损失部分土地出让金，换来本地经济发展的政绩和财政收益。总体而言，地方政府为招商引资而采取"量体定做""特殊待遇"的土地出让行为，无疑是有损于公平竞争环境的。

第五，去产能。去产能即化解产能过剩，是供给侧结构性改革的首要任务之一。当前，中国经济进入新常态，面临着部分行业产能严重过剩、大量僵尸企业尚未退出、新兴产业供给不足、产业结构转型升级的局面，经济和产业发

---

① 何熙琼等：《产业政策对企业投资效率的影响及其作用机制研究——基于银行信贷的中介作用与市场竞争的调节作用》，《南开管理评论》2016 年第 5 期。

② 毕德富等：《信贷政策与产业政策协调研究》，《金融发展研究》2008 年第 4 期。

展更需注重质量。因此，去产能的目标是遏制产能盲目扩张、淘汰并退出低效率和重污染的落后产能、调整优化产业结构。实践中，去产能的主要目标在于遏制产能盲目扩张、清理整顿建成违规产能、淘汰和退出落后产能以及调整优化产业结构。针对 2009 年以来大规模投资带来的产能过剩，供给侧结构性改革从 2015 年开始推行。但在初期主要表现为行政性去产能，由于国有企业与政府关系更密切，改革过程中民营企业受到的冲击较大。因此，2017 年以来，国有工业企业利润表现好于民营企业。可见，通过行政指令一刀切、指标层层下压的方式去产能，带来了不公平的结果。

第六，政府投资。政府投资是指在中国境内使用预算安排的资金进行固定资产投资建设活动，包括新建、扩建、改建、技术改造等。政府投资资金投向市场不能有效配置资源的社会公益服务、公共基础设施、农业农村、生态环境保护、重大科技进步、社会管理、国家安全等公共领域的项目，以非经营性项目为主。通过不断优化政府投资方向和结构，政府投资资金具有引导和带动作用。实践中，由地方政府主导进行的投资和建设，往往带有预算软约束和资源软约束的性质，这使得地方政府有着强烈的投资冲动。地方政府不承担与企业家相同的投资失败风险，不完全以投资收益进行投资决策。这决定了地方政府主导的投资容易出现重复投资、产能过剩、地方保护主义、效益不高等现象。政府对国有企业的倾斜投资，容易破坏市场公平竞争秩序，阻碍资源优化配置，使大量政府投资难以拉动更多的民间投资。

第七，调整产业结构。为促进重点产业的迅速发展，政府通过将要素资源从非重点产业导入重点产业的方式，改变重点产业与非重点产业之间的资源配置结构。它是促进某种产业的生产、投资、研发、现代化和产业改组而抑制其他产业同类活动的政策。[1] 实践中，在调整产业结构过程中，政府往往采用选择性产业政策，为企业设定发展目标、考核指标，使用公共资源提供非普惠性支持的产业政策。政府对市场进入、产品价格、生产要素配置与要素价格、投

---

[1] ［日］小宫隆太郎等编：《日本的产业政策》，国际文化出版公司 1988 年版，第 3 页。

资等经济活动进行直接（或间接）干预，对特定产业或企业提供优惠条件，既削减了受益企业的创新意愿，也造成未受益企业竞争能力的弱化。

2. 市场监管方面

市场监管行为是政府为实现某些公共目标，对市场主体进行规范，排除市场障碍并让市场机制恢复自我调节功能的行为。市场监管主要通过对特定产业和市场主体的进入、退出、资质、价格及涉及国民健康、生命安全、可持续发展等行为进行监督、管理而实现。市场监管主要对市场准入、市场秩序、权益保护等方面进行管理，以维护市场秩序、提高竞争效率。[①]

（1）具有歧视性的监管

第一，歧视外地企业。地方保护和行政垄断造成市场分割。实践中，有的监管部门要求外地建筑企业到本区承接一定工程造价以上的房屋建筑、市政基础、水利水电、交通工程等项目的，需要在本区设立具有独立法人资格的子公司；有的通过政策扶持促进本地建筑企业做大做强，积极引导外地建筑企业到新建区登记设立独立法人机构，区外施工企业在新建区金融机构开设账户；有的在招标中要求投标人必须为本地注册的企业，或在本地有经工商注册的分支经营机构的企业；有的要求具有资质的本地和外地工程勘察企业在本地承接相关业务时均必须在本地设立土工实验室；有的设置投标门槛"必须是本市国有独资企业"，排除限制外地企业和本地非国有企业参与投标。歧视外地企业的行为，容易诱导企业谋求政府保护排挤潜在竞争者，抬高外地企业市场准入门槛，排除、限制外地企业参与本地的资源配置和市场竞争，使本地企业减轻或免受竞争冲击。

第二，歧视外地商品。某省份政府办公室下发文件明确，"在没有正式制定出台我州盐业体制改革意见之前，仍然按照当前的供应渠道、批发（销售）方式进行规范供应和销售，暂不允许外省食盐流入我州境内进行批发、零售"。

---

① 刘现伟：《加强政府监管，创造公平竞争市场环境》，《宏观经济管理》2016 年第 2 期。

这一做法违背了《国务院关于印发盐业体制改革方案的通知》等相关盐改精神，对外地商品在本地的流通采取了不适当的限制。

第三，指定企业。实践中，有的地方政府要求本地所有房产测绘业务由某一房产测绘中心完成，其他房产测绘机构不得再从事房产测绘业务；有的指定供电企业，统一建设新建居民住宅小区供配电设施并统一收费；有的安排政府管理的专用运砂车辆运砂，不允许其他社会车辆参与运砂，购砂企业也不能使用自备车辆运砂；有的则要求所有经营食盐的商户从食盐定点批发企业购进食盐。

（2）前置性监管行为

前置性监管是指在没有明确法定要求下，将监管措施前置，采取提高市场准入门槛的方式进行监管。虽然前置监管能减轻事中、事后监管负担，但难以适应经济社会变化，监管的针对性不强，并导致行政垄断。前置监管对市场主体进入市场的可能性和便利程度产生直接影响。前置监管提高了一些企业市场准入成本，限制其参与竞争的能力，并使享受准入优待的企业获得不合理的成本优势。市场准入容易导致的相对成本差异，为特定企业维持和加强市场势力、实施反竞争行为提供可能，进而损害社会福利。

当前，我国产业政策、投资政策及其他相关制度中涉及市场准入的内容已直接纳入《市场准入负面清单》。在投资审批与核准领域，《国务院关于投资体制改革的决定》确立了企业的投资主体地位，政府对重大项目和限制类项目从维护社会公共利益角度进行核准。当前，仍然存在电信、石油、汽车以及公用事业等行业准入门槛过高的问题。在实践中，有的地方建立招标工程建设项目预选承包商库，设置歧视性的资质要求，产生了排除限制竞争的行为。

（3）过度的监管行为

第一，制定过于严格的行业标准。政府通常以符合公众利益为目标，通过强化安全、环保、能耗、物耗、质量等标准进行约束。虽然这些政策目标是合理的，但政府无法掌握足够信息，存在处理和分析信息能力的不足，导致监管措施不合理，不利于促进增长和创新。在网约车行业，部分城市对网约车的车牌、车龄、车型、轴距、排量等准入条件设置严格标准，导致合规成本大幅提升，不利于满足日益增长的出行需求。对网约车的过度监管使得网约车企业购入大量符合"标准"车辆，聘请大量专职司机，部分城市的网约车市场失去了共享经济的属性。制定过高、过严的标准，往往保护了现有企业，导致商品和要素流动难度增大，企业经营成本增加，最终导致产品或服务种类减少，有损消费者福利。

第二，对某些经济活动进行严格限制。在金融监管上，严苛性监管导致民营企业融资困难。长期以来，民营企业在银行的表内贷款难，而对金融的严格监管减少了民营企业表外的融资渠道，民营企业只能接受基准利率上浮很高的抵押贷款。

第三，进行没有法律依据的价格监管。实践中，有的地方出台的质量控制价政策，组织行业协会出台自律准则，要求混凝土企业严格执行质量控制价；有的对属于市场调节价的旅行社组团报价进行了干预，限制了旅行社的定价权；有的引导游船企业参加以统一价格为重要内容的公共平台，组织指导经营者达成具体的价格垄断协议；有的联合所有具备高层建筑太阳能应用资格的太阳能企业共同确认和签署了协议价倡议书，将擅自降低协议价的项目视为存在质量服务隐患处置。

第四，强制经营者从事垄断行为。在实践中，有的地方通过强制燃气经营企业和瓶装气供应站加入行业协会、收取违约保证金等方式，保障实施分割瓶装燃气销售市场；有的对电信运营商赠送的范围、幅度、频次等进行约定，并通过下发整改通知书等手段强制执行，限制了电信运营商的竞争能力和手段。

3. 社会管理方面

社会管理行为的基本任务包括协调社会关系、化解社会矛盾、促进社会公正、保持社会稳定等方面。加强社会管理的目的是维护社会秩序、促进社会和谐、保障人民安居乐业，为党和国家事业发展营造良好社会环境。具体而言，社会管理行为主要包括维护治安、健全基层管理、完善社会保障体系、调节收入分配等方面。

从具体案件来看，社会管理领域存在较多政府超越行为边界的问题。这些行为的社会影响力不强，并未受到与市场监管行为相同的关注程度，但实际存在的问题和漏洞是较多的。这具体表现为，行政机关在从事社会管理的过程中，利用管理职权，干预了相关市场的公平竞争。

在社会治安领域，有的地方未经公开竞争性程序，确定某银行为交通违章罚款唯一代收银行，并规定线下交纳罚款只能通过某行卡办理；有的要求行政区域内驾培机构安装系统车载硬件设备的车辆，使用同一套计时培训监控系统，不允许再委托建设第二套计时培训监控系统；有的为预防和解决拖欠或克扣农民工工资问题，维护农民工的合法权益，要求施工企业在指定银行开设农民工工资专用账户。

在生产安全领域，有的地方指定重型载货汽车和半挂牵引车车载终端由某公司负责安装，有的指定某公司为电梯及其他特种设备安全责任保险的实施主体，有的要求"两客一危"车辆、重型载货汽车和半挂牵引车必须直接接入某公司建设的监控系统平台，有的采取不予通过定期年审的强制性措施限定其他GPS运营商的车辆监控数据必须接入某公司的监控平台，有的在推进职业病危害防治评估工作中，未公布完整的服务机构名单。

4.公共服务方面

为各类市场主体提供优质均等的公共服务是政府的基本职能，是与"民生"直接相关的政府职能。由于公共服务具有非竞争性或非排他性，仅依靠市场机制会导致公共服务供给短缺。因此，公共服务主要由政府提供，主要通过财政支出予以实现。具体而言，公共服务包括社会性公共服务，即为满足公民的社会发展活动需要所提供的服务，包括教育、医疗、环境保护等；也包括经营性公共服务，如提供水、电、气、通信、交通等基础设施。在公共服务领域，随着公共服务供给中市场化水平的提高，政府与市场的关系变得更加紧密，政府与市场的关系也随之变得更加复杂。实践中，政府公共服务行为对竞争造成妨碍和限制的问题也不少。

在医疗领域，有的地方限定所有公立医院只能通过某家集团采购组织，不能选择其他具备条件的集团采购组织，也不能在省级药品集中采购平台上自行采购；有的在询价单品种带量采购目录中，在确定药品品种之外，还直接确定了每种品种的规格、剂型和生产企业，排除和限制了同种药品不同生产企业之间的竞争；有的未将部分药品生产厂家生产的属于《国家基本医疗保险、工伤保险和生育保险药品目录》的药品纳入医保支付范围；有的指定少数企业为本地公立医疗机构配送药品，并划分了配送区域。

在公用事业领域，有的地方限定了建设开发单位只能与燃气企业签订协议，由某燃气企业对管道燃气入户安装工程进行设计、安装；有的要求开发单位签订由燃气开发中心提供的制式合同，限定开发单位选择本地燃气开发中心下属企业从事施工建设；有的赋予供热企业在用户不购置安装与供热企业监控系统相匹配的远程监控及温度调控设备时，可以"停止供暖"的权利。

在公共教育领域，在某省教育厅滥用行政权力排除、限制竞争行为一案中，该省教育厅在赛项技术规范和竞赛规程中明确指定涉案的赛项独家使用第三人的相关软件，排除了其他软件供应商作为合作方参与竞争提供赛项软件的权利，影响了其他软件供应商的公平竞争权。

（三）政府在配置资源手段上存在的主要问题

政府配置资源的手段不当，直接影响市场主体。主要包括以下方面。

1. 强制性、命令性行为

强制性、命令性政府行为是指政府要求市场主体为或不为一定行为的强制性行为。强制命令行为对市场主体设定了义务，并以行政制裁或者行政强制执行作为保障。强制命令行为意味着令行禁止，市场主体必须遵守和履行政府提出的要求。强制命令行为直接作用于市场主体，可以及时达到预定目标效果。在实践中，该行为表现为经济调节行为中的制定限制和淘汰类的指导目录、市场监管行为中的市场准入和投资审批及核准等行为。

这类行为对市场主体的干预程度高，因此，应当受到较多约束。过多采用强制命令行为，会对市场竞争形成较强的影响。比如，为提高产业集中度，促进规模化、集约化经营，提高市场竞争力，通过行政手段推动企业兼并重组；片面强调市场集中度、市场规模，导致企业脱离自身需求和能力片面寻求扩大规模，导致大量低效率的兼并重组。这种行为无法代替市场竞争性集中过程，以及市场优胜劣汰机制。通过严格限制进入、限制竞争来培育大企业和促进创新，不仅导致被扶持的大企业缺乏竞争积极性，同时还抑制了中小企业和潜在进入企业的创新意愿。而淘汰类指导目录详细规定了被限制或者被强制淘汰的产品、技术、工艺与产业，对严重浪费资源、污染环境、不具备安全生产条件、产品质量低等项目，禁止企业投资，停止授信支持，收回已发放贷款，按规定限期淘汰，禁止有关技术、装备和产品的进口、转移、生产、销售、使用和采用。因此，在很大程度上选择了投资的方向，具有较高的强制性。

该类行为具有以政府的判断来代替市场选择的特征。随着我国产业升级和经济结构的日趋复杂，在产业结构、技术、工艺、商业模式等方面，均已经无国外成熟经验可资借鉴。此时，政府若对企业的技术、产品、成本等方面信息缺乏足够了解，其判断将容易导致资源浪费，延缓相关产业发展。即便政府官员具有良好判断力，产业政策制定者和执行者可能因各种利益干扰而偏离政策目标。尤其是选择性产业政策，容易与国有企业、大型企业的优势地位相结合。若政府以企业身份、规模、亲疏关系为标准选择扶持对象，则会导致具有创新精神、成长前景、规模较小的企业失去发展的机会和动力。在政府保护下成长起来的企业，未经过市场竞争的充分考验，市场竞争能力仍须得到进一步检验。

2.向市场主体给付利益的行为

向市场主体给付利益的行为是政府为实现特定经济社会发展目标，向特定或某类市场主体提供重要资源的行为。该类行为是政府单方面向市场主体提供利益的行为，所形成的关系也同样是一种单向度的关系，因此具有较强的引导性和干预性，对于激发市场主体行动、改变市场主体预期、推动市场主体符合政府目标，具有不可替代的作用。因此，能够较为充分地体现政府为实现某一方面目标的意志。在实践中，主要表现为土地供应、财政补贴、税收优惠等行为。

该类行为容易导致土地、资本等要素价格过低，为低效企业注入了"低成本优势"，为粗放增长提供了条件，容易形成产能过剩、产业结构趋同、市场集中度过高等问题。各地在忽视自身能力的情况下盲目加大投入，不仅增加了地方财政负担，也导致了科技创新资源的浪费及其配置效率的损失。利益给付行为使得获得优待的企业无须创新即可获得较高利润，容易诱导企业寻求政策倾斜而非通过竞争获取优势，减少企业在适应市场、降低成本、提高产品质量、开发新产品等方面付出努力。大量补贴和优惠政策作用于传统制造环节，无助于核心技术突破及产业高端化发展，容易引导企业更专注于规模扩张。

3. 倡导性、指导性的行为

倡导性、指导性的行为是政府为实现经济社会管理目标，而实施的非强制性的指导、建议、倡导、鼓励行为。该类行为虽然不具有强制性，但仍然体现了政府的偏好和意志，因此，对于市场主体仍具有重要指导性，对市场竞争仍有一定的影响力。在实践中，主要体现在政府对产业发展的引导等方面。

实践中，鼓励类指导目录表现为对各产业内特定技术、产品和工艺的选择和扶持。鼓励类指导目录与财政补贴、税收减免、土地优惠、金融信贷支持紧密关联。根据《促进产业结构调整暂行规定》第十二条规定："《产业结构调整指导目录》是引导投资方向，政府管理投资项目，制定和实施财税、信贷、土地、进出口等政策的重要依据。"鼓励类指导目录作为政府制定政策的依据，在很大程度上选择了投资的方向，以政府对产品、技术和工艺的选择替代了市场选择。

4.政企合作的行为

政企合作的行为是在政府和市场主体之间，通过双向合作方式共同实现公共目标的行为。不同于强制性、命令性的行为和向市场主体给付利益的行为，政企合作行为不是单方面的政府行为，它要求市场主体直接参与。在该行为中，政府虽然无法通过直接命令或者利益给付的形式对市场主体产生直接、重大的影响。但在合作过程中，政府仍可以凭借其对公共资源的占有和使用，施加自身意志和目标。因此，它也能对市场主体之间的竞争产生影响。在实践中，主要表现为政府采购等行为。

（四）政府对配置资源效果产生的主要问题

从政府与市场关系的角度而言，政府行为可以划分为维护市场竞争的行为、限制市场竞争的行为和无涉市场竞争的行为。维护市场竞争的行为主要体现在知识产权保护、创新服务、信息支持、金融支持、科研激励等方面。对于具有限制市场竞争的政府行为，主要存在以下几个方面问题。

1.限制竞争资格的行为

该类行为主要是对市场主体的竞争资格进行限制。实践中，政府通过目录指导、市场准入、项目审批与核准、强制性清理等行为，提高市场进入壁垒。限制企业的竞争资格，容易导致现有企业免于受到新企业进入市场的挑战，不利于对现有企业行为进行规范，难以限制其市场特权。现有企业可能因此轻易提高价格，获取高额利润。

限制企业竞争资格的行为主要是运用市场准入、项目审批、限制和淘汰类指导目录等直接行政干预手段，对微观经济进行较为具体的、直接的干预，对市场竞争构成较高程度的限制。

第一，限制和淘汰类指导目录。淘汰类指导目录详细规定了被限制或者被强制淘汰的产品、技术、工艺与产业，对严重浪费资源、污染环境、不具备安全生产条件、产品质量低等项目，禁止企业投资，停止授信支持，收回已发放贷款，按规定限期淘汰，禁止有关技术、装备和产品的进口、转移、生产、销售、使用和采用。因此，在很大程度上选择了投资的方向，具有较高的强制性。实践中，1999—2002 年就已经相继发布了三批《淘汰落后生产能力、工艺和产品的目录》，目前，《产业结构调整指导目录》（2019 年本）中也包含有淘汰类目录。

限制类指导目录主要是对工艺技术落后、不利于安全生产、不利于资源和能源节约、不利于环境保护和生态恢复、低水平重复建设、生产能力明显过剩等情形，要求在一定期限内改造升级，不得新增投资，不得发放贷款，土地管理、城市规划和建设、环境保护、质检、消防、海关、工商等部门不得办理手续。

第二，市场准入和投资审批与核准。在市场准入方面，电信、石油、汽车以及公用事业等行业存在过高门槛。当前，我国产业政策、投资政策及其他相关制度中涉及市场准入的内容已直接纳入《市场准入负面清单》。在投资审批与核准领域，《国务院关于投资体制改革的决定》确立了企业的投资主体地位，政府对重大项目和限制类项目从维护社会公共利益角度进行核准。从实践来看，纺织服装、食品加工、家具制造、饮料等下游行业的民营企业占比均超过90%，而电器机械、通用设备、专用设备、仪表仪器等中游行业的民营企业占比也超过 70%。但是在传统重工业钢铁、有色、煤炭、石油开采加工以及公用事业相关行业中国有企业资产占比超过 50%。同时，电信、金融等服务行业实际上民间资本参与度也不高。

2. 影响企业竞争能力的行为

该类行为主要对市场主体的竞争能力进行限制。实践中，政府通过提供选择性和倾斜性的财政奖励补贴、税收优惠、银行授信等扶持行为，将资源在不同产业间进行有选择地分配。政府对产业内特定企业、特定技术、特定产品的选择性扶持，对产业组织形态进行调控，是对微观经济的干预，大幅降低了未获得扶持企业的竞争能力。仅由部分企业获得各种发展所需的资源，损害公平竞争和市场效率，误导企业家从创新转向争夺政策资源，导致资源错配、效率降低。

第一，选择性财政补贴。财政补贴主要包括中央和地方政府针对特定产业和企业进行直接资本金注入、贷款贴息、创业投资引导基金支持、产业投资基金支持、进出口补贴、企业亏损补贴等。选择性补贴会带来过度投资、产能过剩、对补贴的严重依赖以及骗补等问题，导致企业根据补贴要求的技术标准进行研发，存在偏离技术发展方向的可能。部分企业领取的补贴甚至高于生产成本，导致市场价格信号失真。此外，财政补贴不仅无法提高企业全要素生产率，而且还降低了企业利润。

第二，选择性银行信贷。我国金融体系以国有商业银行为主导，银行信贷配给的独立性不强，为政府的直接干预提供了便利。政府通过产业政策向银行传递积极信息，助推银行向受产业政策支持的企业进行信贷投放，促使获得信贷支持的企业将处于更好的发展环境，企业投资机会增大，信贷风险和经营风险降低。但实践中，低利率贷款却较多流向了绩效较差的企业，但也未能改善这些企业的经营绩效。

第三，选择性低价供地。政府对符合产业政策的企业，会提供低价土地供应。低价土地供应使得投资者以低于征地成本和开发成本获取土地，是一项投资补贴。但处于发展初期的中小企业难以获得廉价土地资源。

第四，选择性税收优惠。这类政策主要包括对特定产业和企业在一定期限内给予企业所得税减免、增值税减免、企业进口设备和重要零部件进口环节关税和增值税的减免等。

3.削弱企业竞争意愿的行为

在市场监管过程中，政府实施不恰当的管理措施，容易降低企业竞争的意愿。这一类行为未设置实质性的、法律意义上的竞争障碍，没有实质性的降低企业的竞争能力，但申请材料、审核环节、审核时限等方面的烦琐要求，可直接增加企业面临的制度成本，事实上对市场主体参与市场竞争造成阻碍，影响企业参与竞争的积极性。

第一，贸易保护。贸易保护政策包括提高关税、设置贸易壁垒、采用反倾销反补贴等手段，通过提高进口商品价格，阻止国外优质商品或服务进入本国市场。这类政策限制了其他国家的商品、服务和有关要素参与本国市场竞争，虽然能在短期内保护国内产业，但它造成了市场分割，起到保护国内低效率企业的效果，导致资源配置扭曲，延缓生产效率提升，最终损害了本国企业的竞争力。

第二，政府执行力不够。在实际中，政府的执行不力也容易对企业的竞争意愿产生不利影响。然而，政府官员通过推诿、拖延等不作为方式，降低行政办事效率，导致行政审批缓慢，事实上影响了企业的竞争意愿。

4.缩小企业竞争地域范围的行为

该类行为对企业竞争的地域范围进行限制。从地域范围而言，市场可以具有地方性、区域性、全国性乃至全球性。市场范围的大小是衡量市场竞争实现程度的重要标尺。长期以来，地方竞争促进了经济发展，但也影响了商品和要素自由流动，强化了地方保护。地方政府限制外来企业进入本地，提高外地企业成本，给本地企业提供特殊优惠，都会抑制竞争在全国范围的实施，导致资源无法在全国范围得到优化配置。

第一，优先采购本地产品。实践中，个别地方政府通过入围方式设置备选库、名录库、资格库作为参与政府采购活动的资格条件，妨碍供应商进入政府采购市场；或者要求供应商在政府采购活动前进行不必要的登记、注册，要求设立分支机构，设置或者变相设置进入政府采购市场的障碍。

第二，本地企业优先获得贷款。地方政府通过对金融运行的干预，使银行不以"营利性、安全性和流动性"作为决策依据，而以缓解地方政府经济发展压力为目标。信贷政策在微观层面的执行被扭曲，容易造成盲目投资、重复建设等现象，导致信贷资金用于满足地方利益，而违背了国家产业政策所设定的目标。①

第三，补贴本地企业和产品。地方政府对本地企业进行补贴较为普遍。实践中，《南宁市加快跨境电子商务发展的若干意见》要求申请补贴的企业必须在本地注册。《佛山市推动机器人应用及产业发展扶持方案（2018—2020年）》对购置佛山企业和非佛山企业生产的机器人，分别按设备购置费用总额的12%和8%给予事后补贴。广西壮族自治区人民政府印发《关于促进全社会加大研发经费投入的实施意见》，规定仅对本区境内购买使用区内企业生产的区内首台（套）重大技术装备的企业给予补助。

四、政策建议

（一）界定政府行为边界的原则

准确判断政府行为边界，可以从政府法治和经济法治两个角度进行考量。政府法治要求加强政府行为的法律约束，减少政府行为对竞争的损害，而经济法治主要要求保证市场化的经济体制有效运行。从行政法治的角度来看，政府行为超越边界的主要问题是政府权力的违法行使，以规范行政权为目标。从经济法治的角度来看，问题则在于政府行为排除或者限制了竞争，以社会整体效益为目标，着眼于宏观经济的整体运行和市场机制作用的发挥。

1.行政合法性原则与行政合理性原则

防止滥用权力原则主要包括行政合法性原则与行政合理性原则。行政合法

---

① 毕德富等：《信贷政策与产业政策协调研究》，《金融发展研究》2008年第4期。

性原则要求法律、法规、规章对政府行为产生有效的拘束力，政府行为不可逾越法律、法规、规章的具体规定。比如，《优化营商环境条例》第三十五条规定："没有法律、法规、规章依据，不得增设政务服务事项的办理条件和环节"。《外商投资法实施条例》第三十五条规定："外国投资者在依法需要取得许可的行业、领域进行投资的，除法律、行政法规另有规定外，负责实施许可的有关主管部门应当按照与内资一致的条件和程序，审核外国投资者的许可申请，不得在许可条件、申请材料、审核环节、审核时限等方面对外国投资者设置歧视性要求"。两条行政法规均是对没有法律依据条件下，对限制政府行为做出一定的行为。《反垄断法》第三十二条至三十七条则以法律形式直接对某类行为进行限制。

行政合理性原则要求政府行为必须符合法律目的、具有合理动机、考虑相关因素。《招标投标法》第十八条、《招标投标法实施条例》第三十二条规定，招标人不得以不合理的条件限制或者排斥潜在投标人，不得对潜在投标人实行歧视待遇，并对招标人以不合理条件限制、排斥潜在投标人或者投标人的行为进行了列举。《政府采购法》第第二十二条、《政府采购法实施条例》第二十条规定，采购人或者采购机构不得以不合理的条件对供应商实行差别待遇或者歧视待遇。

2. 尊重市场规律原则

尊重市场规律原则主要要求政府准确把握"充分发挥市场在资源配置中的决定性作用，更好发挥政府作用"这一辩证统一关系，充分尊重市场的作用和价值，保障市场作用得以充分发挥。对此，本章认为主要包括市场优先原则、公平对待原则与竞争中性原则。

第一，市场优先原则要求应当优先发挥市场机制，政府干预仅限于市场失灵；在无法判断是否存在市场失灵时，应假设市场是有效的。[1]《行政许可法》

---

① 刘大洪：《论经济法上的市场优先原则：内涵与适用》，《法商研究》2017 年第 2 期。

第十三条规定："通过下列方式能够予以规范的，可以不设行政许可：（一）公民、法人或者其他组织能够自主决定的；（二）市场竞争机制能够有效调节的；（三）行业组织或者中介机构能够自律管理的；（四）行政机关采用事后监督等其他行政管理方式能够解决的"。该条对政府设定行政许可做了限定，对于市场竞争机制能够有效调节的，可以不设行政许可。

第二，公平对待原则要求政府保护市场主体的权利平等、机会平等、规则平等，平等对待各种所有制经济。行政对待原则包括政府依法办事，不偏私；合理考虑相关因素，不专断。《外商投资法》第九条规定："外商投资企业依法平等适用国家支持企业发展的各项政策"。《行政许可法》第五条规定："符合法定条件、标准的，申请人有依法取得行政许可的平等权利，行政机关不得歧视任何人"。《中小企业促进法》第四十条第三款规定："政府采购不得在企业股权结构、经营年限、经营规模和财务指标等方面对中小企业实行差别待遇或者歧视待遇"。

第三，竞争中性原则要求市场主体不得因与政府关系密切而获得不当竞争优势。OECD认为的"竞争中性"原则具体包括8个方面：经营形式区分、成本区分、回报率对等、补偿合理、税收中性、监管中性、债务中性、采购中性。《优化营商环境条例》第十条规定："国家坚持权利平等、机会平等、规则平等，保障各种所有制经济平等受到法律保护。"《中小企业促进法》第三条规定："坚持各类企业权利平等、机会平等、规则平等，对中小企业特别是其中的小型微型企业实行积极扶持、加强引导、完善服务、依法规范、保障权益的方针，为中小企业创立和发展创造有利的环境。"

3. 比例原则

比例原则可分为适当性原则、必要性原则与均衡性原则三个子原则。适当性原则，又称为妥当性原则，它是指公权力行为的手段必须具有适当性，能够促进所追求目标的实现；必要性原则，又称为最小损害原则，它要求公权力行为者所运用的手段是必要的，手段造成的损害应当最小；均衡性原则，又称为狭义比例原则，它要求公权力行为的手段所增进的公共利益与其所造成的损害成比例。

比例原则是分析政府行为是否超越政府行为的重要工具，为分析政府行为是否超越行为边界的具体思路。比例原则要求，在充分发挥市场在资源配置中的决定性作用的同时，对市场竞争造成影响的政府行为，应当考虑其措施和目的是否匹配，是否存在过度利用行政权力的问题。

第一，考虑目的是否正当。若政府试图通过税收优惠、土地供应等方式，有选择地支持某些企业的发展，则目的不具有正当性。因为该目的不符合政府应当平等对待市场主体的基本要求。若政府通过歧视性监管行为，对外地企业在本地开展业务进行限制，对外地商品进入本地进行限制，则也属于目的不正当。

第二，考虑手段是否合理。在政府行为具有增进公共利益目标的情况下，则要看政府财权的手段是否合理、能否产生最小损害结果。在去产能过程中，政府的目的是遏制产能盲目扩张、淘汰落后产能，其目的无疑是正当的。但在手段上，不少地方政府采取"一刀切"的方式，未采取对市场竞争影响最小的方式，对民营企业造成了过大冲击。

第三，考虑收益与成本是否相称。在网约车监管中，政府为了保障乘客安全而进行监管，其目的是正当的。但有些地方政府采取了过于严格的准入标准，对网约车的车牌、车龄、车型、轴距等多方面进行严格监管。这种监管方式无疑会增强网约车的安全水平，但收益与网约车数量减少导致网约车供给不足的成本相比并不相称，因而也不符合比例原则。

（二）优化政府配置资源的方式

1. 政府应逐步减少对资源的占有比例

政府对资源的占有应当是对实现公共利益必不可少的，否则，应当优先由市场主体支配并向市场主体让渡。这要求将由政府垄断的资源向市场主体开放。政府让渡资源行为伴随着政府权力削减和市场主体权利增加的过程，是政府与市场关系进行重新调整的重要途径。唯有如此，才能更好保障市场主体平等使用资金、技术、土地使用权等各类生产要素和资源。

因此，要进一步破除地方政府对土地一级市场的垄断。制定出台农村集体经营性建设用地入市指导意见，建立公平合理的集体经营性建设用地入市增值收益分配制度。健全职务科技成果产权制度。深化科技成果使用权、处置权和收益权改革，开展赋予科研人员职务科技成果所有权或长期使用权试点。推进政府数据开放共享。优化经济治理基础数据库，加快推动各地区各部门间数据共享交换，制定出台新一批数据共享责任清单。研究建立促进企业登记、交通运输、气象等公共数据开放和数据资源有效流动的制度规范。

2.政府使用资源应充分听取利害关系人的意见

政府使用资源行为通常表现为发布一项政策措施或作出一项决定，其中，往往存在选择性、歧视性的问题。对此，在使用财政、土地等资源过程中，政策制定机关应当听取利害关系人的意见，充分说明使用资源行为的合理性和必要性，确保使用资源行为不对市场主体间公平竞争产生负面影响。

(三) 逐步缩小政府配置资源的范围

1.经济调节应最大限度减少政府对市场资源的直接配置

政府配置资源的范围取决于政府职能。政府有效行使职能离不开对资源和要素进行一定的配置，但如果政府职能不清，则会使其配置资源的范围不断扩张，对市场配置资源的空间造成挤压。因此，政府应从承担发展任务的主体，逐步转变为推动发展、保障发展的主体，对其职能和权力进行必要的限制。

第一，坚持市场优先配置资源，减少政府直接配置资源。

除依法由政府配置资源的领域外，剩余领域应由市场进行配置。政府在进行经济调节时，应当坚持市场在资源配置中发挥决定性作用的原则，减少通过政府"有形之手"直接挑选"优胜者"和"失败者"。具体而言，应当降低政府对土地要素进行直接配置的权力，推进集体经营性建设用地入市，取消土地供应双轨制，缩小划拨用地范围，扩大有偿使用覆盖面；规范配置税收、补贴、信贷的权力；降低政府投资的比重，政府投资资金只投向市场不能有效配置资源的社会公益服务、公共基础设施、农业农村、生态环境保护和修复、重大科技进步、社会管理、国家安全等公共领域的项目，并以非经营性项目为主。

第二，加强间接干预，以经济手段代替行政手段。经济手段主要是综合运用各种经济杠杆，通过调整市场主体的经济利益来影响和调节经济活动。经济手段通过利益引导方式间接对市场主体的生产经营产生影响。与经济手段相比，行政手段具有强制性、直接性、快速性。由于行政手段是通过国家强制力实现调节的目标，行政手段一经实施，市场主体均有义务执行，而没有自由选择权。因此，在经济调节行为中，应当进一步加强经济手段，减少行政手段。

第三，支持技术创新，政府配置资源应当突出重点。支持先进技术研发、促进产业结构优化和升级、形成有竞争力的技术前沿企业群，应当是经济调节的重点。政府应当聚焦于市场机制难以解决的环节，从替代市场、干预市场转向维护市场竞争、弥补市场不足，为科技创新提供良好制度环境。政府扶持是科创前沿领域中的初创企业发展的必然需求，尤其是对于战略性新兴产业和国防安全产业，关键核心技术对于保障国家经济安全、国防安全具有重要意义。为应对国外日益增强的技术封锁，应当在涉及国防安全需要（如大飞机、航天、超级计算机产业）、重大核心技术发展（新能源、新材料、芯片）等违反比较优势、企业缺乏自生能力的战略性新兴产业，加强政府的保护和扶持力度。①

---

① 林毅夫等主编：《产业政策：总结、反思与展望》，北京大学出版社 2018 年版，第 11 页。

2. 市场监管应最大限度减少政府对市场活动的直接干预

第一，市场监管应更加审慎、中立。政府监管应当在公平竞争审查制度下进行，使政府回到"监管中立角色"，促进公平竞争，激发市场活力。国有企业所处的监管环境应与私营企业一致，消除国有企业和其他企业的待遇差异。政府在市场监管中保持审慎态度，充分考虑是否具有充足的市场信息与知识，以便有效实现政策目标，真正解决市场失灵问题。在新产业、新业态、新模式的萌发期和导入期，对于不触及法律底线、安全底线和公众利益底线的产业，应本着鼓励创新的宗旨，促进市场主体积极试错和创新，减少监管措施对企业进入市场的阻碍，鼓励新兴产业发展壮大。

第二，市场监管应当强化而非弱化市场的作用。市场监管行为应当保障、顺应、强化市场机制，而非破坏、扭曲、取代市场机制。通过市场监管强化市场配置资源的作用，是市场机制有效运行的前提和根本保障。政府监管的介入应当有利于健全市场机制并且促进市场作用更充分、更有效地发挥，而不是相反。

3. 社会管理应弱化管控、强化服务

第一，弱化社会管理行为的管控属性。社会管理行为涉及社会生活多个方面，是社会秩序的重要保障。在政府管理社会事务过程中，政府往往采取管控和约束的措施，往往忽略了相关行为附带对市场竞争产生的不利影响。对此，有必要进一步明确社会管理行为的目标，采取更加柔性的措施，降低政府干预强度，提高政府在社会管理过程中对市场竞争的不利影响。

第二，加强社会管理行为的服务属性。社会管理行为是对社会秩序、社会安全进行保障的行为，但并不意味着必须要采用强制性的方式。因此，实施社会管理行为应当局限于单纯的管理和控制，应当以实现良好的社会环境、提高社会管理的水平为主要目标，增强社会管理中的服务色彩。

4. 公共服务应公平配置公共资源

第一，区分公共服务中的自然垄断性行业和竞争性行业。对于竞争性行业

应该引入直接竞争，允许民间资本进入，鼓励非国有或民营经济等其他实体参与经营，通过市场的力量来有效提升其运营效率。对于自然垄断性行业，如供电、供水、供热等业务，应该实行价格听证制度、招投标制度、合同出租等，在一定程度上形成市场价格和竞争机制。

第二，推进公共服务市场化，加强政府对公共服务市场公平竞争的保障。加强公共服务市场化水平，凡是能够利用市场来运作的，都应允许企业进入，依靠公开、公平、公正的市场竞争，来实现公共服务质量的最优化。同时，加强政府对公共服务市场的公平竞争环境进行的规范和保障，转变政府利用对公共资源占有以及提供公共服务的优势地位，减少政府对相关市场中公平竞争进行不当限制。

（四）有效约束政府配置资源的手段

1.具有强制性的政府行为应当严格遵循法律的各项规定

第一，坚持"法无授权不可为"原则。强制命令行为通常产生限制权利或者增加义务的效果，因此，应当严格遵守法律、法规相关规定，不得在法律尚未授权的情况下实施超越职权或滥用权力的行为。比如，政府不得在许可条件、申请材料、审核环节、审核时限等方面设置没有法定依据的要求。

第二，完善法律制度，明确强制命令行为的实施标准。对于具有危及生产和人身安全，不具备安全生产条件，严重污染环境或严重破坏生态环境，产品质量低于国家规定或行业规定的最低标准，严重浪费资源、能源等特征的产业，是存在明显市场失灵的领域。政府应当通过完善相关制度，提高环保、能耗、质量、标准、安全等各种准入门槛来完成淘汰目标，将环境、资源、安全危害等外部性成本纳入企业的成本核算。

第三，以法律手段代替行政手段。法律手段对市场主体具有普遍的约束力，具有较强的稳定性和可预期性。因此，要依法去产能、去库存和执行环保政策，保障各类企业的同等环境。比如，对于高耗能、高污染、质量不达标、存在安全隐患的生产能力，应通过完善环保、能耗、质量、标准、安全等方面立法，通过增加制度成本的方式来完成去产能的目标。

2. 利益给付的政府行为应当充分实现正面激励和引导作用

第一，以税收优惠代替财政补贴。减少审批条件较多、资金用途固定的财政补贴，代之以税收减免政策。针对有实际收入的缴税企业，让税收减免产生的收入用于企业扩大再生产、激发员工积极性、留存为周转资金，保障企业的资金使用决策权。将税收优惠政策平等适用于所有相关企业，提高政策普惠性。

第二，从补贴企业向补贴基础研究和消费者转变。减少对企业的直接补贴，避免企业为享受到国家政策支持而采取扩大生产、扩大规模、增加投资的措施。加强政府补贴基础研究的力度，满足基础研究的巨大投资需求。减少因补贴企业研发产生的激励和补偿机制不完善、研究成果归属难以确定、监管成本较大的问题。通过加强对非企业性质的基础科研机构进行补贴，促进基础科研机构之间开展竞争，提供更好的科研成果。通过以市场价格购买技术并进行产业转化，提升企业对基础研究的支持力度和参与科技成果转化的积极性。并且，加强对消费者进行补贴的力度，通过激发消费者购买行为的方式扩大市场规模、促进产业发展，推动企业为争取市场份额而提升竞争力。

3. 政府与市场主体之间的合作行为应当保证公共利益得到实现

第一，政府采购应当确保公平公正。在政府采购方面，应保证采购标准公正、透明，平等对待国有企业和其他企业。需建立严格的采购机制，确保公平公正，如建立事后投诉机制和事后纠正措施。在整个采购周期中确保足够的透明度，促进潜在供应商获得公平公正的待遇。最大限度地提升竞争性招标的透明度，采取防范措施，提高政府采购诚信，减少例外情况的设定。采购人不得以不合理的条件对供应商实行差别待遇或者歧视待遇。

第二，平衡市场主体利益和公共利益。在公私合作行为中，往往出现市场主体的利益和公共利益不一致的问题。如果市场主体的利益和公共利益发生了冲突，则政府应当维护公共利益。因此，政府应当确保参与合作的市场主体具备良好的商业信誉、健全的财务会计制度、专业技术能力、依法缴纳税收和社会保障资金的良好记录等一系列条件。

4.政府的倡导指导行为应当保证目标具有合理性

倡导指导行为仍是政府意愿的直接体现，因此，应当具有合理性。对此，在诸如鼓励类指导目录等倡导指导行为中，政府应当对财政补贴、税收减免、土地优惠、金融信贷支持紧密关联事项的合理性进行考量，确保政府行为不对市场主体的预期造成不合理的、过度的影响，保障倡导行为的内容满足社会公共利益。

（五）更好发挥政府在配置资源中的作用

1.不损害市场主体竞争资格

第一，区分竞争和非竞争的领域和环节。准确界定垄断行业中的非自然垄断业务，将自然垄断业务主要限于网络型业务，其他业务则属于竞争性业务或潜在竞争性业务。对于市场竞争机制能够有效调节的领域和环节，应坚决引入市场机制，减少不必要的行政干预。对垄断性国企要合理区分垄断性业务和竞争性业务，向民营资本开放非明确禁止进入的行业和领域，开放垄断行业的竞争性业务领域。

第二，完善负面清单制度，将事前监管进行后置。确保国有企业、民营企业、外资企业享有同等的市场准入门槛和便利程度。进一步缩减负面清单，普遍落实"非禁即入"。负面清单以外的领域向各类市场主体开放，民营企业、国有企业和外资企业享有同等准入条件。因此，为维护市场秩序，在放宽市场准入的同时应加大事后监管力度，实现"宽进严管"。对市场主体的竞争问题、消费者权益保护问题、产品质量问题、食品安全问题、环境保护问题等进行全面监管。

2.不断增强市场主体的竞争能力

第一，尽可能减少对不同所有制企业的区别待遇。确保在中国境内注册的企业，在法律上一视同仁，政策上平等对待。淡化并逐步取消国企、民企、外企的所有制分类管理办法，取消企业的身份标识。明确《反垄断法》中"关系国民经济命脉和国家安全的行业以及依法实行专营专卖的行业"的国有企业豁免权的具体内容。保证各种所有制经济依法平等使用生产要素、公开公平公正参与市场竞争、同等受到法律保护。产业政策的支持对象应当从支持国有企业、大企业为主向支持各类所有制、各种规模企业转变，努力保障各类市场主体在市场准入、政府补贴、税收优惠、融资、土地和资金等要素获取、审批许可、经营运行、招投标、破产清算等方面享有公平待遇。

第二，降低民营企业的市场准入门槛。深化"放管服"改革，进一步精简市场准入行政审批事项，全面排查、系统清理各类显性和隐性的壁垒。在电力、电信、铁路、石油、天然气等重点行业和领域，放开竞争性业务，进一步引入市场竞争机制。凡法律法规未明确禁止的行业和领域，可以依法平等向民间投资开放。

第三，在市场允许的情况下以保障中小企业代替扶持大企业。消除对中小企业的歧视，降低政府科技和产业项目资助中的企业规模门槛。向中小企业提供更多鼓励创新的政策，充分发挥其技术创新潜能。在安监、环保等领域微观执法和金融机构去杠杆中，不得对中小企业采取简单粗暴的处置措施，应保障中小企业财产及其合法收益。完善中小企业融资政策，积极拓宽中小企业融资渠道，加快中小企业首发上市进度，为主业突出、规范运作的中小企业上市提供便利。

第四，坚持债务中性、税收中性等原则。在融资方面，应杜绝国有企业从不当的融资优惠中获利。无论资金来源为何，都应有效控制国有企业的融资成本，保证其与市场同类水平保持一致。在税收方面，应平等对待国有企业和其他企业。国有企业应与市场上的其他竞争对手承担相同的税负。国有企业的商业活动不应以更低的价格获得能源、土地等生产要素。

3. 不断提高市场主体的竞争意愿

保持企业参与市场竞争的意愿十分重要，它要求政府不应当提供过于宽松和优待的环境，而应通过加强市场公平竞争环境的保护，来提升企业参与市场竞争的意愿。对此，尤其要减少不必要的扶持和保护行为。政府干预经济应当符合市场机制的自身规律，不能影响市场主体发挥主观创造性。

第一，缩小政府扶持的范围和程度。逐步减少产业扶持的范围，制定适用产业扶持政策的负面清单，将产业扶持政策严格限定在具有重大外溢效应和关键核心技术领域，以及更具成长潜力、研发创新和转型升级意愿较强的年轻企业。将扶持强度控制在"合理区间"，增强扶持强度与扶持效果之间的关联性。根据产业发展情况，逐渐降低扶持力度。通过适度补贴激励企业创新，避免高额补贴对企业创新产生抑制作用。产业扶持不应导致要素成本过低而产生价格信息失真。提高扶持政策退出机制的灵活性，避免扶持政策成为长期补贴，减少企业对政府扶持的依赖。在创新过程基本结束之后，应加强对补贴政策的规范和清理，避免诱发产品和技术的低端锁定。

第二，削减贸易保护措施。进一步拓展开放领域、优化开放布局。营造内外资企业一视同仁、公平竞争的市场环境。全面落实准入前国民待遇＋负面清单制度，进一步缩减外资准入负面清单。稳步扩大金融业开放，持续推进服务业开放，深化农业、采矿业、制造业开放。加快自由贸易试验区建设，加大向自贸试验区下放投资审批、市场准入等管理权限力度。

4. 不断扩大市场主体的竞争空间范围

第一，加强中央对地方产业政策的监督。中央制定产业政策应由中央政府统筹行使，保持产业政策对市场调节的统一性和协调性，确保全国范围内市场竞争环境不受破坏。地方政府可以根据地方的实际情况制定符合本地特点的产业政策，更好地促进本地的经济发展。中央将其制定的产业政策委托地方实施时，应明确产业政策的目标与范围，督促地方不得偏离中央产业政策目标，保证地方采取非歧视措施，不限制、扭曲竞争秩序。对涉及全国统一市场的政策措施，影响范围较大、紧迫性较高的，应予以重点审查。

第二，改革政绩考核制度，降低地方竞争对统一市场的分割作用。避免地方竞争过程中可能出现的无序竞争、盲目竞争和恶性竞争，是降低对外地企业的歧视性政策的重要途径。对此，应当减少地方政府采取要求外地企业在本地设立公司等一系列歧视外地企业的行为。

第十章　保护企业家创新精神，健全民营经济发展法治化营商环境

民营经济的健康发展离不开良好的法治环境。党的十八大以来，习近平总书记高度重视民营经济发展，先后作出一系列重要指示，为民营经济健康发展指明了方向、提供了遵循。

党的十八届三中全会提出："公有制经济和非公有制经济都是社会主义市场经济的重要组成部分，都是我国经济社会发展的重要基础"。党的十九大报告强调，"要支持民营企业发展，激发各类市场主体活力，要努力实现更高质量、更有效率、更加公平、更可持续的发展"。

经过多年的推进，我国民营经济发展的法治保障体系和政策框架基本形成。国家先后出台了促进民营经济发展、保护企业家创新精神的各种政策和文件，为民营经济的发展提供了动力。伴随依法治国方略的推进，对民营企业和企业家的司法保障逐步强化，民营经济发展的法治环境明显改善。但同时，民营经济发展的法治环境还存在一些问题，如司法不公的各种问题依然存在，侵害民营企业家人身权利、侵犯民营企业和企业家财产权益、扰乱企业正常生产经营秩序的行为仍然时有发生，民营经济市场主体的合法地位没有有效的法律保障，这些问题如不能有效解决，将影响到我国的法治建设，影响到国家的发展大局。

一、企业家创新需要良好的法治化营商环境

法治化营商环境有广义与狭义之分。狭义上，可理解为行政政策的立法化，指赋予有利于营商环境的政策措施以较高的法律效力，亦即政策措施的条文化、法律化。广义上，指的是与营商发展有关的制度及运行状态，包括有利于营商环境保护的立法、司法和执法等制度供给，也包括没有以法律制度形式予以固定的规范、规则、标准、体制、机制等。本章所指的营商环境采用广义说法。

（一）法治化营商环境对企业家创新的重要性

民营经济是我国市场经济的主体，贡献了50%以上的税收，60%以上的国内生产总值，70%以上的技术创新成果。民营企业家的创新精神促进了我国新经济、新技术、新业态的发展，推动了我国转型发展和高质量发展。

实践中，企业家涉诉风险较高。例如，作为民营经济主要融资渠道之一的融资型民间借贷，极易被认定为非法吸收公众存款罪，企业家因此面对诉讼风险。据统计，2014—2018年，民营企业家被判有罪总计7578次，共涉及36个具体罪名，其中非法吸收公众存款罪触犯频次为1494次，占比19.71%，在所有罪名中高居第一。这一比例在2018年度中上升到24.30%。[①] 又如，2014—2018年，企业家关于"虚开增值税专用发票罪"触犯频次为971次，占比11.30%，在所有罪名中居第二位。企业家涉诉受罚大部分是因违反我国相关法律规定，但也存在相关法律规定因不适应当前经济发展导致的"标准过低"，或新兴产品出现缺乏标准认定为"违法商品"等，以至于企业家触犯"红

---

① 张远煌等：《企业家刑事风险分析报告（2014—2018）》，《河南警察学院学报》2019年第4期。

线"概率增高。鉴于此，在经济迅速向前发展与法律相对滞后冲突下，构建动态、衡平的法治化营商环境，有利于保护企业家创新精神。

（二）促进企业家创新的法治化营商环境的三大要素

法治化营商环境是推动提升法治保障水平和提高营商便利程度的综合动态过程，企业家创新需要的法治化营商环境主要包括"稳定、公开、透明、可预期的法治保障""低成本、高效率的便利化服务"以及"尊法学法守法用法的良好法治氛围"三大因素。

1.稳定、公开、透明、可预期的法治保障

稳定、公开、透明、可预期的法治保障是保护企业家创新精神的"硬核"和根本，是保护营商行为各类市场主体产权和合法权益的立法、司法、监管等法律系统工程，主要作用是为营商运行过程提供稳定的预期，为开放竞争的营商行为提供必要制度保障。具体包括健全的营商法治制度、细致严谨的法律条文等。

2.低成本、高效率的便利化服务

低成本、高效率的便利化服务是民营企业发展的"软配套"，通过提高行政效率与减少行政干预，减少民营企业经营过程的制度性交易成本，激励企业将资源集中在创新发展活动上。

深圳是民营企业最有活力的城市之一，深圳企业家创新精神全国领先，同时深圳也是政府干预少、政府服务意识较强的城市。以深圳前海为例，2019年6月，前海出台《中国（广东）自由贸易试验区深圳前海蛇口片区暨前海深港现代服务业合作区2019年营商环境改革行动方案》，围绕企业发展全生命周期、对标国际最新经贸规则、发挥前海特色优势和加快国际化城市新中心建设四大方面提出49项具体改革举措。2019年前海蛇口自贸片区营商环境便利度

得分为 79.8，如作为一个独立经济体参与排名，在全球 190 个经济体中排名第 22 位，比 2018 年的 31 位提升 9 位。

3. 尊法学法守法用法的良好法治氛围

企业家是法治理念的最前线践行者，"让法治嵌入每一位企业家脑海"是推进民营企业法治化建设的根本之举。实践中，政府和企业家是构建尊法学法守法用法的良好法治氛围的共同体。政府要为法治氛围搭好"舞台"、搞好硬件，提升法治理念宣传水平，在社会大环境中"注入"践行良好法治行为的"DNA"。企业家要尊法学法提升法治思维，要守法用法做好法律风险防控。

二、企业家创新面临的突出问题

企业家在经营和创新过程中，仍然受到管理体制不完善、立法司法保障不足以及政务服务供给不足等方面的制约。

（一）管治理念落后，政府服务意识较弱，企业家话语权不足，安全感缺失

1. 政府在市场监管中仍存在慢作为、消极作为的情况，管治理念仍未与企业创新同步

2017 年，中共中央、国务院发布了一系列优化民营企业营商环境的政策指导意见，如《关于营造企业家健康成长环境弘扬优秀企业家精神更好发挥企业家作用的意见》等，旨在为民营企业的创新和发展提供宽松便利的政策环境。但一些政府部门的服务意识仍然较弱，管理理念较为消极陈旧。

2.民营企业家参与政策制定和表达诉求的常态化机制缺失，话语权不足

政府与企业缺乏定期面对面交流的机制，大多数政府目前只在政策制定和试行阶段邀请部分企业管理人员座谈，对于企业的诉求和提出的建议并未充分考虑。一些政府部门没有建立与企业家直接对话的机制，听不到来自企业真实的情况和诉求，容易在政商之间形成隔阂。这也从侧面反映了政府对企业家的声音重视程度不高。例如，对深圳前海 41 家具有代表性的注册企业进行调研访谈时发现，企业普遍反映政府出台的政策(包括促进区域内企业创新的政策)与企业的需求不对接。政府出台政策之前和之后，没有搭建企业与政策对接的渠道，使得企业的需求得不到反映，或者是政府的政策企业也不了解，对企业的发展起不到应有的促进作用。

3.企业家及高级管理人员从事经营管理活动时缺乏安全感

由于司法实践缺乏对企业家及企业高管人员的经营判断规则认定标准，可能出现对待企业家可能涉及的行贿等犯罪容易出现"一刀切"，没有考虑企业当时所处的特定发展环境或法律不完善等情况，致使企业家及高级管理人员从事经营管理活动时缺乏安全感。此外，企业家尤为担心"历史原罪"① 被追溯的情况也十分突出。

(二) 立法不足，顶层设计有待完善

1.缺乏统一的国家立法

立法缺位是当前民营经济发展道路上面临的最大堵点。我国尚未有 ·部统一的关于民营经济发展或民营企业保护的国家专门立法。民营经济相关权益保

---

① 所谓民营企业的"历史原罪"，指对于民营企业历史上曾经有过的一些不规范行为，经常发生的原罪包括行贿、偷税漏税、虚假注册抽逃资金、非法集资、非法经营（高利贷）等。由于过去法律空白、政策不清，以及民营企业生存环境恶劣，这类或轻或重的违法行为普遍存在。

护规则主要零散在不同部门法或地方政府法规之间，缺乏强制性、稳定性。与此相比较，外资企业受《外商投资法》保护，为外资企业在内地投资提供法律基础，国有企业受《国有资产法》等法律保护，凸显了民营企业在立法保护上的弱势，我国民营企业可谓"夹缝生存"。

2. 相关政策的立法层级较低

为解决全国性上位法缺失问题，司法部门通过出台相关文件对具体问题进行解释和指导，但文件性质多为工作指导意见，不具有强制执行效力。

3. 法治实效性有待提高

目前关于支持民营企业经济发展的政令频繁出台，政策之间缺乏协同性，各部门政策权限划分不清晰、法规文件之间存在冲突、执法标准不一致，增加了执行的难度。很多政策缺乏可操作性，或职责不清，或程序模糊，或期限不明，或缺乏责任约束，还有很多只是宣示性、鼓励性条文。

（三）司法不当，标准、边界和尺度亟待规范

由于立法不足，我国司法部门在执行和审判环节具有较大酌情权，司法不公和执法随意等问题时有发生。尽管最高院、最高检等司法部门陆续出台相关司法解释和指导性文件，但标准不清晰、不适应现实等问题仍未解决。

1. 裁判尺度不统一问题

当前最高院和最高检出台的司法解释、工作指导意见以及案例指导，无法完全满足民营经济在新产业新业态发展背景下产生的新问题，"依法与服务"仍然成为无法调和的矛盾。如融资租赁、保理、信托等本身涉及多方当事人的交易，再加上当事人有时为了规避监管，采取多层嵌套、循环交易等模式，真实法律关系难以认定，可能出现同类案件依据的法律规则不同而导致的同案不同判问题。此外，由于法官（法院）因知识结构等不足对新案件的把握不准，法院通过频繁出台细则政策解决的方式可能扰乱原有的法律秩序而无法保障个案法官裁判尺度统一，这一问题可能长期存在。

2. 执法僭越问题

如有经侦警察滥用刑侦权，违法介入民商事纠纷，甚至以刑侦为名帮忙讨债或干预经济纠纷的情况；又如只要有"受害人"报案，就强制企业停工停产，影响企业正常经营。

3. 违规（违法）执法问题

如基层执法环节中，个别地区存在执法人员"乱执法、随意执法"、"吃拿卡要"、刁难企业、选择性执法等执法犯法现象；又如公安立案环节中，存在"该立案不立，不该立案乱立"问题，对于有侦查难度的职务犯罪等案件作不予立案处理，损害民营企业主张合法权益。

4. 标准、边界和尺度缺失

与普通法相较，大陆法系存在缺乏弹性、不够灵活的缺点。在社会经济发展产生新问题、新案件时，法律法规滞后性难以作出及时应对，为法律适用造成极大困难。此外，众多新兴行业的产品缺乏国家标准、行业标准，对新事物如何把握和定性，成为司法机关和执法部门的工作难点。

典型案例一："智能平板健走跑步机"创新产品认定标准缺失 ①

职业打假人向质监部门举报，涉案的健走跑步机有三项指标不符合国家标准。第一没有紧急制动按钮，第二没有扶手，第三脚踏板的宽度没有达到三十毫米以上。经当地质监部门抽样检测，刘先生公司

---

① 《最高人民检察院指导性案例合集》第二十三批指导性案例。

生产的"智能平板健走跑步机",有三项指标不符合跑步机的国家标准,后刘先生因涉嫌生产、销售伪劣产品罪被刑事拘留。永康市人民检察院了解到此案后,提前介入侦查活动。永康市人民检察院提前介入后了解到,涉案的"智能平板健走跑步机"曾获10余项专利,但这种创新型产品是否应该适用跑步机的国家标准呢?在案件事实已基本查清,主要证据已固定的情况下,检察机关建议公安机关慎用羁押措施。

经过调查,承办检察官认为,涉案产品在运行速度、产品结构等方面均与传统跑步机有显著区别,根据产品可能对消费者人身、财产造成的危险性,其不应适用跑步机的强制性标准。此外,承办检察官还对多名有销售记录的消费者进行了售后回访,没有收到投诉。2019年3月11日,永康市人民检察院邀请公安侦查人员、辩护人、永康市人大代表和跑步机企业代表等20人,以听证的形式对案件进行公开审查,听取各方意见,最终,20名代表发表意见一致认为刘先生不构成生产销售伪劣产品罪。

典型案例二:"蚕丝案"行业标准缺失 ①

2016年末,桐乡市洲泉镇卖蚕丝棉的门市部里开始出现一批"不一样"的蚕丝棉,这些蚕丝棉比同等级的蚕丝棉便宜,卖相、手感都不错,很快就成为热销产品。不过质监部门经过检测后却发现,这些蚕丝棉回潮率和含油率指标异常,而且这批蚕丝棉的出现对当地的蚕丝棉行业发展也造成了很大的影响。

2016年12月30日,经质监部门移送案件线索,桐乡市公安局以涉嫌生产、销售伪劣产品罪对生产涉案蚕丝棉的工厂老板李某及其妻子杜某立案侦查,对工厂工人及二级经销商也进行了相关调查。检

---

① 《检察日报》2019年4月9日。

察机关通过仔细梳理两名主犯的供述，找出了他们主观上不承认添加甘油的逻辑漏洞，并获取了甘油供应商、销货方等 50 余项证言及销货账册等书证，形成了李某和杜某两名主犯雇佣工人，在生产丝棉的过程中添加甘油增重谋利的完整证据链。2017 年 11 月，桐乡市人民检察院以涉嫌生产、销售伪劣产品罪对李某、杜某提起公诉。2018 年 9 月，桐乡市人民法院一审以生产、销售伪劣产品罪，分别判处李某有期徒刑 3 年 6 个月，杜某有期徒刑 2 年，均并处罚金。被告人提出上诉，2019 年 1 月 18 日，嘉兴市中级法院二审维持原判。

三、树立保护企业家创新精神的现代法治理念，激发企业创新活力

保护和弘扬企业家创新精神，是我国实现高质量发展的重大战略决策。在依法治国的总体布局下，完善民营经济发展的法治环境，强化保护企业家创新精神的法治理念，摒除用行政主导的思维干预企业活动的各种行为，坚持牢固树立"法无禁止即可为""法无授权即禁止""法不溯及既往"的三大法治理念，为企业家的改革创新提供平等保护的法治环境。

（一）私法领域坚持"法无禁止即可为"

企业家是经济活动的主体，企业家的创新精神是国家财富积累和社会进步的动力。企业家要应对各种不确定性，包括来自市场竞争、技术研发、产品质量以及人们的惯性思维、政策法规的各种不确定性，企业家的创新活动充满风险，成功了企业就可能做大做强，失败了就可能倾家荡产。企业家的创新如果没有法治的保护，创新的动力就会受损，创新的过程就会中断，创新的成果就

难以转化。因此，企业家的创新不仅需要社会的宽容（因为容易失败），更需要法治的保护（因为创新就是打破常规）。

"法无禁止即可为"是西方法学中的经典谚语，蕴含着私权自治的法律原则，具体指只要法律没有禁止的公民都可为之。当然，无论是"可为"还是"自由"，应以不损害他人合法权益为前提。当某一行为虽无"明文禁止"但已经触犯他人合法权益的，应承担相应法律责任。"法无禁止即可为"的法治理念，有利于保护企业家的创新精神，激发市场的活力，在资源配置中充分发挥市场的主体作用。

由于我国长期实行计划经济的体制和思维惯性，各级政府部门习惯用行政的办法管理企业，比如对企业的经营范围列了各种限制条件，行业准入实行正面清单制度，实际上是对市场的行政干预，不利于企业的创新。企业的创新往往是"无中生有"的事情，比如企业家在发明"微信"的时候，并不清楚这是什么"经营范围"，经营什么、怎么经营是企业家的事情。按照"法无禁止即可为"的法治原则，实行"负面清单"，现有法律法规没有明确禁止的营商行为，应认定为就是合法行为。

"法无禁止即可为"的法治理念，应成为健全我国民营经济发展法治环境的重要理念，深入立法、执法、司法、守法的每一个角落。

（二）公权力介入恪守"法无授权即禁止"

与"法无禁止即可为"相对应的，是政府或公权力使用应遵循"法无授权即禁止"原则，强调公权力不得随意作为。若不清晰界定公权力的边界，"把权力关进笼子里"，就会出现以权谋私、以法谋私、越权审批、越权执法、越权处罚等公权力滥用情况的发生。因此，应明确公权力介入市场应恪守"法无授权即禁止"原则，行政机关和司法机关应严格遵照现有法律法规相关实体性和程序性规则，在授权范围内行使公权力。

"法无授权即禁止"的法治理念，是健全民营经济法治环境的重要理念。①民营经济在我国市场化领域、竞争性领域发挥了主导作用，占我国 80% 以上的城镇劳动就业，90% 以上的企业数量。但民营企业在发展过程中存在市场准入限制、金融机会不平等、税费征缴有差别等各种问题，这些问题反映了政府对市场的权力干预，扭曲了资源配置的效率，阻碍了企业的创新。

贯彻"法无授权即禁止"的法治理念，关键是加快政府职能的转变，把"无限政府"转变为"有限政府"，转变政府对市场干预的任性、随意性的各种政策和行为。此外，由于我国政府部门和行政层级划分复杂，也会导致政府部门与部门之间、不同地区政府之间较大的法治环境差异。这就要加大政府改革的力度，要给市场"下放"权力，建立公平的、透明的、可监督、可考核的营商环境，建设法治政府、数字政府。

（三）全面贯彻"法不溯及既往"

"法不溯及既往"基本原则是全世界通用的一项法治原则，适用于立法、司法和执法层面。法律适用原则，指司法者和执法者在适用法律时，不以新法追究新法生效以前的公民、法人和其他组织行为的法律责任。国外实践中，对于因法律空白出现的犯罪行为，司法审判机关会依法认定为无罪，而后启动紧急修法程序。新法可追究新法实施后的犯罪行为。

在我国，虽然"法不溯及既往"也是基本法律原则，但由于我国司法解释具有溯及力，"法不溯及既往"基本原则可能落空。特别在刑事司法领域，立法滞后使得 P2P 等新业态发展无法根据刑法认定，必须依赖出台司法解释对新型案件的定罪量刑予以确定。司法解释的可溯及性导致司法机关可以从"第一人"开始追究，这解释了很多知名企业家因被"翻旧账"而锒铛入狱的情况。

应重新审视司法解释对民营企业和企业家溯及既往的效力。对有立法性质

---

① 刘旭：《管理者伦理素质的培养》，《理论导报》2012 年第 8 期。

的司法解释，回归"法不溯及既往"基本原则，对司法解释生效以前的行为不发生效力。

1. 不溯及"历史原罪"

民营企业的"历史原罪"，主要包括行贿、偷税漏税、虚假注册抽逃资金、非法集资、非法经营（高利贷）等。由于过去存在法律空白、政策不清等客观原因，加上民营企业生存环境恶劣，企业创业初期这类或轻或重的违法现象较为常见。对上述所谓民营企业和企业家"历史原罪"，不应以现有生效的法律、司法解释追究其法律责任。

2. 不溯及政策更替前的违法行为

我国相关立法和国家政策是在不断向前发展中进行完善的，政策更替过程中可能出现两种侵害企业和公民信赖利益的情况：一种情况是当时的政策环境并无明文禁止，而现在看起来是违法的行为，司法机关适用新法溯及过往"违法"行为；二是一些地方或部门为"整治"活动出台新标准，一些地方政府以"公共利益"出台新文件，把当时合法合规的行为以新标准评判而导致的无法继续经营行为等。第二种情况尤为普遍，例如，一些地方政府以土地优惠政策招商引资，等企业隔几年需要办理土地相关产权证明或扩建时，又以当时程序不合法、所在土地列入环境保护等理由拒绝，影响企业正常经营；又如，野三坡别墅拆除事件，因"当时合法、现在不合法"拆除公民住宅；再如，"运动式"改名运动中，对国内著名连锁酒店维也纳酒店造成的名誉伤害等。政策更替完善后，对于这一特定阶段的"违法行为"，同样不应以现有生效的法律、司法解释来追究法律责任。若确有必要的，如执行新的环保标准，执法部门要避免实施严重影响企业正常运营的"一刀切"整治，应给予企业一定的过渡期自我调整。

3. 以发展眼光看待利用国家政策发展偏差与"灰色地带"进行的法律规避行为

民营企业和企业家的"出生瑕疵"背景与"改革探索"天性，决定了其可能因被权力利用而进行被迫犯罪、因探索创新而进行法律规避、因追逐利润而屈服于普遍性违法行为。这里要有一个法治与发展的阶段，企业家整体法治意识的教育和提升需要一个历史过程。

四、立法先行，完善促进民营经济发展的规则体系

正如前文所系，稳定、公开、透明、可预期的法治保障体系是法治化营商环境的"硬核"，企业家创新精神和民营经济发展必须坚持顶层设计、立法先行，把保障企业家创新精神和保证民营企业公平公正公开参与市场竞争的政策以立法方式进行稳定和巩固。必须加快从全国到地方的立法步伐，把企业家创新精神保护、民营企业平等权利等重要条款写入高层次立法，才能激活民营企业活力和创造力，真正推动民营经济高质量发展。

（一）在宪法中明确非公有制经济财产权的法律地位

立法体制制约是当前民营经济发展面临的最大障碍，加快民营经济立法保障，是健全民营经济发展的重中之重。只有把民营经济发展、民营企业、民营企业家的平等法律地位、平等法律适用、平等法律责任、企业市场主体的公平竞争等核心理念写入立法，才能真正推动民营经济高质量发展。

《宪法》确立了公有制与非公有制的经济权力和利益均不受侵犯，但两者的保护程度和条件不对等。对于公有经济财产权，明确"社会主义的公共财产神圣不可侵犯"，而对于非公有制财产权则要求以"合法"为前提，保护程度以及适用条件存在差异，可能对执法者和司法者产生国有企业、国有机关、国有财产的"强保护"以及非公有制合法权益"弱保护"的不良影响。此外，要求非公有制财产的"合法性"，将导致民营企业发展过程因不规范等"历史原罪"

获得的财产不受宪法保护。建议把党的十八届三中全会中"公有制经济财产权不可侵犯，非公有制经济财产权同样不可侵犯"相关精神写入宪法，从根本大法上明确民营企业和企业家财产权保护。

（二）推动出台《中华人民共和国民营企业法》全国性立法

高层次立法是治根之本。建议充分参照借鉴《外商投资法》相关原则、精神、规定，出台以民营企业为适用对象的《中华人民共和国民营企业法》，对民营经济和民营企业以专门法律的形式加以确定，明确国家相关政策的落实对象。为此，应加快在国家层面启动促进民营经济发展的立法工作，将《中华人民共和国民营企业法》列入全国人大立法规划。

民营企业全国性立法的相关内容建议

主要内容	相关规定
立法宗旨	促进民营经济发展；保护民营企业合法权益；规范民营企业管理；促进创新等
明确法律地位	立法上明确"民营企业"概念内涵；明确民营企业和企业家合法权益受法律保护
规范登记管理制度	维护民营企业正常经营秩序；规范登记程序、信息报告制度等
市场环境保护	明确为民营企业提供稳定、透明、可预期、公平竞争的市场环境
财产保护	依法定程序征收的补偿；保护知识产权、商业秘密、技术合作等
人身权保护	保障企业家、民营企业高级管理人员等人身权
程序规则	明确"法不溯及既往"原则在立法和司法中的适用。明确能够对企业和公民权益产生实际效果的任何法律文件（包括规章以下的规范性文件），制定出台前应贯彻"法不溯及既往"原则。政府部门在出台新规定、采取新措施时，应当给予充分"过渡期"，同时在新规新措中明确沟通协商机制和经济补偿方案
法律责任	民营企业、有关主管部门的相关法律责任
配套制度	明确监督部门、协商机制、政府引导、行政管理规范；确立民营企业家参与国家治理的法律地位，构建企业家表达利益诉求的合法途径等

资料来源：根据公开资料综合整理。

考虑到《民营企业法》颁布出台需要周期，建议国务院加快出台相关规定，民营企业合法权益保护可参照、适用《外商投资法》。同时密切注意在参照适用过程中行之有效的实际做法，日后纳入《民营企业法》相关规定之中加以巩固。

（三）出台和完善促进民营经济发展的部门立法和配套政策

鉴于全国性立法从启动立法计划到颁布实施需要一定的时间，应率先推动地方高层次立法。近年来，各地方政府为支持民营经济发展，先后出台实施各项政策，其中又以部门规章和政府规章为主。地方政策制定具有灵活多变的优势，可以根据不同区域民营企业发展实际情况"因地制宜"，但也存在不稳定、法律效力低、相互间政策"打架"等问题，不利于法律体系的权威性与稳定性。

鉴于此，应推动成熟政策上升为立法，保障法律的权威性；同时鼓励地方根据实际制定规章政策，充分利用政策的灵活性。有些省市已经在地方立法上作了积极探索。比如省级地方性法规出台了《浙江省民营企业发展促进条例（2020）》，地市级法规包括《珠海经济特区民营经济促进条例》（2015）和《抚顺市促进民营经济发展条例（2019 年修订）》。建议鼓励各地方政府用足用好地方立法权，在授权范围内，根据各地方民营经济发展实际情况，加快推进省级层面出台有关支持民营经济发展的省级地方性法规，对中央相关精神和决策作出进一步细化。

（四）允许特定区域先行先试制定促进民营企业创新的特殊政策

新经济和新产业的不断出现，对我国传统道德伦理、法律观念、法律规范以及法律制度带来冲击和影响，应加快出台和完善保护民营经济创新发展的部门立法和配套政策，为新产业、新业态、新模式提供法治保障。

1.加快出台互联网领域的部门立法

互联网创新首先面临着合法性的认定问题。在我国当前特定国情、法律框架以及监管不足的情况下，互联网创新难以适用传统法律规则进行界定法律关系、权利归属。

由于互联网金融纠纷呈现出涉案数额大、时间久、受害人数多、刑民交叉繁复、涉案资金追回难等特点，当缺乏上位立法时，司法机关处理态度谨慎，但由于缺乏立法，民营企业触犯非法集资罪比例仍然高企。鉴于此，应加快推动互联网领域部门立法，弥补传统法律制度的滞后。

一是推动互联网金融立法。立法内容应包括：界定互联网金融违法与刑法的边界与衔接，避免以"非法吸收公众存款"入罪；确立容错机制，鼓励创新；确立行政处罚机制，避免以刑事手段替代行政手段；确立救济机制，保障互联网金融企业的申诉权；强化行业监管，健全自律组织地位；等等。

二是推动网络平台立法。立法内容包括：根据细分市场，完善《反垄断法》《反不正当竞争法》对市场界定、市场支配地位、平台法律责任等规则；明确网络平台的责任和义务；明确个人信息的保护等。

2.探索出台调整债券市场的部门立法

债券市场是民营企业获得融资的重要渠道，债券融资对于纾解民企融资难题、促进民企健康发展具有重要意义。我国债券市场发展迅速，但同样面临立法不足的问题。债券市场发展主要依靠行政法规、部门规章和政府规范性文件，法律层级低。债券市场品种多样，不同品种之间的管理机制差异极大，当前《证券法》仅对公司债券作出相关规定，无法满足其他债券类型的市场需求。以国债为例，涉及国债的主要法律是《国库券条例》，该条例于1992年颁布，只有14个条文，却需要统领16万亿元的国债市场，相关法律规定已不适应当前国债市场发展情况。此外，债券市场迅速发展的同时，违约事件和违法事件也逐渐增多。目前国内外经济下行压力持续增大、新冠肺炎疫情对全球经济的影响进一步扩大，违约违法事件可能成为债券市场的常态化现象。

鉴于此，要拓宽民营企业在债券市场融资渠道，除了进一步激发民营企业债券融资活力外，还应从制度上加强对债券市场的监管，尽快探索出台适应债券市场发展的部门立法。

3.建立支持民营经济发展的相关配套制度

加快优化完善现有部门法相关制度，建立与民营经济发展相适配、促进民营企业改革创新的配套制度。一是建立民营企业信用担保机制。扩大互助性担保和商业性担保在我国信用担保体系的比重，满足民营企业项目贷款担保需求。规范信用市场管理制度及市场风险防控体系，畅通信用担保机构、商业银行及企业的信息共享渠道，消除民营企业与机构之间的信息不对称，扩大信用担保适用范围。

二是完善资质投标制度。完善资质获取制度，重新梳理资质制度，设立科学合理、以综合水平衡量、高效申请审批的资质获取制度。完善资质招标门槛，消除采购单位限制民营企业进入竞争的情况。为具备优质资源但暂未获得资质的民营企业参与竞争打开通道。

三是积极探索个人破产制度。结合我国社会福利保障水平、融资信贷环境、征信环境等实际情况，积极探索权责相应的个人破产制度，为企业家创新创业提供良好氛围。

（五）制度化确立民营企业家话语权

为了让民营企业家更好反映他们面临的法律环境问题，更有效地推荐解决方案，更有效地推动解决方案形成和实施，建议以制度化方式确立民营企业家的话语权，强化工商联在国家治理体系的地位作用，优化会员结构，重点吸收有影响力、有参政议政能力、有专业技术能力的企业家进入，提升工商联和商会组织代表性、专业能力和政治影响力。

五、公正司法，强化企业家合法权益的司法保障体系

必须强调的是，"以发展的眼光看待民营企业发展中的不规范问题"的改革创新，必然出现与当前法律规定存在矛盾或相悖。这些矛盾或相悖大多是因为个别法律严重滞后或不适应民营经济特殊性，若严格按照固有法律进行适用，会给民营经济带来不良影响。因此，在新法律或司法解释出台以前的"空档期"，应当发挥最高院的能动作用，依职权最大限度引导法律为合法权益"护航"。

（一）明晰"组织与个人""罪与非罪""诉与不诉"边界

1. 划分"组织与个人"的边界

鉴于民营企业企业财产与个人财产高度混同的特殊性，法律适用中民营企业和企业家责任往往被"捆绑"。建议应严格区分民营企业与企业家的主体责任。慎防出现民营企业犯罪必定追究企业家责任、民营企业经济赔偿连带企业家个人财产等情况发生。对认定为企业法人财产与股东个人财产混同的案件，应按照法定程序予以执行。但没有充分证据证明财产混同的，禁止查封个人财产。在不损害债权人利益前提下，探索责任承担主体、执行财产选择、失信名单等的"先企业后个人"的执行顺位。

2. 划分"罪与非罪"的边界

大陆法系国家立法体系存在刑事责任与行政责任的状态重合问题，行政违法但被刑事"入罪"的案件时有发生。追其原因，是我国《刑法》定性加量刑的入罪模式没有把行政违法行为排除在犯罪定义以外，以至于同一违法构成既可归结为刑事责任、也可归结于行政责任时，最终主要取决于司法机关的认定。

当民营企业或企业家触犯法律且同时满足刑事违法和行政违法时，应适用

哪套规则追究法律责任？是否有必要适用刑罚进行制裁？

第一，对一般行政违法行为，优先适用行政法相关规则进行认定，不认定为刑事犯罪。由于行政违法与刑事违法，在主观恶性、严重程度、社会危害性等方面存在较大差异，应严格划分刑事违法与行政违法的边界。对民营企业和企业家违反行政管理规定或行政法的一般行政违法行为，同时可能构成犯罪并使之负刑事责任的，优先适用行政法相关规定。

第二，对于触犯行政刑法的行为，应以谦抑性原则指引，减少刑事"入罪"。谦抑性原则，又称必要性原则。指立法机关只有在该规范确属必不可少——没有可以代替刑罚的其他适当方法存在的条件下，才能将某种违反法律秩序的行为设定成犯罪行为。应贯彻宽严相济的刑事司法政策及认罪认罚从宽制度，符合从宽处理条件的，一律从宽；可诉可不诉的，一律不诉；符合缓刑条件的，一律提出缓刑建议；能不判实刑的就提出适用缓刑建议。

第三，对企业生产制造缺乏国家标准、行业标准或与现行国家标准相抵触新事物（新产品），应谨慎以刑法入罪。企业生产制造的创新产品可能因与现行国家标准相抵触而被认定为涉嫌生产、销售伪劣产品犯罪，对制造、销售创新产品的企业和企业家，应根据综合衡量主观目的、实质社会危害等，对企业积极补救、主动承担侵权赔偿的，不认定为刑事犯罪。

3.划分"诉与不诉"的边界

建议根据各地经济发展状况、民营企业实际运营情况等，提出酌定不起诉标准或条件。对于积极罚款补缴的涉税案件、通过赔偿等方式获得债权人、受害人谅解等案件、没有社会危害性、没有进一步扩大影响的案件、可以通过赔偿救济的案件，可以酌定不起诉。同时，为及时根据经济发展情况提出量刑标准的修订建议，建议设置量刑标准的考核小组。挑选法官、检察官、人大代表、政协委员、专家学者、律师协会成员进入考核小组，应充分听取企业家意见和建议，定期对涉民营企业和企业刑事案件的量刑标准进行考评。

（二）规范司法执法的尺度和边界

1.进一步明确民营企业和企业家涉嫌较多罪名的认定标准、证据标准和量刑标准

重新审视以融资类犯罪为代表的刑事罪罚门槛，重新审视对侵害民营经济与公有制经济性质、危害相同行为的刑罚配置，清理不适应社会发展的罪名。对民刑交叉案件的法律适用问题，统一认定标准和证据规格。同时，应再一次强调"法不溯及既往"原则，新的司法解释和工作指导文件对生效前的违法行为，不具有追溯力。

2.进一步明确知识产权司法赔偿标准

知识产权是民营企业和企业家开拓创新的成果，必须在制度上予以保障。我国知识产权相关立法较为完善，但知识产权（特别是专利保护）司法保障长期面临"举证难、赔偿低、周期长"问题。特别是赔偿问题，我国绝大多数知识产权侵权案件审判时主要适用"法定赔偿"作为赔偿标准，"惩罚性赔偿"极少适用必须以进一步明确知识产权司法赔偿标准，解决因知识产权侵权成本过低而"肆意侵权"问题。建议：一是加快制定关于知识产权侵权"实际损失"与"侵权获利"的认定标准。尊重合同自治，对权利人依合同约定向侵权人主张侵权赔偿的，法院可在协议符合合同法相关规定的情况下依法予以认定。二是确立恶意侵权人的惩罚性赔偿数额计算方式。确立"惩罚性赔偿适用"为基本原则，对常见的侵权案件类型化并出台相关案例指导意见。明确"合理费用原则"，支持针对过错方提起的因知识产权纠纷而发生的律师代理费、调查费等合理费用。

此外，由于当前民事、经济纠纷案件常与犯罪案件交织一起，区分难度大。报案人在报案陈述时可能存在夸大事实、隐瞒真实经济关系等，这对不精通民商事法律的刑事侦查人员而言，容易误判案件性质从而错误干涉经济纠纷，并采取强制性侦查措施"防止损失进一步扩大"。建议公安机关针对民营经济犯罪领域多发的融资类、金融类等犯罪，建立专门打击的经侦队伍。对社会关注度高、侦查难度大、违法犯罪认定难的金融诈骗、非法集资等案件集中处理，探索新型案件的高效办案模式。

（三）完善知识产权侵权证据搜集机制

建设知识产权侵权证据搜集信息中心。发挥行业协会、专家、企业、律师的专业优势，探索知识产权侵权证据全过程搜集，及时发现侵权线索。探索有偿举报等多元证据提供方式，降低知识产权诉讼中小企业搜证、举证难度，推动解决"举证难"问题。探索有偿举报等多元证据提供方式，降低知识产权诉讼中小企业搜证、举证难度。推动建立知识产权失信系统，对"多次侵权"、侵权情节严重等企业及企业法定代表人、董事及高级管理人员纳入企业和个人信用记录，严格限制不良信用记录较多者开办新企业等。

（四）强化商事审判思维的司法适用

民营经济发展以及民营企业经营是"商"的问题。由于商事发展的变动性，各国商事司法审判处于动态发展之中，商事审判思维是在现有法律法规无法找到裁判依据时甄别违法的解决思路。配合当前善意文明执行理念在司法审判中的适用，应强化商事审判思维在审判中的作用。建议把国际商业行规、国际商事惯例、地方民风风俗等作为民营企业违法犯罪的认定标准，积极探索引入商法基本理念作为审判依据。例如，某创新产品不符合国家行业标准，可适用商法中的"忠实勤勉义务"标准认定经营者或高级管理人员的法律责任。若该经营者或高级管理人员已经尽忠实勤勉义务，则即便产品可能因不符合国家行业标准也不认定为"制造销售伪劣商品罪"。

六、优化服务，打造支撑民营企业发展"软环境"

近年来，我国在致力提升营商环境水平过程出台了一系列重大举措，特别在深化"放管服"、优化行政程序、创新体制机制改革等方面成果突出，营商环境建设上了新的台阶。改革永远在路上，营商环境建设要在理论和实践高度作出更重要探索，其中优化政务服务、为企业提供更优质高效的企业服务应当成为下一步营商环境建设的重要一环。

（一）优化民营企业政务服务

一是转变服务理念。开辟政府服务企业的新路径，从意识上转变旧有的行政观念，建立服务政府的意识，进行理念创新。进一步转变政府职能和服务理念，从全能政府向有限政府转变、从管理型政府向服务型政府转变、从权力政府向责任政府转变。发挥"互联网＋政务服务"协作优势，让信息多跑路换取群众和企业少跑腿甚至不跑腿。

二是减少制度性交易成本。不合理的行政审批会导致企业将大量的人力物力财力用于行政审批事项，加重了企业负担，又无法带来相应的产出和效益。建议：一是紧抓"放管服"改革持续推进营商环境建设，大幅压减各类行政审批前置中介服务事项，推进"合并联审"，大力投资在线审批监管平台。二是改革商事制度，彻底打破不合理的市场准入壁垒。及时清理陈旧过时的法律法规，做好新旧法协调工作。三是发挥行业协会功能，有针对性地解决民营企业运营过程的重大困难，匹配相应的扶持政策。

（二）打造高效便捷的智慧政务服务平台

在大数据时代，推进"互联网＋政务服务"是网络强国战略的重要组成部分，是提升国家治理体系和治理能力现代化的重大方略，是深化"放管服"改革的关键举措。伴随大数据、物联网、人工智能等新兴技术和事物不断涌现，借助云平台、云计算、数据分析和挖掘，以高科技和智能管理相结合，"智慧政务"有利于提高政务服务效率、降低成本，优化政务管理能力。例如，在企业开办方面，针对企业"办事难、办事繁、效率低"等问题，可通过完善多渠道、全覆盖的政务服务体系，包括 PC 端网站服务、移动端服务、自助服务终端等，实现线上线下多渠道受理和一站式审批，极大减少企业"跑政务"时间。要打通部门之间的"数据孤岛"，构建民营企业服务一体化平台，帮助企业准确快捷地与政策对接。优化自助服务。

（三）支持民营企业做好法律风险防范

中小民营企业普遍因没有专门的法律部门，不重视合同、财务等风险控制，刑事合规重视程度不高。这导致大部分民营企业触犯法律时没有意识，有些企业知道是违反法律，但不知道已经触犯刑法。民营企业违法后，救济成本十分高昂，对民营企业可能造成毁灭性打击。由此可见，应支持民营企业加大投入做好风险防范，其中，内部合规最为重要。民营企业法律风险防范关口应前移至事前防范环节，建议由政府牵头，积极推动企业内部的合规建设。支持律师团队提前介入、政府推动设立民营企业法律救济联系部门、检察院加强宣讲等，探索建立民营企业法律风险防范法律共同体。

第十一章 "十四五"时期国有经济布局优化和结构调整研究

党的十八大以来，以习近平同志为核心的党中央高度重视国企改革，始终把国企改革放到重要位置，针对国企改革和发展多次发表重要讲话、作出指示批示，为深化国有企业改革指明了方向。

在习近平关于国企改革和发展重要思想的指引下，在党中央、国务院坚强领导下，在国资委和各地有关部门的直接组织和推动下，近年来，特别是"十三五"时期，国企改革从立柱架梁到落地推进，绘就了一幅幅波澜壮阔的图景，交出了一份份亮丽夺目的成绩单。而国有经济布局优化和结构调整作为坚持和完善中国特色社会主义基本经济制度，进一步深化国企改革的重要任务，也取得了明显进展。

接下来的"十四五"时期，是我国全面建成小康社会、实现第一个百年奋斗目标之后，乘势而上开启全面建设社会主义现代化国家新征程、向第二个百年奋斗目标进军的第一个五年，是我国"两个一百年"奋斗目标的历史交汇期，也是全面开启社会主义现代化强国建设新征程的重要机遇期。凡是过往，皆为序章，站在新的改革历史起点上，面对新形势、新任务、新机遇，国企改革也进入了新的关键时期。

一、国有经济布局优化和结构调整的发展现状和面临形势

（一）发展现状

1.国企改革顶层设计和四梁八柱大框架基本形成，为国有经济布局优化和结构调整指明方向

党的十八届三中全会通过的《中共中央关于全面深化改革若干重大问题的决定》为深化国有企业改革，进行国有经济布局优化和结构调整指明了方向，《决定》指出："国有资本投资运营要服务于国家战略目标，更多投向关系国家安全、国民经济命脉的重要行业和关键领域，重点提供公共服务、发展重要前瞻性战略性产业、保护生态环境、支持科技进步、保障国家安全。"

为更好地贯彻落实《决定》，在《决定》确立的顶层设计框架内，2015年8月中共中央、国务院印发了《关于深化国有企业改革的指导意见》，提出："坚持以市场为导向、以企业为主体，有进有退、有所为有所不为，优化国有资本布局结构，增强国有经济整体功能和效率。"

此后，根据近年来全面深化改革的基础和实际需要，中央和有关部门又陆续出台了一系列国企改革文件，形成了"1+N"政策体系。其中不少文件涉及国有经济布局优化和结构调整，如《关于国有企业功能界定与分类的指导意见》《关于完善中央企业功能分类考核的实施方案》《关于印发加快剥离国有企业办社会职能和解决历史遗留问题工作方案的通知》《关于推动中央企业结构调整与重组的指导意见》《关于国有企业办市政、社区管理等职能分离移交的指导意见》等。

随着国有经济布局优化和结构调整工作的持续推进，2019年，党的十九届四中全会明确提出，要"探索公有制多种实现形式，推进国有经济布局优化和结构调整，发展混合所有制经济，增强国有经济竞争力、创新力、控制力、

影响力、抗风险能力，做强做优做大国有资本"。将国有经济布局优化和结构调整作为国企改革的首要任务。

2020年6月30日，中央全面深化改革委员会第十四次会议审议通过了《国企改革三年行动方案（2020—2022年）》，进一步明确了国企改革的目标、时间表、路线图；《三年行动方案》指出："通过实施三年行动，形成中国特色现代企业制度和以管资本为主的国资监管体制，推动国有经济布局优化和结构调整，提高国有企业活力和效率，做强做优做大国有企业，增强国有经济竞争力、创新力、控制力、影响力、抗风险能力。"

2020年10月，党的十九届五中全会通过的《中共中央关于制定国民经济和社会发展第十四个五年规划和二〇三五年远景目标的建议》进一步指出："深化国资国企改革，做强做优做大国有资本和国有企业。加快国有经济布局优化和结构调整，发挥国有经济战略支撑作用。"

2020年11月2日召开的中央全面深化改革委员会第十六次会议通过了《关于新时代推进国有经济布局优化和结构调整的意见》，明确提出"推进国有经济布局优化和结构调整，对更好服务国家战略目标、更好适应高质量发展、构建新发展格局具有重要意义。要坚持问题导向，针对当前国有经济布局结构存在的问题，以深化供给侧结构性改革为主线，坚持有所为有所不为，聚焦战略安全、产业引领、国计民生、公共服务等功能，调整存量结构，优化增量投向，更好把国有企业做强做优做大，坚决防止国有资产流失，不断增强国有经济竞争力、创新力、控制力、影响力、抗风险能力"。

党的十八大以来对国企改革的重要论述，以及相关的配套文件，对国企改革进行了顶层设计，并基本形成了四梁八柱大框架，为国有经济布局优化和结构调整指明了方向。"十三五"期间，国有经济布局优化和结构调整宏观来看是国民经济更高质量发展的重要内容，中观来看是行业转型升级创新突破的核心任务，微观来看是国有企业深化改革的关键目标。

2.国企分类改革扎实推进，为国有经济布局优化和结构调整提供重要前提

准确界定不同国有企业功能并科学分类，是深化国企改革的重要前置性工作，也是国有经济布局优化和结构调整的重要前提。许多国有企业在建立之初，承担着众多的社会、政治和经济责任，在布局优化和结构调整时不能"一刀切"，要从行业、企业的实际情况出发，分类分批进行改革。例如，提供重要公共产品和服务的公益性国有企业，不能一味追求利润最大化，要兼顾社会责任，保持国有全资或国有控股，聚焦主业；涉及国家经济安全、具备自然垄断特征的保障性国有企业，要破除行政垄断，网运分离，放开竞争；竞争性领域除少数已经做强做优做大的国有企业外，没有长期竞争优势的国有企业需要逐步退出。

2015年8月，国企改革顶层设计方案——《关于深化国有企业改革的指导意见》出炉，其中分类改革是一大亮点。文件提出，要分类推进国有企业改革，其中第一步就是要划分国有企业不同类别，并首次将国有企业分为商业类和公益类。2015年12月，国资委、财政部、国家发改委联合发布了《关于国有企业功能界定与分类的指导意见》，对商业类和公益类国有企业提出了不同的改革、发展、考核、监管方案，开启了国企分类改革的大幕。2016年8月，与之相配套的《关于完善中央企业功能与分类考核的实施方案》发布。而各地方政府也根据自身的实际情况出台了各自的分类管理办法，比如2016年6月，四川省国资委出台了《关于省属企业功能界定与分类监管的指导意见（试行）》，将省属企业划分为功能性企业和竞争性企业，分类时按照定性分析与定量测算相结合、反映共性与突出个性相结合、相对稳定和动态调整相结合的原则进行。这些文件的出台使国企定位更清晰、更明确，为国有经济布局优化和结构调整打下了重要基础。

3.供给侧结构性改革取得积极进展，化解过剩产能和处置"僵尸企业"成效明显

"十三五"时期，我国经济进入了新的发展阶段，为适应经济的新变化，在正视传统的需求管理还有一定优化提升空间的同时，迫切需要改善供给侧环境、优化供给侧机制，通过供给侧结构性改革，实现经济布局优化和结构调整，激发微观经济主体活力，增强我国经济长期稳定发展的新动力。

——钢铁、煤炭去产能重点推进，压减过剩产能。"十三五"期间，去产能被列为供给侧结构性改革的首要任务。国有企业在化解过剩产能，尤其是在钢铁、煤炭行业中取得了明显的成效，行业产能利用率不断提升。根据2016年2月国务院印发的《关于钢铁行业化解过剩产能实现脱困发展的意见》和《关于煤炭行业化解过剩产能实现脱困发展的意见》，中央和地方国有企业通过主动关闭退出、联合重组等方式减少煤炭、钢铁等过剩产能。"十三五"期间，全国提前两年完成了压减钢铁产能1.5亿吨，退出煤炭落后产能8.1亿吨，淘汰关停落后煤电机组2000万千瓦以上的去产能上限目标，其中仅2016年，国有企业退出钢铁产能5249万吨，约占全国退出产能的80%，退出煤炭产能20629万吨，约占全国退出产能的73%。

——妥善处置"僵尸企业"。国有企业中存在"僵尸企业"较多，成因复杂，面临着人员安置难、债务处置难、破产退出难等诸多困难。2016年，国资委确定了2041户"僵尸企业"及特困企业名单，在《中央企业处置"僵尸企业"工作方案》的指导下，大中型工业企业，由国资委挂牌督导；小型工业和非工业企业按照分级分层原则由集团公司自行组织。截至2019年底，纳入"处僵治困"工作范围的2041户企业已实现经营扭亏，处置任务基本完成。

4. 混合所有制改革持续推进，重点垄断行业改革开始破冰

发展混合所有制经济，是深化国有企业改革的一项重大举措和任务，也是国有经济布局优化和结构调整的重要抓手。国有资本、集体资本、非国有资本等交叉持股、相互融合的混合所有制经济，是我国基本经济制度的重要实现形式。引入非国有资本，有利于转换经营机制，有利于国有资本放大功能、保值增值、提高竞争力，有利于各种所有制资本取长补短、相互促进、共同发展。

2015年9月，国家发改委牵头起草的《关于国有企业发展混合所有制经济的意见》和《关于鼓励和规范国有企业投资项目引入非国有资本的指导意见》正式颁布，2016年国资委印发了《中央企业实施混合所有制改革有关事项的规定》，2017年国家发改委、财政部、人力资源和社会保障部、国土资源部、国资委、税务总局、证监会、国防科工局联合印发《关于深化混合所有制改革试点若干政策的意见》，2019年国资委发布《中央企业混合所有制改革操作指引》，这些文件为稳步推进国有企业混合所有制改革提供了指导。

2013年以来，中央企业推进的混改事项达到4000项，引进各类社会资本超过1.5万亿元。截至2020年10月，中央企业中的混合所有制企业户数占比已经超过了70%，省级国有企业混改比例接近60%。

混合所有制改革已涉及电力、石油、天然气、铁路、民航、电信、军工等多个重点行业和领域。通过放开竞争性业务，引入合格非国有战略投资者、建立市场化激励约束机制和薪酬管理体系、探索实行国家特殊管理股制度、完善混合所有制企业法人治理结构、加强国企党建工作的途径和方式，逐步开始打破行业垄断。

2016年8月，中国联通进行混改，引入包括互联网巨头的战略投资者。2019年12月，国家石油天然气管网集团有限公司成立。2020年7月，国家管网完成混改，新增投资人中，中石油、中石化、中海油以资产出资，中国诚通、中国国新、社保基金、中投国际、丝路基金等机构以现金出资，虽然没有引入非国有投资者，但迈出了油气领域打破垄断的第一步。

5. 稳妥推进央企战略性重组，企业质量、效益持续提升，布局和结构不断优化

党的十八大以来，尤其是"十三五"期间，中央企业战略性重组步伐不断加快，中央企业数量从2012年底的117家调整至2019年底的97家，共完成22组、41家企业战略性重组。新增了中国融通资产管理集团、国家石油天然气管网集团、中国安能建设集团、中国航空发动机集团等中央企业。通过重组整合，进一步优化了资源配置，促进了中央企业经营效益持续提高，布局和结构不断优化，构建起了更为突出的竞争优势。2019 年中央企业实现营业收入31 万亿元、利润总额 1.86 万亿元，分别比 2015 年增长 35.6% 和 51.7%；2019年中央企业全员劳动生产率为每人 56.3 万元，比"十二五"末增长 40.2%。

近年来，中央企业在强强联合、产业链上下游重组、专业化重组等方面进行了不少成功的探索，具体可以分为以下三种模式。

一是横向合并提升影响力。中国南车和中国北车重组合并，经营规模在全球轨道交通装备行业排名第一；宝钢、武钢重组后，钢铁产量位居世界第二，高端碳钢产品具备与韩国浦项和日本新日铁住金竞争的实力；中远集团和中国海运重组后，在干散货船队、油轮船队、杂货特种船队规模和综合运力方面实现四个世界第一。

二是纵向整合发挥协同效应。中国国电与神华集团重组，实现了煤电一体化运营，化解煤电"顶牛"矛盾；中国五矿与中冶集团重组，具备了资源勘探、工程建设、矿山运营、资本运作、国际化经营的全产业链优势。

三是专业化整合优化资源配置。近年来，中央企业以优势龙头企业和上市公司为平台，通过股权合作、资产置换等方式剥离非主营业务，整合同质化业务，优化资源配置。新组建的铁塔公司将三大电信企业铁塔资源进行整合，减少了铁塔重复建设，节约了大量投资和土地。国投将煤炭业务划转中煤集团、将航运板块划转中国远洋海运，中航工业将房地产业务划转保利集团，中国国新将氟化工业务划转中国化工，核心业务的盈利能力和市场竞争力不断增强。截至 2020 年底，主业处于石油石化、电力、通信、军工、机械、建筑等行业的中央企业资产总额和净资产占中央企业的比重均超过 90%。

6. 国有企业内部提质增效，持续聚焦主业发展

2016 年 5 月 18 日，国务院第 134 次常务会议审议通过了《中央企业深化改革瘦身健体工作方案》，对中央企业深化改革瘦身健体进行了研究部署，要求以促改革调结构增强企业竞争力。"十三五"期间，国有企业尤其是中央企业通过内部提质增效，压缩管理层级，减少法人单位，持续聚焦发展主业，加

快剥离企业办社会职能等努力，使国有企业主业核心竞争力明显增强，运行效率显著提升，布局结构调整不断优化。

——管理层级有效压缩。长期以来，由于国有企业过度扩张和自身膨胀，使得企业管理层级过多，法人单位过多，造成了内部决策程序烦琐，对市场变化反应迟钝，管理效能大大削弱等。2016年以来，针对中央企业底数不清、机构臃肿、管理链条偏长等问题，国资委开展了为期三年的压减工作攻坚。截至2020年底，所有中央企业的管理层级控制在5级以内（含5级），其中75家企业管理层级低于4级，约占全部中央企业的80%；法人总数累计减少超过1.7万户，减少比例超过30%，企业管理关系进一步理顺，管理流程不断优化简化，集团管控能力增强，内部无序竞争等问题得到较好解决。压减工作开展以来，中央企业累计减少人工成本350亿元，减少管理费用298亿元，全员劳动生产率由44.6万元增加到59.3万元，提升比例超过30%。①

——持续聚焦主业发展。主业是企业核心竞争力的重要基础，主业强则企业强。"十三五"期间，国资委会同有关部门建立工作机制，完善配套措施，狠抓重点难点，在聚焦主业发展，剥离国有企业办社会职能和解决历史遗留问题方面取得了重要进展和明显成效。截至2020年11月底，职工家属区"三供一业"、市政社区管理等职能分离移交，教育医疗机构深化改革等基本完成，退休人员社会化管理完成92.1%，厂办大集体改革完成98.1%，累计安置在职职工171.2万人。企业办消防机构分类处理已于2018年全面完成。

（二）面临形势

1. 世界正经历百年未有之大变局，需要国有企业加快改革与转型步伐

2018年6月，习近平总书记在中央外事工作会议上提出"当前中国处于

---

① 《国企职能分离移交工作基本完成　所有中央企业管理层级均控制在五级以内》，《经济日报》2020年12月30日。

近代以来最好的发展时期，世界处于百年未有之大变局"。2019 年 6 月，习近平在第二十三届圣彼得堡国际经济论坛全会上对"百年未有之大变局"作了三个"前所未有"的高度概括："当今世界正经历百年未有之大变局。新兴市场国家和发展中国家的崛起速度之快前所未有，新一轮科技革命和产业变革带来的新陈代谢和激烈竞争前所未有，全球治理体系与国际形势变化的不适应、不对称前所未有。"

近年来全球化和地缘政治不确定性持续增加，以贸易保护主义和民粹主义为标志的逆全球化潮流泛起，多边主义和自由贸易规则持续受到挑战，经济全球化遇到阻碍。尤其是 2020 年以来，新冠肺炎疫情肆虐全球，使全球主要经济体在隔离、封锁等防疫政策之下，面临不同程度的生产停摆、消费疲软等经济衰退风险，各国政府债务水平大幅增加，金融风险显著上升。在这样的大变革、大调整下，需要我们适应经济全球化大趋势，准确判断国际形势新变化，深刻把握改革发展新需求，这对国内企业尤其是国有企业提出了新的挑战。国有企业是我国经济的"顶梁柱""压舱石"，面临复杂严峻的发展环境，更要坚定不移深化改革、努力转型，抓重点、补短板、强弱项，推动布局优化和结构调整，为经济发展注入新动力、拓展新空间。

2. 新冠肺炎疫情加速全球产业链重构步伐，需要牢牢抓住产业链升级机遇，进一步优化国有经济布局

改革开放以来，尤其是在加入世界贸易组织后，我国承接发达国家的产业转移，迅速建立起以专业性和灵活性为特点的庞大产业链网络，这推动了国内经济全面融入全球产业链、价值链，使中国成为名副其实的"世界工厂"，同时也带动了国内经济的持续高速增长。

近年来，国内劳动力、土地、环境等要素成本不断提高，而美国、日本等发达国家先后实施"再工业化""制造业回归"等政策，力图通过税收优惠、回迁补贴等措施吸引海外制造业回流本国。在一系列因素的影响下，国内产业链呈现"劳动密集型产业流出"和"中高端产业及产业链高端环节流出"的迁移格局。2020 年以来，随着新冠肺炎疫情在全球迅速蔓延，全球产业链受到巨大冲击，促使各国更加重视产业链安全问题，进一步加快了全球产业链重构的步伐。

在全球产业链加速重构的格局下，我国产业链控制力不强，关键技术领域"卡脖子"情况愈加凸显，这要求我国必须加快向全球产业链、价值链更高端攀升，需要有针对性地"强链补链"，提高自主研发能力和核心竞争力。面临着产业链升级的新机遇，国有经济的布局优化和结构调整更显重要，一方面需要持续推进供给侧改革，淘汰过剩中低端产业产能，退出不具有竞争力的产业领域；另一方面需要在充分挖掘重点企业主业核心能力，维持领先地位的基础上，通过对资源的合理优化配置，有针对性地调整结构，优化升级产业链供应链。

3. 我国经济发展由高速增长阶段转向高质量发展阶段，需要积极推进国有经济布局结构战略性调整

习近平在党的十九大报告中指出，我国经济已由高速增长阶段转向高质量发展阶段，正处在转变发展方式、优化经济结构、转换增长动力的攻关期。必须坚持质量第一、效益优先，以供给侧结构性改革为主线，推动经济发展质量变革、效率变革、动力变革，不断增强我国经济创新力和竞争力。党的十九届五中全会通过的《中共中央关于制定国民经济和社会发展第十四个五年规划和二〇三五年远景目标的建议》中进一步明确提出："十四五"时期经济社会发展要以推动高质量发展为主题，这是根据我国发展阶段、发展环境、发展条件变化作出的科学判断。

2011 年开始，国内经济发展从工业化中期逐步进入工业化后期[1]，经济发展规律表明，一个国家在工业化中期依靠高投资下的基础建设、重化工业而支撑的经济高速增长，在工业化后期由于主导产业的转换、潜在经济增长率

---

[1] 黄群慧：《"新常态"、工业化后期与工业增长新动力》，《中国工业经济》2014 年第 10 期。

下降，经济增速将会自然回落。进入工业化中后期，只有实现发展方式从规模速度型转向质量效益型，推动高质量发展，才能顺利完成工业化、实现现代化。2011年以来，与国内经济发展从工业化中期进入工业化后期的进程相适应，国有经济布局也逐步进行了优化调整，国有资本在第三产业占比逐年增加，由2011年的52.9%增加到2018年的64.8%。但从工业领域来看，国有资本仍集中在传统的资源型产业和重化工行业。2017年，石油、石化、电力、机械、冶金、煤炭6个行业国有资本之和占整个工业领域国有资本的比率为73.9%。① 实际上，伴随着我国进入工业化后期和技术创新的持续进步，如果国有资本继续主要分布在这些行业，一方面与国有资本向重要行业和关键领域集中的使命和战略相背离，另一方面国有企业效益也将受到影响，提高国有企业活力和效率，增强国有经济竞争力、创新力、控制力、影响力、抗风险能力的目标也将越来越难以实现。因此，"十四五"时期，需要适应高质量发展阶段的新要求，积极推进国有经济布局的战略性调整。

二、"十四五"时期国有经济布局优化和结构调整的基本原则和目标

（一）指导思想

"十四五"时期加快国有经济布局优化和结构调整，要高举中国特色社会主义伟大旗帜，深入贯彻党的十九大和十九届二中、三中、四中、五中全会精神，坚持以马克思列宁主义、毛泽东思想、邓小平理论、"三个代表"重要思想、科学发展观、习近平新时代中国特色社会主义思想为指导，全面贯彻党的

---

① 刘现伟、李红娟、石颖：《优化国有资本布局的思路与策略》，《改革》2020年第6期。

基本理论、基本路线、基本方针，坚定不移贯彻创新、协调、绿色、开放、共享的新发展理念，坚持和加强党对国有企业的全面领导，坚持和完善社会主义基本经济制度，坚持社会主义市场经济改革方向，以推动高质量发展为主题，加快国有经济布局优化和结构调整，增强国有经济竞争力、创新力、控制力、影响力、抗风险能力，发挥国有经济战略支撑作用，为全面建成小康社会，开启全面建设社会主义现代化国家新征程、向第二个百年奋斗目标进军，实现中华民族伟大复兴中国梦作出积极贡献。

（二）基本原则

——坚持党的全面领导。坚持和完善党领导国企改革和发展的体制机制，坚持和完善中国特色社会主义制度，不断提高贯彻新发展理念、构建新发展格局的能力和水平，为实现高质量发展，加快国有经济布局优化和结构调整提供根本保证。

——坚持市场导向。以市场为导向，尊重市场经济规律和企业发展成长规律，坚持"竞争中性"和"所有制中性"原则，对各种所有制主体政治上一视同仁，经济上平等对待，为各种所有制主体创造公平竞争的发展环境，在国有经济布局优化和结构调整中使各种所有制主体发挥各自优势，实现多种所有制共同发展。

——坚持"保障安全"底线。着眼于促进整个国民经济发展和全社会资源利用效率的提高，以"保障安全"为底线，即在一些涉及国家安全、经济运行安全、社会安全、生态安全、科技安全领域中，通过国有企业独资、控股、参股等不同方式增强国有企业的控制力、影响力，实现国有经济的布局优化调整，不盲目追求在各个领域做强做大国有企业和国有资本。

——坚持依法依规。严格按照有关法律法规进行国有经济布局优化和结构调整，切实保护股东、债权人、管理层与职工等各方的合法权利和利益，加强国有资产监督，保障国有资产安全，防范国有资产流失。

（三）主要目标

到"十四五"末期，国有经济向关系国家安全、经济运行安全、社会安全、生态安全、科技安全领域进一步集中，控制力、影响力进一步增强；竞争性领域国有企业有序退出，总体结构更趋合理，垄断行业改革取得较大突破，国有资本配置效率明显提升；发展质量显著提高，形成一批创新能力强、引领带动作用大的具有国际竞争力的龙头企业。

三、进一步推进国有经济布局优化和结构调整的政策建议

（一）以"保障安全"为底线定位国有企业功能，通过独资、控股、参股等不同方式，增强国有企业的控制力、影响力

如何确定市场经济体制下国有企业的功能定位，是对国有经济进行布局优化和结构调整的前提，是国企改革在实践中的重大理论问题。具体来看，国有企业"保障安全"功能定位主要体现在以下几个领域。

——保障国家安全领域，包括国防、军工、航天等领域，国有企业应该采取独资形式，由国家通过国有企业绝对控制。

——保障经济运行安全领域，包括具有自然垄断性质的电网、管网、气网、电信网、铁路网等，在一定时期内国有企业采取控股方式，保持国有经济的影响力，以保障国家经济的安全运行。在金融领域安全上，对于一些政策性金融机构，包括部分金融基础设施类的机构，国有企业可以保持独资或控股形态。

——保障社会安全领域，主要包括城市基础设施和公用事业、公共服务领域，如公路、供水、公共交通、粮食储备等，这些领域的国有企业可以采取混合所有制形式，部分可由国有企业控股经营，以发挥国有企业的影响力，保障

社会运行安全和社会秩序的稳定。

——保障生态安全领域，包括重要自然资源的开发保护，重要流域的综合开发治理，重要区域环境的治理与保护，大型综合性水利枢纽等。这些领域的企业虽然可以取得一定的经济效益，但主要是讲究生态效益和社会效益。对这些少数特别重要的生态安全领域，国有企业应该采取控股的方式经营管理，承担更多的社会责任和生态责任。

——保障科技安全的重要领域，包括前沿科技领域的关键核心技术，如高性能芯片及相关材料、航空发动机、复合材料、生物制药等，在一定时期内，国有企业可以采取独资或控股方式，集中各种资源攻克重要领域"卡脖子"技术，推动国家的技术赶超。待关键技术取得突破后，在应用阶段将技术推向市场，同时逐步减少股份甚至完全退出，从而使国有企业既可以发挥保障我国科技安全的主导作用，又可以发挥促进我国高科技发展的引领作用。

在保障国家安全、经济运行安全、社会安全、生态安全、科技安全的若干领域，中央企业和地方国有企业保障安全的功能作用有重要区别。对于保障国家安全、经济运行安全、生态安全、科技安全等领域，具有跨区域、全国性、战略性、规模大等特点，主要应该由中央企业来承担；而在保障社会安全领域，由于具有区域性、民生性、社会性等特点，主要应该由地方国有企业来承担。

(二) 多种途径推进竞争性领域国有企业有序退出，为民营经济发展提供更广阔空间，促进多种所有制经济共同发展

从改革开放到 20 世纪末，由于我国社会主义市场经济体制还不完善，公平竞争的市场环境尚不成熟，竞争性领域的国有企业凭借着政府的特殊支持和优惠政策，在与民营企业、外资企业竞争中处于优势地位，这些企业虽然效率低下、机制僵化、成本高昂，但仍然能够生存并得以发展。到了 21 世纪初，一方面随着中国加入世界贸易组织，大量跨国公司进入国内竞争性领域，民营经济经过近 20 年的发展，自身实力也大大增强，竞争性领域的市场竞争空前激烈；另一方面，随着政府的改革和职能的转变，市场经济体制不断完善，公平竞争的市场环境逐步形成。在这种格局中，竞争性领域的国有企业由于效率不高、动力不足、机制不活、创新能力不强等问题，在市场竞争中处于劣势地位，难以生存，即使依靠政府资源的特殊支持也难以为继。

因此，应根据国有企业在市场经济体制下的功能定位，以"保障安全"为底线，推进国有企业逐步有序退出竞争性领域，优化国有经济布局，形成国有经济有进有退的体制机制，为民营经济发展提供更广阔空间，使国有企业和民营企业分工合作，发挥各种所有制自身的优势，促进多种所有制经济共同发展。具体来看，应分步骤对四类国有企业进行调整退出。

第一类是"僵尸企业"，要加大清理"僵尸企业"力度，畅通退出渠道，通过资产重组、破产清算等方式，持续推进国有"僵尸企业"的退出。

第二类是处于商业、物流、服务业、外贸、制造业等竞争激烈领域的国有企业，除了个别已经形成特别的规模和优势外，大部分没有核心竞争力的劣势企业，应逐步调整退出。

第三类是目前盈利水平不错，可以生存发展，但不符合国民经济整体发展战略，不符合国有企业功能定位，不利于国有企业长远发展方向和战略定位的国有企业，比如房地产企业，应该逐步调整退出。

第四类是经营风险大，国有企业内部动力机制和风险承受能力不适应领域的国有企业，比如金融领域的中小国有企业，各地以财政资金、土地资源形成的投资平台公司，投入较高并且风险较大的高科技领域的应用型企业等，应该逐步调整退出。各地陆续成立的规模上万亿元的国有投资基金，规模和数量也应适当予以控制。

（三）坚持混合所有制改革的正确方向，真正发挥混合所有制改革对国有经济布局优化和结构调整的实质性作用

"十三五"时期，推进混合所有制是国企改革的重点和抓手。虽然国有企

业在混合所有制改革方面作出了一些成绩，但总的来说，并未取得全局上的突破，没有达到混合所有制改革的最终目标。究其原因，除了一些业务、技术层次方面的原因以及国内大环境等因素以外，主要是在混合所有制改革的目标和方向上出现了偏差。

多种所有制经济共同发展，形成混合所有制基本组织形式是我国社会主义市场经济基本制度的重要特征。国有企业推动混合所有制改革，有两个基本的目标：一是通过混合所有制改革，退出竞争性领域的劣势企业，其中国有股权全部转让为全部退出，放弃控股地位为大部分退出，控股条件下引进战略投资者为部分退出。通过混合所有制的形式，实现国有经济布局优化和结构调整，因此混合所有制改革的方向从企业股权结构上应该是"以退为主"。二是通过混合所有制改革，形成企业内部股权多元化的产权结构，促进企业依据《公司法》建立健全企业法人治理结构，促进企业内部市场化机制的改革。然而，近几年尤其是在"十三五"期间，在国有企业混合所有制改革上，不仅出现了改革中的形式主义，追求所谓混改企业在国企总量中的比例，即所谓国有企业"混改率"。更重要的是在改革方向上，把混合所有制作为国有经济在竞争性领域扩张进取的方式，不少国有企业通过混改收购控股民营企业；同时，在国企混改中通常坚持不放弃控股权。因此，这些形式主义的混合所有制改革，只是形式上引进了外部股东，引入了部分民营企业的资金。在混合所有制改革中存在的形式主义和方向性偏差，使得这几年国有企业混合所有制改革迟迟未能取得实质性的突破，长期处在徘徊之中。

"十四五"期间，混合所有制改革需要做方向上的调整，一方面把混合所有制改革从实现国有经济布局优化中"以进为主"的基本方向，调整为国有经济布局优化和结构调整中"以退为主"的基本方向。另一方面从追求混合所有制改革企业的数量，注重"混改率"，调整为把混合所有制改革作为市场化内部机制改革的基本方式，使混合所有制成为国有企业内部机制转换的巨大动力。具体来说，可以对以下三类企业分别采取不同的混合所有制改革方式：

第一类是退出全部股权，对处于竞争激烈领域，或产能过剩领域的竞争力弱、没有长远发展优势和潜能的劣势国有企业，在混改过程中整体退出，或转让全部股权，或关闭停业，关闭时应安置好员工，处理好债务，实现国有股权的整体退出，从而在国家层面，形成有利于多种所有制共同发展的混合所有制基本格局。

第二类是放弃控股权，对从长远来看没有竞争优势和核心竞争力的国有企业，要通过混合所有制改革实现国有股权的大部分转让和退出，与其他股东共同形成现代企业制度，国有股东按股份比例依法行使股东的权利，维护好国有股东的利益，并分享企业未来发展的成果和红利，从而实现国有企业布局优化、结构调整的目标。这一类应该是未来混合所有制改革的主体部分，不搞数量和股比限制，不搞政府有关部门试点审批，由各级国资委和大型企业集团根据国有经济结构调整、布局优化的实际需要，具体推动实施。

第三类是具有发展优势和潜力的少数国有企业，可以在控股或相对控股的前提下，引进外部股东，形成国有控股或相对控股下多元化的股权结构。这类企业混合所有制改革的主要目标，不是追求混改的比例和数量，也不完全是引进部分发展资金，而是通过引进外部股东转换内部机制，实现国有企业内部机制的市场化改革，包括建立和完善法人治理结构，提高企业决策水平，建立企业内部产权监督约束、制衡机制，推动企业内部分配、劳动、人事等制度改革，实现企业内部机制的真正转换，为国有企业高质量发展，提高创新能力，增强核心竞争力奠定体制机制基础。

（四）破除国有企业行业垄断，营造公平竞争的市场环境，更好发挥国有企业安全保障功能

长期以来，由于历史、政治、意识形态等多种原因，国有企业不仅在保障国家安全的军工、国防、航天、核电等领域保持绝对垄断和控制地位，而且在电信、石油、电网、铁路、航空、天然气以及金融、保险等国民经济诸多重要领域形成独家或几家垄断的格局，甚至在基础设施和公用事业领域如路网、供水、港口、机场等，事实上也形成了垄断地位。"十三五"期间，虽然通过混

合所有制改革，放开竞争性业务，引入合格非国有战略投资者、建立市场化激励约束机制和薪酬管理体系、探索实行国家特殊管理股制度、完善混合所有制企业法人治理结构、加强国企党建工作的途径和方式，在打破电信、电网、油气管网等领域行业垄断方面有所进展，但国有企业行业垄断改革一直未能实现实质性的突破，破除国有企业行业垄断仍然是未来我国经济体制改革的重要领域和关键环节。具体来说，需要做好以下两方面工作。

第一，营造公平竞争的市场环境，逐级放开垄断行业准入经营。要实现经济的高质量发展，需要在社会主义市场经济体制的框架内，在市场公平竞争的基础上，破除国有企业行业垄断，打破国有企业一统天下的格局。例如，在基础设施、公用事业等领域，进一步明确不同所有制企业社会资金均可参与公用设施建设，从事公用事业特许经营，鼓励地方有关国有企业借鉴深圳等地方国有企业的成功经验，优先进行改革探索，要加大有关行业监管职能和能力建设，在相关企业取得特许经营权后，有关部门要确保其严格执行政府价格部门通过听证会方式制定的价格政策。

第二，通过混合所有制改革，引进国内外知名的战略投资者，形成产权主体多元化的所有制结构。在国有企业通过政府公开招标、招募获取有关特许经营权后，通过混合所有制改革，引进国内外知名的战略投资者，形成产权主体多元化的所有制结构。通过引进战略投资者，克服国有独资公司在体制机制方面的局限性，发挥不同产权主体的优势和长处，在引进外部资本，放大国有资本影响力的同时，还要注重引进先进技术、管理经验和灵活的市场机制。力图通过产权多元化，在国有企业内部形成有效的公司治理结构和制衡机制。

后　记

市场体系是社会主义市场经济体制的重要组成部分和有效运转基础。改革开放以来，特别是党的十八大以来，我国市场体系建设取得长足进展，市场在资源配置中的决定性作用日益增强，市场发展环境持续改善。与此同时，一些束缚市场主体活力释放的体制机制障碍依然存在。

针对这些问题，党的十九届四中全会提出要建设高标准市场体系，党的十九届五中全会明确提出要实施高标准市场体系建设行动，对市场体系建设提出了新的更高要求。2021年初，中共中央办公厅、国务院办公厅印发《建设高标准市场体系行动方案》，这是继2020年推出《关于构建更加完善的要素市场化配置体制机制的意见》《关于新时代加快完善社会主义市场经济体制的意见》后，中央从发展改革全局作出的重大战略部署，也是我国"十四五"时期深化推进关键领域改革、指导高标准市场体系建设的纲领性文件。

2020年3月，为了学习贯彻党的十九届四中全会精神、中央深改委第十一、十二次会议精神和2019年中央经济工作会议精神，结合"十四五"时期的目标要求和改革发展面临的新形势新任务，研究建设高标准市场体系、"十四五"时期体制机制改革的有关问题，中国经济体制改革研究会集中就"十四五"时期建设高标准市场体系若干重大问题研究这一主题，组织科研力量开展系统研究和协同攻关，设置11项重大课题。该项研究也获得了国家社科基金社科学术社团主题学术活动资助。本书即是以这11项重大课题研究成果为基础，并进一步梳理形成的，旨在为基本建成统一开放、竞争有序、制度完备、治理完善的高标准市场体系贡献力量。

本书编撰工作由中国经济体制改革研究会会长彭森同志主持，在编辑委员会宋晓梧、赵艾、樊纲、迟福林、石小敏、孔泾源、张思平、李青、赵珍、胡德巧、张朝元、石明磊、张昕、谌利民、冯楚军、余希朝、岑玉莹、陆琪、郝思思等积极支持下，赵艾同志统筹全书，南储鑫、胡玉平、盛泽宇、邱永辉、韩仲德负责具体的编辑工作。

具体执笔分工如下：

第一章：谌利民、郝思思、梁渲、唐艳云、袁沫、朱蓓、赵心嫒、张浩；

第二章：迟福林、匡贤明、张飞、胡雷、桂梅；

第三章：彭森、党国英、南储鑫、盛泽宇、邱永辉；

第四章：谌利民、郝思思、梁渲、唐艳云、颜祖欣、郑浩南；

第五章：孔泾源、邱永辉、徐照林、张诺舟；

第六章：王俊秀、许可；

第七章：胡德巧、常兴华、王少国、王阳、田帆、匡国静、李伟等；

第八章：冯楚军、盛泽宇、王招；

第九章：李青、盛泽宇；

第十章：樊纲、郭万达、文雅靖；

第十一章：程颖博、张思平。

感谢人民出版社的大力支持，特别是责任编辑余平博士严谨负责的工作态度和专业素养，本书才得以如期面世。

愿本书的出版能够为"十四五"时期的高标准市场体系建设提供一些参考和借鉴。由于水平有限，书中不妥之处，欢迎读者批评指正。

编者

2021 年 11 月

责任编辑：余　平
封面设计：汪　阳
责任校对：余　佳

图书在版编目（CIP）数据

"十四五"时期高标准市场体系建设研究 / 中国经济体制改革研究会 组织编写；
　彭森 主编 . — 北京：人民出版社，2021.11
ISBN 978 - 7 - 01 - 023956 - 9

I.①十… II.①中…②彭… III.①中国经济 – 社会主义市场体系 – 研究
　IV.① F123.9

中国版本图书馆 CIP 数据核字（2021）第 227445 号

"十四五"时期高标准市场体系建设研究
SHISIWU SHIQI GAOBIAOZHUN SHICHANG TIXI JIANSHE YANJIU

中国经济体制改革研究会　组织编写
彭　森　主编

人民出版社 出版发行
（100706　北京市东城区隆福寺街 99 号）

环球东方（北京）印务有限公司印刷　新华书店经销

2021 年 11 月第 1 版　2021 年 11 月北京第 1 次印刷
开本：710 毫米 ×1000 毫米 1/16　印张：26
字数：374 千字

ISBN 978 - 7 - 01 - 023956 - 9　定价：138.00 元

邮购地址 100706　北京市东城区隆福寺街 99 号
人民东方图书销售中心　电话（010）65250042　65289539